经济周期

〔美〕约瑟夫·熊彼特◎著

张云辉　李石强◎译

中国大百科全书出版社

图书在版编目（CIP）数据

经济周期 /（美）约瑟夫·熊彼特著；张云辉，李石强译. — 北京：中国大百科全书出版社，2022.10

ISBN 978-7-5202-1226-7

Ⅰ.①经⋯ Ⅱ.①约⋯ ②张⋯ ③李⋯ Ⅲ.①经济周期理论—研究 Ⅳ.①F014.8

中国版本图书馆CIP数据核字（2022）第194693号

出 版 人	刘祚臣	
策 划 人	邬四娟　曾　辉	
特约策划	白　丁	
责任编辑	邬四娟	
责任印制	李宝丰	
封面设计	刘红刚	
出版发行	中国大百科全书出版社	
社　　址	北京阜成门北大街17号　邮政编码　100037	
电　　话	010-88390636	
网　　址	http://www.ecph.com.cn	
印　　刷	北京君升印刷有限公司	
开　　本	710毫米×1000毫米　1/16	
印　　张	28.5	
字　　数	390千字	
印　　次	2023年5月第1版　2024年12月第4次印刷	
书　　号	ISBN 978-7-5202-1226-7	
定　　价	88.00元	

译者序

2022 年对我们而言注定是不平凡的一年。在所处城市的严峻疫情下，我们完成了《经济周期》（1923 年首版，1939 年再版）一书的翻译工作。这部书是哈佛大学经济学教授约瑟夫·A. 熊彼特（Joseph Schumpeter，1883—1950）继《经济发展理论》（1911 年）之后的又一伟大论著。他将经济周期放在历史的进程中，运用理论分析、图表等呈现方式，分析了资本主义经济周期性波动的原因，并通过大量的事实进行验证。由此，熊彼特完成了关于宏观经济学中增长和波动这两大主题的研究工作。本书首版的时候，凯恩斯关于现代宏观经济学的奠基性著作《就业、利息和货币通论》还没有诞生，但这丝毫不影响本书的学术地位，它是我们认识和研究经济周期无法避开的著作。

熊彼特认为，引起经济周期性波动的根本原因是干扰经济进程的外部因素。在这些外部因素中，除了诸如战争、自然因素、新地区的发现、其他国家的经济波动、本国制度框架的变化等以外，最重要的就是企业家的创新活动对经济进程的扰动。在一定程度上，可以说经济的周期性波动就是由企业家推动的，企业家在经济进程中处于核心地位。

熊彼特首先建立了一个纯理论的分析模式，假定经济处于静态均衡中，企业的支出等于收入，没有利息和利润。但是，为了赚取更多的利润，企业家在现实中会大胆进行创新活动。这种作为外部因素的创新会改变原有的生产函数，促使新产品的产生，带来创新利润，进而引起更多的企业家模仿。此时，社会对银行信用和生产品的需求扩大，从而引起经济繁荣。但随着与该新产品有关的经济行为在市场上广泛推广，市场竞争使商品价格下跌，导致包括最初实施创新活动的企业利润消失，银行信用收缩，经济从繁荣转入衰退。企业家的创新活动打破了原有的均衡，这种创新并不是规律性地排列在时间序列上，而是不连续且间断性地出现，创新性质的差异对经济产生的影响也不同。因此，不同的创新活动引起的经济周期的长短也不相同，这些长短不同的周期又相互交织在一起。

从经济史的视角，沿着创新活动提供的线索，引用康德拉季耶夫、朱格拉和基钦的研究成果，熊彼特将这些交织在一起的周期按层级分离出来，逐一进行分析。重大创新对经济的影响时间长，往往以长周期的形式呈现，时间跨度是18世纪80年代到1842年的工业革命时期、1842—1897年之间的蒸汽时代和钢铁时代，以及1898年开始的电力、化学和电机时代。每一个长周期包括6个中周期，每一个中周期包括3个短周期。短周期约为40个月，中周期为9—10年，长周期则为48—60年。这个研究视角的实质就是通过创新与生产效率的连接，把自然科学的进展转化为经济进程的一部分，以此来对经济周期进行系统的分析。

熊彼特认为，无论我们做什么，在从时间序列的行为中得出推论之前，最重要的是要彻底掌握这个时代、国家或行业的经济史，甚至是单个企业的发展历史。通史（社会、政治和文化）、经济史（尤其是工业史）都是不可或缺的，是理解问题最重要的前提。所有统计的和理论的资料与方法只是服从于这个前提。如果不能站在历史的角度考虑问题，其他方法将毫无用武之地。即便在今天看来，这一治学思路也值得我们在认识和分析经济现象中加以借鉴。

熊彼特在写作中喜欢大量甚至略显琐碎地引经据典，语言也较为晦涩，即便是经过经济学专业训练的读者，读起来也会比较费劲儿。在翻译的过程中，我们尽量使用简洁朴素的语言来表达。权衡再三之后，本译本省略了原著中作为历史资料验证的第六、第七、第十四和第十五章的内容，只将原著总共十五章中的其他十一章译出；同时省略了一些较为烦琐的标注，而只保留了那些对理解正文有用的解释性注释。对于绝大部分读者来说，想要了解熊彼特对于经济周期产生逻辑和运行轨迹的理论、历史和统计分析，这个译本涵盖了全书的核心内容，较为精炼易读。对于需要寻找源文献的研究者来说，则可以在阅读此译本的同时参考原著的详细附录。

哈尔滨理工大学经济与管理学院经济学研究室的汪洋、李少芳、梁笑景、杨博凯参与了部分章节的翻译工作，张乃千、郝时雨对部分译文提出了修改意见，在此表示由衷的感谢。

由于译者英语水平及知识结构的限制，译文中的错误和不当之处在所难免，还望读者批评指正。

张云辉 李石强

2022 年 5 月 26 日

原版序言

对经济周期的分析就是对资本主义时代经济进程的分析，所以大多数人在进行经济周期的分析时才会发现这项研究工作规模之大、任务之艰巨。用人来做比喻，经济周期并不像扁桃体那样，是可以分离并进行单独治疗的器官。它更像是心脏的跳动，显示了人作为有机体的最本质的东西。把这本书称为"经济周期"，是为了简明扼要地反映读者的期待，但副标题①却真正体现了我试图要做什么。

在设定书的主题时，虽然我比其他经济学家更明显地突出了这种风格，但这种做法并不新奇。我也不认为把历史、统计和理论分析结合起来有什么新颖之处。就这一点而言，我只是顺着它们相互影响的一般趋势进行梳理，不同的是我用自己的原则和视角对这些现象进行了解释。专业读者不难看出这与我近30年前搭建的简易理论框架的关系。初学者或非专业读者不必被这个问题困扰，也不必为我的阐述方式与传统教义不同而烦恼，要以一种平常化的心态接受这种表述，因为从根本上说，我所阐释的内容不过是非常实用的常识。

把脚手架变成一座房子所花的时间比想象的要长，这些工作体现在我后来研究的成果中，包括在研究中补充了历史和统计的分析、开拓了分析视角等。然而，我不确定用这样的比喻表达这个研究成果是否恰当。这座房子显然还没有建完，也没有装上家具，它有太多明显的不足和许多未实现的愿望。例如，虽然研究受到美国、英国和德国的历史和统计资料的限制很严重，但并不是

---

① 原著中副标题为 *A Theoretical, Historical, and Statistical Analysis of the Capitalist Process*，可译为"关于资本主义经济进程的理论、历史和统计分析"。

所有不足中最严重的。我更愿意看到，年轻一代的经济学家把这本书看作是一个可以继续研究的起点，一个进行进一步研究的动力。

读者会发现这个论证的结构很复杂，对于这种无可非议的意见，我除了问他是否期望发现它很容易，也便无话可说了。不能为了一目了然的结果而一笔带过复杂的分析过程，我们必须仔细分析这个过程。而且，我敢在此声称，只要分析得足够仔细，那么一次次地反复阅读、一次次地条件认定和条件分析、一次次地提出问题并质疑验证观点、一次次地推敲案例分析的细节，才能真正做到逻辑自洽。读者如果做了这些工作，掌握了这些方法，遵循了这些建议，回答了留给他们的问题，那么在学习结束时，就能感觉到自己已经真正掌握了《经济周期》副标题所显示的内容了。

在这方面没有捷径可走，我也已尽所能，确保愿意花时间的普通读者能够沿着这本书所描绘的路径认真读下去。为实现这一目标，我会加入一个介绍性的章节，并注重将专业术语赋予常识性含义，尽量做到最大程度的简化。

我不提出任何政策性建议，也不推荐任何规划，对于只关心这些问题的读者，可以把本书放在一边不用阅读了。但这不能说明我对本学科的社会责任漠不关心，也不能说明这本书（包括其历史部分）与当今的热点问题毫不相关。这个时代最缺乏也最需要的是人们对所关心事物做决策的过程的理解——人们关注它，并决心控制它，但是却不理解它。为了增进这种理解，需要为解决这些事情提供分析工具，并对这些过程进行合理的解释。增进对某一概念的理解也是科学工作者唯一有资格提供的公共服务。一旦提供了这种服务，每个人都可以得出适合其自身利益或理念的切实有效的决策。这也是为什么，我的分析框架无论是保守者还是激进者都可以用来做推论的依据，就像同一套工程原理或医学知识可以用于多种用途一样。

但是，对一个不可分割的有机过程的科学分析很容易造成这种印象：分析者"主张"让这个过程单独存在。这种印象会成为我和大多数读者之间的另一个沟通障碍，除了在论证过程中不可避免地产生的障碍，更重要的是论证过程本身就是对旧有思维习惯的挑战。为了消除这种障碍并清晰表达我的意图，我的分析不支持任何"自由放任"的一般原则，有时我会做出自己的评价，尽管我并不认为这些评价本身是有吸引力的或是切题的。

我有自己的研究视角。在做这项工作的过程中，我从很多研究者的前期成果中获益良多——事实上，在过去二三十年经济学家所做的研究中，几乎所有研究者都以这种或那种方式涉及经济周期问题。我一直在努力将研究水平接近的相关研究融入我的论证中，目的是对已有研究有所推进，在我认为重要的研究方向上补充了足够的参考文献（尽管有些文献在研究过程中受到了启发但没有引用）。但对于经济周期的一般理论标题下的文献，我不能这么说。当然，在1934年之前，对商业部门提出的事实和观点已经进行标注。但没有标注个别作者的常规观点，因此，许多我非常尊重的作者的名字没有出现在我的参考文献中。然而，大多数读者会错过对此后出版的几篇重要的相关论文的评论，尤其是自凯恩斯先生、哈伯勒教授和哈罗德先生之后出版的论文。这本书的计划和目的就是为了说明，我不想通过阐述我的观点来影响读者的判断和选择。因此，将我的分析方法与其他方法进行系统比较的工作，留给读者自己去做，对于读者来说这应当是自发的行为。对于这样的读者，我充满赞赏之情，我可以保证，在这三本书面世时，我不会改变已经写的或计划写的这个初衷。还需要补充一点，就事物本质而言，有些段落读起来像是对他们的抨击，但我的本意并不是这样。

本书中关于总结部分的工作是由哈佛大学社会科学研究委员会的一系列资助促成的。大部分制图和计算工作都是在该委员会的统计室完成的。在此，对其工作人员，特别是其负责人吉尔博伊（Gilboy）女士表示感谢。

我得到了三位研究助理的帮助，我怀着感激之情记住了他们的合作。同时感谢菲尔茨（Fields）博士在开始时提供的帮助，以及做的许多烦琐的数据挖掘工作；密歇根大学教授的埃德加·胡佛（Edgar M. Hoover）博士继承了他的工作，继续进行数据挖掘并细心打理着这部著作，贡献了几项独立的研究成果及宝贵的批评意见；宾夕法尼亚州罗斯蒙特学院的爱丽丝·伯纳夫（Alice Bourneuf）博士负责最后阶段的工作。卡尔·托马斯（Carl E. Thomas）博士，虽然主要在其他方面与我合作，但在与货币和银行统计领域有关的个别问题上给予了帮助。

我使用了各种由个人途径制作或发表的素材，必要的许可总是最容易获得，并且在每个案例的附录中进行了确认，在附录中我收集了用于制作图表的素材的描述。希望借此机会感谢所有慷慨帮助我完成任务的作者、研究所和出版公司。

然而，这种致谢未能充分表达我在某些情况下该做的事情。像我这样的个人努力非常依赖于这些著名机构所做的出色工作，这些工作为所有人提供了各种可能性，这在 20 年前是想都不敢想的事儿。甚至不管是否愿意，他们也几乎承担了出版这本书的责任。关于其中特定观点的引用，对以下机构和个人表示由衷的感谢：哈佛经济学会的开创性工作、国家经济研究局、联邦储备委员会和纽约联邦储备银行的研究部门、恩斯特·瓦格曼（Ernst Wagemann）教授和他创建的联合经济研究所、伯恩哈德·哈姆斯（Bernhard Harms）教授和安德烈亚斯·普雷多赫（Andreas Predöhl）教授，以及世界经济研究所、伦敦和剑桥经济服务局和其他几家机构。

在这漫长的工作中，必须要提到在教授一群思维活跃的研究生的过程中得到的积累对我产生的积极影响。然而，应该特别感谢哈佛大学的克拉姆（Crum）教授和哈里斯（Harris）教授、加利福尼亚大学的戈登（Gordon）教授，以及波恩大学的克劳辛（Clausing）博士给予的帮助和建议。

约瑟夫·A. 熊彼特

目录

第一章

导 论

BUSINESS
CYCLES

经济状况和商人的预期

每个商人都知道，企业的成功或失败不仅取决于他们管理企业的效率水平及所从事的特定行业的命运，还取决于该企业或行业作为经济整体的一部分而无法控制的一系列其他影响因素。这些影响因素构成了所谓的一般经济状况（General Business Situation）。很容易将这些因素与诸如机械设备的质量、管理的效率、广告活动的影响力、获得原材料的技巧或员工们的协作能力等企业自身的成败因素区分开；也容易将诸如企业在该行业的竞争地位、总生产能力的变化率、客户的需求状况、雇佣条件或原材料供给状况等另一组影响特定行业繁荣的因素区分开。除此之外，还有一些因素影响着所有企业和行业的命运，这些因素不只是在单个企业或某个行业中起作用的因素的简单加总，而是要站在全国甚至整个世界生产的宏观背景的视角下去分析所有单个个体的贡献。这种背景有时使他们成功，有时使他们失败，这与单个企业所具有的优势无关。最终，这些因素融合成一个相互关联的整体，并可以用相对较少的清晰的轮廓线来描绘。价格结构和价格水平、信用状况、消费支出、就业率，以及其他此类被人们所熟知的因素，在任何时候都会形成一套数据，单个企业必须接受并根据这些数据适当调整自己努力的方向。理解一般经济状况，暂时不考虑这种经济生活的一般模式的确切性问题（虽然本书的目的是解释这种模式），也不考虑其变化背后所隐含的重要规律，而是把对经济状况的常识性想法作为一个起点。从日常经验、报纸的经济版面，以及各种预测报告中，我们能很清楚地了解到这些经济状况。如果对经济状况理解得还不是很清晰或明确，那么，充满了实践性的事实能够帮助我们理解。

接下来，让我们观察一下，例如，当商人在给股东写年度报告时，大多会把经济状况描述为正常或高于或低于正常。在正常年份，一家企业的收入能够支付当年的开支、折旧和借款利息，再加上给所有者的服务和资本的报酬，这些报酬使所有者既不增加也不减少投资。[①] 如果所有企业都能够不依靠任何特有的优势或者劣势，赚取大约这么多钱，那么这种一般经济状况就可以被称为"经济常态"。稍后我们把经济常态这一概念与统计学上的"正态分布"和经济学上的"均衡"两个相关概念联系起来，尽管它们并不完全相同。前者是从时间序列的分析中发展起来的，读者从报纸上的图表或统计信息服务中熟悉了这一概念；后者，尽管读者可能不太熟悉，但它是使用科学方法分析经济生活中长期不均衡的一个不可或缺的工具。

然而目前，我们先接受这个概念并把它作为常识。需要强调的是，商人实际上是将各种实际情况与这种经济常态进行比较。他们的言行证明了这种观念，即从长远来看，事情总围绕经济常态波动，除非特殊情况，过多地高于或低于它的状态都不可能持续。有两种习惯体现了长期的，甚至是祖传的商业经验，值得注意。第一个是，将损益表上显示的实际结果与管理者认为正常的结果进行比较的习惯，这有效地反驳了那些认为经济常态的想法不重要的人，这些人认为经济从来没有正常过，因此经济均衡的概念是无用的。后面将看到，真实的经济状态有时会以一种特有的方式接近和远离这些常态。但我们已经看到，即使现实生活总是同样远离均衡，经济常态的概念仍然不可或缺，因为它是诊断和衡量（如果可能的话）经济有机体真实状态的标准；第二个是，认为经济会恢复常态的思维习惯（这解释了为什么某种特定损益表的状态被称为正常状态）表明，商人对经济事物本身固有的逻辑有准确的

---

① 当然，这并不是一个令人满意的界定。下一句话就更不能这样解释了。在读者看来，我们甚至没有理由把这么多的界定归结到非学术的思想中。然而，如果记住上述定义并不意味着每家企业得到管理层认为足够而不是更充分的东西，这种印象就会消失。

认识，在一定程度上，这种逻辑在规范经济学的任务上体现为用公式更严谨地表达事物之间的关系。①

对照经济常态，我们就可以识别经济繁荣或增长和经济萧条或衰退。当经济的变化过于显著时，就会被称为危机。不仅在日常用语中，而且在经济学家和历史学家的使用中，这些术语虽然实际上不缺乏定义，但确实缺乏准确的解释。特别是，在我们这个主题的文献中，"危机"一词的使用相当广泛，如商业危机、金融危机、农业危机等。这也是历史上关于危机的表述差别如此之大的主要原因（超出了每个人都包括的标准案例之外）。我们不会给"危机"这个词赋予任何技术上的含义，而只是给繁荣和萧条赋予这样的含义。"周期"这个词并没有起源于商业社会，不过这不是我们目前所关心的话题。

我们可以从商人以及他们所洞察到的被称为一般经济状况的定义中学到更多知识。他们试图从自己的立场和目标出发，对经济形势进行判断和预测。并经常下意识地这样做，有时甚至不赞成任何看起来像"理论"的分析模式。我们经常会有这样的共识：在获得正确的行动指南时，一个有经验的人的未经分析的想法很可能比经过分析的想法更安全，因为分析在本质上强调有限的、有显著影响的因素的作用，从而可能错过了对事物影响更紧密的其他影响因素。

当然，对于短期分析尤其如此，比如在试图预测股票市场每天发生的变

---

① 因此，经济常态的概念并不是单纯的"臆想"，尽管它是一个抽象概念，是实际生活中强加给我们的许多概念之一。而且，它也不意味着循环推理，就像我们在思考经济常态意味着正常利润（在记账意义上）以及正常利润有时是参照正常情况来定义时可能会想到的那样。最后，它是直接从观察中搜集到的。当然必须承认，它在美国商人的头脑中并不像在欧洲商人的头脑中那样明显存在。在这里，第一次提到这个词，这在我们的主题需要提到社会心理学态度的时候都会不可避免地用到。在美国，早些的时代精神还没有从一个不和谐的上层建筑下消失，它以一种对增长速度，特别是资本价值增长速度的冲动性信念来证明自己。在不严谨的态度中，这往往模糊了概念所体现的简单事实的画面。同样的精神表现在对繁荣和"新时代"的天真享受上，以及在萧条的惊人灾难发生时的相应沮丧上。它是形成那些间接现象的真正因素，我们将其归结为"心理学"的范畴。

化时，对技术状况和领导集团的做事风格和动机的了解，往往比对支撑当天或一周资金流的深层次原因的了解更重要。这种理念也适用于对长期预测的尝试，甚至适用于纯粹出于科学目的而通过科学方法进行的分析。正如医生在病床前看到和了解的东西比他通过精确的测试来证明的东西要多一样，每个能够配得上"经济学家"这个称谓的人，都会终其一生通过不断熟悉同时代的和历史上的事实，获得对他所处的经济体的必要的看法或理解，这比他所掌握的精确工具能让他走得更远，在提出改进的建议时，也可能比可证明的定理更有价值。

没有证据表明，无法衡量的东西就不存在，这部分地解释了为什么单纯地由技术手段来处理应用经济学的问题很难得到令人满意的结果，甚至高水平的经济学家们在做出判断的科学基础上完全一致，但在建议上却有分歧。就像医生一样，是否对病人进行手术，不仅取决于了解特定病症状态并做出诊断，也与医生个人的手术习惯有关；然而知识却不一样，它无法精确衡量，既不是一个可以证实的问题，更不是可以量化的问题。

然而，商人会分析随时出现的新情况，以一种非科学但通常很睿智的方式进行分析，或由银行家、报纸、第三方服务机构帮助他们分析，第三方服务机构运用多种研究方法来呈现当前的经济状况并做出推论，这些方法的科学严谨程度不尽相同，程度区间可以从零到任何人类目前的知识体系可以达到的峰值。自从经济活动在时间和空间上的延展出现以来，也许一直存在着一些规则，商人根据这些规则对现有的经济状况和预期的变化做出判断；但是，随着处理方法的日益丰富和改进，统计事实被越来越多的"指数"所表达，这些指数看起来很客观，有时确实也很客观，甚至对没有受过学术训练的人来说也有帮助。我们将列出那些更受关注的表征。但是，现在我们想从商人在处理企业面临的问题时所持有的心态和使用的方法中学习，顺便加以改进。在试图判断经济变化的过程中，他们对引起这些变化的原因形成了一种看法，并通过一个对我们来说也很重要的特征来对这些原因进行分类。

外部因素

每个人都意识到这个事实，比如，虽然政治事件本身不是经济现象，但在分析经济状况或预测经济未来时，却是一个需要考虑的非常重要的因素。每一次会议、每一份银行或投资公司发给客户的报告、每一次在股东大会上的讲话、每一份报纸的商业版面都会涉及这个话题。但在决定某一特定经济状况的因素中，有些是来自经济领域内部，有些是来自经济领域外部。商人们也会欣然同意这个观点并进一步区分这些因素。经济解释只能充分阐释内部因素，而外部因素以参考资料的形式被接受，在经济分析中所能做的仅仅是解释它们对经济生活的影响。由此，得出一个非常重要的概念，即来自经济领域之外的因素，我们称之为外部因素。当然，在对经济波动的原因进行分析时，必须尝试将其从经济有机体自身运行所固有的变化中抽象出来。[①] 综上所述，我们将这些影响因素分为两类，第一类包含容易被识别为干扰经济生活的外部因素的有关事例，第二类是不包含这些因素的事例。

1 战争等社会动荡

东京大地震等事件提供了分析外部因素的最好例证，这些事件的优点在于，至少到目前为止，没有人想到把这些事件的责任归咎于工业体系。每当

[①] 这些外部因素的影响将被称为我们学科的外部不确定性（external irregularities）与内部不确定性（internal irregularities）相区别。外部因素和内部因素之间的区别与在周期的"理论"分类中广泛使用的外生因素和内生因素之间的区别有关，尽管并不总是同义的。它也不是通常理解的经济内因素和经济外因素的同义词。那些明显属于经济外的因素只是外部因素的最明显的例子。但所有这些和类似的区分所依据的分析原则是相同的。它们都是为了表达这样一个事实，即我们处在一个被非内在的事件所干扰的经济进程中。当然，什么是它所固有的，将取决于如何界定，以及决定把哪些事实和关系作为参数，而哪些作为变量。

经济失调是社会进程的产物时，就会出现一个难题，即是否可以认为它是经济事件和经济状况的结果而不是原因？也就是说，我们是否有权利将其说成是"受到了来自经济领域之外的行为"的影响？在更深的意义上，特别是对我们这些接受马克思主义社会进程理论的人来说，答案无疑是否定的。但是，为了我们的目的①，可以在直接与经济体系的运作有关的现象和其他社会机构作用于经济体系所产生的现象之间划出一条界线。然而，很明显，这种行为可能受到经济状况的制约，也可能受到经济目标或阶级利益的推动。因此，从某种意义上说，在有限的调查范围内，可以把战争、战争的危险、革命等社会动荡视为外部因素。而国家的关税政策或税收制度的变化，社会改良的措施，以及政府的各种规章制度则属于另一个类别。毕竟，得承认这个事实，例如，在分析外汇问题时，不加区别地处理汇率仅由经济因素决定的情况和战争期间法国汇率被"挂钩"的情况，虽然这样做无可厚非，但却对我们没有多大帮助。②这就是迄今为止所做的全部分类。但在很多情况下进行区分没有那么容易，而且需要非常小心，甚至要到非常细致的程度才能对各种各样的社会问题进行客观的处理。

2 自然原因

因为自然因素带来的变化，在农作物的种植中，问题就产生了。如天气条件或瘟疫等，很难与其他因素造成的变化区分开。但就这一点而言，可以把它们与地震的影响放在一起。③黄金的发现也可以列入同一类别，因为从商业组织的角度来看，它们可能是偶然事件。但事实上，黄金总供给量的变化

---

① 人们很容易承认，在某种意义上，这一目的将我们限制在事物的表面。

② 例如，毫无疑问，英国的自由贸易政策是在明确的经济形势下产生的，对自由贸易政策的每一种解释都必须以经济形势为基础。而且，仍有以下事实：从工商业整体的角度来看，废除保护性关税是一个外部事件，并不是由工商业发展而演变出来的，在这两者之间还有另外一种机制在起作用。

③ 如果我们接受马塔（Mata）博士的理论，气象条件不是通过农作物而是通过人的行为起作用，这将是理想的外部因素，这是一个严格的经济周期外生理论的绝佳例子。

往往是对经济状况的反映，其影响方式与任何其他商品的供给变化是相同的。黄金货币供给量的变化从来都不是仅仅由偶然的发现所决定的。因此，这里有一个混合性质的案例，往往解释起来并不容易。

3 新地区的发现

然而，关于新地区的发现问题，以及对我们来说在性质和效果上相似的发明的问题。两者都创造了新的可能性，无疑是引起经济和社会变革最重要的因素之一。这是本文意义上的外部因素吗？答案最好通过举例来说明。如果仔细研究哥伦布冒险的动机和方法，我们会发现，把它称为商业冒险绝非荒谬之谈。在这种情况下，与其他企业一样，都是经济状况的组成部分。相反，如果不这样做，发现美洲大陆并不能因此而成为外部因素，因为它与经济过程的路径根本没有直接关系。只有当新的可能性被转化为商业和工业现实时，它才具有相关性。然后，我们关注的是实现了的个体行为而不是这个可能性本身。这些行为，如发现新的机会而成立的企业，在新的地区定居，向这些地区出口和进口，都是经济过程的一部分。同样，它们也是经济史的一部分，而没有被排除在经济领域之外。再如，蒙戈尔费埃气球（Montgolfier balloon）的发明并不是当时经济环境的外部因素；事实上，这根本不是一个影响因素。所有的发明都是如此，古代世界和中世纪的发明就证明了这一点，几个世纪以来，这些发明都没有影响经济生活的潮流。然而，当一项发明被投入到商业实践，情况就发生了改变。经济生活激发了这一发明的产生，而这一发明又成为经济生活的一部分，这时，这项发明变成了生产过程的一个要素，而不再从外部对它起作用了。因此，在任何情况下，发明都不会成为经济生活的外部因素。这一切听起来可能有些奇怪。我们并不是说，发现美洲在社会和文化方面的重要性在于它所带来的商业贸易，也不是说我们所采纳的观点对知识增长的更广泛的影响是正义的。我们这样做只是为了研究经济波动。事实上，商人也会同意这一点，在经济学中分析影响和在社会学中分析影响大不相同。

本书将在第三章第一节和第五章第二节中阐述这个主题，但这两个例子表明，这不是玩文字游戏。我们有时会看到，在 19 世纪，向新地区开放是经济发展取得成就的背景。在某种意义上，这种说法是正确的。但是，用这里的表述，如果我们的推论是一种外部因素，即是某种不同于经济发展并独立地作用于经济发展的因素，那么这种说法就不成立了。关于资本主义演变的观点，必须清晰地包括对新地区的开放，这是资本主义发展的要素之一，也是产生了那个时代所有其他经济特征的同一进程的结果，其中就包括工业的机械化。因此，引用经济领域一位权威人士的观点，即将 19 世纪总产出增长率归因于技术进步（新技术的发明，新机器的出现），而不是"资本主义企业"。显然，我们是否接受这一说法所依据的理论，即工业机械化是一种不同于"资本主义企业"的现象，并独立地影响着企业的发展（这种现象，无论社会组织是什么，它都能以同样的方式出现），这是一个很重要的问题。不论是否秉持这样的观点（我在这方面完全赞同马克思的观点），技术进步都是资本主义企业的本质，因此不能将它与资本主义企业分开研究。这个观点将随着我们理论的发展而跟进，在这里提到只是为了阐释这个术语。

4 其他国家的经济波动

对于任何一个国家来说，另一个国家的经济波动都应被视为外部因素，这不需要解释。但是，以这种方式处理这个国家人口数量和年龄分布的变化并不一定合理，特别是当这个国家的人口迁移明显地受到该国经济波动制约的情况。因此，如果不将另一个国家的经济波动包括在内，并将它们（至少其中的一部分）作为内部因素考虑，对任何周期机制的描述都不可能是完整的。① 然而，考虑到以领土作为边界研究人口迁移问题更方便，我们可以暂时将统计

---

① 然而，也有一些人是因为宗教压迫而移民，从这个词的全部意义上说，这些都是外部因素。

数据中的跨境人口流动作为一个外部因素，在这一整章都不予考虑——尽管的确会造成较大误差。此外，内部人口流动因素的确存在，但是由于很难测量，因此也没有被纳入我们的分析范畴。有时，由移民以外的其他原因引起的人数和年龄分布的变化，实际上是外部因素或外部因素的后果，如战争。有时又如从结婚率的周期性成分中看到的那样，它们不是外部因素。但是，就像被质疑的最低工资理论一样，为了使人口变化率和经济状况之间建立一定联系而必须接受这一理论，再加上出生率和死亡率对经济波动表现出实质的独立性。因此，无论人口因素的历史变化对资本主义机器运作所产生的潜在的文化影响有多深远，在这里最好将人口因素归为经济波动的一个外部因素（参考第三章第一节）。①

5 本国制度框架的变化

最后，已有的例子，如关税政策、税制方面的变化等，我们可以称之为制度框架的变化。从基本的社会重建，如1917年之后的俄罗斯，到社会行为或习惯的细节性变化，如将个人的流动资产以活期存款的形式保存，而不是以家庭现金的形式保存，或者以集体负债的形式保存，而不是以个人负债的形式保存等，这些变化是否体现在法律中或是否得到法律的认可并不重要。无论如何，它们改变了经济运行的游戏规则，从而改变了指标的含义和构成经济世界的要素之间的系统性关系。然而，在某些情况下，它们非常直接地通过商业行为参与经济，以至于很难把它们看作是外部因素。联邦储备法案的执行很容易被认为是通过政治手段对经济运行的部分环境进行的重新安排。但是，美国联邦储备系统或欧洲任何一家中央银行的实践变革却是一种外部因素，虽然他们本身可能是一种商业行为和周期机制的构成要素；商业界本

---

① 读者将看到，我们关于人口因素的安排部分是由事实推动的，部分是由本书的目的引起的说明性便利的考虑。当然，人们并不认为，在这些目的之外，这些安排令人满意；也不认为除了在这里对人口主体进行分析外，没有更好的地方进行分析。尽管人口的变化确实是资本主义演化最重要的条件之一，也是其最重要的潜在影响之一，但在影响经济周期的诸多因素中却没有一席之地。

身采取的集体措施也可能如此。每一个这样的案例都必须根据其特点来处理，而做出判断可能确实很困难。即使在这种情况下，我们必须牢记这些区别，这种情况出现的频率越高，就越难区分。这只是一个事实的结果，经济系统不是一个纯粹抽象的，而是在不断演变中发展的系统，因此，不能总是用逻辑上一致的分析模型来描述它。但对于原则性的常识，需要再次求助于商人，事实上，他们每次都区分了经济环境的要素，以及对经济环境起作用的要素。而对于可能的社会学批评，这里再次强调，如果这是一本关于美国文明崛起的书，这种批评相当合理，但如果它是为了阐释经济周期的目的而写，那就不合理了。[1]

外部因素的重要性

很明显，引起经济变化的外部因素是如此众多且如此重要，以至于如果看到它们的完整清单，我们可能会想，是否还有什么其他方式来解释经济波动。外部因素的影响本身就可以为繁荣与萧条状态的波浪式交替做出解释。一方面是因为这些外部因素本身就有周期性；另一方面是因为大多数外部因素会在系统中引起一种自适应干扰的过程，在每一个单独的波段下产生波状振荡的图像。

本书将在第四章第四节再次阐释这个问题，但实际上不需要任何理论或评论性注释来了解这一点。其实，我们可以写一部完全以外部因素为依据的经济波动史，而不会有明显的荒谬之处，而且这样的历史可能会比不考虑外部因素的历史遗漏的相关事实要少得多。因此，关于经济波动是由外部因素引起的理论，并不缺乏可验证的证据。事实上，它可能是第一个向无偏见的人提出的理论。

---

① "游戏规则"的变化和引起经济活动的参数的变化，如果其重要性超过了一般意义，可能被称为结构变化。这个概念，对于某些研究目的来说很有用。但我们将避免它，因为它还包括一些对调查的过程更持久的影响，往往会掩盖一些重要特征。

有些例子涵盖的素材范围相当大，其中外部因素的影响完全掩盖了其他因素，无论是在经济环境中个体元素的行为上，还是在把经济环境作为一个整体的行为上。在 1866 年之后的美元通货紧缩期间，美元价格下跌，即使是 1872 年的繁荣也无力逆转（尽管它确实阻止了继续下跌），这是第一类的例子。从 1914 年到大约 1920 年的经济活动的整个过程可以作为第二类例子。对此没有完全令人满意的补救方法。我们真正能做的就是，将那些明显受到诸如世界大战、疯狂的通货膨胀等因素影响的素材排除在得出基本结论的事实之外。这是把战后的周期分开进行研究的原因，并尽可能从战前的资料中找出基本原理，尽管自 1919 年以来，事实和数据的来源比 1914 年以前多得多。[①]然而，如果在这个方向上走得太远，我们就会失去太多的素材。但是，外部因素的影响总是存在的。它们的性质绝不是那种可以按照，比如一个不断地暴露在许多小而独立的冲击下的钟摆的运行方式来处理。我们将看到，经济系统的力量强大到足以保持其自身运行的惊人程度，即使在最糟糕的背景和不完善的指标中工作，经济系统也从来不会完全按照最初的设计运行，尽管有时比其他时候更有意义。由此可以得出以下几个可能看起来很糟糕，但是非常重要的结论。

首先，认为仅从统计资料就能够充分解释现象是荒谬的，从中所能证明的仅是没有规律性的轮廓线的存在。必须相信积极而冒险的思想探索，否则就得放弃一切希望。在这里，我们也遇到了关于经济预测的一个基本困难，它在很大程度上解释了一些预测失败的原因，甚至是借口。很多时候，依据地理上的等高线判断，就好像依据地震后城市的天际线做出判断一样没有道理。统计等高线与地震后城市的天际线有着令人困扰的相似之处。因此，指望经济学家正确预测将要真实发生的事情是不合理的，就像指望医生预测他

---

① 我们可以引用经济周期的主要学者斯皮托夫（Spiethoff）教授的观点来支持上述理论。之所以没有将拿破仑战争及其后果与之相提并论，是因为世界大战不仅造成了更大的动荡，摧毁了更多的工业体系，而且战争对经济活动反方向催化的态度对经济体系运行的影响更明显，远远超过对其后果的影响。

的病人何时会成为铁路事故的受害者以及事故将如何影响病人的健康一样。

　　其次，必须牢记，从经验中了解到的不是资本主义本身的运作方式，而是一个在机体上布满了过去所受的创伤，被伤痕扭曲了的资本主义。这不仅体现在经济有机体的运作方式上，也体现在它的结构上。所有国家工业有机体的根基都是由政治决定的。随处可见的一些行业，如果没有贸易保护、补贴和其他政治激励措施，这些行业可能根本不会继续存在，还有一些因为政府政策导致某些行业过度发展而处于不健康的状态，比如欧洲的甜菜糖业和世界各地的造船业。这类行业的资产价值被严重错估，是潜在的经济疲软的根源，往往是破产或经济崩溃的直接原因。这种类型的经济浪费和失调很可能比其他类型的浪费和失调都更为严重。

　　第三，在某些情况下，我们可以搜集到足够多的关于大扰动的性质、范围和持续时间的信息，以便在一定程度上准确地知道哪些数据被扰动破坏了。然后，要么放弃这些数据，要么设法纠正它们，就像在通货膨胀期间对价格问题的处理一样。但是，无论我们做什么，或者根本什么都不做，在从时间序列的行为中得出推论之前，最重要的是要彻底掌握这个时代、国家或行业的经济史，甚至是有关单个企业的经济历史。这一点再怎么强调也不为过，通史（社会、政治和文化）、经济史，尤其是工业史，是不可或缺的，是理解问题的最重要的贡献者。所有其他统计的和理论的论证，只是服从于它们，如果不能站在历史的角度考虑问题，这些方法将毫无用武之地。

基本概念

　　对于无论是实际存在于经济环境中还是预期之中的外部因素的影响，在试图识别和评估这种影响之后，商人通常自然地认为还有其他事情需要考虑。事实上，在被问及这个问题时，在作者的观察下每个人都很容易地证实有这样一种信念或印象,即使没有任何外部因素作用的情况下,经济也会发生变化。换句话说,除了作用于经济状况的外部因素外,还有一些内在的变化,我们称之为自主变化。因此,商人们采取了第二步分析,并试图判断这些事实所属的类别。多说无用,因为除此之外,正如上面观察到的,商人对自己进行判断所做的贡献变得难以区分地融合在各种信息、"理论"和不同来源的建议中。但正是由于这种混合的结果,出现了一些实用的方法,反过来揭示了一种清晰(尽管没有绝对的清晰定义)的分析经济状况的方式,这些方法在技术上与学院派有很大不同,但在原则上却是一致的。

在这些实用的规则中,最普遍有用的也许是不要相信任何单一的表征,也不要草率地相信许多表征的组合,而是尽可能多地进行调查。这有助于消除过于看重某种单一要素的重要性和存在意义而带来的错误影响,进而提供一个更真实的情况。另一个建议是选择"敏感指数"来分析问题。然而,在采取行动时,必须牢记剧烈波动的指数很可能会夸大经济运行的状况,出于某种目的可能会误导人们的判断。另一个原则是设法找出具有因果意义的现象,而不是只显示初始要素作用后果的指数。将这个建议给那些为了科学目的而进行分析的研究者,毫无疑问是明智的。但在实际应用中却不适用,原因有二:首先它预设了一个对产业波动因果关系是理性的看法;其次,我们必须承认在经济研究领域,原因并不一定总是先于结果而出现——这听起来有悖于我们平常的分析逻辑,但是这就是经济学。当然,这并不存在真正的悖论,只是指向这样一个事实:对即将发生的事件的预期有时会对工商业界的行为产生与这些事件本身对工商业界的行为产生相同的影响,而且表征有时会滞后于产生这些表征的事件。例如,在信贷扩张及其与价格上涨的关系中,信贷扩张可能是价格上涨的"原因"或条件,但如果有关商品的付款日期,比如在 6 个月之后,其价格的上涨将在企业借款增加之前登记,这当然不需要在付款日期之前发生。更具体的建议往往由一些实用主义者提出,另一些实用主义者来回答。^①这里引用一个既实用又简洁的例子，1907 年年初，有人问伊夫·盖约（Yves Guyot），是否认为美国会发生经济危机。他断然做了肯定的回答。对于进一步的问题，即可以通过哪些表征来预示它的到来，他的回答是："观察铁路、美国钢铁公司的订单和金属的价格。"

对这些现象的解释和研究他们的相互关系就是我们所说的"符号学"（Semeiology）。这个研究方向不仅仅是经济学的一个分支，而且是涉及整个经济学的。我们的科学取得了许多成就，这些成就中所有的统计、历史和理论工具都与符号学相关，并且可以对它产生影响；正是在这里，他们遇到了终极考验，让我们开始意识到什么能做，什么不能做。因此，符号学的工作并不局限于分析经济波动，它的主要任务实际上是诊断一个国家的经济状况。^②

该方法只在于观察事实（可能的话，可以通过图表反映），根据经验了解到的现象，无论作为现象本身还是作为表征都很重要；在大多数表现良好的案例中，图表确实在两方面都很重要。至少根据大致估算，每个图表应该对应一个参照系，与经济状况正常时的参考值互为依托。此外，每个表征都必须根据其他一些相关的状态（不一定在同一时期）来判断，这恰恰意味着要根据整个经济情况来判断。从商人的讨论、报纸的经济版面、银行和其他金融机构的报告、贸易期刊中，我们编制了一份清单，其中包括大多数人认可的能够反映经济状态的相关事实，尽管有人会认为这样称呼它们，不可避免地隐含着大量的需要从经济学理论上进行阐释的问题。除了删除明显的重复内容外，这份清单没有任何改动：

---

① 其中一些已经发展成为谚语，例如，当建筑消失时，一切都会消失。

② 在 17 世纪，对个别国家特定经济状况的分析是最重要的任务，这不仅是"政治算术"，而且是一般经济学的应用。这一既健全又有前途的传统在 18 世纪实际上几乎消失了，尤其是在亚当·斯密之后，而且主要是他的过错。一个多世纪以来，它被推回到统计学专业的角色，直到近期，经济学家才再次意识到它的重要性，并意识到一种新的、更现实的、更量化的理论可能从中演变而来的。

1. 利润和预期利润。

2. 消费者（家庭）对消费品的需求——消费者的购买力。

3. 生产者对投资品的需求——生产者的购买力。

4. 商品的批发和零售价格。这里没有提供合理的价格水平概念，尽管在可能的情况下，我们努力去得到它，目前最好的定义是"一般价格的斜率"。具体来说，"基本商品"层面被提及最多的是小麦和生铁的价格，以及电解铜的价格。

5. 借款利率，债券收益率。

6. 银行利率（只有英国人提到过）。

7. 就业。

8. 银行清算和信贷，纽约及其他地区（只有美国人参与，但汉堡商人除外，他们非常熟悉对经济周期分析的常用方法）。在要求准确说明"商业活动"或"业务量"时，经常用到这些术语。

9. 美国钢铁公司未完成的订单（欧洲人和美国人一样经常用到这些术语）。

10. 企业破产。破产企业的负债金额、银行倒闭。

11. 出口和进口，包括数量和总额。

12. 颁发的建筑许可证或合同。

13. 已发行的证券。可以简化为"国内企业的债券"。

14. 股票价格。交易的股票数量。

15. 产量。包括总量、成品、设备成品、最终消费品、金属半成品、钢铁、"原材料"、电力等的产量。

16. 消费量。划分方法和产量相同，也包括消费品之间进行的消费替代。

17. 货币收入的总和。有几次还提到了这一数额在不同收入阶层之间的分配变化，但在每个案例中都有科学的或意识形态影响的嫌疑。

18. 成品或主要商品的存货。现有的供给量，注意避免在生产者、中间商或其他制造商那里重复计算。

19. 连锁店、百货公司、邮购公司的销售额（主要在本国强调，但在欧洲也提到零售商的收入）。

20. 银行的储备率（特别是中央银行）。如纽约银行的贷款、外部银行的贷款、"所有其他贷款"、贴现、存款（特别是活期存款）、银行以外的合法货币、商业票据，只要提到其中任何一个术语，就很容易得出构成银行对账单和通常银行负债比率的数字清单。对于这些数字，总是可以减少到诸如宽松或紧缩货币、信用状况的健全、收紧银根等术语的使用。

21. 经纪人的贷款（美国）。

22. 汽车销售（美国）。啤酒的销售（德国）。

23. 生产成本。主要与工资率联系在一起，而工资率经常被认为反映了经济繁荣或萧条，或者造成了经济的繁荣和萧条。

24. 新企业的成立，新企业的数量。反向清算。

25. 债务偿还的紧迫性和应收账款的回收速度。

26. 客户对交货质量等方面的不满意程度。

27. 银行界的"脾气"，体现在他们与客户打交道时的"合理性"或礼貌等方面，他们"态度谦和"或"高高在上"的态度。

28. 黄金产量，流入和流出的黄金量。

29. 活跃的货运车辆。货车装载量、基础材料运输量、杂货运输。不足一车的装载量。客运收入、铁路收入。虽然上述最后一项和闲置汽车的数字被普遍关注，但其他标题中所隐含的更精细的分析主要指美国的使用习惯。

30. 房地产市场状况。

31. 公共财政。主要来自消费税、印花税和流转税，但也来自所得税。

32. 外汇汇率。

33. 工业产能活跃百分比。

34. 股息。

35. 结婚率。

36. 工业中心的移民，移入和移出的居民。

37. 商界的风气，自信、乐观情绪等。

38. 广告。

39. 制造业的竞争地位。"产能过剩"等指标。

40. 支出率。存款的流通速度，"贮藏货币"。

41. 参加神圣的仪式。这与商业繁荣程度成反比关系。

对代表性表征的评论和处理

　　如果以不同的方式来扩展这份清单，①可以很容易地列出200多项。在统计学上，如果我们把所有与经济波动相关的指标都算进来——无论长短，重要性，分别算还是汇总算，是不同国家还是同一国家内独立编制的——统计变量就可能高达数十万。所以需要判断它们的来源和编制方法的可靠性和真正衡量的内容，以及反映我们希望它们表明的内容的准确程度。显然，这种判断非常重要，尽管经常可以看到"指数迷信"等问题，但对于至少偶尔会不惜代价发现某个指数的真正意义的实践者来说，并不陌生，即指数的功能主要是表明一些无法直接测量的事物。虽然这些指数适用于任何素材，也适用于允许保留其"真实"意义的素材，如特定质量的商品价格，但它对一系列"合成"事件具有额外的影响力，如总产出序列，这些序列代表了统计学家所创造的数量的变化，需要事先对其存在所依赖的合成过程进行评价，否则就不应该使用它们。

---

　　① 通过各种方式对这个清单进行分类，可以根据价格、能够测量的数量和价值（价格乘以数量）进行分组，或者根据这些项目是否仅仅显示波动，或显示出持续的增加或减少的趋势，或根据重要程度划分绝对量级还是相对量级，或者根据它们是否主要反映经济过程中某些特定部门的事件等。例如，棉纺厂的活动，或像利率一样反映整个经济过程中的事物状况。

然而，这不是全部。在上述清单中包括一些案例，其中商人自己会问某个数字的含义，这样的例子很容易多起来。例如，一系列抵押贷款的数字往往用于推测从事投资活动的资源的数量。但是，无论这个数字多么准确，这肯定是错误的，因为申请和发放抵押贷款有许多其他目的。使用纽约之外的清算或借贷序列则更适合这种情况，在本书的总结工作中也这样使用，以便对生产者和消费者在商品和服务上的支出过程有所了解。这的确可以提出一个概念，但其本身不是这种支出的变量（或支出变量的简单不变的函数）。例如，没有满载的汽车数量本身并不是零售贸易，对工资单的统计并不能准确反映工薪阶层的总收入，建筑许可证并不是建筑，以及定期存款并不是储蓄等。

在这种情况下，一组数字的实际测量结果与我们希望从中推断出的因素或表征之间或多或少存在着差异，但至少那个因素或表征的含义是完全清楚的。然而，很多时候，情况并非如此。在两种情况下会产生这种极端的困难，有两种可能，一种是即使我们很清楚影响因素是什么，也很难预测这个因素起到的作用是积极还是消极的，哪怕是在市场、经济正常运转的前提下，这个因素也不能确定是增加还是降低表征的值，因此难以直接影响它们的关系。另一种情况则是无法确定一组特定的数字所代表的事物是什么，或者常识性符号学里的一些概念理解起来门槛比较高，比如价格水平。

此外，一个序列可能会通过显示与其他表征不一致的自身运动来掩盖它所要表明的经济状况。例如，没有人会用连锁店的销售额来反映零售业的趋势，因为这种特殊的组织形式正在以牺牲其他组织为代价迅速发展；也没有人会认为用一个正在进行电气化的国家的电力生产作为总体经济发展情况的指标是令人满意的。每个人都会试图以某种粗略的"经验主义"方式考虑到这一点。

然而，仍然有一些细微的、下意识的反应可以体现人们平日的心理态度对判断的影响，虽然由于这种概念的专业性，很多反应仅有常识是远远不够的。它们既影响到信息来源本身，也影响到从信息来源中得出推论的方式。改进的措施是习惯于分别查看纽约和外部银行的统计数据，并对其进行不同的解释。另外，在可能的情况下拆分建筑活动的统计数据，按理说，如果估计建筑对特定情况的影响，总量数据很重要，但建筑作为一种表征，可能会因为包括公共机构的建筑而变得毫无价值，还可能由于没有区分住宅和工业建筑而大大降低了数据的参考价值。再如，生铁生产的估算价值因以下事实而降低，即它所反映的工业活动以进口生铁为主，而在萧条时期，本来会出现生铁产量的减少可能会因出口而被削弱，这种价值的错估会误导对经济状况的判断。[①]因此，斯皮托夫建议用生铁的消费数字（生产量加进口量减去出口量）来代替生铁生产的估算值。当然，这一原则适用于所有商品序列。

至于对序列的处理或其形式上的加工，现在大多数是基于基础科学的性质来进行的。例如，用固定基数的百分比，或使用半对数的链式法则来使数字平滑化等。但是，商人们也知道，在评估日常观察的因素或表征的变化时，有必要判断这些变化在多大程度上真实地反映基本经济状况的变化，以及在多大程度上只是季节性的变化。专业性工作只是为这一明显实用的想法增加了精确性。由于对数据序列的处理与加工既没有在本书的论证中发挥重要作用，也没有为结论做出任何贡献，我们就不做阐述了。尽管这一现象比我们要处理的其他现象呈现出更大的规律性，但这个问题并没有得到圆满的解决，特别是在周期性方面。更不幸的是，它并非独立于这些现象，也不是对它们没有影响。在最初的估算中，我们可以依照惯例进行修正，排除季节性变化的影响，但不能忽视的是，随着对这一学科发展的持续努力（也由于人类经济生活的变化），现在的季节性波动并没有以前那样显著。概括地说，它们的振幅趋于减小而变得不那么重要了。例如，母鸡被驯服更有规律地产蛋，建筑业也不像过去那样受到冬季寒冷气候的干扰，借款利率也不像19世纪那样具有季节性。尽管现代生活有独立于造成季节性变化的部分因素的趋势，但最终消费者的需求仍然是季节性的。然而在某些情况下，经销商的中间需求，

---

① 当然，由于其技术意义发生了变化，其诊断价值进一步降低。对此还没有找到令人满意的补救措施。

如汽车工业的需求，被生产者规划为均匀地分配在一年中。克拉姆教授设计的方法在很大程度上克服了这一困难，他采用一种常用的方法得到季节性变化的趋势，再用每个月的趋势值进行校正。这相当于使用一个移动的，而不是固定的季节性指数。

本书所做的总结工作参考使用了曾经被其他人以各种方式修正过的数据序列。[①] 在使用年度数据时，会用简单的平滑法对数据进行处理，而在其他情况下，则没有进行修正，以避免对事实证据进行篡改。虽然在实际使用修正的数据时，必须注意到没有完全消除的季节性影响，或者由于人为操作而对原始数据造成的不利影响，但我们将一直讨论，好像问题已经以一种完美的方式得到解决，而且好像季节性因素是独立的东西，能够像帽子一样被轻易摘掉。这是简化模式的一个重要部分，也是本书为达到研究目的所必需和被允许的。

尽管非专业人士有时会表现出一种令人困扰的习惯，即把量值和量值之间的关系引用到某个过去时代的相应量值和关系中，例如把现在的相关量值引用到战前的最后 10 年的相关量值中，但他们大多意识到正常的经济情况本身会随着时间而变化。问题是如何从每个时刻的数据中分离出那一时刻的正常状态下的值作为标准，并参照这一标准来评估这些数据？这是趋势分析的常识，统计学家设计了形式化的方法并通过商业理念的帮助来实现这一点。我们将在后面（第五章）讨论这个问题，然后找到理由来质疑通常的程序和由它产生的趋势及波动的有效性。目前，只需说明消除或校正趋势与修正季节性变化一样实用。那么，如果使用趋势的概念并重点研究与趋势的偏差，可能是迄今为止表达这种情况的最合理的方法，就像哈佛大学所做的那样，用标准差来表示。这里出现的趋势和偏差之间可能存在的相关性这一基础问题并没有因此得到解决。然而，该方法也可以用来改进数据在不同时期表现出的波动强度的差异。直觉告诉我们，经济表征适用于某种规则，犹如在不

---

① 作者最主要的目的是引用所谓的媒体－联系－相关方法，这种方法至少在 1925 年以前就得到了克拉姆教授的有力支持。

同人的身上观察到的脾气特征一样。对一个人特定表现的评价不同，取决于我们对他的先验印象，即我们知道他是一个易怒还是脾气平和的人。经验告诉我们，序列的变化幅度也是不同的，有的序列"脾气"暴躁变化幅度很大，有的脾气平和。对经济情况的诊断而言，不能对两者中的特定偏差量赋予相同的权重进行分析，而是将其以"标准单位"表示，这时他们的"脾气"就变得缓和了。

当通过"修正"季节性变化和趋势的方式处理时间序列，使其成分以标准单位表示时，便得到了近乎波浪形式呈现的图形，这些"波"通常被称为"周期"。它们代表了该序列所描述的历史事件的一个独特元素，有可能以这种方式将其与其他两个元素分开，或者更确切地说，既然外部因素的影响无法消除，这个独特元素就代表了受到的外部因素的干扰。这就是所谓的哈佛方法的实质。它的有效性，特别是它事实上成功地隔离了周期性运动这一说法的合理性等方面，稍后将引起我们的注意。现在重要的是，读者应该看到这种方法的常识性基础，虽然对这种方法进行的不利批评已成为一种时尚，根本不考虑它所取得的进步的历史重要性，也不考虑它向许多学习经济周期的研究者（包括一些强烈的批评者）传授业务的事实。它忠实地遵循、改进，并精确地描述了那些很容易从商人的需要和关心中产生的想法，当然，这些想法既可能被记录下来，也可能没有被记录下来。类似的说法也适用于其他处理统计事实以使其产生额外信息的方法。

此外，经济状况的概念本身就意味着基于部分潜意识经验的印象，即可测量的表征或因素的波动大致上步调一致。专业研究者通过统计图形，进一步提炼数据对此进行补充。提供统计图形的最原始但也是最直接的方法是，在同一张图表上简单地绘制有用或方便的尽可能多的时间序列。在绘制之前，如果将它们全部按照哈佛方法进行处理，在某些方面的比较就会变得更容易和丰富。每个人都会试图减少由此而绘制的序列的数量，然后就会出现下一节要处理的问题。例如，用哈佛方法的"指标"将其希望传达的信息压缩在三条曲线中，而另一些人，虽然总是不遗余力地展示一些其他序列，但也会尝试将经济状况集中在单一的图形中。如果这个图形有明确的含义，也就是说，如果简单地在诸多可用序列中选择一个经济状况的单一数字指标，并用这个指标来描述整体经济情况的特征，这样描述的特征必然是非常不完美的，但没有其他反对意见。专门由一系列银行借方组成的业务指数属于这一类，为此目的而构建的指数也属于这一类，但我们习惯于使用原始数据的合成指数，这类指数指的是那些旨在描述总产出变化的经济状况指数。后一个概念所固有的困难在这里并不重要，即使这个概念可以接受，我们也只是将其用于眼前的目的。

也许你会问，用单一数字指数做评判是否有意义？有时候单一数字指数本身不代表任何含义。当然，也没有理由假设任何有机体的状态可以用一个单一的数字来描述。为了了解这种尝试的本质，只需把类似的概念应用于生物有机体中做比喻，就能一目了然。考虑一位医生试图用一个数字来为他治疗的病人做诊断，或用一系列数字来表达病人身体状态的变化。这种指数的概念与这个时代我们迷信的指数非常相似，只会使事情变得更糟。诸如铁路营业收入、商品进口总值、生铁生产量、棉花消费量、煤炭生产量和交易量等的算术平均数并不会马上被认为是毫无意义的，仅仅是因为它们和许多其他数列之间存在着大致同步的变化。在任何情况下，从个别图表中观察到的印象增加了数字上的精确性，但这完全是虚假的，只会引起误解。

最后，商人的判断可以通过测量周期和振幅，以及每个序列的运动相对于其他序列的波动时间来加以改进。这片土壤促进了新的理论问题的出现，到目前为止，我们也只是发现了表面现象。尤其是对振幅的研究，还处于初级阶段。事实证明，哈佛方法在衡量先进性和滞后性方面特别有用。[①]

[①] 主要参考哈佛委员会在 1919 年《经济统计评论》中的工作。"两个修正序列显示出最大相关性的滞后期揭示了这些序列所反映的数量在周期性过程中的基本关系"，这一观点的基本原理值得赋予它比迄今为止更多的研究。

因素或表征之间的经验关系

当商人调查他手头的材料时，首先发现几个序列或非定量的表征经常衡量或表明相同或几乎相同的东西。有时，不同的序列甚至会反过来指向相同或类似的材料；更重要的是，不同的材料往往反映出相同的影响或表征。多数情况下，这些都很清晰地显现出来。铁路运输的煤炭和生产的煤炭在统计上是独立现象，并不完全一致。但它们只是对同一事件的两种不同方式的度量。美国钢铁公司的未完成订单和生铁消费量两个指标在许多用途上可以互换使用，只有在非常特殊的用途上才衡量不同的东西。在更广泛的意义上，当作为经济状况的表征来研究时，生铁和铜的消费量可以说是衡量同一件事。其他几个这样的案例在清单中被归纳为单一项目。

接下来，商人发现某些序列比其他序列更直接地反映了整个经济有机体的状况，我们称它们为系统性序列，以区别于个别序列，后者主要表明系统的某部分情况。一些合成序列，其中最主要的是价格水平和总产量是系统性序列，也有一些非合成序列也是系统性的，其中最主要的是清偿的债务、失业和利息序列。然而，虽然一些序列，如价格水平，只能是系统性序列。但根据研究目的，有些序列可以是个别的也可以是系统性的。生铁消费本质上是个别序列；但作为一个衡量装备行业活动的指标时，就变成了系统性序列。

在实践基本常识的符号学的尝试中，至少在初期分析中可能存在另外两个区别。因素可能是原因的，也可能是结果的；可能是主要的，也可能是次要的。如前所述，因果关系在日常用语中有其明显的含义。但它也用于相对意义上，其中一个事件可能是某些现象的原因和其他现象的结果。在符号学家看来，除非被某种意外抑制或掩盖，首要因素既不表示时间上的优先性，也不表示相对的重要性，而是他们总是出现在繁荣或萧条之中。举个例子就可以清晰地说明这一点，由于很难在没有股票市场相应波动的情况下发现明显的经济繁荣或萧条，因此，股票市场的波动被大多数人称为最早的现象。但这些变动不是经济繁荣的原因，而是必然的结果，尽管它们可能是某些次级现象（如股市崩盘后珠宝需求下降）的原因。这表明，两种因果对比是交叉的，即先出现的因素可能是结果，后出现的可能是原因。

这种适度的思维方式足以满足多种目的，甚至许多细致严谨的说明，尤其是与历史相关的描述，不需要使用其他方法就可以达到。商人比统计学家更有可能懂得和了解工业过程和构成统计数字的更深层次的情况。在清除了可称为统计重复或经济效仿的表征清单后，他将分组描述有机体各个部门（农业、工业和矿业、批发和零售贸易、运输业等）的特征，并以常识的方式将它们联系在一起。例如，他将认识到农业收入的波动对农业机械和化肥的需求及开展农业业务的银行状况的重要性；他将评估铁路收入和就业情况，将其作为影响经济状况的因素或征兆；他将观察其各个分支机构的建设活动、货币市场的动态等，并将试图形成对数量和趋势的估计。

建议读者们也这样做。这个思维习惯能否取得良好的效果，取决于读者能否摆脱所有的理论成见，并倾听常识的声音，就好像从未听过或读过任何关于这个主题的理论一样。为避免干扰读者的判断，作者必须避免将"表征联系起来"的操作，但是仍然可以通过举例来清楚地说明理论是如何应用的，并提供一些一般性的评论。

例如，很明显，无论是从表征还是从结果来看，对消费者（家庭）的销售旺盛是商业繁荣的基本要素之一，而销售低迷则是不利于商业状况的基本因素。现在，虽然第2、7、16、17、19、26、29、81、35、40项中的大多数也会出现在其他相关因素中，但它们或多或少以这样或那样的方式，与对消费者的实际和潜在销售相关，这些因素可能会集中在一起互相检验，进而达到对经济状况进行判断和预测的目的。不同事件链的各个方面和不同阶段可以很容易地互相解释并相互衔接。从预测"消费者的收入"近期变化的尝试中，我们通过货币收入转向生产者的支出，而且将其与预期利润联系起来，特别是在建筑和设备等需要投入相当长的时间的资产支出部分，由此衍生出一种常识性的理论副产品，即重工业和为商业目的而产生的建筑业在改变商业状况的过程中所起的作用。到目前为止，利润反过来又不取决于价格水平，也不取决于任一绝对价格本身，而是取决于价格之间的关系。因此，对单个企业来说，一个重要的引起因果变化的因素是，是否存在如预期价格和成本之间的关系的某种变化的可能性。由于影响商人决策的不是简单的利润水平，而是他将保留的那部分利润水平，我们恰好谈到了税收和利息，从这一点开始，利息就发挥了它真正的作用，而在预测中的作用没有被夸大成必要的或充分的条件。

无论从清单的哪个位置开始，都有可能在所选择的条目和其他条目之间建立简短的联系，无须使用复杂的统计或理论技术，仅通过对业务流程中事物如何关联的常识性理解，就会带来远远超出单纯印象的可能性。这样，就可以探索经济世界和变革的机制，这两件事很容易完成。首先，从单个企业的视角和目的来看，完全有可能得出合理的判断和预测。这是因为，对它来说，大多数经济变量都是数据，单个企业无法通过自己的行动影响到这些数据，而且更深层次的关联也和它们无关。当然，由于对事实调查不充分或对事实的推断有误，个别企业可能会犯错。但是，通过对事实和推论的合理关注，还是可以得出非常有用的判断。其次，只要可以确立并且强调导致经济状况的所有因素或表征之间普遍相互依赖的事实和大致形式，就可以避免犯错。以住宅建筑为例，它显然是国民收入的一个函数，而反过来，连同所有附属机构，也是影响国民收入的一个因素，在清单的所有条目中，类似这样的表述都成立。可能确实经常使用这种方便的方式进行分析，要么忽略双边或多边关系的较弱方向，要么假设在某一特定情况下，影响只由 A 对 B 施加，反之则不成立。这种分析方法有失偏颇，常常误导结论，但却不可避免，往往有用。例如，商人有理由假设，在不久的将来，利润不会发生很大变化，但利率会发生变化。就他的目的而言，利率实际上是利润变化的原因。实际判断中一些严重的错误和一些不完善的理论谬误产生的根源就在于使用这种方法，但如果使用得当，没有对结果的普遍性浮夸，确实有助于对经济世界的常识性探索。

然而，这就是我们能做的全部了。但距离我们想要达到的全部还很远。符号常识最大的局限性只有在这个时候才会体现：要么陷入一个"试图得到概括性结论，又试图让这个结论永远正确"的怪圈；要么在探究根本原因和结果时干脆就直接使用那些晦涩难懂的符号。例如，价格水平的上升是繁荣的必要因素吗？它是繁荣的原因、结果还是表征？利润和亏损是由于价格水平变化的自动影响而意外带来的吗？价格水平的这些变化是否会反过来受到利率变化的自动影响，进而可能受到中央银行政策的影响？对于这类问题，常识符号学无法提供答案。可以用多种方式解释寻找答案的序列之间的关联。未经分析的经济事实的声音几乎是在讽刺地重复着"相互依存"这个词，至少，如果要表达普遍真理，任何更具体的知识往往都是错误的；也不能依靠公共政策积累的大量实验结果来表达，因为只要我们除了讨论中的方法之外没有其他方法来解释它，这些证据所指向的结果就是不确定的。从这个角度来看，关于低息货币政策是否能有效刺激经济的问题，只能说，它有时有效，有时无效。外行们完全有理由在真诚的困惑中大声疾呼："是资本主义扰乱了金钱，还是金钱扰乱了资本主义？"

第二章

均衡与经济数量的理论规范

BUSINESS

CYCLES

模型的含义

仅通过对表示"经济状况"一词的事实进行调查，并对这些事实进行常识性的讨论，就可以做很多事情。但要在这方面取得更大进展，则有必要搜集更多的事实，并找到更精确的统计方法来处理和安排这些事实。特别明显的是，由于没有其他方法可以观察到大量的波动元素，我们必须尽可能地探究过去发生的事情。因此，即使对于处理当代最实际的问题，历史研究法也是最重要的研究方法。

但我们也看到，在对经济事实的此类讨论中，会遇到一个障碍，阻挡了我们通向许多精确答案的道路，而且在任何数量的事实（无论多么完整）或任何统计方法（无论多么精确）面前，都不可能无视它的存在。那就是原始事实本身就是一堆无意义的杂乱无章的东西。即使是迄今为止我们能够得出的那部分信息，也是由于运用了对事实运作方式的常识性理解才得出的，而不仅仅是由事实本身得出。结果是，为了获得更强大的分析工具，必须设法改进常识性的分析方法，也就是必须设法增加事实的数量和改进统计方法。这是本章和后面两章主要阐释的内容。

这是最自然，也是必须要做的事情。但由于对它产生了众所周知的争议，因此提出以下评论进行解释和辩护。

1. 如果一开始在有关联的论证中提出某些概念和命题，这在一定程度上仅是为了方便说明。因为需要，其他概念和命题将稍后出现。但这种阐述方式存在误解，在许多读者看来，后面介绍的事实除了验证预先存在的理论之外，没有其他作用。我们不在这里讨论关于"理论"与"事实"之间关系的认识论问题。但必须强调，在本章和后面的章节中所说的内容，在一定程度上只不过是对后面提出的一些事实的概括性表述。因此，"验证"一词并不能准确地描述这种关系。必须提出一个比它所暗示的更广泛的要求，在这一点上，作者完全赞同一些自称是所有理论的敌人，在引号之外从不提及理论的人，这样说的目的是为了直接研究历史和统计事实。

2. 但事实上，对常识的提炼在逻辑上先于所要研究的事实，即必须首先引入常识，因为没有常识，对事实的讨论就不可能进行。我们清楚地表明，我们的意思不同于经济周期的研究者通常通过"理论"理解的意思，这一点的含义就会变得更容易接受。即使那些不认为理论是"自说自话"的人，也习惯于把理论与解释性假设联系起来。正是这种粗糙的或放任自流的假设造成了人们对理论的质疑，以及一些学者在"现实"或"经验"的事实与理论工作之间的对比中，在一定程度上证明了这一点。尽管在我们的学科中，假设的提出有时与其他科学一样必要，但在与作为"分析工具"相同的意义上，它既不是理论的唯一功能，也不是理论的主要功能。如果要谈论价格水平并设计出衡量它的方法，就必须知道价格水平是什么。如果要观察需求，就必须对其弹性有一个准确的概念。如果谈论劳动生产率，就必须知道关于每工时总产品的概念，以及关于总产品相对于工时的偏微分系数的概念。没有任何假设进入到这些概念中，这些概念仅仅体现了描述和度量的方法，也没有进入定义它们之间关系的命题（所谓的定理）中。然而，构建假设框架是理论分析的主要任务，无论是在经济学还是在其他学科中都是如此，这就是所谓的分析工具。显然，在掌握需要测量和理解的素材之前，我们必须知道他们是怎么使用的。一套这样的分析工具，如果用来处理形成一个独特过程的现象，称之为这个过程的模型或模式。对于它所依据的是什么的问题，如果它不依据要描述的过程的事实，唯一可能的答案是它依据其他事实。

3. 在经济领域的一些工作者不仅忽视了即将面对的任务，而且还以此为荣。他们的理由是正在把物理学的方法应用于对社会现实的分析中。用完全不同的物理学问题做类比，非但无益，反而容易引起误解，但为了论证起见，我们还是接受了它。同行的情况丝毫没有因此得到改善，因为他们完全忽视了理论在物理学中的作用，而理论正是我们心目中的那种工具库，甚至在假设的提出方面也远远超过了在这里要尝试的东西。那些从经济学方法和物理学方法之间可能的相似性中得到安慰的人，可以去查阅。例如，牛顿原理的第五项推论或玻尔的原子模型，这可能有助于阐明我们的意义。因此，无论有时对先入为主的观念、臆测和形而上学提出多么庄严的抗议，都无法从与物理学的类比中获得有说服力的论据，以支持这样的观点，即经济学研究的正确方法是搜集统计数据，用规范的方法来处理数据，并将结果作为问题的解决方案呈现出来。这种观点背后的幻觉可以通过一个被称之为"无意义的归纳"的例子进一步暴露出来。在每次危机或萧条中，我们都会观察到商品变得滞销。如果基于这一点，我们说，"人们生产的东西太多，因此他们有时无法出售生产的东西"，此时，我们在做一些对事实结果的判断本身没有依据的事情。然而，必须强调，如果只根据结果就这么做，就是在执行一项毫无意义的操作，尽管它可能被赋予了看起来很精确的术语。

4. 上面已经看到，一方面，相较于从其他来源验证理论方面，统计和历史事实在建立对现象的认知方面发挥着更重要的作用，引导理论工作并决定其模式；另一方面，它们并不能完全满足理论家通常赋予的验证功能。因为除了"无意义的归纳"之外，还存在一种所谓的"虚假验证"的情况。例如，根据常识，利率是经济环境中的一个重要因素，我们可能会得出这样的结论，即利率是引起经济繁荣和萧条的因素。事实上，几乎总是低利率在繁荣之前，高利率在衰退之前。如果这足以建立因果关系，那么这个命题将是我们学科中最安全的命题之一。然而，即使没有统计事实与之相矛盾，它还是错误的，而且可以被证明是错误的。还有一点需要注意，即使这个命题是正确的，应用统计学的方法也不能证明它是正确的，因为很显然，时间序列的行为与它非常吻合，也可以用另一种关系或完全不含因果关系的理由来解释。例如，每一次繁荣之前都必须有一种与"繁荣"相反的状态，在这种不繁荣的情况下，对货币的需求很少，导致利率很低。因此，繁荣的经济总是以低利率为先导，即使这与实现繁荣没有任何关系，或者它反而可能是繁荣的一个障碍。

当然，我们观察到的时间序列是原始材料的一部分，我们必须从这些材料入手，对其进行说明。必须使每一个新的真实结果与经济过程的其他事实相一致，而不是与我们头脑中的想象相一致。但是，任何统计结果都不可能证明或反驳一个我们有理由相信的命题，而这个命题是由更简单和更基本的事实决定的。它不能证明这样一个命题是正确的，因为时间序列的一个相同行为可以用无数种方式进行解释。它也不能证明这个命题是错误的，因为一个非常真实的关系可能会被作用于所研究的统计材料的其他影响掩盖，以致完全迷失在数字图形中，而不会因此失去它对我们理解这种情况的重要性。因此，通常为统计归纳和验证而提出的观点必定是有限的。像这样受到如此多干扰的材料，并不符合归纳过程的逻辑要求。

基本问题

在经济社会中，当我们看到一些熟悉的时间序列图时——如美国劳工局价格指数、商业票据利率、银行清算或借贷、失业人数等图，商业晴雨表，美国电话电报公司的图——我们无疑会像商人一样，对波动的"不规则规律性"产生印象。我们首先要做的就是测量它们并描述它们的运行机理。为了这个目的，现在将尝试提供相关的分析工具、模式或模型。但是，我们的思想，在这个领域的运作和其他领域一样，永远不会满足于此。无论在防止过早问及原因的警告中有多少智慧，它们总是会被问及，直到得到答案。此外，我们的思想永远不会停止运转，直到对机制的所有测量和描述及关于关系的命题都以这种方式与所表明的原因相联系，即它们可以被理解为是由这些原因引起的，或者用我们的表达方式来描述，直到在一个模型中涵盖了原因、机制和结果，并且能够明确地阐释它是如何运作的。在这个意义上，无论我们反对什么，因果关系的问题都是基本问题，尽管它既不是唯一的问题，也不是第一个被提出的问题。

如果对曾经观察到的所有波动、危机、繁荣、萧条提出这个问题，唯一的答案是没有单一的原因或原动机可以解释它们。甚至没有任何一组原因能同样有效地解释所有这些问题。因为每个个体都是历史意义上的个体，无论从其产生的方式，还是从其呈现的画面来看，都与其他个体不同。为了弄清个体之间的因果关系，要弄清每一种现象的原因，我们必须分析每一种现象的事实及各自的背景。依据单一原因而寻求的答案肯定是错误的。

但在这个问题的背后，出现了一个完全不同的情况，如果通过体现经济体系某些特性的一般模式成功地描述了这个经济体系，那么这样描述的体系是否会因其自身的运作而产生繁荣、危机或萧条？如果产生了，在什么情况下产生？就如寻找人类死亡的单一原因是没有意义的一样，因为显然存在着各种各样关于死亡的原因。但是，在没有任何病变的情况下，凭借人类机体或其组成细胞的工作，死亡是否会发生？为什么会发生？这是令人着迷的问题，尽管它几乎从未被纳入医学实践的普通心理治疗中，而医学实践总是与死亡实际发生的无数种模式中的某一种有关。用一般的形式来说，如果有一组"真实"的现象 X，为了某种目的，我们试图用一个概念模式 X' 来处理，那么，如果一个事件 Y 在 X 中发生，在 X 中寻找 Y 的单一原因不一定有意义；但是，X' 是否暗示了 Y 的出现？X' 的哪些属性导致了 Y 的出现？这个问题始终是有意义的。

在按照我们希望被理解的方式提出这个问题后，不得不承认，答案仍然可能是否定的。前文已经说明了外部因素在经济波动中占了很大比重，甚至可能占了全部。这相当于有这样一种周期理论，可以非常简单地表述为：只要有足够重要的不利事件出现，就会出现危机或萧条。由于第一章中提到的原因，我们不能先验地否定这种观点。此外，这种观点还得到了传统经济学的支持。在没有把经济生活视为静止不变的地方，权威机构认为它是一个有机增长的过程，并根据不断变化的数据进行自我调整。除了容易被证明是由自适应机制的性质所引起的波动外，这并不能指出任何周期的内部原因。有些人坦率地认为这个周期是一个"假象"或仅是一种随机波动。

毫无疑问，对事实的验证可能会确认经济进程中固有的周期性成分是否存在。但实际上，它们并没有以某种特定的方式呈现——特别是，虽然不是唯一的，因为表面看来外部因素总是对经济进程起很大的作用，无论我们如何用形式化的方法处理它们，它们都没有回答基本问题。因此，剩下的就是构建一个经济过程的模型，看看它是如何在时间序列的研究中发挥作用的。在这样做的过程中，我们不能想当然地认为经济过程中存在固有的周期性运动，除非这是经济实践中的一个不容置疑的事实。

静态流量

我们的任务是在一个封闭的区域内对自主变化的事实进行分析，为研究方便，首先建立一个稳定的经济过程模型，这个经济过程以恒定的速度生产，产品也是投入品（这是一个自我复制的过程）。显然，这个模型以最简单的形式呈现了经济生活的基本事实和关系，如果没有它，几乎不可能令人满意地将这些事实和关系呈现出来。因此，它一直隐含地以最基本的形式存在于所有流派的经济学家的头脑中，尽管他们中的大多数人并没有意识到这一点。当它被严格定义并以抽象的方式突出地呈现出来时，有些人甚至对它表现出抵触的情绪。这是重农主义者的尝试，里昂·瓦尔拉斯（Léon Walras）最终做到了。马歇尔式的结构分析也基于同样的理念，强调这一点很重要，因为马歇尔不喜欢这个理念并几乎使其从他的论述表面上消失了。

这种分析工具的本质和事实依据可以表述如下。首先，如果研究比如一只狗的有机体，我们对观察到的现象的解释很容易分为两个方面。我们可能对狗的生命过程感兴趣，比如血液循环，它与消化机制的关系等。但是，无论对它们的所有细节掌握得多么彻底，无论我们成功地将它们相互联系得多么令人满意，这都不能帮助我们描述或理解狗这类生物是如何存在的。显然，我们面对一个不同的变化过程，涉及不同的事实和概念，比如选择或变异，或一般意义上的演化。我们不可能从狗追溯到，比如说一条鱼，希望以此来增加对狗自身过程的理解，这些过程在逻辑上是无止境的循环，并且总是以与所研究的车轮相似的先前转动为前提，经济生活不变的生产模式问题与"鸡生蛋，蛋生鸡"的问题非常相似。在对生物有机体而言，没有人会因为我们试图阐明这种差别而感觉受到冒犯。这里没有人为的或不真实的东西存在，它对我们来说是自然而然的；事实确实把它强加于我们。作为一个历史问题，我们的学科要感谢生理学和动物学，而不是力学，这个类似的区别，是所有关于经济问题清晰思考的起点。

其次，这种区别对参与实际经济生活的思维方式来说，绝不陌生。每个商人都认识到，按常规方式经营工厂，开展日常业务的所有活动是一回事，建立或改变工厂的组织方式则是另一回事。他对待这些任务的态度在本质上是不同的。仅仅因为"现实生活"几乎不会只呈现其中一种而不呈现另一种，或者因为现实世界总是"动态的"，而试图把要做的事情和在这两种情况下遇到的行为主义类型融合到一个模式中是没有意义的。如果有人以这种区分过于理论化而不愿意接受，答案很简单，那就是，无论是在实际生活中还是在理论分析中，每个人都在实际工作中使用它，尽管是以一种潜意识的和不精确的方式，而且把逻辑上的明确性放到这种普遍的实践中也是一样的。此外，我们将看到，这是理解经济周期运作机制的最重要手段之一。

在构建这个模型时，所采取的严格程度与构建模型的目的一样多。当试图向一群初学者传授构成经济体系的关系的初步概念时，最好的方法是承认所有普通事件发生的范围，并在相当程度上放松完美不变性假设可能带来的各种影响。这样做的习惯，不管它在教学上多么站得住脚，都很容易使我们陷入高估我们真正解释的事实数量的错误之中：我们渐渐相信，只要我们以足够全面的方式进行模型构建，就能解释纯经济调查中需要考虑的一切。如果我们对必然出现的逻辑困难含糊其词，用"保持稳定"或"均衡的进展"来代替缺乏变化，就会得到一幅确实值得称为"更不现实"的画面，反而呈现出一种令人误解的逼真的外表。这一点特别适用于马歇尔模式，正是由于其局部分析的精确性等优点和所提供的一些工具的有效性，当应用围绕马歇尔所说的"时间要素"的问题进行分类时，它变得特别具有误导性。卡塞尔（Cassels）的"不断进步的社会"等概念也是如此。

均衡与理论规范

对目前的论点，可以想象一个以恒定速率自我复制的经济过程：在不变的物质和社会（体制）环境中生活和工作的特定人口，无论是数量还是年龄分布都不变，他们为了家庭消费、企业生产和贸易的目的而组织起来。家庭的偏好（需求）是既定的，不会改变。从企业利益和现有视野和可能性的角度来看，生产方式和贸易收益方式是最优化的，因此也不会改变，除非一些基本面发生变化或一些偶然事件闯入这个世界。

对每个企业来说，技术数据可以用一个函数来表示，这个函数把各种要素的数量——如劳动、土地等自然资源的贡献——和生产资料（中间产品：原材料、设备等）与产品的数量联系起来，这些产品可以通过无数种生产方式结合在一起来完成生产任务，技术实践和整个工作状况属于生产方式。这个函数被称为生产函数，它表达了所有关于生产技术过程的经济分析的目的。对外行来说，建议熟悉这样的思维，即在与经济学相关的意义上，生产只不过是要素数量的组合，出于经济目的，它是由这种生产组合详尽描述的。在静态经济下，生产函数本身是一个基准，在形式上是不变的，但却无法做任何事情来增进对这一函数的理解，因为实际的要素组合，如通过生产系数体现的度量单位，是问题的变量之一，必须作为经济考虑的因素。如果这些系数都是固定的，也就是说，为了生产，比如说 1 蒲式耳的小麦必须将土地、劳动力、种子、化肥等按既定不变的比例结合起来，那么除了决定是否生产这 1 蒲式耳小麦之外，就不会有任何其他关于生产的经济问题了。但是，如果在各种组合之间有某种选择的自由，例如，在其他因素保持不变的情况下，既可以用一定数量的土地和一定数量的劳动来生产 1 蒲式耳小麦，也可以用更多的土地和更少的劳动或更少的土地和更多的劳动来生产，那么经济问题就会以需要考虑的关于成本和价值的形式出现。这就是通常所说的要素的可替代性。只要这种选择自由不是绝对的，而且只有根据某些规则和在某些限度内才有可能进行替代，那么，体现这些规则和限度的生产函数，就可以看作是技术水平和经济环境结构对经济决策或经济决策力图达到的经济利益或利润的最大化所施加的条件或约束。只要替代是完全不可能的，就会出现分析上的困难，我们不必在这里浪费笔墨。

但还有一点需要注意。如果所有要素都是无限可分的，那么生产函数是连续的，可以用无穷小的极限值来描述它。然而，许多因素并不是无限可分的，他们的最小单位的值也很大。例如，铁轨生产厂或钢铁厂，增加一个单位要素投入不是一个微小的变化，而是一个很大的变化。这意味着生产函数在这些点上是不连续的。这样的生产要素被称为"块状要素"。在一个存在块状要素的生产中，经常会发生这样的情况，即在一定产量以下的生产经常会完全没有这种要素。例如工匠式的小规模生产，在这种生产中使用昂贵的机器是不值得的。此时，仅仅在生产者的技术范围内，沿着同一个生产函数增加产量，就可能意味着通常定义不清楚的"生产方式"的变化。要素相对价格的变化也可能产生同样的效果，尽管这并不取决于要素的块状性，工资的增加可能会导致农业从集约型耕作方式转向粗放型，或者在工业生产中发生以机器代替劳动的情况，这可能涉及技术过程或生产原理的彻底改变。然而，这两类情况都可能发生在同一个生产函数中。

鉴于接下来要讨论的许多问题，区分这两类情况与其他情况是同等重要的，这些情况也可以被描述为生产方式的变化，它们确实意味着生产函数的变化。区分的标准是这种变化是否发生在商人的视野内。或者，换一种说法，如果产量从一开始就达到这个数字，企业是否会从一开始就采用它们在产量充分增加时实际采用的方法；或者如果工资也从一开始就达到较高的数字，企业是否会从一开始就采用机器生产。在一般情况下，这相当于，只要产品数量的变化可以分解为无穷小，或者完全由于要素的块状性而不能这样细分，我们就在一个不变的生产函数上进行生产。

在这个静态的社会中，无论是工人还是管理人员，除了普通的日常工作外，没有其他工作需要做。事实上，除此之外，没有任何管理职能，即不需要任何与企业家有关的特殊类型的活动（企业家职能）。除了订单和业务操作的重复之外，没有任何东西是可以预见的，而这种预见也被已经发生的事件理想地证实了。[①] 生产过程是完全"同步的"，这意味着无须等待生产结果，所有生产结果都会根据计划在需要的那一刻呈现和替换，一切生产都完美协调。所有资金支持都来自当前的收入。在以纯粹的逻辑分析这一过程时，排除储蓄是很方便的，除非储蓄包括对未来费用的替代性支付，因为储蓄的人显然是为了改变他的经济状况或为所预见的经济状况的变化做准备；如果严谨一些，这些情况违反了静态分析的假设。如果忽略季节性变化等因素，收入流是不变的，包括工资（对人类提供的生产和消费服务的支付，包括管理人员）和租金（对自然主体服务的支付）。还可能存在垄断收益，但它们必须完全被垄断者自己或某个机构从垄断企业手中夺走，否则这种垄断收益会改变均衡产量。只要垄断收益是由某些要素的特殊性质或由拥有该要素的垄断性组

---

① 读者可以思考一下这种说法的性质。为了清楚起见，把在这种假设下会出现的现象与那些因预见的事件过程未能实现而出现的现象区分开来。而且，上述说法真的像它听起来那样不现实吗？如果不是有大量的例行公事确实符合预期，企业家为什么要他的预见失败感到惊讶？

织产生的，这些收益就会简单地表现为工资或租金，并可被列入到适当的类别中。如一些电器用具，它们本身是产品，但却是无限耐用的产品，可以把它们的回报列在马歇尔式的准租金列表中。在如此完美的均衡状态下，不会有其他准租金存在。持有关于利率理论的读者，如果根据这些理论，这种现象在完美的静态分析中也会存在（作者不相信），那么，可以将利息作为特定理论认为的生产服务的支付。

这样的过程将年复一年地产生相同种类、质量和数量的消费品和生产品；每个企业将使用相同种类和数量的生产性商品和服务；最后，所有这些商品将年复一年地以相同的价格购买和出售。然而，所有这些价格和数量都是"变量"，因为它们不是由经济系统以外的条件决定的，而通常可以在物质和社会环境所施加的广泛范围内变化。如果在静态的状态下它们的变化没有超出这些限制，这就是一个纯粹的经济事实，需要通过纯粹的经济推理来解释。我们从经验中知道价格和数量之间存在什么样的关系，并如何相互影响。所有商品和服务的价格和数量相互依存，形成一个系统。这些数量实际上是单位时间元素的比率，但出于分析的目的，消除时间因素并谈论绝对数量会更方便。如果产量是稳定的，所有的研究时段可以任意选择，或者如果它们具有严格的周期性，当研究区间是所有周期的公倍数时，消除时间因素总是可能的。

经济分析的首要任务是探索该系统的特性。这种方法类似于在力学中称为"虚位移"的方法。首先要了解的是，已知存在于系统各要素之间的关系，连同数据一起，是否足以决定这些要素、价格和数量。因为只有在这种情况下，系统在逻辑上才是自成一体的，即只有当通过这些关系从数据中推导出价格和数量，并排除其他价格和数量与这些数据和关系的兼容性，才能确信我们理解了经济现象的本质。经济理论作为一门自主科学的基础证明了这一点，因为经济理论是完整和谐的统一体系，而不是杂乱无章的，变量不变这一概念的基本原理，是对平稳经济过程模式的论证。价格和数量的值是唯一的，在每种情况下满足这些关系的数据都如此，我们称之为均衡值。如果所有价格和数量都取其均衡值，则称系统的状态为均衡状态。如果有一组以上的变量值满足这些条件，就称其为多重均衡。稳定均衡、中性（无差异）均衡和不稳定均衡是不言自明的术语。当然，唯一且稳定的均衡是唯一完全令人满意的。

到目前为止，我们一直在使用一般均衡或瓦尔拉斯均衡的概念，这意味着该领域中的每个家庭和企业都处于均衡状态。对家庭而言，在包括现有环境、偏好和经济约束在内的情况下，没有一个家庭认为能够通过将其货币收入的任何部分从其实际花费的商品转移到任何其他商品来改善其状况。对企业而言，在现有包括技术、商业知识和经济约束的情况下，没有一家企业认为能够通过将其货币资源（资本）从实际支出的要素转移到任何其他要素来增加其收入。更普遍的是，所有家庭和企业都必须相信，在这种情况下，考虑到经济状况中那些他们有能力改变的因素，他们不能通过改变自己的行为来改善所处的境况，也就是说，他们的消费（消费者预算）和生产（生产者预算或要素组合）的模式已经被完美地规定好了。在数学上，这是由最大和最小定理描述的。如果要达到瓦尔拉斯均衡，价格和数量必须满足以下条件：每个家庭和企业的预算必须完全平衡。企业生产的所有商品必须由家庭或其他企业购买。所有现有的要素都必须按照其所有者希望的价格，并以他们能得到的价格使用，在这些价格下的有效需求都必须得到满足，最后一个条件为失业的严格定义提供了基础。

这里顺便指出另外两个经济均衡的概念——局部均衡（马歇尔均衡）和一般均衡。如果实现了一般均衡，那么每家企业和每个行业就都处于各自的均衡状态；但一般均衡没有实现的时候，单个企业或单个行业也可能处于均衡状态。在某些情况下，一个单独的行业在明显的意义上可以说处于均衡状态，而组成它的企业却不是。这个观点适合于马歇尔式的分析，并且因其简单性和"方便性"而被推荐用于许多用途。但是，除了这些特殊用途之外，我们关心的概念是瓦尔拉斯均衡，这是唯一严格正确的均衡概念。

研究局部均衡的人很快就会发现，有必要使用一种工具，能把系统中正在进行的过程作为一个整体来处理，而不受他的"局部"分析工具的影响。这样一来，他就有可能——尤其是如果他接受过马歇尔传统的训练的话——用一个能表达社会总量之间关系的机制来补充分析方法上的不足，诸如总产出、总收入、净收入总额等，并对这些社会总量及对整个系统具有重要意义的要素进行推理，如货币数量（无论这意味着什么）、利率和价格水平等。如果这些要素被调整到没有因它们之间的关系而产生变化的趋势，就可以称为总量均衡，并可以确切地提出相关理论。这就是凯恩斯先生在《货币论》中使用的均衡概念。我们不否认它在某些方面的作用。但很明显，这种均衡与其他各种意义上的大多数强烈的不均衡是相容的。这些不均衡状态通过改变既定的情况——包括总量本身——来证明自己的存在。因此，它误导了对总量均衡的推理，仿佛它显示了启动变化的因素，仿佛整个系统的扰动只来自这些总量。这种推理是对经济周期的许多错误分析的根源。它使分析停留在事物表面，阻止它深入到工业生产的过程中，而工业生产过程才是真正重要的。它要求对一些孤立的轮廓线进行机械化和形式化的处理，并将它们本身的存在意义和因果关系归于总量，而它们并不具备这种意义。如果我们考虑一下这些总量是什么，就会立即明白，一旦选择了这个起点，就很容易陷入货币周期理论的所有表面逻辑中。然而，应该注意到，对于一个均衡点来说，总量之间存在的关系之一可以用所谓的交换方程来表达，甚至可以用"货币数量论"来表达，而这种理论在形式上对这样的点而且只对这样的点正确。事实上，它只是一个均衡的条件，我们把它称为货币耦合。

这里介绍另一个区别，它适用于所有三种均衡的概念，但在一般均衡的情况下具有特殊的意义。如果经济系统的各个要素完全满足构成该系统的所有关系、条件或耦合关系，表明该系统处于完全均衡状态。如果一个系统在不完全满足的情况下，尽可能地接近完全均衡，而且除非有某些事件影响它，否则它不会离开这个位置，我们将说它处于不完全均衡状态。[①] 这种均衡的不完全之处在于，企业使用更多的生产要素，并保持更大的库存和余额，而不是按照在这种情况下可能的最高效率标准组织生产，由于所有者的懒惰而出现的资源性失业，我们将其称为"偶然的"现象。

自从用绝对数量取代变化率以来，就没必要参考时间因素了。这是我们在处理一个系统时所期望的，这个系统通过必须同时满足的关系将其构成要素联系起来，而且我们还没有机会在不同的时间点或时间间隔的量之间引入关系。这尽管在逻辑上不太令人满意，但遵循马歇尔的传统，利用时间来定义另一种类型的不完美均衡是很方便的。上面所说的是一个系统的情况，它的背景条件意味着永远无法达到完美均衡。但在其他情况下，虽然系统在本质上并非无法达到完美均衡，但不断变化的条件或干扰事件需要系统及时做出反应。在这种情况下，对迅速随着变化而调整的要素而言，可能存在均衡；而在适应性较慢的要素中，如合同和设备，则存在不均衡。这些"瞬间的""短暂的""短时间的"——或者用摩尔（Moore）的话说——"暂时的"均衡，可以与"确定的"或"长期的"均衡进行比较。

把系统的某种状态与一段时期内不可避免地发生的系统变化混在一起是不合适的，在这段时期内，变化将取代完全不同于之前满足均衡条件时的一组价格和数量，此时系统正向这些价格和数量逼近。然而，马歇尔经济学的读者应该意识到，如果经济系统的每个个体都满足这些指定的条件，那么完美瓦尔拉斯均衡的概念就类似于马歇尔理论所指的长期均衡。要素为满足这些条件而必须采取的价值，即马歇尔的正常价值，被称为理论基准。在这个系统状态下，每个要素符合其理论基准，无论与实际生活有多大的距离，都

---

① 当然，除了现实世界的任何部分都不符合其概念图景这一基本原因之外，还有许多原因导致这种不完全均衡的普遍存在。但我们的区分并不是为了表达这样一个简单的事实，即模式从来不会完全符合现实。我们可以这样说：完全均衡的理论模式只是我们用来表达现实中总是不完全均衡的某些方面。这不是模式和现实之间的区别，而是两个模式之间的区别，这两个模式旨在考虑到事实情况中的差异，这些差异不是可以忽略的，而是重要的和会产生后果的，值得进行单独的理论处理。

为理论家服务，而商人则是通过正常经济状况的概念来提供参考的基准。仅从纯粹的逻辑上看，这两个概念是相通的。

复杂情况及阐释

在继续讨论之前，必须暂停一下，看一下理论基准是否令人满意地证明了对于每组数据都有一组独特的价格和数量？答案是否定的，就此而言，其他学科的基准分析也不能完全令人满意，因为随处会有更敏锐的批评精神、更细致的观察和更强大的分析工具出现，颠覆了早期研究具有的原始简单性和充分确定性的特点。然而，在完全竞争的特殊情况下，有可能以合理的怀疑态度和在一些琐碎的限定条件下证明，存在一个唯一确定的经济系统的均衡状态。这些条件是：（1）没有卖方或买方能够通过自己的行动影响商品或要素的价格，也没有协同行动；（2）商品和要素在整个经济领域（在所有可能的用途之间）具有完全流动性。瓦尔拉斯将经济系统各要素之间存在的关系构建在方程中，并证明这足以确定变量的唯一值。尽管他的证明在技术和细节方面还有待改进，但后来的分析仍然保持了这一原则。然而，即使在完全竞争的完全均衡情况下，也需要进行一些解释。

1. 即使在逻辑上完全令人满意的证明，即给定某些数据和某些关系，有且只有一组变量值能满足这些关系，同时与数据相容，但这并不意味着企业和家庭以这种方式进行的实际行为会达到这组数值，或在受到某些干扰使它们远离时，还会返回到这组数值。因此，我们不能仅满足于前一种存在定理。重要的是系统中是否存在向均衡状态移动的实际趋势，即如果这个概念作为经济周期分析的工具是有用的，那么经济系统在受到干扰时必须努力重新恢复到均衡状态。

这个问题最早由瓦尔拉斯发现，尽管一些批评者似乎没有意识到这个事实。他的解决方案始于对非均衡的观察，非均衡意味着至少有一种价格或数量偏离其均衡值，必然会给在这种情况发生的一个或多个地方的某个人带来利润或损失。其论点是，在完全竞争的条件下，这个人只能通过减少或增加他的商品数量来摆脱这种损失或充分获得这种利润。这将推动他走向均衡，如果所有企业和家庭同时以相同的方式做出反应，那么它最终将使整个系统达到均衡，前提是所有的行动和反应都在熟悉的实践范围内进行，而这些实践是在长期的经验和频繁的重复中形成的。常识告诉我们，这种建立或重新构建的均衡机制，并不是为了练习而按照经济学的逻辑设计出来的纯粹虚构的框架，而是在我们周围的现实经济中实际运行的。然而，这只是一个初步的近似，它远远不能满足我们对一个不断受到干扰的经济世界的过程进行分析的需要，而且没有考虑到许多可能与我们已经考虑到的那些事实一样重要的事实，如果将这些事实考虑进去，甚至可能会产生完全相反的结果。

2. 以后我们将经常遇到现实的模式，这些模式需要对瓦尔拉斯式的模式进行限定、改进，甚至放弃。在这里，我们将注意到与原理问题特别相关的几个要点。我们遇到的所有或几乎所有困难都可以归结为一个事实，即经济行为不能令人满意地用变量在单一时间点所假定的值来表示。例如，任何时候的需求量或供给量不仅是同时存在的价格的函数，而且是该价格的过去和未来（预期）值的函数，因此，不得不在函数中包括属于不同时间点的变量值。能做到这一点的定理，称之为动态定理。

最简单的例子是技术滞后，在一个扰动在相当长的时间内都不会停止的世界中，技术滞后本身就足以解释这样的事实，即在实践中，除了上面提到的那些临时或短时间的均衡外，我们从未观察到任何其他的均衡。企业的设立，以及在经济系统中，总有一些因素由于技术原因不能迅速调节适应，而其他因素则可以。我们目前讨论的重点不在于完全或完美均衡这一明显的事实，因为它需要太长的时间来实现，也可能根本无法实现。因此，新的扰动总是冲击着一个不完全均衡的系统。而这一事实本身并不否定完全均衡趋势的存在，尽管它会坚持自己，并有助于解释许多实际过程，即使它从未达到其目标。为了产生新现象并严重削弱瓦尔拉斯－马歇尔描述的有效性，对由这种局部调整造成的中间情况的反应不得不抵消或扭转这种趋势，并导致远离而不是走向完全均衡。

通常情况并非如此，对中介调节适应的必要性和措施的反应当然会改变系统所采取的路径，从而几乎不可避免地也会改变最终将达到的特定值集，但本身并没有妨碍通往某种均衡的道路。导致这一点的技术事实是数据。在这种情况下，我们仍然可以直观地看到相对于数据而言的完全均衡，如果数据不同，则均衡也不同。在一般情况下，这就是全部。我们会遇到例外，但必须承认它们是例外情况，并根据它们的特点和适当考虑它们的特殊原因来处理。但过分强调它们，或者把真正属于另一个过程的东西归于它们，不会有任何益处，这种做法源自经济周期的某些内生性理论。然而，无论这些理论在阐明适应性机制的某些特性方面多么有用，都只会掩盖我们面临的基本问题。

3. 作为一个实例，虽然与刚才设想的情况有些不同，但属于滞后效应的范畴，而且在后面的分析阶段需要注意，我们将提到这样的情况：生产者对价格变化的反应在一段时间内根本不生效。例如，在许多农产品的生产中，价格变化不会影响产量，直到下一次收获期之后，所有这些影响因素才会立即生效。在这种情况下，供给不会一步一步地达到均衡点，然后停在那里，而是一下子超过了均衡点。然后价格会反过来做出相应的反应，这一过程在相反的方向上重复进行。理论上，在完全竞争的情况下，它永远不会停止，价格和数量将在没有新的干扰的情况下，围绕均衡值无限地波动，而不会停留在均衡值。这些波动是显示增加、减少，还是恒定的幅度，即显示出发散的、收敛的或固定不变的形态，取决于需求和供给函数的常数。这就是最近有名的"蛛网问题"，以前被农业经济学家称为"环绕问题"（run-around），它首先以所谓的"猪周期"的形式引起广泛关注。现在我们注意到，显然不是只有滞后才会产生这种现象，这种收敛的波动是趋向均衡的运动。振幅不变的波动将不得不取代均衡点的位置，但不会影响我们的论证。

4. 不仅是第二条所预见的滞后现象，其他形式的暂时均衡，无论其满足的条件是什么，都可能造成这种困难。在任何不是以非常特殊的方式组织起来的或集中在一个时间点上的市场中，最终的均衡——即使达到了或者即便是没有发生任何事情来改变这个均衡——通常取决于到达均衡的路径，即取决于随着事态的发展以不同的价格进行的整个系列的交易。在这个意义上，结果是不确定的。瓦尔拉斯通过从一个被喊出的价格开始，让人们说出他们愿意的需求量，以及在这个价格下的供给量，而不用实际购买或出售的数量，经过反复试验，直到这个初始价格被调整为供给量和需求量相等时的价格，从而达到他的独特均衡。埃奇沃斯（Edgeworth）出于同样的目的承认了"重订契约"的效果。但是，如果这种契约包括人们以最初的价格进行实际的买卖，这将吸收部分供给并满足部分需求，其余部分的均衡价格将不同于整体的均衡价格，这一论点可以对尚未成为均衡价格的后续价格进行重复。然而，将达到的某种均衡，排除下面要注意的第六条所阐释的情况，否则对出现的各种中间情况的反应是纠正性的，而不是破坏性的。此外，在与其他人打交道时获得的经验及在每个市场时期从前面的教训中获利的可能性，往往会降低所考虑的模式的实际重要性，并使结果接近瓦尔拉斯－埃奇沃斯模式的结果。正是反应情况的数据的不断变化，而不是任何特定情况的数据的不充分，造成了看起来像是不确定性的定价。我们的结论是，一方面，在处理变化过程时，必须考虑到这种模式，而本书中的任务就是分析这种模式，并且必须预期它会准确地产生这种情况；另一方面，它不会使均衡的趋势丧失。

5. 由于暂时均衡可能由滞后以外的原因引起，因此滞后也可能是由技术以外的原因引起的。摩擦（friction）的存在就是一个例子。读者可能会想到，职业的改变，或者从一种或一种质量的商品生产到另一种或另一种质量的商品生产的转变，或者通过买卖一种资产来交换另一种资产，或者是对改变某些价格的阻力，或者是调整长期合同的困难，或者是说服自己或他人采取行动的困难等。当然，摩擦的存在总是会导致与本来会达到的均衡不同的均衡，同时也会减缓均衡的进程。此外，如果系统中不同的元素或不同的行业以不同程度的摩擦工作，就会出现不协调的情况，适应性较慢的元素和适应性较快的元素会相互脱节。同样的问题和答案也会出现在技术滞后的情况中。我们将在后面研究那些调整期的存在和长度，虽然不是仅仅由于摩擦造成的，但也证明了摩擦这种现象存在的重要性。

值得注意的是，摩擦对系统向均衡状态发展进程的影响并不完全是那种消极的影响，它的存在可能使人们不可能对每一个干扰做出即时和充分的反应，从而稳定地适应环境，并使其在当时看起来是合理的。一些摩擦甚至可以说是经济系统充分运转所必需的。例如，供给的适应性调节的部分原因就是摩擦，以至于使其不会经常远离均衡点。这就像，如果温度的最轻微差异足以将所有热量瞬间转移到可以达到的温度最低的区域，那么物理世界将呈现出无法居住的混乱场景。同样，如果汇率的微小变化足以使所有的黄金立即流动起来，那么经济世界也无法运行。在现代技术接近这种状态的地方，就会出现不稳定的情况，并伴随着著名的防御措施，这充分证明了我们的观点。

6. 许多摩擦阻力变化的案例，特别是商品和生产要素的价格，通常被称为黏性或刚性。鉴于这些术语在现代经济政策的讨论和关于经济周期的争论中所起的作用，有必要指出它们的非技术性这一特点，并涵盖了许多不同的模式。由于很难区分其典型特征，我们可以通过将刚性作为黏性的极限情况来简化分析，以应对度量它们而产生的困难。当然，有许多原因可以解释为什么一些价格比其他价格的波动更慢或更弱，或者所有价格的波动都比系统中的其他要素的波动慢或弱，单从统计事实是无法推断出任何原因的。后者甚至可能仅仅意味着某些行业的需求和成本状况比其他行业更稳定，或者价格在事件的时间序列中处于落后地位。然而，有一组独特的事实，在某种程度上有自己的名称，即"有意为之的黏性"。如果一个价格被公共管理机构或控制供给的个人或团体"管制"，这在意图上或事实上都不意味着它将比由竞争性定价过程来决定的价格变动更少或更弱。即使是这样，这也可能仅仅是由于摩擦造成的，比如说公共机构做出新决定时的摩擦。但也有可能该公共机构或私人团体的政策是为了"稳定"相关价格。那么，我们面前就有一个自成一体的现象，很难避免对这种问题的分析。

首先要指出的是，我们的定义将价格的实际行为与其在完全竞争下的行为进行比较就足够了。虽然人们认识到这一标准极其难以处理，但依旧反对使用那些容易应用却缺乏精确含义或相关性的标准。其次，黏性或刚性的出现，特别是与摩擦类型不同的黏性和刚性，以缺乏完全竞争为先决条件，尽管完全竞争市场本身不足以产生它。在这个意义上，无论市场中各元素的反应多么迟钝，完全竞争的系统不能表现出黏性。

如果公共管理机构对完全竞争系统的一个元素（例如价格）强加了一个非均衡值，否则就处于均衡状态，我们就有了一个不完全竞争的特殊情况。系统将会自行适应这种情况，但一旦这样做，它就不再满足所有其他完全均衡的条件了。由于在确定系统中引入新条件意味着过度决定，所以必然导致其他一些条件的作用减弱。究竟是哪个条件被减弱还有待商榷，但每个企业的选择都遵循一个原则，那就是尽量减少对金钱方面干扰的影响。如果已变得刚性的元素是原始的或非生产要素的价格，并且该价格高于均衡价格，那么违反的条件就是前面定义的资源的充分就业。对完全竞争而言，这是在完全均衡中资源就业不足的唯一可能的情况。当然，由于我们在现实生活中永远不会遇到完全均衡，即使没有刚性，甚至没有摩擦，也通常会有许多其他情况造成不完全均衡，因此，不能仅仅通过就业不足的事实来证明摩擦的存在。

7. 当然，我们并不像奈特（Knight）在《风险、不确定性和利润》中写的那样，认为企业和家庭无所不知，或认为能在理论上理解自己在经济体系中所发挥的作用。我们认为，企业和家庭只是根据自己实际拥有的信息量和理解能力进行判断，这些能力在不同群体之间有很大差异。在不受干扰的平稳进程中，这个问题并不重要，每个人都被经验教导要遵循与他相关的信息的指引，并且不需要探索其中的意义。由于每个决定都指向未来，这就意味着要有预见性；而每次努力的成果都会在未来获得回报，这也意味着需要预先考虑未来的情况。例如，瓦尔拉斯的理论告诉人们保留其耐用设备和至少完整地保有存货。因此，称瓦尔拉斯和帕累托的体系是永恒的体系，并不比指责他们假设全知全能的荒谬更有道理。特定种类和数量的信息、理解力、远见或深思熟虑是问题的数据表现之一，与特定人的特定偏好或特定技术知识完全一样。对于竞争性案例的静态理论而言，没有理由为后者而烦恼，更不需要为前者烦恼。我们的假设是，人们只对现有的价格做出反应，而当从非均衡状态开始分析，或调查超出普通常规的孤立而中断的干扰的影响时，麻烦就会产生。这时，期望或预期就出现了，并影响着均衡趋势的存在。

关于预期要注意的是，在许多情况下，它在很大程度上促进了朝着均衡的运动和保持均衡，有时甚至可以防止不这样做就会从瓦尔拉斯模型的运行中产生不均衡。根据预期采取的行动（可以合理地归因于企业）往往会趋于平缓或消除原本会发生的波动。例如，如果能够预期对其发生的适应性调整的变化，技术滞后的影响将会减少。对于猪周期，我们有理由怀疑，只要它真的是由于无法预见的对有利的饲料—猪肉比例的大众的"不当"反应而引起的，那么，猪周期会随着农民预期时间范围的扩大而完全消失。经典理论所描述的那种投机行为，即在预期价格上涨前买入，在预期价格下跌前卖出，也是如此。在这种情况下，预期可能会开辟一条捷径，以保护一个确定的（尽管可能是不同的）均衡状态。

但情况并非总是如此。如果说预期是不确定的，或它们目前必须被修正，或不同的人形成的预期值在范围和合理性上有所不同，都不能充分说明问题的根源。可以肯定的是，未来事态发展的不确定性必然会引起许多现象，这些现象对于任何经济周期的现实研究都是非常重要的，其中也包括持续很久的长期调整期的存在。这是造成社会损失和产能过剩的一个重要原因。然而，在处理这一因素方面并没有很大的原则性困难，尽管我们有充分的理由为这个问题缺乏可靠的事实进行研究而感到遗憾，在这里我们可以不考虑这个问题。我们也不必担心从普遍经验中得到的显而易见的事实，即对某些类型的预期采取的行动可能具有破坏性，并驱使经济系统远离均衡。这些类型，以简单地预测未来某些数量的实际变化率的预期为例，将在我们的分析过程中的不同转折点，来促成经济波动的某些阶段的机制的实现。但是，尽管它们常常会暂时地抵制这种倾向，它们本身并不否定均衡趋势的存在，而且这种预期有时会以实际行动吸引系统走向均衡的方式发挥作用。

理论家的真正麻烦在于引入变量的预期值，一方面假设它们是确定的，另一方面也包括过去的值，这改变了问题的整个性质，并使其在技术上变得难以处理，以至于他很容易发现自己无法证明可能存在的均衡趋势，甚至无法证明均衡点本身的存在和稳定性。我们不能也没必要在这里讨论技术问题。我们的困难的性质可以说明如下，假设一类经济主体必须对某些经济数量做出决策，例如在分析竞争性行业中的企业在决定要生产多少产品的决策行为时，他们考虑到相关的经济变量的过去、现在和预期未来的价值，并通过权重对这些价值进行加权，这些权重一般会随着与决策时间的距离变长而迅速减少甚至到零。这些预期只是数据，而且相当武断。考虑到他们是什么样的人（他们的反应倾向），在一致性等可接受的假设下，有可能谈及一个独特的决定。然而，当它生效时，这个行业和整个系统可能会因此而离均衡状态更远，也可能更接近均衡状态。如果现在这些企业突然开始以瓦尔拉斯的方式行事，那么无论哪种情况都会接近瓦尔拉斯均衡；但是，由于根据假设他们不会这样做，而是以某种方式修改他们的预期，然后再次根据他们的反应倾向行事，他们可能永远远离任何意义上可以被称为均衡的状态，否则，就会转向均衡，超越它并再次跳回，直到永远。

但就我们的实际用途而言——纯粹的逻辑学家的悲哀不是我们的悲哀——只要我们意识到这是什么原因，困境就会消失。我们已经承认了预期的存在，并将其视为理所当然。对于第一种情况，如果普遍地得不到任何结果，那就得怪我们自己了。至于第二种情况,我们已经清空了模式中的所有重要内容。换句话说,如果我们不再把预期当作最终数据来对待,而是把它们当作变量来对待,我们的任务就是解释这些变量,即将预期与产生它们的经济环境恰当地联系起来,我们将成功地把预期限制在实际观察到的事物上,不仅将它们的影响降到适当的程度,而且还了解事件的进程是如何塑造它们的,并在某些时候使它们朝着均衡的方向发展。然而,就目前而言,这个问题还有待解决。

在没有歧义的情况下,我们将讨论适当的和不适当的预期。但在这个讨论的片段中,没有必要进行这种区分,由于预期和结果之间的相互依存关系,这种区分充其量是一种困难的区分,由于与我们相关的大部分内容同样适用于所有预期,我们不需要附加任何一般意义。通过一致的事件,或者通过适当的预期必然会走向均衡的假设,来定义预期的准确性,这样做肯定是不行的。关于"预期往往能使自己成为现实"这一经常被草率地提出的一般命题,见庇古(Pigou)教授的《工业波动》。

不完全竞争

从对完全竞争情况的讨论中,得出的结论是,在完全竞争的世界中存在一种真正趋向于均衡状态的趋势,但也有严格的限制条件和假设。这些限制条件和假设并没有实质性地削弱我们的分析工具。它们提供了丰富的可能案例的清单,使其更加完善,尽管它们也使其更加复杂,其理论在关于周期研究的许多转折点都是有用的。但是,当我们离开完全竞争的假设时,情况是否仍然如此?

纯粹垄断的极限情况仍然是逻辑顺畅的。如果一个人或几个人的组合(不一定意味着签订了明确的或法律上有效协议,或是有意识的合作)控制了某种商品或服务的供给或需求,我们就得到了这种商品或服务的确定价格和确定产量，甚至不管垄断者是设定价格还是提供对他最有利的产量，就像拍卖一样。但即使在这种情况下，也会遇到一个基本问题，它对所有分析目的都很重要，对我们的分析尤其重要，它往往会剥夺完全竞争条件下严格的确定性。在完全竞争中，单个企业不仅无力改变市场价格，而且还不得不接受市场价格。为了避免失去所有业务，企业不能收取更高的价格。当然，它可以选择收取较低的价格，但从长远来看，考虑到没有产品剩余，这样做会遭受威胁到企业生存的损失。如果一个垄断者收取的价格高于或低于使其收益最大化的价格，他也会有损失，但只是在一定范围内，他会获得比他能获得的收益更少。因此，如果他愿意，他可以无限期地这样做，可能除了犯错、懒惰和仁慈之外，还有其他原因。他可能必须考虑公众舆论，可能希望最大限度地提高长期收益，而不是即时收益，并培育更多的市场需求。他可能对不同的消费者实施差别定价，也可能不会。一般来说，他有许多行动方案，也有许多应对干扰的方式。然而，每种方式都会产生一个确定的结果，并提供一个走向均衡的机制。

只要每个垄断企业被足够广泛的完全竞争区域所包围，就不会出现关于确定性的新困难，即使系统包含相当数量的垄断企业。然后，每个垄断企业都根据给定的购买者需求曲线和竞争决定的要素价格单独做出最优化决策。但是，一旦这些垄断者彼此靠得足够近，从而影响到彼此的行为，或者不那么形象地说，使每个垄断者有必要针对其他一个或多个垄断者的策略来制定自己的策略，困难就会出现。考虑一种极端的情况，即每种商品和服务，每种产品和要素都被垄断的情况，这个被称为"普遍垄断"的例子的问题，并不在于我们无法证明确定性占上风的例子的存在，而在于无法证明现实有符合确定性的倾向。这样的系统就是我们所说的不活跃的系统。然而，我们不再讨论这个问题，就我们的目的而言，阐释不完全竞争的三个标准实例是必要的，即双边垄断、寡头垄断和垄断性竞争。

1 双边垄断

当垄断者面对单一买家（垄断者）时，我们称之为双边垄断。如果两者之间的交易是独立进行的，在它们只相遇一次且不会再次相遇的意义上，经济系统仅由两者组成，他们之间会相互制衡，交换比率必须落在双方的保留价格区间内，但在这个区间内不存在均衡，某个交换率与其他任何交换率一样都可能出现。这个案例本身并不有趣，但对经济周期各阶段中实际出现的情况却有一些影响，出现了商业阶段的参与者不完全理解的瞬时情况，并经常导致或多或少的符合这种类型的不稳定行为。在过度剧烈的繁荣时期买卖一家持续经营的企业就是一个例子。即使在不太极端的情况下，我们唯一能做的就是用均衡区间代替均衡点。应该观察到，在这些条件下，特别是如果各方彼此没有经验，并且在市场开始时有试探性交易的前提下，即使是在完全竞争条件下也不会产生确定性的结果。还有一种可能性，就是一个垄断者和另一个垄断者经常相互交易，从经验中了解彼此的情况和交易方式，并希望达成一项涵盖他们所设想的整个时期的协议，以便没有试探性交易影响到后来的交易条款。我们还将让双方的选择自由受到他们与系统中其他部分的关系的限制。基于这些思路，构建了以下案例：一个工会组织如此强大，以至于可以完全避免会员脱离组织和外来者对其领域的侵入，它与一个垄断的雇主打交道。反过来，这个雇主在他的产品方面是垄断者，他把产品卖给完全竞争的消费者群体。他在竞争性市场上购买所有其他要素，相对于整个市场来说，这个企业的规模太小了，不能通过自己的行动来影响这些要素，也由于它的规模太小了，无法通过它支付的工资来影响公众的购买力。

现在，至少有一条垄断雇主对劳动服务的确定需求曲线。这条需求曲线会在周期中移动，但不仅雇主知道这一点，工会的负责人也知道。反过来，雇主根据与工人打交道的长期经验，确切地知道工会可以接受的每工时的最低工资率。双方都不想吵架，这意味着双方都没有使用撤回全部劳动力或就业供给的威胁。双方的整个策略都是一步一步地改变工资率和工时量，而不是虚张声势。在这些条件下，有一个确定的工资率和相关的工时量，对工会最有利；另一个确定的工资率和相关的工时量，对雇主最有利。但是，这些工资率一般来说是不平等的。在它们之间，又产生了一个不确定的区域。

尽管这个领域的一些权威人士，特别是古诺和维克塞尔，以及许多近期的作者，都持相反的观点，但这是大多数研究者的观点，尤其是鲍利（Bowley）的观点。不过，这仅适用于一般情况，并且在没有进一步信息的情况下是正确的。均衡机制不是在真空中起作用，而是在某种情况所体现的特定环境中运行。因此，用以前的说法，这种不确定性并不一定意味着系统在结构上不可能实现均衡，而只是意味着这种情况分为几个子情况，对每个子情况，进行具体分析，在直接垄断的情况下也是如此。在这些子情况中，有许多确定的情况。例如，如果工会要求一个工资率，而雇主只是简单地反馈，在这个工资率下，对他最有利的工时是多少，那么显然会达到确定的均衡状态，还可以构造不确定的其他子情况。实际上，重要的是这样一个事实，即在我们现在正在收集分析工具的研究过程中，情况变化如此之快，以至于无法接受完全信息和不变反应的假设。然而，这些不断变化的情况的特征在某种程度上恰好提供了我们需要的信息，以减少不确定性的范围。但是，暂时的需要、有意识的计划战略和对事件总体进程的波动预期，所涉及的范围比前面分析中的假设要大得多。这样，我们不仅留下了用区域分析的思路，而且留下了变化的区域。此外，在许多情况下，需求曲线和供给曲线并不是相互独立的。

无论它们的重要性如何，双边垄断收益决定均衡的那些子情况可以被用来表明，在完全竞争的情况之外，完全均衡可能与资源失业（资源的非充分利用）的存在是相容的。当然，资源所有者的简单垄断的情况也是如此。因为很明显，对工人最有利的交易通常不会导致每个工人出售的工时与每个工人愿意以该价格出售的工时一样多。当然，实际上没有人愿意失业，但是，有些人是否会失业，则是工会负责人和雇主之间要解决的次要问题，因此，总是可以通过把一定数量的完全失业的人与失业联系起来，用来描述这种情况。事实上，非常有可能的是，能够产生最大的实际工资总额的工资率，这个最大的工资率是相对于闲暇的价值和所设想的时间长短而言的，通常会意味着一些失业。即使必须将失业者排除在他们同事的收入之外，按照前面的定义，该工资率仍然是最有利的。如果能够把失业的人部分或全部与其他来源分割开，这个命题就更适用于这种情况，但是最大化的条件也因此而改变。

2 寡头垄断

如果在一个完美的市场上，即这个市场上，由于商品具有完全同质性、购买者具有完全流动性和无差异性，因此只有一个价格，供给是由那些能够通过其个别行动影响该价格的企业控制的（寡头垄断，或者如果有两个企业则为双头垄断），那么我们失去了在完全竞争情况下执行的行为确定性的条件，以及那些在垄断情况下存在的对这种确定性的解释。这种模式意味着，只要稍有挑拨，所有的客户就会立即从一家企业转移到另一家企业，我们对此并不感兴趣，因为这是另一种极端情况，即使不能说完全不会存在，但在实践中肯定是罕见的。对于发现自己可能或实际上处于这种情况的企业来说，显而易见的做法是尝试改变它。因此，在实践中，为了实现这一目标而采取的典型做法，对我们来说比单纯的寡头垄断的逻辑更重要。大致可以把它们分为三类。

首先，企业可能会采取攻击或放任的策略。这可能会引起两个结果，一种是，在大多数情况下，可能导致垄断地位处于一个不稳定的局面，需要无尽的防御行为；另一种是，在无法保持技术上的垄断时，迟早会让渡给入侵者或多或少的控制权，在那些未被征服的领域则显得无足轻重或服从其领导，"跟随领导"的方式出现，或者可能出现其他的方式。就像在倾销案中一样，试图用一个术语和一个论点涵盖广泛的不同模式是不可取的方法，我们应该避免在所有此类攻击的情况下简单地谈论残酷的竞争。例如，一种新的、更高级的生产方法的出现，这一事件对本书的研究主题具有特别重要的意义，表明了一种特殊情况，这种情况应该与真实的情况区别对待。真实的情况是存在或可能存在"资源浪费"的竞争、超额供给、生产过剩的现象，在某种意义上，产能过剩与新的生产方法的出现没有任何关联，尽管两者实际上进行了激烈的斗争。无论斗争的性质如何，只要斗争继续下去，就不可能有任何均衡。但它会导致这样一种状态，虽然可能永远不会严格满足均衡条件，或均衡经常是偶然的，或缺乏稳定性，但却足以满足我们的目的。我们再次指出，这种特殊类型的"均衡趋势"会引起一组均衡或准均衡值，而这些值与系统在其他情况下可能达到的值不同。的确，很少有这样的情况，即可以不考虑一般的经济状况而开展这种运动，作为一个规则，周期的阶段将提供产生确定结果的条件。经验告诉我们，当这种竞争发生在需求曲线向上移动时的扩张阶段或需求曲线向下移动时的收缩阶段时，一切都会变得不同。当然，它通常发生在后者，这一事实对于描绘大企业占主导地位的社会中的经济周期机制具有相当重要的意义。

这同样适用于对寡头垄断情况下的企业开放的第二种途径——协议。无论这是秘密进行的，还是公开表达的；是默示的，还是明确的；是完全的，还是局限于某些地区、产品或某些做法（如对客户授信）；其目的是直接达成，还是在交易中争夺份额后达成，都不影响基本原理，其结果都属于垄断的范畴。创造过剩产能作为竞争的储备，或仅仅为了扰乱商品的价格，这是这个案例的特征，卡特尔（Cartel）和第一个案例中的"托拉斯"（Trust）一样典型。前者是最有可能出现的结果，一方面，没有办法改变产品的同质性；另一方面，没有一家企业足够强大，或者认为自己足够强大，可以冒险战斗到最后。这也是一种均衡趋势，尽管由此产生的一组价格将再次不同于遵循其他路径所产生的价格。埃奇沃斯用这个古朴的比喻说明了寡头垄断的不确定性，但同时也表明了两者的结合或某种理解的可能性：南森和约翰森，这两个探险家，他们是极地探险队仅存的两名队员，他们希望把唯一的雪橇拉向不同的方向，可以合理地假设他们不会永远互相拉扯。这也表明，他们的最终路线不会由任何单纯拖曳的必然结果所决定。抛开比喻，我们认识到，出现的垄断，即使它比一般情况下可以预期的要完整得多、持久得多，除了在非常特殊的情况下之外，从经济理论的角度看，也会是一种可能不同的妥协。在这种情况下，利润的分配在理论上是不确定的，必须加以解决。比如，通过确定卡特尔配额，以提供缺失的数据。因此，理论家必须否认以这样的方式安慰自己，即纯粹的垄断是唯一合理的解决办法。然而，对我们来说，这并不重要。

作为第三种途径，企业可能会试图消除产品的同质性，或者更确切地说，大多数情况下，试图掩盖产品的同质性。虽然这种做法也可能是为了攻击的目的，但它主要是一种防御措施。把寡头垄断纳入不完全竞争的第三个标准实例——垄断竞争。因此，尽管我们不否认偶尔发生的纯寡头垄断现象，也不否认其逻辑上的可能性，但我们有权否认其确定性问题的实际重要性。有两点需要补充。首先，如果"纯粹的"寡头垄断实际上持续了一段时间，可能出现的不确定情况，都不能与这种不确定性相混淆，后者的存在是由于企业在一个充满实际和预期变化的世界中，而面临着不断变化的数据，正是由于这个原因而不完全了解这些变化而造成的。后一种类型的不确定性与前一种无关。其次，这里的第一种和真实的不确定性的情况也足以产生过剩的产能，这与上面提到的预期产生过剩的特殊原因无关，因为无论是在短期还是在长期的意义上，发现自己处于不确定情况下的企业，除了价格和产出的范围外，永远无法提前计划该做什么。

3 垄断性竞争

"垄断性竞争"一词将被用来指代张伯伦（Chamberlin）所阐释的产品差异化，而不是庇古所阐释的产品差异化。在垄断性竞争盛行的系统的任何行业中，每家企业提供的产品都在某种程度上与该行业中其他企业的产品不同，因此提供了一个属于自己的特殊市场。这种产品差异化需要根据其基本原理来解释，即创造这样一个特殊的市场，它包含的范围非常广泛，不仅包括"真实的"差异，还包括"推定的"差异；不仅包括产品本身的差异，还包括供给产品所附带的服务的差异（包括商店的气氛和位置等），以及使消费者能够将其购买的东西与某一特定企业的名称联系起来的每个方面。地理位置的差异和其他因素会导致顾客理性或非理性地选择一家企业而不是另一家企业，无论创建它们的意图如何，这都是不可避免的。因此，从这个意义上来说，根本不存在同质化的商品。

表面上，这种情况似乎被垄断理论所涵盖，而均衡的存在问题和趋向均衡的趋势问题也由此得到了解决。一些权威人士，尤其是罗宾逊（Robinson）夫人，实际上似乎持有了这种观点。否则，就很难理解他们对著名的分析模式及其产生的均衡所抱有的信心。[①] 在某种程度上，他们是对的。创造一个特殊的市场可以被描述为一种增加摩擦的手段，这种摩擦阻碍了买家将他们的忠诚从一家企业转移到另一家企业。如果这种摩擦力足够强大，在极限情况下，它可能消除对个别企业产品需求的相互关系；在许多其他情况下，可以实质性地减少这种相互关系，而这种相互关系是造成寡头垄断困难的原因，因此，至少可以暂时造成垄断局面，或造成可以接受的近似于直接垄断的局面。当我们意识到在现实生活中几乎不存在绝对垄断时，至少用克拉克（Clark）的话说，在大多数情况下存在潜在的竞争时，这种关系就变得更加明显了。因此，这一理论充分考虑了经济现实的某个方面。

然而，情况并非如此。垄断竞争的本质在于，在任何时候可以销售的价

---

① 非专业读者可以查阅罗宾逊夫人和张伯伦教授的书及哈罗德先生的文章。不过，可以提出以下意见。企业拥有一条 U 型单位成本曲线和一条对其特定品种产品的需求曲线，其负的倾斜率表达了单个产量对价格产生影响。假设一个"正常"的利润率并包含在成本中，所研究的工业部门的均衡就由成本曲线与需求曲线相切的点决定。这只能发生在 U 型曲线下降的区间。对于短期现象的分析，这种成本曲线的有效性似乎毋庸置疑，因为它是由一些要素的暂时固定性而产生的。但在短期内，不能依靠企业净收益的均衡化趋势，这种趋势是平均成本应该等于价格的唯一原因，因为如果该切点表示均衡，它们就必须是这样。就长期而言，U 型下降部分只能基于块状要素，其底部可能非常宽广，而且该理论的一些结果也随之变得不太令人信服。哈罗德先生并不坚持把 U 型作为平均成本的普遍有效的长期形式。他通过将长期成本曲线表示为一系列短期成本曲线的包络线，确保了关于资源利用不足的类似结果，其中每条曲线的最小值都低于其前者的最小值。仅仅依靠这种技术得出的结果是不能反映经济过程的特性的。文中会提到对垄断竞争的需求曲线的疑虑。但是，这并不是说该方法是错误的或无用的。

格都是企业本身（不独立于企业的成本）和该领域其他企业的行为的函数。当然，这仍然可以被描述为具有移动的需求曲线的垄断行为。但是，引起这些变化的不再是单个企业行为的外部因素，而是其内部机制的一部分，而且在它如此重要以至于掩盖了沿着这条曲线的运动时，这种表述方式就不再有用了，即一条如此受条件限制的需求曲线，而且如此脆弱，最好将它完全抛弃。然而，我们可以在竞争的方向上获得在垄断的方向上所失去的一些东西，因为在实践中，几乎每个企业要么实际生产，要么在很短的时间内能够生产各种各样的商品或质量中的一种，其中一些通常是其竞争对手产品的几乎完美的替代品，它的价格和数量调整与它在完全竞争条件下必须做出的调整没有根本区别。如果用垄断竞争理论的语言来表达单个企业产品的需求曲线，在总体上和在长期内，将显示出很高的弹性，尽管不是纯粹竞争逻辑的无限弹性。而这反过来又会使完全竞争的结果得到近似的实现，特别是，不同质量或不同类型商品的价格差异往往与生产它们所必须产生的成本的差异相对应。因此，企业倾向于为其所处的特殊市场获得制度上的保护。

严格地说，这只适用于那些除了产品差异化以外，与完全竞争没有任何区别的情况。对于那些在没有产品差异化的情况下属于纯粹的寡头垄断的情况，必须允许有一个例外，一定数量的不确定性从这个源头出现。如果潜在的竞争不过是一种遥远的可能性，这种例外对特定行业的事件进程可能是重要的；但它几乎从来没有重要到足以对整个系统的运行产生实质性的干扰。还有其他情况，如产品差异化不可能是严格连续的，工厂和商店不能在一个地区连续分布。但所有这些都不是特别有趣或重要的。

还有两点需要说明，首先，如上所述，垄断性竞争将使系统中的摩擦大大增加。它还会产生更多的凌乱，在某些部门，会产生我们意义上的不活跃和僵化。传统主义者和合作的行为模式会导致这种情况发生，并被其强化。我们必须预期到经济系统，特别是它的均衡趋势，比它本来的运行更不及时和更无效，而且每一处的点都被区间替代。此外，在条件有利时，例如在某些行业和许多零售业部门，一些权威人士预测的垄断性竞争的后果甚至可能在长期内占上风：如果新人涌入法律界，而且收费保持不变，所有律师都将就业不足，并感到无法过上他们认为体面的生活，他们很可能试图通过提高收费来解决这个问题。独立的出租车司机、牛奶零售商等都很可能有这样的行为。产能过剩和价格随潜在供给的增加而上涨的悖论随之而来。在解释情况的细节时，所有这些都必须考虑到。然而，这只是许多可能的行为方式之一，这种价格和产能的金字塔，作为一种规则，将被资本主义运行机制本身推倒，百货商店和邮购公司闯入了落后的零售商的平静市场。在应用于现实的问题上，无视这种机制就像在完全竞争的假设上进行推理一样是个严重的错误。

其次，在一个不断受到外部和内部变化因素干扰的经济世界的短期情况下，垄断竞争情况下的即时反应与完全竞争情况下的即时反应确实是非常不同的。这是因为，正是这个特殊市场的存在，无论它多么不稳定，都为短期策略、某些行动和反行动提供了空间，而这在其他情况下是不存在的。特别是由于这一事实，即通过降低产量而不是降低价格来做出反应可能是一种短期策略，而且如果对特定情况的预期是短期的，那么建造一个更细化的工厂，进而达到最优化经营，往往是有利的。产能过剩由此产生，而不是垄断竞争中正常均衡的特定属性，这些属性是解释这一现象的原因，与实际或预期的变化无关。此外，垄断竞争的存在不仅意味着一种不同的调整技术，其特点有时是许多似乎难以预测的行为带来的，如果最终确实达成了某种均衡，可能意味着这是不同的均衡。然而，在这种情况下，失业可能只是由于均衡的不完全造成的。

那么，一方面，来自系统内部的变化，以及来自系统外部的变化，都会对经济状况产生影响，导致短时间调整并产生短期均衡，这种均衡很好地符合垄断竞争理论的作者所描绘的图景。另一方面，以新方法生产新商品或旧商品的新企业，通常会试图按照这种规则行事，因为这是充分利用和维持他们所享有的暂时优势的明显方法。随着论证的展开，这一点对本书的主题非常重要。关于周期性运行机制的知识，确实已经通过该理论得到了改善。

经济均衡与经济波动

为了总结这一章的部分论点，并采取进一步措施，我们不禁会问，对于我们的目的而言，这么不完善地描述的分析工具有什么用处？简洁起见，我们只考虑完全竞争的情况，也可以将以下评论扩展到其他情况中。首先，均衡理论在这里同样可以之称为静态流理论，提供了经济逻辑的基本框架。无论它多么抽象或远离现实生活，但它在为后来严谨的分析扫清障碍方面提供了不可或缺的服务。让人们相信这项服务的价值的最好方法是尝试定义诸如超额供给、产能过剩、失业、经济失调等现象。只要稍加思考就足以发现，这些术语，就像通常使用的那样，根本没有任何确切的含义，而这一事实说明了在这些标题下的许多争论是没有结果的。一旦试图为它们找到确切的含义，并使它们适合于识别经济有机体的确定状态下的任务，那么，回到均衡关系的必要性就变得很明显了。

其次，虽然每个事件都会冲击一个已经受到干扰和不均衡的经济世界，但在经济有机体中，对任何给定新事件的反应方式的理解，不可避免地基于对这些均衡关系的理解。那些古老的做法，包括试图通过一般化的"其他条件不变"的方式来解释，例如对某种商品征收小额税款或少量增加劳动力供给的后果等，不过是探索那些均衡关系的特点和属性的方法，这些关系决定了给定的数据变化如何被经济系统吸收，以及最终产生什么结果。引起波动的原因可能是来自外部的对系统的个体冲击，或者是系统本身产生的独特的变化过程。但在这两种情况下，均衡理论都提供了最简单的规则，系统根据这些规则做出反应。这就是我们所说的均衡理论是一种对反应机制的描述。我们知道，这只不过是向这种描述迈出的第一步，但即使如此，它对波动的研究如同扰动事件或扰动过程的理论本身一样重要。

第三，尽管均衡状态可能永远不会实现，但将均衡状态作为一个参考点，对于分析和诊断实际经济状态的目的来说是有用的，也是不可或缺的。实际经济状态可以很方便地由它们与均衡状态的距离来定义。就这点而言，理论家更严格的程序与普通人的思维习惯没有根本区别。例如，在整个战后时期，个人和群体经常用商品的绝对或相对数量、绝对或相对价格、绝对或相对收入与1913年相同变量的价值进行比较来论证他们的观点。当然，这样做是没有依据的。经济系统的所有数据都已经改变了，例如没有理由认为现在农产品的价格与其他价格的比例应该与当时相同。这种习惯背后的思想也有助于对其做出更有利的解释。它可能意味着承认这样一个事实，即经济数量之间存在着均衡关系，偏离这种关系会造成分析的困难和难以维持的局面，而与这种关系进行比较是估计实际偏差的性质和程度的有效方法。如果人们不将实际情况同与数据相对应的均衡状态相比较，而将它与过去的非均衡状态相比较，即使它曾经是均衡状态，也不再相关，他们只是基于这样一种信念行事，即1913年的情况比以后的任何情况都正常，而且它离我们不远，可以作为一个标准。这可能是错误的，但将实际值与正常值进行比较的基本原则并没有因此失效。商界和政界期望经济学家提供的服务之一，就是设计出令人满意的方法，以实现这一原则。

因此，一些统计学家和经济学家努力从长期处于不均衡状态的经济世界的统计资料中提炼出均衡值的时间序列，其兴趣和重要性比我们大多数人愿意承认的要大得多。也许确实可以说，计算趋势的统计学家的脑海中都存在这样的想法，他可能没有别的目的，将趋势消除掉，只是为了让波动更加明显。但是，波动必须是围绕某一事物的波动，如果有必要，他可能会用或多或少与均衡概念相关的术语来定义该事物。第一位有意识地提出这一观点，并至少在概念和意图上一路走下去的经济学家是亨利·摩尔（Henry Moore）。在他的《综合经济学》（*Synthetic Economics*）一书中，总结了这样一个原则：趋势是点的轨迹，对应于每个时间变量在同一时间点的实际值,趋势中的每个点都表明了理想的均衡值。我们不会走得那么远，部分原因是我们会找到理由来怀疑实际使用的趋势分析法的有效性。但这不是关键，我们提出了一个更基础的反对意见。

第四，我们使用的均衡概念的重要性，取决于是否存在趋向于均衡的趋势。这一论点受到许多限制，并不像老一代理论家所认为的那样简单。由于变化的因素实际上冲击着一个已经受到干扰的世界，而且即使它们有机会冲击一个先前处于完全均衡的世界，反应过程在大多数情况下也不会直接导致简单的均衡，因此我们相信存在着一种均衡趋势。这种趋势在每次偏离之后都会把系统拉回到一个新的均衡状态，尽管最常见的观察事实比一般理论更有力地支持它，而一般理论则努力考虑到最奇特的情况。然而，重要的是这种趋势是一种实际的力量，而不仅是理想的均衡参考点。我们的立场是，在经济周期中，经济变量的值在以大致的常识认知下的异常高的数字和异常低的数字之间波动，在这两者之间的某个地方，存在着同样的常识会认为是正常值或正常值所属的范围。我们希望区分系统开始偏离均衡的确定时期和系统趋于均衡的确定时期。为了将均衡概念运用到这项工作中，这是分析技术的基础，我们不会在不存在均衡状态的情况下假设均衡状态是存在的，而只是假设系统正在向一个均衡状态移动。例如，当现有国家受到政府拨款资助的战争或铁路建设的"狂热"所扰动时，那么说理想的均衡与所有的不均衡共存是没有什么意义的。更自然的说法是，当这个因素发挥作用时，根本就不存在均衡。当它不再起作用时，当我们观察到调整开始，并将其解释为向均衡的移动时，这时，也只有这时，理想的均衡才成为一个经济过程的目标，而这个过程的性质可以通过参考均衡状态来阐明。只有这样，均衡才会变成我们之前所说的，经济变量的"理论规范"。因此，我们仅在系统接近一种状态的时间尺度上的那些离散点上承认均衡的存在，如果达到这种状态，它将满足均衡条件。由于系统在实践中从未实际达到过这样的状态，因此，我们不考虑均衡点，而是考虑将系统作为一个整体在其运行范围内更接近于均衡的区间。这些区间是我们适当修正过的作为均衡考量的可操作的形式，我们称之为均衡的邻域（这个术语有别于数学意义上的邻域）。

第三章

经济体系演化的原因

BUSINESS

CYCLES

变化的内部因素

让我们从前一章所勾画的经济过程的图景开始，在这一过程中它仅仅是以恒定的速度自我复制，并且在每个时间点都处于均衡状态。重申一遍，这样做有两个理由。我们不打算做循环性的推理论证，而是直接用经济过程中的经济数量关系的"反应机制"进行后续阐述。由此提出一个问题：是什么使这一过程在历史时期发生了变化？

为什么经济过程会发生变化，即为什么在不同的日期，不同种类、质量和数量的商品以不同的成本生产，以不同的价格销售？一个很明显的原因是受我们所说的外部因素的影响。我们在分析中排除这些因素，这里再强调一次，外部因素不仅对经济系统的运行起着十分重要的作用，而且有时甚至是决定性的，这使得经济系统对其影响的反应构成了我们观察到的经济现象中极大的部分。而且，外部因素的出现是（而且经常是）我们需要考虑的条件变化。这两件事必须区别对待。这里的反应可称为被动的适应，即在系统的基本数据内的适应。然而，适应可能包括改变其中一些数据，而这种创造性的反应属于内部变化的范畴。例如，如果政府对某种特定类型工具的需求增加，企业可能会根据静态过程中观察到的游戏规则进行调整：它可能以不断增加的成本和价格生产出越来越多的此类工具，这种推动力又会以同样的游戏规则在整个经济系统中传播。但它也可以通过生产另一种工具，或是生产一种新方法所需的工具来进行自我调整。这是受外部因素制约的内部变化。

经济系统内部变化的因素包括偏好的变化、生产要素数量（或质量）的变化、商品供给方式的变化。均衡系统所提供的服务之一，恰恰在于向我们保证了这种内部因素的分类在逻辑上是详尽无遗的，因为经济系统中的其他要素，都可以从偏好、生产资源的数量和分布以及生产函数中推导出来。但是自主的货币变化已被纳入外部因素的范畴。接下来，依次考虑三个因素。

1 消费者偏好的变化

在整个分析中，我们将基于这样的假设：消费者主动改变他们的偏好，即改变他们的数据集（一般理论中包括的"效用函数"或"无差异曲线"的相关概念）的主动性可以忽略不计，消费者偏好的所有变化都是生产者行动产生的偶然事件，是由生产者行动引起的。这需要证明和条件限定。

当然，我们所坚持的观点是基于对事实的常识性理解。比如铁路的出现，并不是因为存在消费者主动提出对其服务的有效需求，也不是因为存在对邮车服务的需求。同样消费者也没有表现出想要电灯、人造丝长袜，或乘汽车、飞机旅行，或听收音机，或嚼口香糖的意愿。显然，这种观点并不违背现实情况，即消费商品的绝大多数变化，都是生产者强加于消费者的，而消费者往往在抵制这种变化，又不得不接受精心设计的广告心理学的教育。就我们的目的而言，消费者的满意度为所有经济活动提供了社会意义。表现为，新的和不熟悉的商品最终被消费者"接受"或认可，或这满足了隐藏的、潜在的消费者的愿望，或根据有效需求以外的指标而生产。偏好的变化与我们的分析过程中存在的机制无关。"消费者研究"的工作通常是对商品、品牌和质量的批评，这一事实可以用来说明这个问题。

尽管消费者偏好的变化是由生产者的行为引起的，并且这个观点可能完全符合关于这一主题的普遍看法，但它仍然不完全正确。很容易举出主动改变消费者偏好的例子，甚至可以把它们分成几个熟悉的类型，其中有两个可能会被经常提及。在每一个社会圈子里，特别是这个圈子不太大时，如果它的成员享受某种最低限度的财富和休闲（我们可以认为，在我们的材料所涵盖的早期阶段，设法获得引人注目的协会就是一个例子），通过观察时尚界的领导者，他们是创造新形式和私人生活习惯的专家。此外，还有一些"运动"可能会对家庭购买消费品的购买产生巨大影响，禁酒运动就是其中之一。

然而，这类事实其实并不重要，忽视这类事实也不会使我们的描述在实质上失效。此外，以这种方式产生的需求变化，只不过是在现有商品之间的不同选择。如果没有实际收入变化的支持，就会产生一种企业能够且将被动适应的局面。当我们遇到例外情况时（政府的战争需求似乎是其中最重要的一种情况），没有什么能阻止我们根据这些情况的是非曲直来处理这些案例，但我们不将其纳入这里的一般模式中。

这种安排建立在对事实的各种判断之上，当然，也随着这些判断而成立。如果有人认为，偏好的变化（这在任何情况下，都是经济史上最明显的现象之一），确实是由上述意义上的消费者主动、定期、系统地产生的，并且这种主动性构成了经济发展的主要动力之一，那么他就必须从逻辑上否定我们分析模式的有效性。

2 生产要素数量的变化

生产资源的增加乍一看似乎是内部经济变化过程中的主要推动力，物理环境是不变的（新地区的开放属于另一个类别），这种增加会转化为人口增长和生产品存货的增加。当然，两者都不能作为独立变量来对待，因为它们都同时受经济变化的影响，也作为其他经济变化的条件。之所以将人口差异列为外部因素，是因为它们与商品流通的变化之间没有特殊的关系。因此，将人口增长看作是制约某些现象的外部环境变化，尽管对其他人来说这样处理是不够的，但对我们的分析而言是方便的。此外，熟悉的案例（如印度和中国）可以证明，人口的增长除了带来人均实际收入的下降之外，并不会带来其他以人口密度、人口增长速度为前提的现象。最后，人口增长持续发生，并且能够吸收波动。[1] 结婚率的

---

① 事实上，与有酬就业人口相比，每月寻求有酬就业人口的增长总是很小的。即使是每年的增长，如果这是一个数字，除了摩擦和刚性，它本身也不会造成任何干扰。然而，正如之前所指出的，洛什（Lösch）确实提出了一个论点，认为"人口波动"在经济波动中起着因果作用，我们无法深入分析这种波动，但这并不是简单地通过上述评论来解决的。

短期变化显然是经济波动的反映，而不是导致经济波动的原因。

类似的观点也适用于分析耐用品生产商存货的增加，这通常是由于社会中存在着正的净储蓄率而产生的。我们借此机会介绍一些概念、惯例和命题，便于今后使用。

我们所说的储蓄，是指一个家庭将其当前收入中的一部分指定用于获得收入的所有权或偿还债务，以区别于"资本收益"。如果一家企业将其销售产品和服务的净收入的一部分做同样的事情，我们将其称为积累。在"企业"和"家庭"合二为一的情况下，储蓄和积累之间的区别也同样适用，尽管它可能难以执行，正如许多农民的情况那样。我们把这两个概念限制在有关货币基金的决策上，为方便起见，忽略了可能对商品做出的类似的决策。因此，储蓄和积累将被视为货币过程的要素：商品世界中的互补过程构成了这个独特的问题。在不必担心混淆的情况下，我们将使用"储蓄"一词来涵盖积累。其中负储蓄（包括消费者对"资本收益"的支出在内）和资产减持则是不言而喻的。①

因此，储蓄（在适当语境下包括积累）并不意味着：

（1）为购买耐用消费品或支付当前收入无法支付的一项支出而汇集的款项。"储蓄"以购买非商业用途的汽车或住的房子，或"储蓄"为了度假，在我们的意义上根本不是储蓄，而仅仅是重新安排消费者支出，以适应"大额支出"项目。仅仅对一个人的实际收入流的时间形态进行重新安排也不

---

① 如果不深入研究货币理论，就无法给出所采用的概念界定的充分理由，而这本书可能做不到这一点，这将在作者关于货币的论文中介绍。比如说，对于老年人来说，只有当依靠此目的筹集的资金收入生活时，而不是为了花掉这笔钱（理想情况下，临终之时什么都没有剩下）时，这项规定才是储蓄，听起来并不奇怪，如果一个人为了出租而购买一套房子的"专项拨款"是在储蓄，而如果打算住在房子里则不是在储蓄。此外，有人会反对，定义标准是意图，在意图生效之前，无法从可观察到的行为中知道是否存在储蓄，即使这样，我们也无法确定，因为我们看到的可能仍然是临时投资。然而，如果牢记我们定义的目的和逻辑，这些和类似的反对意见就会消失。从定义的意义上讲，储蓄是一种独特的现象，它所起的作用和产生的效果不同于其他行为或决定所产生的作用和效果，通过明确区分这些行为或决定可以避免许多混乱。在某种程度上，随着讨论的继续，这一点的重要性将变得显而易见。我们将收入要素指定用于偿还债务这点单独处理。

一定涉及储蓄。

（2）不支出或推迟支出。[①] 我们的定义所依据的原则，可能会（但不必）导致资金离开储蓄账户最终到达某一商品市场的时间，比保留用于消费性支出融资的时间要长，即消费性支出融资可能会更快到达商品市场。储蓄决定本身并不是不支出或推迟支出的决定，后者的决定可能同样适用于，在正常经营中指定用于消费用途或（对企业而言）指定用于支出的金额。不管不花钱的决定是发生在这些领域，还是发生在储蓄领域，它在任何情况下都不是储蓄，也不能通过储蓄本身来解释，这是一种独特的现象——但不需要有独特的解释。同样，囤积也不是储蓄的同义词。

为了获得收入所有权而实施的决策，我们称之为投资。就家庭而言，主要考虑购买股票和债券（包括抵押贷款等）及土地或建筑物（用于商业目的）。然而，就企业而言，包括在替代品之外的各类产品上的支出（忽略替代品构成问题上的困难）。我们用"实际投资"一词来描述这种支出行为。

早期的理论主要关注基本原理，轻视货币方法，并将投资（尤其是实际投资，更多的是对厂房和设备的实际投资）与储蓄联系起来，这无疑忽略了大量事实。这里定义的储蓄和投资当然是截然不同的事件。前者独立于投资发挥其自身的作用，后者可以从储蓄以外的其他来源获得资金。其中一个对我们的主题非常重要，假设有人习惯于每5年买一辆新汽车，不断地在他的支票账户上汇入必要的款项，为此目的标记的账户单位不会退出货币流通。它们"流通"的意义与其他人所做的相同，只是它们的循环周期比其他人更长（流通"速度"更低）。现代货币市场提供了这种功能，现在人们可能会决定随着汽车基金的增长而购买国库券，并在购买汽车的时候出售国库券，而用不着储蓄。他的消费行为或消费意向没有改变，但他存在投资行为。

---

① 对"延期"一词的反对意见不仅在于支出可以因许多在性质和效果上具有不同特征的原因而延期，而且在任何情况下都不能表达节俭的社会意义。储蓄者本人不延迟消费，但明确放弃储蓄金额在消费品上的支出，这可能会被其他人毫不延迟地用于消费品上。

这笔钱是一种双重的存在，既能满足指定用于某种目的的现金项目的所有用途，同时也能满足借款人的所有目的。我们称之为临时投资（Temporary Investment），并将仔细考虑其明显的特点。

此外，即使是投资了的储蓄，也不像老一代理论家的推理所暗示的那样，能够轻易地转化为真正的投资。储蓄者不仅可以通过资助他人的消费进行投资，他的钱还可以用来为生产者的赤字融资或偿还债务。即使不这样做，也不必以增加全国耐用生产品存货的方式使用它。很明显，只要增加储蓄，就意味着存款利率低于其他情况下的收益率，或者总是会有一个朝这个方向发展的趋势。此外，欢迎读者在这里插入一整章来讨论无数的事件和事故、错误、摩擦和滞后，因为储蓄可能会在途中丢失或停止，或被误导、再次流失，这将导致储蓄和投资之间存在不完全的协调。但重要的是要清楚地认识到，我们能观察到的缺乏协调的情况，不仅仅是因为缺乏均衡机制。尽管行为不同，而且往往是不同的人的行为不同，但储蓄和投资是相互依存和相互影响的，从而形成彼此。

储蓄，意味着获得收入所有权的意图，储蓄的决定是参考给定或预期的投资机会及其提供的收入前景做出的。此外，它也可以随着它们的变化而修改：储户的情况与农民的情况不同，农民必须做出决定，这些决定将在一年后生效，然后同时对所有人生效。然而，如果实际投资中存在储蓄问题，那么影响储蓄的决定与相应设备产品的出现之间存在滞后。这种滞后性为意外发生的普通阶段提供了自行展开的空间，但不会为一种特殊的失调提供空间，因为利率可以自由地立即做出反应。最后，即使储蓄成为一种习惯，那么就算超出了它的基本原理（一个必须添加到关于经济行为的命题的限定）也不一定会出现失调，因为无论储蓄者是否是理性储蓄，在任何情况下，他们的行为都会影响投资机会，而投资机会反过来会使自己适应储蓄的数量和比率，就像它倾向于影响储蓄的数量和比率一样。当然，马歇尔需求和供给曲线在这个案例中的应用意义不大，它并没有说明储蓄、投资和利率之间的关系，反而模糊了它们的本质。由于这种关系是经济系统所有变量相互作用的净结果，因此只能用瓦尔拉斯框架来表达。试图通过利率的两个独立单值函数来实现这一点，都无疑是滑稽的。

当然，事实上，我们发现这种均衡机制往往不起作用。但如果否认它的存在，或者建立"乐观主义""悲观主义""储蓄本能"等抽象概念，或者简单地断言人们选择的行为方式会导致失调、储蓄和投资可以无限期地各行其是，就不能指望做出正确的判断。为了取得进展，我们必须找出问题的根源。它们将出现在我们要描述的经济变化过程中的商业环境中，并与非支出和实际投资的变化相联系，而不是与储蓄相联系。目前，由于误解颇多，我们需要确保储蓄—投资机制本身不会产生任何足以解释危机或萧条的东西。[①]

为此，我们设想一个社会，在这个社会中除了显示正的储蓄率外，其他方面都是不变的。生产函数是不变的，没有外部干扰，利率为正。把除了向企业提供贷款（这只是不包括消费者信贷）的投资机会排除在外，并假设储蓄是这些企业除了现有收入之外，希望拥有的货币手段的唯一供给来源（这一假设不包括信用创造：比如，货币由一定数量的金币组成，这些金币必须实际交付才能进行交易）。显然，这个模型只会显示储蓄和投资的影响。从竞争性均衡开始，尽管扩展到不完全竞争的情况不会有任何困难。现在，这种均衡不断受到提供给企业的新储蓄流的干扰。然而，如果这个系统适应了实际的储蓄率（这个假设不仅在这个模型下是合理的，而且比过度储蓄理论

---

① 根据我们的定义，如果读者认为这是显而易见的，那就更好了。如果他认为，我们对储蓄和不消费的严格区分回避了这个问题，那么这恰恰意味着同意作者提出的观点。然而，有许多经济学家确实使用简单的储蓄—投资机制来达到上述目的，读者应该把作者认为非常微不足道的考虑归咎于他们。应该注意的是，尽管上述论点基本上是在非常熟悉的路线上运行的，但除了瓦尔拉斯等人在经济周期理论中的批评之外，就没有还可以引用支持的话了。因为，除了许多无法坚持的个别观点之外，还有一个根本性的区别，即所有这些作者都将储蓄归因于我所否认的角色，他们把要提出的论点或类似的论点看作是令人满意的储蓄理论，只需在其中添加关于外部摩擦和干扰的一般条件，以便使它适用于对现实的解释。而情况并非如此。对我们来说，我们将要做出的静态假设只在初步澄清的目的下才具有重要性，并且从一开始就被承认为产生了一个不充分的图景，而这一图景本身只会误导我们。

的拥护者习惯性地承认的更接近事实），这种干扰将被吸收；因为，只要储蓄继续进行，每一期都将把利率压低到创造自身投资机会所需的程度。在这个阶段，消费品或生产品都不会受到其他价格的影响。至于消费品，储蓄是否会降低其价格的问题在这里并不重要，因为消费品都是大量生产的，这一决定已经考虑到了储蓄率。至于生产品，出于同样的原因，投资是否会提高其价格也是无关紧要的。新生产品肯定会找到买家，因为由于利率下降，以前的生产要素组合不再是最优的，而现在的最优组合需要增加更耐用的要素，我们称之为机器设备，这相当于在价值和成本方面提供的额外储蓄，这就是我们所说的储蓄创造自己的需求。此时，这种描述很容易发挥作用并令人满意，因为我们的假设使一切可能发生变化的东西都不存在且无法发挥作用。事实上，通过不断增加新设备和机械装置，其结果是系统的工业装备稳定增长。这些设备和机械装置必须与已经在使用或将要使用的装置类型相同，且不存在块状要素，以避免排斥新的和不同的要素。①

　　正如经典学说所解释的那样，储蓄和投资的基本含义或"社会功能"非常突出，不必拘泥于本文。但要注意的是，虽然家庭未能将全部收入用于消费，但消费品的生产者也不会遭受损失，因此，生产者没有理由拒绝额外的"资本"。当新机器生产的产品进入消费品市场时，也不会出现任何"过剩"。价格将会下降，但这并不意味着损失，因为它必然会通过相应下降的单位成品成本，来弥补产品价格下降带来的损失。当然，这个过程可能会存在困难，比如无法快速调整旧的贷款合同，但它们属于摩擦类别。除非利息降到零（然后我们意义上的储蓄停止，但"未雨绸缪的储蓄"可能会继续下去），不然这一过程可以无限期地继续进行下去，而不会在持续的生产函数中产生任何问题。在这种情况下，后者的连续性并不比其他情况下更严重。但这种增加耐用生

---

　　① 没有必要要求每家企业都只增加以前使用过的单位。由于不可分割的原因，额外的机器可能与以前使用的机器不同，因为随着产量的增加，其他类型的机器可能会成为利润最高的机器。但它们必须在现有的生产职能范围内生产。

产品存货的做法可能会损害工人阶级的利益。这取决于劳动力和这些商品之间的替代弹性。[①]

然而，如果经济系统没能适应实际完成的储蓄，分析就会变得更加复杂。假设储户突然意外地开始储蓄，比如，每单位时间用来储蓄的总和增加一倍。应该立即观察到，通常与储蓄相关的剧烈波动是支出率的变化。[②] 因此，我们的问题只不过是一个纯理论的练习，因为储蓄率的长期变化是由真正的无穷小的步骤引起的，尽管它在商业中引起的波动很大，但这主要是由于利润部分的巨大变化。必须记住，这就是周期性发展的结果，在此我们主要关心的问题是储蓄本身是否会产生萧条的问题。自然而然地，储蓄率几乎不会发生突变，除了"疯狂"的通货膨胀之外。

但是，假设这种变化确实发生了，在大多数情况下，贸易渠道的突然变化总会引起这种干扰。它的精确性质及最终结果现在取决于许多变量，也取决于过程中和经济系统内的其他属性，例如储蓄—投资过程中步骤的数量和顺序（"周期性"；在这里，产业的垂直整合程度变得相关[③]）。我们通过再次排除银行信贷来简化这一问题，并假设储户将其额外储蓄提供给在前一时间点处于竞争均衡状态的企业，在前一利率下，储蓄对这些企业没有好处，并且在适当降低的利率下，除了在现有的机器存货中增加新的装置外，也没有其他用途。

---

① 人们倾向于低估这一概念的价值，主要是因为只有在两种生产要素的情况下，它才能以合理的效率发挥作用，一旦有更多的生产要素，它就会变得难以管理。的确如此，但上述实例证明了它的实用性。一个多世纪以来，这个问题一直是有争议的话题。替代弹性的概念使我们能够应对不变生产函数的特殊情况，如果对"资本"的需求弹性大于（小于）"资本"和劳动力之间的替代弹性，那么劳动力（货币）的需求价格就会相应地随着利率的下降（上升）而增加（减少）。

② 对于分析和政策而言，再次坚持这两件事之间的混淆是有益的，因为这两件事在性质和行为上是不同的。那些超越原始错误的作家认为节俭的大部分内容，尤其适用于不花钱的情况，其中大部分内容都是关于"储蓄以弥补其造成的损失"和"储蓄有助于破坏而不是增加社会存量"的讨论，虽然大部分是正确的，但令人遗憾的是，我们不能给出一个储蓄的定义来降低统计评估的难度。

③ 如果要全面处理储蓄效应的问题，就必须提到现金持有和银行信贷的反应，比任何与货币聚集行为有关的反应都更重要，通过储蓄获得资金的目的以及实现这些目的成功程度。

很容易构建这样一个案例，即储蓄者在决定将储蓄率提高一倍之前，购买消费品的需求突然从市场上撤出，造成灾难。这种撤资一方面迫使生产这些商品的企业采取紧急行动，而这些商品现在无法出售；另一方面，也阻止了所有企业承诺进行的新的实际投资。如果储户继续这样做，我们甚至可以通过正确选择序列找到结果，即是所有价值将在一段时间后逐渐接近零。

构建一个消费品价格不会下降的案例并不难，因为在价格下降之前，额外的储蓄已经被提供和接受，新机器已经开始工作，机器工业收入增加的需求逐渐取代了储蓄者中断的需求，因此除了消费品领域内可能发生的变化外，什么都不会发生。从货币的角度来看，这个案例只是对储蓄和投资的一种诠释，储蓄和投资基本上是将个人对消费品的权利主动交给劳动者和其他生产性服务提供者，以便让他们从事生产中间产品等工作。就这一点而言，这些服务是否曾被雇佣并没有任何区别。如果它们曾被雇佣，储蓄就不会"流产"。但是，他们在机械行业的就业将暂时减少消费品的供给，因此，在这种情况下，将有一个周期，在这一周期内有一段时间存在储蓄和投资共同导致价格上涨。①

对这两种结构最好的评价是，尽管它们是对一个不可能的案例的可能变体的荒谬的过度描述，但它们仍可以起到放大镜的作用，用来寻找现实中其他看不见的特征。第二个也许更容易揭示对外行人来说并不明显的基本真相，但对本文而言，我们对第一种特别感兴趣。它本身是微不足道的，因为它告诉我们的仅仅是储蓄率的剧烈变化会导致麻烦，如果我们允许适当的预期围绕它发挥作用，它可能会继续加剧，导致新的储蓄率和新的投资率在相当长的时间内出现分歧。但有趣的是，这种自发发生的剧烈变化，产生了储蓄与商业萧条可能存在的因果关系，也是表明二者有关的唯一情况，因为储蓄本身就有可能造成萧条。而且，这些变化会周期性地重现。

---

① 在任何情况下，观察所得税意义上的总收入，总是在账户期内重新出现在其他人收入中的储蓄增加是有用的。

现在回到我们的论点，当然，我们不会将储蓄和积累排除在促成经济变化的内部因素之外。因为与人口变化不同，它们是一种纯粹的经济现象。但我们确实把它们排除在我们分析模型的基本轮廓线之外。这个决定看起来很奇怪，这似乎排除了问题的本质。然而，一点反思会很快消除这种印象。一旦我们意识到有必要从一个完全均衡的静止状态开始分析经济变化，那么排除储蓄作为导致这种变化的主要因素就顺理成章了，因为无论读者对储蓄的定义是什么，储蓄的大部分来源及储蓄的大部分动机，都会在静止状态下消失。如果采取熟悉的统计方法，尝试估算任何国家、在任何时候的储蓄金额，就会发现，无论是在商业领域还是家庭领域，大部分储蓄都来自在静止状态下根本不存在的收入或收入要素，即来自利润；或者来自以前的经济变化所创造或增加的其他收入。

至于动机，同样明显的是，大多数动机都出于与经济变化有关的情况。现在，我们是否严格地定义了静止状态以排除所有储蓄并不重要。重要的是，如果经济过程以任何方式接近均衡状态，它在数量上的重要性将非常小，至少比实际情况小得多：储蓄将是一条"涓涓细流"，仅凭这一事实不可能引起麻烦。事实上，这就是"原始"国家很难为资本主义工业的起步提供资金的原因。因此，如果把储蓄作为引发经济变化的一个主要因素，我们就会在前提中包含前文试图解释的部分内容。因此，为了分析问题的简洁性，构建一个不包含基本成分的模型似乎是明智的。由此，我们可能希望对储蓄的性质和作用有更好的了解，而不是为了过早地试图满足真实情况，从一开始就考虑它。

总而言之，我们将用（正或负）增长变化这一术语来表示人口数量的变化（严格来说也包括年龄分布的变化），以及根据货币单位购买力的变化修正储蓄和积累的总和。这个术语不仅强调这两个变量的变化在数学意义上是连续的（也就是说，如果我们把人口看作时间的函数，那么，对于任何时间点，该函数都有一个有限值，它等于当时间变量接近所选点时它所接近的极限），而且以一个缓慢变化的速率发生，其本身无法产生我们在这里感兴趣的工业和贸易的波动。但这并不意味着它不能引起任何波动——它显然可以。这并不表示这一变化因素与我们所研究的那些波动无关，或者说它在数量上无关紧要。在50年、60年甚至近9年内（正如我们将看到的，这对我们来说是重要的时期），由于增长而产生的累积变化将在我们的许多数字中体现出来。所有这一切意味着，增长的影响目前能够被吸收，即劳动力市场的每一个新来者，或货币市场上新存的每一美元所造成的不均衡，在正常情况下都可以得到纠正，而不会引起任何可见的干扰。因此，它们本身无法创造我们观察到的繁荣与萧条的交替。此外，增长，尤其是储蓄的增长，在数量上的实际重要性归功于另一个变化因素，没有这个因素，就无法理解它在资本主义世界中的运作方式。这是相互作用和相互依存的，实际结果是增长和另一个因素的产物。但后者的运作方式确实解释了繁荣和萧条，在没有增长的情况下是可以理解的，因此，我们暂时将其忽略，直到我们必须再次调用它才能完成我们的分析时。

3 商品供给方式的改变

商品供给方式的变化，指的是比这句话的字面含义更广泛的一系列事件，其中，引入新商品可以作为标准案例，在已有商品生产中的技术变革、新市场或新供给源的开拓、工作的定制化、材料处理的改进、百货公司等新商业组织的建立等，简言之，在经济生活领域，任何"以不同的方式做事"都是我们所说的"创新"的例子。同时应该注意的是，这个概念并不是"发明"的同义词（见第一章第二节）。

首先，它暗示了一个最不幸的局限性，因为它往往掩盖了现象的真实轮廓。创新是否意味着科学上的新颖性完全无关紧要。尽管大多数创新都可以追溯到对理论或实践知识领域的某些超越，这些超越发生在最近或遥远的过去，但也有许多无法实现。创新是有可能的，没有任何我们应该认定为发明的东西，而发明不一定会引发创新，如第一章所述，发明本身不产生经济上的相关效果。

在创新和发明重合的特殊情况下观察到的经济现象，与在利用现有知识的情况下观察到的经济现象没有区别。因此，强调发明要素或用发明来定义创新，不仅意味着强调一个对经济分析不重要的因素，而且它也会将相关现象缩小到真实情况的一部分。

其次，即使创新包括通过商业行为使某项发明生效，该发明要么是自主出现的，要么是为了特定的商业目的和特定的商业状况而专门做出的。[1]发明和相应创新的实施在经济和社会学上是完全不同的两件事，但却常常是由同一个人完成的。这仅仅是一种巧合，并不影响区分的有效性。对于发明人来说，个人能力主要是智力方面的；对于商人来说，主要是精神方面的。商人将发明转化为创新，以及改进一方与另一方的工作方法，这二者属于不同的领域。产生发明的社会过程和产生创新的社会过程彼此之间没有任何不变的关系，它们所表现出来的这种关系比表面上复杂得多。

一旦脱离了发明，创新就很容易被视为一个独特的内部变化因素。这是一个内部因素，因为现有生产要素向新用途的转变是一个纯粹的经济过程，在资本主义社会中，纯粹是一个商业行为问题。[2]它是一个独特的内部因素，因为它既不包含在任何其他因素中，也不是其他因素的结果。当然，在现实中，偏好、增长和创新这三个因素的变化相互影响、相互制约，观察到的历

---

[1] 在许多案例中，发明和创新是有意识地努力解决经济状况或其某些特征而独立提出的问题的结果。有时创新是有条件的，而相应的发明是独立于任何实际需要而发生的。人们可能会认为，创新只能是应对特定经济状况的努力。从某种意义上说，这是真的。要使某项创新成为可能，必须满足某些"客观需求"和某些"客观条件"。但他们很少决定什么样的创新能让他们满意，而且通常可以通过许多不同的方式让他们满意。重要的是，他们可能会无限期地不满意，这表明他们自身不足以产生创新。汽车工业的崛起可以作为一个例子，从某种意义上说，当条件需要时，出现的摩托车与经济调查无关。因为对他们可能存在的任何"需求"是潜意识的，而不是当时存在的经济价值体系中的一个要素。就是否与经济相关而言，"需求"是由该行业创造的，人们显然可以在没有任何汽车的情况下继续生活。因此，当每个人都呼吁某种创新并努力实现它时，我们认识到，当它不存在时，我们并不坚持要求看到它，这似乎是合理的。确定"需要是发明之母"的程度是一个困难的问题。对于不同的分析目的，其解决方案可能会有不同的解读。

[2] 当然，这种商业行为不仅可能受到一般环境条件的影响，也可能受到其他社会机构（例如政府）的具体行动的影响，这些机构的目的是为了推动商业行为的发展。

史性变化正是这三个因素共同作用的结果。但是可以通过想象社会来满足自己的逻辑独立性，在这种社会中，内部变化仅仅是由消费者偏好的自主变化、增长或创新引起的。

如果我们这样做，会立即意识到，创新是资本主义社会经济史，或该历史中纯粹的经济史中最突出的事实，而且创新在很大程度上，要对我们乍一看归因于其他因素的事实负责。例如，现代经济进程在很大程度上取决于城市人口的聚集，以及通过公共行动提供给商业界使用的设施。但进一步创新的条件并不总是如此，在大多数情况下，是属于创新概念范围内的工业过程的结果，或是直接产生的，或是由它们促成的。

由创新带来的经济过程的变化，连同其所有影响，以及经济系统对这些变化的反应，我们都用"经济演化"（Economic Evolution）这个术语来表示。虽然这个术语在几个方面是令人反感的，但它比其他任何词更接近于表达我们的意思，而且它的优点是避免了同源词"发展"（Progress）所暗示的联想，尤其是后者似乎暗含自满的意味。当然，这个术语的选择只是一种分析意图的表达，即将创新的事实作为经济变化过程模型的基础。只有成功地证明与创新有关的过程确实解释了我们想要理解的现象，才能证明这一意图的合理性。因此在此对其进行观察是多么自然。本书中呈现的分析模式最糟糕的一点，可能会是给读者留下一个巧妙的或牵强的印象。毫无疑问，没有什么比这一命题更简单、更老套①的常识了，正如所设想的，创新几乎是资本主义社会经济生活中所有现象、困难和问题的中心，以及如果生产资源每年通过基本相同的渠道流向基本相同的目标（或者被阻止这样做），那么它们及资本主义对干扰的极端敏感性将不存在，而只剩下受外部影响。不管结果有多么困难，也要发展这个简单的想法，以使其适合处理所有它必须面对的复杂模式。无

---

① 作者希望强调的陈词滥调，在将这一提议付诸实践后就会变得尤为明显：经济变化是由外部因素、增长和创新造成的。但应该注意的是，即使是在这种形式下，并且剔除了关于这三种变化因素的相对重要性的任何暗示，这个命题也不是我们定义的同义反复的结果。

论这种简单的想法在我们面前消失得多么彻底，永远不要忘记，一开始需要对任何怀疑的人说的就是：看看你的周围！

创新理论

我们现在将通过前面介绍的生产函数更严格地定义创新。这个函数描述了当生产要素的数量发生变化时，产品的数量发生变化的方式。如果改变函数的形式，而不是改变生产要素的数量，我们就有了创新。[①] 但这不仅限制了我们的思维，至少乍一看，创新在于用以前使用过的相同生产方式生产相同类型的产品，而且还提出了更微妙的问题。因此，我们简单地将创新定义为建立一个新的生产函数。这包括一种新商品及一种新的组织形式的情况，例如合并、开拓新市场等。回顾经济意义上的生产，不过是生产性服务的结合，我们可以用创新以一种新的方式结合各种生产要素，或者说它包括实施新的结合来表达同样的意思，尽管从字面上看，后一个短语也包括我们现在无意包括的东西，即生产系数的那些现行调整，这是特定生产函数中最普通的经济常规运行的一部分。

对于技术型创新的情况，我们可以直接参照所谓的实物回报定律（Laws of Physical Returns）来定义它。除不可分割性或不统一外，在缺乏创新的情况下，每个要素的实物边际生产率必须单调递减。创新打破了任何这样的"曲线"，取而代之的是另一条曲线，除不可分割性外，它始终显示出更高的产品增量，[②] 当然，它也会单调递减。或者，如果把李嘉图的收益递减定律

[①] 精通经济理论的读者可以很容易地将上述内容翻译成等量。他们还将意识到，本文下一句中注意到的困难并非完全无法克服。但如果不深入讨论，就会误入歧途。再次重申，上述定义并不等同于创新与生产的"方法改变"或"技术改变"。这种变化也可能随着要素相对价格的变化而发生。

[②] 这并不意味着，除非有创新，否则每一个生产要素的产出函数都必然增加，或者每一个生产要素必然因创新而减少。这使我们无法通过这些系数的行为来衡量创新。

（Ricardian Law of Decreasing Returns）推广到工业领域，就像李嘉图本人在农业领域所说的那样，创新打断了它的行动，这又意味着它用另一种定律取代了迄今为止描述额外资源增量影响的定律。在这两种情况下，过渡都是通过从旧曲线到新曲线的跳跃而进行的，新曲线现在适用于整个过程，而不仅仅是旧方法之前产生的输出。

我们也可以根据资金成本来定义创新。在没有创新和要素价格不变的情况下，单个企业的总成本必须在其产出函数中单调地增加。[1] 无论何时，只要一个给定数量的产出成本，低于相同或更小数量的产出成本，就可以确信，如果要素价格没有下降，在某个地方已经有了创新。[2] 因此，如果说在这种情况下，创新会产生不断下降的长期边际成本曲线，或者在一定时间间隔内使边际成本为负，那就不正确了。应该说，每次有创新时，旧的总成本或边际成本曲线都会被新的曲线所取代。如果存在不可分割性，创新只有在超出一定产出量之后才可能出现，而在低于一定的产出量时，如果产出量下降得足够多，旧方法仍然具有优势，并会立即再次被采用，那么确实可以绘制一条成本曲线，将一个区间内的成本与旧方法相结合，将另一个区间内的成本与新方法相结合。但这只有在新方法被人们熟知，并且整个经济系统都适应它的情况下才有可能，这意味着它被引进了生产函数（即进入向所有人开放的实际选择范围）而不再是一项创新。

如果要素的价格不是恒定的，而是独立于企业的行为而变化的，那么对其成本曲线（总成本、平均成本和边际成本）的影响与创新的影响完全相似：它们会中断，取而代之的是新的成本曲线。很容易看出，我们无法构建一条

---

[1] 正如预期的那样，上述主张不言而喻。例如，比较亨利·舒尔茨（Henry Schultz）的《供求统计定律》。随着我们讨论的深入，对外部经济体评分的反对意见可能被清除，进而将讨论内部经济，显然无法将生产数量的总成本降低到生产数量较少的总成本以下，除非存在创新。

[2] 我认为它不一定发生在被观察的行业中，这可能只是应用或受益于另一个行业中发生的创新。另外，如果我们将新产品线中某项支出所能产生的收入与旧产品线中最有利的同一项支出所能产生的收入进行比较，那么这个标准可能会扩展到新产品。

与历史成本曲线不同的理论成本曲线，历史成本曲线在一段时间内指的是给定的工资率，在另一段时间内指的是不同的工资率。因此，这个类比可以更清楚地说明，在连续创新的影响下，不可能将产出函数中的边际成本表示为递减（无论是否持续下降），将总成本表示为下降或上升幅度小于其他情况。如果要素的价格随着企业行为的变化而变化（经过必要的修改后，这同样适用于工业曲线），但现在情况不同了，成本曲线必须考虑到这种变化。一般来说，除非生产或供给中存在块状要素①或创新，否则要素价格可能只会随着产品数量的变化而变化，因此不必认为成本曲线上的下降都是由这个来源引起的。

这有助于澄清关于成本理论的一些被广泛讨论的观点，为简洁起见，我们只考虑单位总成本（平均成本），并定义所谓的增加成本（不完全正确）。从上面的分析中容易看出，从长远来看，即当间接费用被视为产出函数的变量时，平均成本曲线可能会因为存在块状要素而下降，而所有可能导致平均成本下降的其他原因不会沿这些曲线下降，而是会向下移动。因此，它们不可能一直下落，而只会在其长度的区间内下降，这由一个或多个块状要素的性质决定，之后它们再次上升。现在，通过在平均成本上升和下降的交替延伸中绘制单调曲线，通过消除块状的影响让他们变得更平滑，就应该得到一条曲线，对一个小的个体企业来说，该曲线平行于数量轴，即单位成本是不变的。然而，如果承认某些要素处于绝对非弹性供给中，比如管理要素，那么也会出现长期成本增加的规律。此外，对于一个行业或一家大企业来说，如果要素价格随着产量的增加而上升，那么平均成本也会增加。这不仅在基本原则上解决了人们对成本下降条件下的竞争均衡所提出的困难，也能借由创新的概念关注到许多似乎不符合这些原则的产业模式。

事实上，由于平均成本的降低，仅仅是对给定的平均成本曲线上升还是

---

① 特别是，如果一个小企业以较低的价格获得某些原材料，如果它需要更多的原材料，这可能只是由于它的供应商成本组合中的一个不均衡因素。这也可能发生在一个大企业和一个行业的情况下，但在这里，其他因素可能会进入。由于垄断或寡头垄断，一个大企业可能比一些小的竞争企业获得相同数量的产品更便宜，但这与本文论点无关。

水平的基本性质的中断，其程度必然有限，因此，成本的增加和减少都不是有效的替代方案。只有前者才是真正的"定律"；后者只不过是通过一个偶然的技术环境对其进行了修改，虽然它的行为确实会阻止完全竞争均衡的出现，但不能无限期地这样做，因为它最终必然会结束。因此，没有成本递减定律与成本递增定律在同等条件下平行，也没有理由绘制单调递减的成本曲线。然而，在某些情况下，块状要素的影响可能非常大，例如在很长一段时间内，铁路轨道平均成本的整个有效范围都在下降区间内。其次，由于间接费用的固定性，在几乎所有的情况下，短期平均成本曲线都存在一个重要的下降区间，企业可能会在该曲线内共同移动多年。在"先于需求建设"和不完全竞争的情况下，尤其是在寡头竞争的情况下（比较第二章第六节），后一种情况非常明显，企业甚至可能在其边际成本曲线的下降区间内移动，这也解释了许多"生产过剩"和"产能过剩"的情况。

但是，在资本主义经济中占主导地位的是创新，创新是对新的生产函数系统的入侵，新的生产函数不断改变现有的成本曲线，而创新比其他任何东西都更能带来成本递减，导致不均衡、残酷竞争等普遍现象的印象。因此，在其他因素的影响下，对基于单调下降成本曲线概念分析的有效性提出质疑的同时，也发现，在创新的影响下成本曲线发生了变化。这一概念提供了我们想要的一切，以便处理大量的事实，这些下降的成本曲线就是为了这些事实而设计的。即使是上面提到的案例，成本下降实际上也构成了经济状况的一个重要因素，即每个人都试图负债，同时每个人有时甚至可以在主要的单位成本下降的情况下扩张，我们可以在这种分析中找到他们的适当设置和解释，这也给出了短期分析和不完全竞争理论的真正意义。认为企业在成本下降的区间移动，并且通常是处于工业生活变迁的中心的印象并没有错。但这与创新有关，因为沿着这样的区间，冲向下游的企业正在扰乱现有的产业结构，有时似乎正在走向垄断，这些企业通常正是那些建立了新的生产功能，并正在努力占领其市场的企业。如果不是这样的话，降低成本在经济学家的思想中所占据的空间，将迅速缩小到非常有限的比例。

在继续分析之前，我们最好就马歇尔提出的两个熟悉的概念重复同样的论点，即内部经济和外部经济。至于前者，如果要解释成本曲线的形状，单个企业内部的规模经济必然会降低到块状效应，这似乎有些奇怪。然而，这不仅体现在昂贵的机器上，也体现在更合理的分工上，或者更普遍地说，在产出扩大时，体现在对要素进行更好的"组织"上。例如，一个小裁缝决定雇佣一位缝纫纽扣的专业工人，仅仅是因为他的业务扩大了，如果他从一开始就做出了这样的决定，如果他的产量从一开始就和现在一样（不是这样的话，他就会重复生产），这一决定意味着创新，与成本曲线的向下倾斜无关，必须努力摆脱这种观念，即创新必然意味着体现在非常重要的东西上。他没有尽早做出这一决定的唯一可能原因是，在温和的环境下，劳动力是一个不稳定的因素。如果内部经济是指我们在提到大规模工业时实际想到的突出的工业事实，那么它们是由创新引起的，但不能被简单表示为产出函数，因为它们在历史上受到产出增长的制约。在这两种情况下，不论是解释降低成本与竞争的均衡不相容，还是实际观察到的不均衡都不会产生困难。

外部经济是指由于一个行业的增长，[①] 特别是某一地区的增长所附带的有利环境造成的单位成本的降低。正如庇古在 1928 年 6 月出版的《生态经济学杂志》上所指出的那样，区别它们与内部经济体并不总是那么容易，有许多中间案例。然而，我们将忽略这一点。更重要的是，"外部经济通常必须最终起源于某些附属产业的内部经济"。如果一个行业发展壮大，一些企业可能会专门生产该行业所需的机械，而不是服务于其他行业；或者可能会有人设立一家经纪公司，为其提供原材料或创办一份行业期刊。这种类型的案例要么是由于块状要素引起的（期刊的管理费用，包括所有者和管理者，需要

---

① 不需要单独考虑外部经济的情况，它不是来自任何单个产业的增长，而是整个工业环境的增长。我们将要在文中说的话可以很容易地应用到这个案例中。我们也没有必要讨论代表企业概念的使用（取得了无所谓的成功），在作者看来，代表企业似乎是用来隐藏经济变化根本问题的又一种手段。

一定的读者和广告商来为自己付费）；要么它们构成了创新，期刊很可能就是一个创新。这两种选择都没有把外部经济与外部不经济相提并论，或者说，都没有把它们最重要的例子相提并论，外部不经济是对要素需求增加的反应，是要素价格的上升。对其他案例的讨论也不会改变这一结果。就拿对某一行业的工作特别熟练的工人的供给增长为例。缺少信息确实是创新经常遇到的主要困难之一。随着行业的发展和成熟，它会被克服，这意味着企业的规模会适应其环境。在这个过程中，行业和个人的成本曲线都在不断地变化，描述这个过程的成本曲线都只能具有历史意义。当它结束时，这种外部经济来源便不再提供了。事实上，除了与新兴行业有关的情况外，很难找到任何有关这种现象的实例。因此，不能从外部经济推断出单调下降的成本曲线。这个术语仍然用来表示创新对一个行业和另一个行业的影响，当然，创新是我们意义上的经济发展机制中最重要的部分。但绝不能拿经济发展机制当幌子，隐藏其背后的创新，或将其表现为一个不同于创新的因素。

回到我们的分析中，为了更好地展示创新的运作方式，现在把一些常见的观察到的事实提升到假设的级别，这些事实与我们的成本分析有关。

首先，我们观察到，重大创新和许多小创新都需要建设新工厂（和设备），或重建旧工厂，这些需要大量的时间和支出。假定他们总是这样做，如果不这样做，将要使用的大部分理论模式都必须修改。这些修改虽然有很大的理论意义，但只有在可以即时进行的、没有明显费用的创新本身是重要的情况下，才会有实际意义。然而，经验似乎告诉我们，事实并非如此。也就是说，只有在创新的重要性很小，以至于可以完全忽略的情况下，我们的假设才不符合事实，尽管在逻辑上没有必要这样做，但我们必须时刻准备好应对无法如此处理的情况。因此，对我们的创新概念加以限定，并由此通过创新来理解某些生产函数的变化，这些变化是第一个数量级，而不是第二个数量级或更高数量级。本书将要提到的一些命题，仅适用于这种有限意义上的创新。

当然，反之则不然，并非每一家新工厂都体现了创新；有些只是对一个行业①现有设备的补充，要么与创新没有关系，要么除了因需求增加而建造，最终可追溯到其他地方发生的创新的影响外，没有其他关系。当然，这些案例的相对重要性各不相同，而且极难估计。事实上，在这里遇到了本学科最严重的统计困难之一。在一个演化过程持续不断的经济系统中，可以说几乎所有正在建造的新工厂都无法替代，以及大部分通过替代方式建造的新工厂，要么体现了某种创新，要么是对可追溯到某种创新情况的反应。

第二，正如现在定义的，每一项创新都体现在为此目的而成立的新企业中。这一假设显然不乏现实性。在下一章节我们将注意到一个重要的例外及其原因。即使是相反的命题也比乍看起来更接近正确：大多数新企业都是带着一个想法和一个明确的目的成立的。②当这个想法或目的已经实现，或者已经过时，哪怕还没有过时，它已经不再是新的，他们的生命周期也会消失，这就是企业不可能永远存在的根本原因。③当然，其中很多一开始就失败了。和人类一样，企业不断诞生，无法永生。其他人可能会遇到类似的情况，比如某些人因事故或疾病死亡，还有一些人自然死亡。而对企业来说，"自然"的原因恰恰是它们在充满活力的时代无法加快创新的步伐。任何一家仅仅按照既定路线运营的企业，无论其日常业务的管理多么认真，都不会在资本主义社会中成为利润的来源，企业没有一天能够停止支付利息甚至折旧。环顾四周，每个人都知道，我们想要的是哪种类型的企业，它们的名字、人脉、准租金

---

①　当然，这种情况在已经确立且高度标准化的行业中尤其常见，例如在制鞋行业，人们可以像订购一双鞋一样轻松地订购一家鞋厂。

②　诚然，许多人从事小型零售业，销售牛奶或经营加油站，这只是他们在不知道该如何安排自己或者在失业期间以其作为临时职业的原因。在其他情况下，尤其是在一些欧洲国家的工匠阶层，当一个人达到一定年龄并获得一定经验时，他自然会建立自己的企业。这里没有特定的想法或目的，即对一个明确的新机会的感知和利用它的决定。即使在小企业领域之外，这种情况有时也会发生。但这并没有实质性地影响本文的陈述。

③　关于单个企业寿命周期跨度的定量信息，以及对其职业生涯和年龄分布的分析解释，是我们最迫切需要的。除了研究经济波动之外，它们对许多其他目的都很重要，可以为资本主义的结构和运作提供大量的信息，而资本主义现在被许多空洞的措辞和伪理论性质的先入之见所掩盖。特别是，作者认为，这将消除传统理论中根深蒂固的偏见，即耐用生产品的集合本身就是原则上永久盈余的来源。有些信息是存在的，但因过于零碎而无法得出结论。

和初创时获得的储备，最后都只能优雅地退到幕后，在令人尊敬的、衰败的、致命加深的黄昏中徘徊。① 从分析的角度来看，假设是一种手段，能够将资本主义现实普遍的重要特征和物质元素纳入理论范围，同时对经济波动的原因有实质性的帮助。我们将新的生产功能想象为，通过为此目的成立的新企业的行动引入经济系统，而现有的或"旧"企业在一段时间内仍在继续工作，在成本曲线向下移动的竞争压力下，以各种不同的滞后特征和其他特征方式来适应新的经济状况。在作者看来，这种安排准确地描述了在考察资本主义演变时实际观察到的情况和斗争，尤其是其失衡和波动的性质。它还描述了企业和行业不断崛起和衰落的过程，这是资本主义运行机制的核心的事实。

第三，我们假设创新总是与新人领导地位的上升有关。同样，这一假设并不缺乏现实性，它只是阐述了工业社会中的一个基本事实。证据很多，可以从关于工业革命的教科书中收集到，尽管直到我们能够比现在更多地了解这个可能被称为个人工业历史的东西之后，才能意识到这一事实的全部范围和重要性。将这一假设引入一个纯粹的经济论证，而不是主要关注社会结构的主要原因是，它为前面的假设提供了理论基础。事实上，它解释了为什么新的生产职能通常不会从旧企业中产生（如果一个新人接管了一家旧企业，他们可能会这样做），他们的策略往往是通过与旧企业竞争，使其不复存在，或者通过强制改造旧企业来进行的。这是我们模型的一部分，并将用于解释本书主题过程的特征，必须注意到大企业，特别是巨型企业的情况，它们往往只是一个外壳，在这个外壳中，不断变化的人员可能带来创新。因此，它们不是针对第三个假设的例外，但它们可能是第二个假设的例外。考虑到这些问题，创新可能（而且事实上）经常发生在同一家企业内部，通过该企业与现有设备进行协调实现创新，因此，它们无须通过独特的竞争过程在行业中彰显自己。

---

① 创新与新兴产业的崛起之间也存在着明显的联系，创新显然能够使旧产业复兴。这就是为什么——正如亚当·斯密所观察到的——新产业通常比旧产业更有利可图。当然，它们将为我们的创新理论提供最有力的例证。

为了应对这个在未来可能会逐渐变得重要的案例，我们提出了"托拉斯化资本主义"（Trustified Capitalism）的概念，以区别于"竞争性资本主义"（Competitive Capitalism）。如果这种组织形式在整个经济有机体中盛行，那么经济演变或"进步"将与我们即将描绘的图景有很大不同。当然，大型企业仍然需要对彼此的创新做出反应，但它们以其他方式做出反应，而且比那些在竞争激烈的海洋中一败涂地的企业更不可预测。因此，在我们的模型中，某些方面的许多细节还需要改进。必须承认，在这一点和其他方面一样，我们正在处理一个受制度变化影响的过程。因此，对于每个历史时期，必须仔细观察模型，无论如何忠实地从其他时期的历史中复制过来，是否仍然与事实相匹配。然而，"大"的企业部门，不仅是那些计算出百分比的学者所认为的（通常意义上的美国国民资本总额中由 200 个最大的企业控制所占的百分比），而且就本论点所要求的意义而言，都还不足以在任何国家中占据主导地位。即使在大企业的世界里，新企业也会崛起，另一些企业也会覆灭。创新仍然主要是伴随着"年轻"企业出现，而"旧"企业则通常表现出委婉的态势，具有一种被称为保守主义的特征。因此，总的来说，例外情况似乎减少到了需要根据每个实际情况的处理进行修改。

　　因此，第三个假设在我们的经济模型中引入了一类符合行为主义类型的证据。它有助于定位和解释成本曲线下移的来源和影响，我们看到，单调下降的曲线分析对这些下移的描述是不充分的，并有助于描述系统对它们的反应方式。特别是，它解释了为什么创新不能作为一件理所当然的事情同时生效，不是所有企业都能做到，如果它们涉及使用块状要素，那么超过一定规模的所有企业都能做到。[①] 就像所有企业一样，在其他条件相同的情况下，如果劳动力变得更便宜，就会尝试雇佣更多的劳动力。这样，所有重大创新仍然会

---

　　① 事实上，这在传统分析中经常被暗示。我们有理由将创新视为例外，作为企业规模的函数（通过产出衡量的），以及最终得出成本下降曲线的"革命性"因素，包括生产函数的变化，这些变化以一定的规模为前提，更容易对大企业实施。但我们现在看到，这意味着强调次要因素，掩盖基本因素。

造成不均衡。但如果它们在技术上和商业上成为可能，为了实施它们而采取的行动对所有企业同样开放，那么这些不均衡不会与当前由变化产生的那些不均衡不同，也不会比这些不均衡更严重，不存在革命或动乱。如果所有人都以同样的速度接受新的政治事实，那么这些革命或动乱也不会在政治领域实际发生。[①] 创新可能是"客观的"，同时在连续的过程中成为可能，然后会引发一个当前的、持续的对创新的吸收过程，并在不表现出任何规律性的特殊情况下保持。然而，我们观察到的不均衡具有不同的性质。它们的特征恰恰是，以一定的规律出现，并且它们可以被吸收，不是简单被当前顺利地吸收，而是一个独特而痛苦的过程。这是因为只有部分企业进行创新，然后按照新的成本曲线生产，而其他企业不能，因此也只能通过破产来适应变化。这一事实反过来又迫使我们认识到第三个假设所阐述的要素。

我们不抨击传统理论，不管是瓦尔拉斯理论还是马歇尔理论，都有自己的立场，特别是他们关于商业行为的基本假设，以及对迅速识别情况的数据和对其采取理性行动的描述。当然，这些假设与现实相去甚远。但我们认为，该理论的逻辑模式在"原则上"仍然是正确的，通过引入摩擦、滞后等要素，可以充分考虑与之不同的情况。事实上，最近在传统基础上发展起来的理论研究正在越来越成功地解决这些问题。然而，我们也认为，这个模型所涵盖的范围比人们通常认为的要小，并且整个经济过程不能用它或（次要）偏差来充分描述。只有当要分析的过程是稳定的，或在对"增长"一词的定义中蕴含"稳定增长"的意思时，这才是令人满意的。当然，任何外部干扰都可能进入，前提是对它们的适应是被动的。这相当于说，假设商业行为在理想情况下是理性和迅速的，而且原则上对所有企业都是一样的，只有在久经考验的经验和熟悉的动机范围内才能正常工作。一旦我们离开这些区域，让所

---

① 这不仅仅是一个说明性的类比。作者认为，尽管此处未进行证明，这里所阐述的理论只是适用于经济领域的一个特例，而一个更大的理论的特例则适用于社会生活的所有领域，包括科学和艺术的变化。

研究的企业面临新的商业行动的可能性（不是简单的新情况，这些情况在外部因素意外闯入时也会出现），而这些可能性还没有被尝试过，而且对常规的最完整的掌握也不能说明什么，那么它则会崩溃。在这个范围内，这些差异只解释次要现象中不同人的行为，在它们现在解释现实的突出特征，以及在瓦尔拉斯绘制的图像的意义上变得至关重要（马歇尔线上绘制的图像不再是真实的）。即使在稳定状态和增长过程中也是如此，它忽略了这些特征，并在努力通过自己的分析来解释该分析的假设在排除现象时出现的错误。因此，对我们来说，合理的做法似乎是将传统分析局限于我们认为有用的基础上，并采用其他假设，上述三种假设的目的是描述超出这一基础的一类事实。当然，在分析这些事实主导的过程中，传统理论仍然保留其一席之地，它将描述那些自身不创新的企业对创新的反应。

我们可以通过视野这一概念来阐述同样的观点。我们将其定义为商人在其中自由行动的选择范围，在该范围内，他的行动决策可以完全用盈利能力和远见来描述。① 不同类型和个人的情况有很大不同。但在一个稳定的、成长的过程中，可以假设每个企业的管理层，都掌握着能够处理当前业务和处理普通紧急情况的信息。然而，在这些过程之外，不同人的视野不同取决于这些人的标准不同，而另一些人的视野并不局限于商业实践中尝试过的各种可能性的范围。然而，这种决定支持未经试验的可能性的能力，或不仅在已试过的可能性之间，而且在经过试验的和未经试验的可能性之间进行选择的能力，可能总体中符合高斯法则（虽然更合理的是偏斜法则）的分布规律，而

---

① 可以看出，远见、预期和视野并不是同义词。一个微不足道的例子可以用来阐明其中的区别。如今，轮胎故障是如此罕见，以至于任何特定的情况都不能说是可以预见的。但是，如果驾驶者非常清楚如何处理这种情况，发生的这种情况仍然在他的眼界范围内。当然，在一个受创新干扰的环境中，远见更为困难，一旦我们独立解释了由于这一原因而变得更为困难的情况，如果我们反过来解释缺乏远见的次要特征，我们是在我们的权利范围内的，而不是被指控轻率地求助于一个神机妙算的预言家。但这种缺乏主要不是与创新联系起来并在创新方面强调它错误的地方。此外，远见的差异无疑是许多与商业周期研究相关现象的根源。但远见卓识的差异与"独行"能力和未经经验检验的实际行动能力之间的差异并不一致。

且不应该只限于少数例外情况。

为了我们的研究目的，我们既不能也不需要全面探讨这一问题，只需要满足于指出我们强调这种行为差异的常识性理由，我们认为这种差异会产生一些现象，如果没有它，这些现象是不可理解的。当然，每个人都知道，做一些新的事情比做一些属于常规领域的事情要困难得多，这两项任务不仅在困难程度上，而且在性质上也是不同的。其中存在许多原因，可以分为三类。首先，在尝试新事物的情况下，当环境以至少善意的中立态度看着重复的熟悉行为时，创新会面临抵制。抵制可能只是简单地不赞成机器制造的产品，例如禁止使用新机器或破坏新机器。第二，对于常规行为的重复，环境提供了先决条件，而对于新事物，它有时缺乏条件，有时拒绝，如贷款人很容易为常规目的贷款，在适当的地方有适当类型的劳动力为他们提供，客户自由购买他们理解的东西。第三，与第一点和第二点不同，当踏上一条新道路的可能性出现时，大多数人都会感到压抑。这在一定程度上可能有理性的基础，事实上，进入我们筹划的项目是来自日常经验的事实，还是完全来自估计，这会产生很大的差异。当然，即使是熟悉的数据也各不相同，它们的行为往往很难预测，但在熟悉的框架内，普通商人知道如何管理它们。如果要构建一个新框架，必将改变其特征。为了看到这一点，我们只需要想象一个人的情况，他现在会考虑建立一个新工厂生产廉价飞机的可能性，只有当现在所有驾驶汽车的人都能被诱导转而驾驶飞机的情况才会发生。影响这项任务的主要因素根本无法知晓。对于一款新香水来说，情况是一样的，比例是受到版权保护的。但同时，非理性的抑制也开始出现。错误和风险都不能充分表达我们的意思。

这类考虑的结果是，每当成功建立了新的生产函数，并且行业看到新事物完成并解决了主要问题时，其他人做同样的事情，甚至改进它将变得容易得多。事实上，如果可以的话，他们会被迫复制它，有些人会立即这样做。应该观察到，不仅做同样的事情变得更容易，而且以相似的方式做相似的事情(附属的或竞争的)的一些创新,如蒸汽机,同样直接影响着各种各样的行业。这似乎为两个突出的观察事实提供了非常简单和现实的解释。第一,创新并不是孤立的事件,也不在时间上均匀分布;相反,它们往往会聚集在一起,成串出现,仅仅是因为随着一个企业创新的成功,更多的企业将纷纷跟进。第二,创新在任何时候都不会随机分布在整个经济系统中,而往往是集中在某些部门及其周围环境中。这两种观察对任何人来说都不是新鲜事。我们希望指出的一点是,两者都遵循我们的前提,并能够在我们的分析模式中找到它们的位置,而不是在偏离或改变环境的类别之外。第一种观点恰当地解释了我们之前的说法,即创新所产生的对均衡的干扰,在目前无法顺利地被吸收。事实上,现在很容易意识到,这些干扰必然是"大的",也就是说,它们会破坏现有的经济系统,并形成一个独特的适应过程,这应该在时间序列材料中显示出来。这与创新企业的规模或其行动本身所带来的直接影响的重要性无关。乍一看,我们很可能看到许多反应,而这些反应并不容易追溯到它们背后的明确的创新。但在许多情况下,包括历史上重要的类型,个人创新的性质便意味着"大"的进步和"大"的变化。创新的发生扰乱了其影响范围内的所有位置的条件、所有成本计算、所有生产功能;而且,几乎没有任何"行为方式"在发生前后一直保持最佳状态。如果我们把整个世界的铁路化和电气化看作是单一的过程,情况可能更为强烈。然而,过分强调这些明显的例子是有危险的,因为这很容易导致人们形成刻板印象,即把现象局限于这一类,而忽略它在所有其他情况中的存在,从而错过它的真正层面。①

第二个观察结果也同样明显,其解释自然来自我们的一般模式。工业变革永远不会与经济系统中的所有要素实际同步或趋向同步移动相协调一致地

---

① 这是我们怀疑革命性发明(相对:次要发明)概念的价值的根本原因(除了我们对"发明"一词的反对),如果这意味着它们或它们的影响在质量上或在与主体理论相关的方式上与其他发明不同。我们也不会使用"自主发明"的概念,尽管这似乎与我们的论点更相关。但是,我们偶尔会使用"诱导性创新"的概念,以表示在复制某个领域的第一批创新者、现有企业对其行为的适应过程中出现的额外改进。

进步。在任何时候，某些行业都会继续发展，而另一些行业则会落后，由此产生的差异是事物发展的一个基本因素。工业、社会或文化生活中任何其他部门的进步不仅仅只是急速前进，片面的仓促行动会产生与协调进步情况不同的后果。在每一个历史时期，很容易找到历史进程的导火索，将其与某些行业及在这些行业中的某些企业联系起来，将扰动蔓延到整个经济系统。

如上所述，这三个假设是将这些事实引入我们的分析模型的手段，这些事实不仅解释了次要现象，而且解释了经济过程的基本特征——或者，正如作者所认为的，我们所理解的任何其他情况。我们将遇到许多这样的例子，如后面概述的利润理论。在这里，需要注意一个问题，即它们对我们的总体创新观的影响。此外，我们必须停止认为它本质上是平滑、和谐的，而粗糙的过程和不和谐呈现出与其机制无关的现象，则需要通过纯理论模型中没有体现的事实进行特殊解释。相反，创新本质上是不均衡的、不连续的、不和谐的，这种不和谐是进步因素的运作方式所固有的。当然，这与观察不符：资本主义在历史上充斥着暴力和灾难，与我们在此抛弃的另一种假设不符，读者可能会发现，我们花了很多必要的精力得出这样的结论：创新是对现有结构的干扰，更像是一系列的爆炸，而不是一种温和而持续的转变。

企业家和企业家利润

对于包括实施创新的行动，我们保留了"企业"一词；对于实施创新的个人，我们称之为企业家。决定使用这个术语是基于一个历史事实和一个理论命题，即实施创新在历史上和重要的理论上唯一反映了这一术语通常指定的基本功能。企业家与按照既定路线经营的企业的唯一负责人或经理之间的区别，或者企业家和职能管理人员之间的区别，并不比工人和土地所有者之间的区别更复杂，因为这两种职能在同一个人身上往往是一致的，这是容易理解的。

他也可能会形成一个复合的经济人格，在美国被称为农场主。当然，认识到决定为生产过程购买多少羊毛的经济功能和引入新生产过程中的功能在实践或逻辑上并不相同，这只是对常识的一种了解。

关于这两种类型和两种功能的经济和社会学分析的概要已在其他地方给出。我们将简要说明对我们目的而言最重要的几点。

1 特定情况下的企业家

在一个特定的案例中，要分辨谁是企业家并不总是那么容易。然而，这并不是因为我们对企业家职能的定义缺乏精确性，而是因为很难找到真正满足这一职能的人。没有人永远是一个企业家，也没有人能永远只是一个企业家。这源于功能的性质，它必须始终与其他功能结合，并催生其他职能。一个执行者的"新合并"将不可避免地在这样做的过程中执行当前的非创业性工作，而在我们看来，成功的企业通常会形成一个行业地位，从此以后，除了管理一家旧企业之外，再没有其他职能。然而，在竞争性资本主义时代，我们很难识别创业精神。企业家将出现在企业的负责人中，主要是在所有者中。一般来说，他将是一家企业和一个家族企业的创始人。在大企业时代，这个问题往往和现代军队中谁是领头人或谁真正赢得了一场战斗一样难以回答。男主角可以（但不必）担任或获得正式领导职位。他可能是经理或其他受薪员工。有时，他是一部分控股股份的所有者，却根本没有出现在负责高管的名单上。虽然企业的发起人通常不是企业家，但发起人可能偶尔会担任这一职务，然后接近提出唯一的例子，即职业企业家类型，仅此而已。

2 企业家职能

企业家职能应该很容易与其他功能区分开来，虽然这些功能经常与企业家职能结合在一起，但对企业家职能来说并不重要。我们已经看到，企业家可以但不必是由他引入的产品或过程的"发明者"。此外，企业家可能但不一定是资本的提供者。这是非常重要的一点。在资本主义的制度模式中，存在着一种运行机制，这种机制的存在构成了它的一个基本特征，它使人们能够在没有事先获得必要手段的情况下，作为企业家发挥作用。重要的是领导力而不是所有权。未能看到这一点，因此未能将企业家活动清晰地视为一种独特的功能，是对经典著作和卡尔·马克思的经济和社会学分析认识的共同错误。部分原因是，拥有必要生产资料或资产的所有权及那些可以作为抵押品或金钱的资产，将会使他更容易成为企业家，以及上文提到的另一个事实，即成功的企业家精神会使企业家及其后代处于资本主义社会中的有利地位。因此，事实上，我们很快就会发现成功的企业家拥有一座工厂和一家持续经营企业的其他设备。随之而来的后果有两种，一种是经济上的，另一种是社会学性质的。

首先，承担风险不再是企业家职能的一部分。[①]承担风险的是资本家。企业家这样做的前提是，除了作为一名企业家，他同时也是一名资本家，但作为一名企业家，他损失了其他人的钱。第二，企业家本身并不构成社会阶层。尽管他们或他们的后代在成功的情况下升入资产阶级，但他们从一开始就不属于资产阶级或任何其他明确的阶级。作为一个历史事实，企业家来自在创业时恰好存在的所有阶级。他们的家谱显示了各种各样的起源，资产阶级、贵族、专业团体、农民及工人阶级，所有这些都对社会学上多元的类型做出了贡献。我们不能停留在阐明资本主义和资产阶级社会学的一个基本部分，也不能停留在阐明经济理论和社会学应该如何结合起来解释它们的制度模式上。

以上所述暗示了一点，即尽管企业家可能是或已经成为其公司的股东，但仅仅持有股票并不比仅仅拥有所有权更能造就企业家，强调这一点可能并非多余。对股东唯一现实的定义是，他们是债权人（资本家），放弃通常延

---

① 然而，风险还是进入了企业家的工作模式。但它是间接地做到这一点的：风险性体现在每一件新事物上，在某种意义上说，没有任何一种常规行动会使获得必要的资本变得更加困难，这是企业家必须克服的障碍之一，也是环境的阻力之一，这解释了为什么创新不能顺利且理所当然地实施。

伸至债权人的部分法律保护，以换取参与利润的权利。在经济学家看来，在这种情况下股权的法律建构只是一个近乎讽刺真实情况的法律小说。

3 企业家利润的出现

让我们想象一位企业家，在一个完全竞争的社会中进行了一项创新，这项创新包括以低于现有企业的平均成本，生产一种已经普遍使用的商品，因为他的新方法使用了更少的或更低价格的生产要素。在这种情况下，他将按当时的价格购买他所需要的生产品，而这些价格是根据"旧"企业的工作条件调整的，并按当时的价格出售他的产品，且根据这些"旧"企业的成本调整。因此，他的收益将超过他的成本。我们将这个差额称为企业家利润，或者简称利润。这是对资本主义社会①成功创新的奖励，虽然其本质是暂时的：它将在随后的竞争和适应过程中消失。这些暂时溢价没有趋于均衡的趋势。因此，虽然我们只为一种特定的创新情况和完全竞争条件推导了利润，但这个论证很容易扩展到所有其他情况和条件。在任何情况下，很明显，虽然是暂时的。利润仍然是一种净收益，也就是说，它不会通过归因过程被任何成本因素的价值所吸收。然而，应该注意的是，为了产生利润，"利润的自杀性刺激"不应该瞬间起作用。在前文描述中，我们已经看到了为什么利润的自杀性刺激通常不会立即起作用。但案例是可以找到的，也偶尔会发生，并且在未来可能会更频繁地发生（对比下文，第五小节）。继而我们获得了没有利润或几乎没有利润的创新，并因此意识到这一点，即我们称之为无利可图的繁荣有其存在的可能性。②

当然，在一个稳定的经济体中，如果受到外部因素的干扰，企业家职能和企业家利润都将受损，企业利润的大部分也将消失。因为，虽然企业拥有的要

---

① 在这种社会形式中，变成利润的价值增量，当然也会在计划经济向新的生产过程过渡中出现。

② 这种可能的情况不应该与以前注意到的另一种可能的情况相混淆，后者没有显示企业的设备支出期或孕育期。

素会有租金和准租金，且对于经理 – 所有者来说，也会有他的"管理收益"或工资。为了便于讨论，我们可以在这些收益中加上各种各样的项目。尽管可能会有垄断收益，而且如果我们承认外部干扰的话，也会有意外之财和可能的投机收益，在经济稳定甚至增长的情况下，所有这些项目的总和都比实际情况小得多。创新不仅是最重要的直接收益来源，而且还通过它设定的过程，间接地产生了大部分意外收益和损失的情况，这在很大程度上是通过投机性操作带来的。

因此，在资本主义社会，大部分私人财富都是直接或间接地以创新为"原动力"的结果。在我们看来，这显然是经济发展过程中的偶然事件，自然资源所有者（例如城市土地所有者）所获得的非劳动性增量也在很大程度上造成了其他后果。储蓄是代代相传的，[①] 如果没有创新带来的盈余，储蓄就不可能像现在这样成功。但是，典型的工业、商业或金融家族的地位直接源于某种创新行为或是一系列的创新行为。当他们的创业期结束时，这些家庭确实靠准租金生活，通常靠垄断的情况来维持。如果他们完全断绝了与商业的联系，则只能靠利息维持生活。但如果我们追踪这些准租金、垄断收益或货币资本的来源，就会发现一个新的生产函数。关于这一点，将在我们的历史调查中看到许多例子，作者认为，尽管这些例子是零散的，但足以确定这一分析的主要观点是合理的。

4 争夺利润份额的竞争

我们认为利润是一种功能性回报。它的特殊性，尤其是它的暂时性构成了不愿将其称为收入的正当理由，但根据累计增长额的标准来确定企业家职能并不总是安全的。企业家是否会受益，取决于制度模式。它完全是以家族企业盛行为特征的组织形式实现的。正是在那里，它（连同投机和垄断地位的收益）作为工业王朝的经济基础，通过再投资或简单地体现在工厂的所有

---

① 马克思称之为资产阶级的童话（Kinderfibel）。如果将其用作私人财富的一般理论，也是如此。但我们不应因此而忽视非常真实的例子，以及与之相关的非常真实的"禁欲"。

权中进而发挥作用。在由企业组成的行业中，利润由企业本身产生，利润的分配不再是自动的，而是股东、高管（无论是否是企业家）和员工以各种形式（奖金、股份激励等）获得不确定的股份或股份合同的等价物。企业家试图收回没有被法律规定的部分利润，因此通过一些常见的做法，有些依法行事，有些则不然。

然而，对于我们的主题来说，为分享已取得的利润而进行的这种斗争，不如保护利润流本身的斗争重要。工艺、专利①、产品的显著差异、广告等方面的保密，以及偶尔针对现存的、潜在的竞争对手的攻击，都是一种常见策略的例子。在公众和专业人士的头脑中，这些策略在很大程度上掩盖了我们理解的意义上的利润来源和性质，因为这种策略也被应用于其他情况。我们立刻意识到，这些设备与在垄断竞争情况下发挥作用的设备是一样的，而在我们的案例中遇到这些设备的事实正是由于另一个事实，即在我们看来，即使在其他方面这是一个完全竞争的经济系统，一个企业也必然会发现自己处于"不完全"竞争的状态。这就是我们如此坚持强调演化与不完全竞争之间的关系的原因之一。因此，利润可能也包括在垄断收益的范畴内。然而，这会模糊我们案例的具体特征：并非每一次概括都对分析师有利，正如并非每一次创新对创新者有利一样②。此外，利润会在这一斗争过程中改变它们的特性。

---

① 专利立法是资本主义社会法律承认利润的社会功能的少数实例之一。当然，专利可能会使利润维持的时间比实现这些功能所需的时间更长，并且在特征上与未经批准的实践类似。我们既不打算进行社会批评，也不打算进行社会辩护。但可以说，这些做法导致了社会改革的流行论调中经常遇到的一种观点。根据这种观点，利润必然是反社会活动的结果，利润接受者之间必然存在对抗，比如，消费者或工人的利益对立。在这些意义千差万别的命题中，利润的使用与我们通常所理解的意义不同。但上述情况表明，在很多情况下，利润与盈余几乎没有区别，而这些指控的确适用于这些现象。

② 出于类似的原因，我们不将利润包括在工资中，因为前者是个人努力的回报，而我们将后者定义为个人服务的回报。在一份尚未发表的关于利润的说明中，利润与垄断利润是不可区分的，在这里分辨纯粹的利润是毫无意义的。人们很容易接受，利润的多少并不是衡量社会服务的标准，无论其定义如何，它往往比利润所表示的要大得多或小得多。但指出垄断盈余的这一来源与其他来源不同仍然很重要。此外，回报与垄断有关，这一事实并不影响其经济性质。在男高音的主要收入中可能有存在很大的垄断因素，但这个收入仍然是一种工资。任何强大的工会都能获得垄断收益。它的成员同样获得效率工资。"服务"的性质是一回事，适用于该服务的定价方法是另一回事。出于类似的原因，我们没有将利润包括在摩擦收益中，尽管瞬时适应的摩擦阻力对于利润的出现至关重要；但如果我们这样做了，我们就必须强调这种特殊摩擦的特殊性和特殊作用。

事实上，每家新企业一出现，就受到威胁并处于防御状态，而且几乎不可避免地也会威胁到其行业或部门的现有结构，就像它在某处或其他地方造成失业一样。创新在出现之前有时仅仅是一种可能性。这种结构是一个有生命的有机体，而不仅仅是理论所代表的理性个体的集合体。它憎恨这种威胁，并感知到防御的可能性，但不是通过竞争性斗争来适应，这通常意味着有机体中的许多单位将会消亡。随之而来的是这样一个悖论，即工业有时试图破坏这种"进步"，而这种进步正是凭借其自身生活的规律而不可避免地发生演变，这二者并不矛盾。然而，我们的一般模式从这样一个事实中得到了一些支持，即它如此容易地解决了这个悖论，并向我们展示了工业"进步"是如何及为什么会以外来攻击的形式，在特定时间出现在大多数企业身上的。从整个行业来看，总是有一个创新领域与一个"旧"领域展开竞争。有些时候，他们试图像 19 世纪 80 年代欧洲的手工业行会那样，禁止新的做事方式、让他们丧失"机器制造产品"的声誉，或者收买他们（这有时是卡特尔化的真正理由），或者通过财政立法或其他方式惩罚它们，包括有时诉诸实施的那种在萧条期间实行的公共"计划"。

5 企业家职能的重要性不断下降

如上所述，我们关于新企业将新事物付诸实践，以对抗旧企业的抵抗阶层的假设——这是为了体现在面对新可能性时所特有的不同行为——有时可能会失败。在过去，这显然是非常现实的。即使在现在，作者也不知道有什么重要的例子可以证明这与事实相反，但却观察到了几个小问题。有趣的是，这种没有摩擦的情况并不总是能让进步的道路变得更平坦。例如，在 X 国，Y 行业的所有企业在大约 15 年前的同一时间，按照一种新的、更便宜的方法生产 Z 产品。一个僵局迎面而来，这种局面很快就被一项协议打破了，该协议剥夺了这项创新除了盈余、失业和一些产能过剩之外的其他优势。我们有理由相信，这样的案例会变得越来越重要：一方面，技术研究变得越来越机械化和组织化；另一方面，对新方式的抵制逐渐减弱。任何在"客观上可行"的技术改进都能理所当然地付诸实施。这必然会影响到我们所讨论的现象，也必然会影响到社会功能的重要性，以及由此产生的资本主义社会阶层的经济和社会地位。这一阶层是以企业家成就而存在的，就像中世纪的骑士依靠某种战争技术而存在一样。

与过去相比，成功的企业家所具备的意志能力已经不再那么必要，而且范围也大大缩小。在企业家功能重要性首次降低的这个时代，也是资产阶级的社会和政治地位首次表现出明显的软弱症状并受到成功打击的时代，这并非偶然。然而，高估这一过程的持续时间或是忽视它都是巨大的错误。就我们的主题而言，即使是在战后时期，它也不会发展到足以影响总体框架的程度。

货币和银行在演化过程中的作用

这一主题将在历史调查 ① 和相关时间序列的讨论（第九章至第十一章）中得到更充分的展现，其中复杂的信贷结构将在本工作的范围内尽可能地发挥作用。在这一节，我们仅试图解开它的逻辑根源，而不是它的历史根源，我们将在与本章相同的抽象层面上前进。结果可能显得极为不切实际，在这种情况下比在其他情况下更可能与事实相反。在大量的诱导、衍生和外在现象下，要辨别创新要素绝非易事。在货币和信贷领域，外在蒙蔽更加严重，表面与下面的过程完全不一致，这导致读者的第一印象可能是错误的。然而，有人认为，如分析布丁的证据存在于吃的过程中一样，我们模型中的货币部分只是一种手段，用来掌握那些读者可能倾向于指出和反驳的事实。

---

① 译著中删除了这部分内容。——译者注

1 信用创造在我们的模式中的位置

我们将忽略消费者的借贷，一方面是公共和私人借贷，另一方面是储蓄和积累，这些因素将在以后引入。在讨论基本原则时忽略第一点，大概不会遇到无法克服的反对意见。这只是一种简化措施，并不意味着消费者的借贷在周期过程中不重要。相反，显而易见的是，消费者的借贷是次生繁荣现象中最明显的风险之一，而消费者的债务是衰退和萧条中最明显的缺点之一。抛弃第二点不仅仅是一种简化方法。它意味着这样一种观点，即用已经储蓄或积累的资金为创新提供资金的前提是以前的利润，是以前的演变浪潮，因此没有资格在一个显示底层的逻辑中占有一席之地。这源于本章第二节的第一部分，这并不意味着在实际历史情况下，忽略通过（企业家自己或其他人的）储蓄为创新融资所起的作用。在以后的讨论中，我们将赋予储蓄我们所认为的重要地位，并扩展它的运作方式，尽管作者认为它的重要性比一般认为的要小，运作方式也并不相同。

关于"新人创办新企业"的概念，我们还假设，未来的企业家不会碰巧拥有他们执行计划所需的部分或全部生产品组合，也不会拥有他们可以交换所需的任何资产。这种情况总会出现，尽管只存在创新过程如火如荼的时候，以及当它产生了一种我们现在无法设想的出售资产的机制时，这种情况才会变得像我们所知道的那样频繁。[①] 但是，除了在此前的章节中所述的问题之外，这些问题并不存在。在我们起步的时候，"旧"企业也处在没有出现明显融资问题的稳定过程中。他们有自己的工厂和设备，包括维修和更换在内的当前支出可以从当前收入中获得资金。最后，假设他们获得了如此多的资金，我们列出了以下三个命题，这听起来很奇怪，但对于体现我们假设的经济世界来说，则是反复出现的事实：企业家借入了他们创建和运

---

① 这个例子很好地说明了反对我们模型的一个原因：我们看到的是一个充分发展的工业和金融体系，并且很容易将框架特征引入到细节的讨论中。

营工厂所需的所有"资金"，即获取固定资本和营运资本；没有人借钱；这些"资金"包括特设的支付方式。尽管这些命题本身只是分析框架的一部分，但当它们达到目的时，其所体现的逻辑关系就可以被移除，即所谓的"银行信用创造"与创新之间的关系，不会再次缺失。这种关系是理解资本主义发展的基础，是所有货币和信贷问题的根源，至少在它们不是简单的公共财政问题时如此。

2 信用创造存在的意义

在继续讨论之前，我们将通过与计划经济的社会中对应的概念进行比较，试图阐明"信用创造"被视为创新的货币补充的含义。由于计划经济国家的中央权力机构控制着所有现有的生产资料，因此，如果决定建立新的生产职能，它所要做的只是向生产资源的负责人发出命令，将其中的一部分从生产资料中撤出，应用于设想的新目的。我们可以思考一种方案作为例证。在资本主义社会，所需的生产资料也必须从他们的工作中撤出（失业的情况很容易被考虑进去），并被引导到新的资源中去。但是，由于它们是私有的，所以必须在各自的市场上购买。对企业家而言，特设新的支付手段的原因是，企业家没有自己的资本，而且到目前为止还没有储蓄，在资本主义社会中的信用创造，在计划经济国家与此对应的是中央权力机构所下达的命令。

在这两种情况下，创新的实施主要不是增加现有生产要素，而是将现有要素从旧用途转移到新用途。[①] 然而，转移要素的两种方法之间存在这种差异：在计划经济中，负责这些要素的人用新秩序取代了旧秩序。如果创新是由储蓄资助的，那么与资本主义方法或许是类似的，对企业家的储蓄和借贷，通

---

① 我甚至认为，就目前累积的要素数量而言，比如在人口不断增长的情况下，这些要素可以用于新的目的，而以前没有为任何旧的目的服务过。更正确的说法是，如果没有决定新的目的的话，这些要素已经从它们本来的用途转移了，而不是简单地说它们直接用于新用途。这一点很重要，因为在传统模式中，经济进步的主要载体是要素的增加，而不是要素的转移。但周期过程的本质现象取决于要素的转移。

过支付方式的转移来影响要素转移，确实可能被比作取消旧的、向要素所有者发出新的"命令"。但是，如果创新是通过信用创造来融资的，那么这些要素的转移就不会受到来自旧企业资金撤出的影响，即"取消旧秩序"的影响，而是通过降低现有资金的购买力来实现的。这些资金留在旧企业，而新产生的资金则交由企业家支配[①]：新的"要素秩序"是在旧的基础上出现的，而旧的秩序并没有因此取消。这将在后面展示，但可以确定的是，这将影响价格和价值，并产生一系列重要后果，这些后果是资本主义过程的许多特征的来源。信用创造的这一方面也可以通过与政府拨款问题的类比来阐明，尽管在所有其他方面，差异远比相似之处重要得多。

现在，假设计划经济国家发现，可以方便地规定行政部门将其希望进行的每一项创新都提交给另一个机构，该机构将其传递并可以批准或拒绝批准该计划。如果批准了该计划，它就会对要素进行签发和命令，以形成新的组合。这是资本主义社会中由银行发挥的作用，银行为企业家提供购买生产要素或其服务的手段，做一些类似于发布此类命令的事情。现在我们将这些新型企业引入我们的模型中。它们只不过是制造支付手段的机构。我们将为企业和家庭（目前为止，仅为企业家）开立账户并制造余额的成员银行，与银行家的银行区分开来；或者，如果每个国家只有一家银行，则将为成员银行开立账户并与制造余额的中央银行区分开来。为了方便起见，我们将假定，

---

① 由于其效果仍然是企业家获得了对生产品和服务的控制权，就像一些储户借给他们同等（不相等）数额的储蓄一样，许多经济学家（包括本文作者）提到"强制储蓄"（罗伯逊先生使用了"强制储蓄"一词来解释这一问题）。但最好避免使用"强制"这个词，因为强调一个重要的相似性时，在其他方面可能会产生误导。它不仅倾向于隐藏这两种现象在机制和效果上的重要差异，而且还暗示了一些错误的观点。此外，它没有强调一个重要事实，即主要是其他企业的购买力被降低，以便为企业家的需求腾出空间，而一些家庭的"真实"购买力的下降是一个次要现象，部分由其他人实际购买力的增加来弥补。

顺便指出，自愿储蓄可能会叠加在信用创造上，从而抵消后者的一些影响，这并不多余。例如，一家银行为一位企业家创造余额，后者将其支出，如果这一增加的货币收入的接收者将其储蓄，并将其借给企业家，后者反过来偿还贷款，那么就既有"真正的投资"（例如，一台机器被添加到设备中），也有自愿储蓄，并且存款额保持不变。当然，这一案例包含在我们关于储蓄作用的主张中，后文将进行介绍。

在一般原则上，银行家的银行除了银行之外没有其他客户，并且没有成员银行填补银行的职能。虽然在讨论实际情况时，我们必须考虑到这样一个事实，即许多银行家的银行也为企业和家庭提供银行服务，许多成员银行也为其他成员银行提供银行服务。有一些案例，其中最突出的是 1914 年以前的美国银行经济系统，在这种情况下，中央银行的职能完全由经济系统的一些成员或一些政府部门，比如美国财政部来履行。重要的是要记住，对业务有直接影响的是成员银行创造的信贷额。银行家的银行创造的信用与此相去甚远，二者并不是相加的。银行间存款的存在意味着成员银行相互提供中央银行服务，应始终单独处理，不计入有效存款总额。

3 信用创造的形式

通过将信用的创造限制在银行的假设基本符合事实。但这种限制是没有必要的，企业可以通过各种方式自行确定支付方式。汇票或票据本身并不是这样一种手段，相反，它通常需要融资，因此取决于货币市场的需求而非供给。然而，如果它的流通方式能够实现（经济意义上的，不是法律意义上的）支付，它就成为流通媒介的一种补充。历史上，这种情况屡见不鲜，英国兰开夏郡棉花业在 19 世纪中叶之前盛行的做法就是其中一个例子。制造商和贸易商相互开具汇票，承兑后用于清算欠其他制造商和贸易商的债务，就像银行票据一样。在任何信用创造数量的估计中都应该考虑企业间相互开具的汇票，但在这里却始终被忽略，因为所涉及的统计问题完全超出了我们的能力范围。这是一种特殊情况，不能与其他情况混淆，例如为临时投资提供的融资券或票据，尽管它们也可以流通，但却不能直接支付商品。

政府拨款也可能用于为企业融资。有过这样的案例，例如，巴西政府在 19 世纪 70 年代用这种方法资助咖啡种植园。然而，更常见的情况是，这种方法在提出后实际上却没有被采用。例如，弗里德里希·莱斯特（Friedrich List）希望看到以这种方式资助铁路建设，这证明他对如何从美国的经验中进行归纳有充分了解。我们在前文中强调政府拨款和银行信用创造之间的差异，不是因为创造机构之间的差异，而是因为通常与这两者相关的目的不同，从而造成效果的差异。因为我们绝不能忘记，信用创造理论和储蓄理论一样，完全取决于创造或储蓄的支付手段的使用目的和伴随这一目的而取得的成功。在数量理论方面，或者我们也可以说，实践的总量方面完全是次要的。值得再次强调的是，约翰•劳（John Law）的问题不在于他凭空创造了支付手段，而是他将它们用于未能成功的目的。我们现在排除了政府拨款，因为它与消费性支出有着历史关联，因此只剩下"银行信用创造"。

期待在接下来的章节的讨论中，我们可以立即将银行理论从其明显的不现实中解放出来。企业融资被赋予了逻辑上的优先权，因为这是唯一一种情况，在这种情况下，贷款和特设支付手段是经济进程的基本要素，没有它们，经济进程的模式在逻辑上是不完整的。但人们熟悉的银行业务现状可以很容易地从这一要素中发展出来。向企业家提供的贷款不需要全部偿还，而且经常以这样一种方式更新，即使相应金额的支付手段永久地，或在任何情况下无限期地成为流通媒介的一部分。在创新造成的不均衡中，其他企业将不得不进行无法从当前收入中获得资金的投资，因此也将成为借款人。不难理解的是，每当演变过程如火如荼地进行时，任何时候未偿还的大部分银行贷款都会为已经成为当前业务的业务提供资金，并且已经失去了与创新或创新引发的适应性操作的最初联系，尽管每一笔贷款的历史都必须追溯到其中一笔。最后，如果我们一方面引入消费者的借贷，另一方面引入储蓄，那么我们不仅面临着银行业务实际包含的所有要素，而且还有对当前或"常规"事实的解释，或者说"常规"业务已经被强调到了一种银行理论的高度，这种理论只承认当前商品交易的融资和向证券交易所贷款的剩余资金，产生了一种银行道德规范，即我们赋予其逻辑优先权的功能几乎被排除在一个银行家可能适当要做的事情之外。然而，这并不会使我们的观点失效，而且为了创新而创造的信用证明了自己的有效性，并为未偿贷款的变化提供主要动力，这一点是相同的。

后一种说法必须在对货币时间序列的分析中加以证明，但有必要立即注意到它对现代争论的影响。它实际上是一场关于商业银行与投资银行理论的古老争论的现代形式。我们所说的商业理论或古典理论，是指前面提到的理论。投资理论则没有既定的说法，我们称之为定义银行系统功能的理论，它不是以特定类型的交易为依据，而是以银行可能进行的所有交易所产生的存款金额为依据。之所以选择"投资理论"一词，是因为在购买资产（尤其是债券）的意义上，投资是银行最能主动影响的一种交易，在这种交易中，银行对客户主动性的依赖程度低于其他任何交易。现在，很难准确同等地传达这两种理论的相对优点和为什么我们不得不反对两者。这一困难不仅是因为这两种理论都不是科学的理论——它们都旨在就银行家应该如何行事，或被要求如何行事提供切实可行的建议；而且还因为这两种理论所持有的或隐含的命题并非简单地相互矛盾。

商业理论可能与否认信用创造的事实联系在一起，而且老一辈理论家也经常这样做，有时用这样一句话来表达：银行家只能借出储户委托给他们的资金。除了这种对存款银行业含义的误解之外，它所持有的观点没有明确的错误，它所倡导的东西也有很多智慧。特别是，应该清楚地认识到，从我们的理论中没有任何论据可以反对银行专门从事当前的商业票据贴现业务，或反对这一提议（尽管并非完全正确），即这种业务连同在证券交易所借出的剩余资金将产生一定数量的存款，从而同样避免对经济系统的"通货膨胀"和"通货紧缩"的冲击。我们对商业理论的异议在于，它未能深入到它所描述的部分表面过程的来源，也没有正确阐明为当前商品贸易融资以外的其他目的而创造的信用的性质。这也掩盖了即使是用于短期目的的"经典"信用创造与创新之间的关系——通过向证券交易所提供贷款来实现，这有助于进行新的发行——并产生了对金融票据和经常账户信贷功能的狭隘观点。因此，该理论通过其在创造过程中所用的措辞，促成了可以说是对信用创造的模仿，特别是为创新目的而创造的信用，它往往隐藏在为经常性贸易而创造的信用背后。在这一点上，投资理论更胜一筹。但是，投资理论把经济过程中不属于它的因果作用赋予了"银行对资金流动的调节"，并且由于它过于重视未偿贷款的数量，从而忽视了目的这一基本要素。[1]

应该注意的是，对于我们正在试图构建的这个模型系统的运行来说，银行家应该知道并能够判断他的信贷用于什么，并且认识到他作为一个独立的代理人有多么重要。意识到这一点是为了准确理解银行业的含义。强调这一点，至少是含蓄地强调这一点，是商业银行理论的主要优点之一，正如这是投资理论的主要缺点之一一样，投资理论是典型的局外人的想法，永远不会像其竞争对手那样，从实际的银行从业经验中发展出来，由于忽视了这一点，使得银行业更像是一种具备机械化功能的机构，如果没做好的话，也可以由一些政府部门来填补。即使他把自己限制在最正规的商品票据上，并以厌恶的眼光看待显示出可疑的整数的证券，银行家不仅必须知道他被要求融资的交易是什么，以及它可能的结果如何，而且他还必须了解客户，包括客户的业务甚至他的个人习惯，并通过经常"与他交谈"来清楚地了解客户的情况。但是，如果银行，不管从技术上说是不是为了创新融资，所有这些都变得无比重要。当然也有人否认这种观点。答案是，所有回答问题的银行家都拥有这种能力，并根据它采取行动。英国的银行业巨头有自己的机构或子公司，这使他们能够继承这一古老传统：例如，照顾客户并不断感受他们的动态，是大银行和伦敦货币市场的存款机构之间分工的原因之一。然而，同样很明显的是，这不仅仅是高技能的工作，除了经验之外，在任何学校都无法获得这种熟练程度，而且这种工作还需要智力和道德品质，不是所有从事银行职业的人都有这种品质。因此，在经济现实中，我们不需要对经济人的普通智

---

[1]　目的这一要素有时是"资产质量"这一短语的基础，这是误解的一个丰富来源。当然，在所有情况下，质量都与良好的实践相关，是防御灾难和诈骗的主要手段。但当"质量"与"数量"对立时，其含义似乎指向了错误的方向，尽管资产（或抵押品）的类型通常与目的有一定的关系。

力和道德能力有更多的要求，预计偏离理论类型的情况会比在经济现实中的其他方面更为频繁。这种困难不是我们的模型所特有的。试图描述资本主义机制运行方式的人都会遇到这个困难。无论我们的理论是什么，都必须认识到，尽管我们可能会从中得出不同的实际结论，主要职能不是简单的事情，可以期望人们有效地履行这些职能，就像可以期望他们离开一份工资较低的工作，换取工资较高的工作，或者生产咖啡豆而不是豌豆，如果它的工资更高的话；但是，这些职能很难履行，以至于许多试图履行这些职能的人在某种意义上无可救药地低于标准，即使是低于平均水平的工人、手工业者和农民也无法做到这一点。当然，企业家也是如此。但在他们的情况下，我们从一开始就认识到，大多数潜在的企业家从来没有启动过他们的项目，而在所有潜在的企业家中，十有八九没有取得成功。然而，就银行家而言，达不到很高的标准会干扰整个体系的运行。此外，在某些时候和某些国家，银行家可能在企业层面达不到标准，也就是说，传统和标准可能缺失到这种程度，以至于几乎任何人，无论多么缺乏资质和培训经历，都可以涉足银行业、找到客户，并根据自己的想法与他们打交道。在这样的国家或时代，野猫银行①的突然出现，使得关于银行业的野蛮发展理论（无论关于抵押品等的法律规则是什么）也随之发展。这本身就足以让资本主义的发展史变成一部灾难史。事实上，我们的历史概述的一个结果是，银行业未能按照市场结构所要求的资本主义机制的方式运作，很自然地是被大多数观察者称之为"灾难"事件的原因，由于这种失败主要表现在交易中，处理新提议时，决策是最困难、最迷惑人的，因此在融资创新、项目失败或不当行为之间形成了一种关联，尽管这种关联是可以理解的，但并不能使分析变得更容易。

对于资本主义机制的运作来说，同样重要的是，银行应该是独立的代理人。如果他们要履行上述职能，就像计划经济委员会审查并通过行政部门设想的创新一样，他们必须首先独立于计划批准或拒绝的企业。实际上，这意

---

① 原文为 Wildcat banking，意味着一家不稳定的银行面临倒闭的风险。——译者注

味着银行及其管理人员必须①除贷款合同所规定的以外，不得在企业收益中持有任何股份。这种独立性在英国银行业几乎已经实现了，但却一直受到企业家试图控制银行，以及银行或其官员试图控制行业的威胁。稍后，我们将看到这些尝试在多大程度上取得成功，以及它们在多大程度上干扰了经济系统的运行。但另一种独立性必须被添加到要求列表中：银行也必须独立于政治。服从政府或舆论显然会使计划经济委员会的职能瘫痪，进而导致银行系统瘫痪。这一事实之所以如此严重，是因为银行家的职能本质上是一种批判性的、检查性的、警示性的职能。在这一点上，经济学家们也一样，银行家们只有在自己完全不受政府、政客和公众欢迎的情况下才是称职的。在完整无缺的资本主义时代这无关紧要。但在腐朽的资本主义时代，这套运行机制可能会因立法而失灵。在这种理论类型和偏离现实的情况下，发言的动机和理由在于这种区分的判断价值，并将在我们的历史调查中得到体现。

4 "存款"的类型

银行可以通过多种方式制造支付手段来履行贷款承诺。② 在这里，我们感兴趣的只有两种方式，即发行银行票据（银行券）和创造余额，这两个问题被错误地、不真诚地称为存款。他们之间除了技术上的差别外没有区别（这导致了有关统计数据解释的困难）。票据是体现在一张完全可转让的证券的余额，而余额是一张可转让的票据，不是通过余额自身体现这种功能，而是通过支票体现。由于从 19 世纪 40 年代起，前者的功能发生了变化，这迅速剥夺了其作为工商业成员银行信贷工具的功能，因此，除非在讨论银行票据实际扮演这一角色的模式方面，我们一般只考虑后者。

---

① "必须"在这里不是道德上的义务，只是表明一个事实，即除非满足这一要求，否则资本主义引擎的一个重要元素将无法运行，并由此产生一定的后果。

② 可以看出，与目前的做法不同，我们强调贷款（包括贴现），而不是银行的投资。这一点的理论原因稍后将变得显而易见，但很少有银行专业的研究者会否认，就战前的银行实践而言，无论如何，重点必须放在贷款而不是投资上。

从形式上讲，所有余额都是"创造的"，但我们将这个术语界定为增加现有支付手段总和的余额。这些不一定是"借来的"，也可能是资产出售的结果。在这种情况下，客户获得"自有"余额，就像他存入法定货币、新开采或进口的货币金属时一样，从而获得了自有但不是创造的余额，只有在这种情况下，定期存款（在不规则存款的意义上）才是合适的。如果使用存款这个词而不是余额这个词，我们将根据原始存款和创造存款的期限来区分这些情况。虽然这些存款不会增加支付手段，但新开采或进口的货币金属本身会增加支付手段。值得注意的是，在适当的时机，这种增加法定货币存量的做法，可能会取代原本产生的信用创造。存入以前流通的"旧"法定货币也会增加存款，但不增加现有支付方式的总和。第二次世界大战前，美国、英国和德国的存款银行业务虽然没有完全完成，但在其发展过程中，之前在银行领域外流通的法定货币存款不断流入银行。这一过程发挥了重要的作用，进而使存款总额的数字出现一种特殊的趋势。通常提出的许多关于存款的主张，都要求对发生这种情况的国家和时期进行限定。大多数情况下，我们将考虑一个完美的存款银行系统，在这个系统中，法定货币虽然在正常的业务过程中和在恐慌的影响下进出银行，但除非是新发行的货币，否则不会首次进入银行。但应该记住，如果我们原则上这样做，就会把一个可能非常重要的事实排除在外。例如，对 1878 年以后发生的黄金产量下降在多大程度上对价格产生影响这一问题的回答，在很大程度上取决于对与之同时发生的法定货币进入银行的估计。

如果付款是从"借入"余额中进行的，收款人将获得"自有"存款，尽管出于我们的目的，最好说"借来的"余额已经简单地转移而不会失去其"自有"存款的特征。这样做是因为，在任何情况下，收款人余额的增加由借款人余额的减少来补偿。当我们区分定期存款和活期存款时，从活期账户转移到定期账户，或从活期账户转移到活期账户，都会导致两者发生未补偿的变化，但在所有存款的总额中仍有补偿。如果"旧的"法定货币的原始存款，在支付手段的总金额内进行补偿，则没有新的"消费能力"出现。如果客户兑现了支票，也不会有任何"消费能力"消失。但是，在另一种意义上也可能有补偿。从商业银行理论的角度来看，这是一种理想的情况，比如说，余额是通过对商业票据的贴现，以商品为对象产生的，这些商品刚刚出现，例如原材料，即将通过该系统开始实现其职能。这些余额在该术语的上述任何含义中都是未补偿的。但是，在某种意义上可以说它们是被补偿的，因为货币流的增加对价格的影响，被商品流的同时增加所补偿，只要有未充分使用的资源，这种情况就会出现。从各个方面来看，这一主张并非无可非议，但它仍然表达了一个粗略的常识性真理，可以用来描述经典的信用创造与为创新融资目的而产生的信用创造，以及消费融资（如政府贷款）的信用创造之间的差异，后一种情况下产生的余额在任何意义上都没有得到补偿，但在新产品发布时，创新的效果将得到更多补偿。在政府通货膨胀的情况下，它们的影响永远不会得到补偿。

为了描述战前的模式，我们可以方便地从货币理论的角度，对一个非常特殊的情况进行一般性的推理，即完全金本位制的情况，并处理诸如金汇兑本位制、双本位制、政府纸币等视为与之不同的其他情况。但应该清楚地认识到，这样做只是为了方便起见，而不是因为任何逻辑上的优先权都归于该情况；当然，我们的意思并不是说法定货币必须由黄金构成，或由黄金覆盖。基于这一理解，通常会假设，在所考虑的领域内，金币和中央银行以及其他一些银行的银行票据存在实际流通，这些金币可以合法熔化或出口，或者被私人铸造，并且不收取任何费用或不存在利息损失，成员银行按要求赎回其黄金存款（或票据）或银行的票据，中央银行作为成员银行的清算所，必须以黄金赎回票据。

以法定货币赎回余额或票据的义务，或者实际上以独立于银行行为的形式赎回余额或票据的义务，显然限制了银行创造余额或票据的权力。在目前构造的体系中，赎回必须以一种货币进行，同时在当前的商业和私人生活交易中充当小额现金的角色，这意味着对每个银行来说，一方面，有必要持有一笔足够的库存现金，以满足客户的日常和特殊的现金需求；另一方面，有必要将不良清算的余额保持在银行家的银行惯例规定的限额内。对于整个银行体系来说，限制可以由保持单位账户与法定货币单位保持一致的必要性来定义，即在上述情况下表现出的一定数量的黄金。对于一个给定的经济系统，不需要进行各种各样的尝试来计算出该极限的数值；[①] 但是可以从下面的论述中找到启发。

首先，可赎回性是对信用创造的一种限制，它不是隐含在"经典银行业务"的其他规则之中，而是附加在这些规则之上。一般来说，它将排除那些如果不是出于赎回能力的考虑，甚至会被最保守的原则所认可的交易。它是金本位制自动插入经济系统的引擎的安全制动器。在这样的货币体系中，法律或惯例施加了进一步的限制，那么除了加强该制动器并确保其发挥作用之外，它们不可能有其他意义。那些试图评估信用创造限制的人，通常只关心这种法律限制的效果，而几乎没有讨论其根本问题。

第二，在没有进一步的法律或通常规则的情况下，实际上很难（如果不必要的话）指明该限额的数值。对于个别成员银行而言，该数值取决于其拥有的客户类型以及这些客户所从事的业务种类、取决于其账面上的内部补偿金额，英国和德国对此极为担忧，支票总额的很大一部分是由客户提取的，用于支付给其他在同一家银行的客户，这主要看他愿意冒多大的风险，愿意在多大程度上依赖这家银行，以及对这家银行的态度。

第三，这一限制随着时间的推移非常有弹性。银行不会独自扩大信贷规模，除非当其他银行也这样做时，它才会这样做。因此，如果跟在其他银行之后，清算所的不良余额也就不太可能出现。客户可以接受劝导，并在一定程度上让其在交易中越来越少地使用现金。这种现象经常发生在非银行流通

---

① 这种尝试通常（尽管不一定）与银行实际扩张到该极限的假设有关。在这种情况下，我们得到了已有数量理论的一种现代化形式，它公平地重复所有已犯下的错误。

领域，在技术可以提供支持的情况下，当有关透支的安排取代了将全部贷款额记入客户账户的做法时，只有实际提取的金额才会计入存款总额。在德国，承兑信用并不直接增加活期负债，除了为国际贸易融资以外，它也非常受欢迎。可以对银行间的现金转移进行监管，以使其支持更重要的存款的上层结构。因此，有许多几乎可以无限期地降低准备金率的方法，其中一些甚至在法定限制的情况下也可以使用。最后，法律和惯例仅仅是一种表达方式，尽管可能是非常错误的方式，但它们仍然是决定我们的限制数额的因素之一，并随之变化，例如法国银行票据的法定最高金额的持续增加，如果不这样改变，它们就会被市场规避；观察美国信托公司与银行的发展就会发现后者受到了更严格的监管。[①]

因此，没有什么比采取机械的和静态的观点更容易给人留下对信贷运作的错误印象，同时忽视了这样一个事实：凭借其自身工作的过程扩大了限制，从给定时间点的视角来看，这些限制是僵硬的枷锁。如果这一事实被称为通货膨胀，那么通货膨胀几乎一直都在发生，没有比这个国家更严重的了，而源于货币体系黄金短缺的通货紧缩的影响则是一个神话。站在个人的视角，这可能是美德，也可能是恶习。可能在原则上是好的，但在实践中效果不佳，反之亦然。这可能是支持或反对货币管理或通常所说的计划经济的原因。但是，如果想要理解资本主义的发展，我们绝不能忽视这个事实。我们将在历史讨论中看到它的实际效果。见第九至第十一章中有关它对经济波动的影响的讨论。

对于给定数量的新增信贷，将有多少商品和服务从以前的用途中收回（实

---

① 在一个封闭的领域中，银行系统在不违反其记账单位与黄金平价条件的情况下，无法达到最终或绝对的极限，在理论上是由所有黄金货币最终会由流入市场中的黄金价值给出。但是，这当然意味着这个值会有很大的降幅，以至于这个极限会非常大。在达到这一点之前，扩张的趋势可能已经形成，如果说每个银行都无法在不危及其客户偿付能力或清算所偿付能力的情况下扩张，那么整个系统就无法扩张，这是不正确的。每个银行都可以施加一点扩张拉力，即使没有其他银行的支持，在大多数情况下，也会形成合力。我们在所有国家观察到的现金与存款、流通中的货币与存款之间关系的下降趋势足以说明这一过程。

际征税）这个问题，也没有一般性的答案。我们必须了解创新所影响的整个商业环境，以便对其在这方面以及在其他方面的行为进行预判；这种商业状况不仅会对任何给定金额的余额产生影响，还会决定该金额本身。这个问题与我们的论点并不直接相关，我们将参考庇古的处理方法（工业波动）来驳斥它。即使以货币形式的信用创造量也很难衡量，更何况是净额，即成员银行的信用创造加上在没有这种创造的情况下的业务将使用的金额。困难不仅源于信用创造对储蓄的干扰，以及创造的余额被用于生产性企业之外的其他目的，还源于信贷业务实际使用或将被使用的贷款与其处置的贷款金额不同，而且在没有信用创造的情况下，不仅价格水平，就连价格的部分关系也将不同于它们的实际情况。

利 息

从关于企业家的利润以及货币和信贷的作用的论述中，我们得出了一些关于利息的命题，利息是我们试图描述的经济过程的一个要素，或者是试图构建的模型的一个要素。无论对利息现象有多少种解释，我们都会同意以下定义，尽管我们中的一些人可能会认为它非常肤浅：利息是现在相对于未来支付手段的溢价，或者，我们会说是一种潜在的余额。更准确地说，是资本总额加上利息，用我们的话来说，是借款人为获得商品和服务的社会许可而支付的价格，而此前他们并没有满足资本主义制度中通常为发放这种社会许可而设定的条件，即此前他们没有为社会提供过其他商品和服务。

为了产生正溢价，至少有人应该将当前美元的估值高于未来美元的估值（尽管这还不够，但这在这里并不重要）。这可能是由许多情况造成的，例如，一个人在做学生时，可能期望未来的收入比现在高，政府也可能同样指望增加收入，或者政府可能发现自己和任何个人一样处于需要钱的状态，任何个人都应该如此，或者与现在相同等级的需求相比，我们所有人都可能系统地低估了未来的需求。如果相信有收入边际效用曲线这样的东西，我们可以用这样的话来表达第一种情况，即我们希望将来站在收入边际效用不变曲线的较低点；第二种情况是，我们有一条当前收入的边际效用曲线，以及另一条更低的未来收入曲线。如果目前的金额可以用于商业和工业，从而在未来产生更大的金额，则企业将支付正利息；如果在商人的视野中，最有利可图的业务预计将产生，所有成本都计算在内，不超过执行该业务所需的金额，则为零利息；如果发生如下情况，他们所做的一切都无法弥补成本，则为负利息。这并不自相矛盾。

我们可以在不触及有争议的基础的情况下更进一步。显然，消费信用贷款，尤其是政府的借贷，本身就是对工业和贸易实施正利率的依据，作者不想排除这种情况，也不想把消费者信贷在数量上的重要性降到最低。但同样显而易见的是，在商业领域，创新是利益的支柱，因为创新给成功的企业家带来利润，这是他们愿意支付利息的主要原因，他们将现有的美元视为获得更多收益的手段。从企业家的角度看，借贷是获得当前资金的典型方式。这种与信用创造之间的关系源自我们之前的讨论。

更具争议的是这样一种观点：就业务流程本身而言，除了消费者的借贷之外，企业家在创新冲击造成的失衡中所产生的利润和相关收益，是唯一的利息支付来源，也是正利率统治资本主义社会市场这一事实的唯一"原因"。这意味着在完全均衡中，利率将为零，因为它不是生产和分配过程的必要因素，或者，当经济系统接近完全均衡时，纯利息趋于消失。证明这个命题是非常困难的，因为它涉及为什么所有导致不同结果的理论在逻辑上都不令人满意。可喜的是，我们没有必要深入讨论这一问题，因为除了极少数情况外，我们不必使用这个命题。作者所要问的是，读者是否同意这一段之前的适度陈述，同时保留他对利息性质的权利，并在他关于完全均衡状态的描述中保留某种利息率。然后我们便可继续分析了。首先，这个论点认为，除了消费融资之外，资产阶级的生活依靠来自创新或由创新直接引发的行为的回报。因此，如果经济演变停止，这种回报就会消失，这一论点对所谓的资本主义经济社会学的理论具有一定的意义。第二，尽管可以否认创新是生产和流通领域内产生利息的唯一"原因"，但不可以否认在没有其他原因的情况下，这个"原因"足以产生利息，也不能否认从我们的演化过程模型中产生的现存余额的溢价，其产生方式不会在逻辑上受到其他利息理论的反对。无论谁反对作者的观点，都必须在他对现实的描述中承认这一原因，并期望它在利率的变化中表现出来。[①] 第三，尽管政府借贷、风险承担溢价的变化、货币问题、额外的经济压力以及贷款市场的变化不能如我们将要看到的，但事实比迄今为止的理论家更有利于证明这一理论，如果我们接受科学程序的一般规则，就没有理由使用任何其他规则。

然而，其中一点是以一个有争议的定理为前提的（在这点上不太容易接受），以使读者有可能接受其主要论点。上面已经用货币术语定义了利息，但现在有必要坚持，利息实际上不仅在表面上，而且在本质上也是一种货币现象，如果我们试图撕掉货币现象的面纱，我们也会失去利息。它是为购买商品和服务而支付的余额，而不是用这些余额购买的商品和服务本身。正是由于这一事实，利息才具有潜在的永久性收入的性质，因为利润在我们看来基本上是一种暂时现象，并不会停留在生产和贸易过程中，也不会停留在可能体现在企业中的生产品的集合（"实际资本"）中。但放款人仍然可以通过在每个产品出现时，将资金从一个产品转移到另一个产品来获得永久收入。毫无疑问，其中一些产品比其他产品耐用得多，而且创新会持续几代人。此外，这种转移的必要性不适用于向无限期消费者放贷的贷方，例如政府或市政当局。但是，没有任何商业活动能产生永恒的盈余，正如贷款人一定会发现，如果他过于自信地相信任何一种理论（禁欲理论是其中的一个典型例子），

---

① 因此，通常对作者的利息理论做出妥协，即企业家的"资本需求"通常是利益行为中最重要的单一因素，所受妥协的内容远远超过了其本意。

或者仅仅是天真地认为利息是某种生产性服务的价格，就像工资是劳动服务的价格一样，他就会付出代价。

如此仓促勾勒出的利息理论消除了许多虚假的问题，这些问题在此与在其他地方一样，都是由于不尽如人意的分析结构中的逻辑性错误造成的。在这一分析结构中还允许对利息与其他货币量的关系，以及它对货币政策的特殊敏感性做出比其他理论更自然的解释；在研究工业波动时，如果我们将其视为偏离均衡状态似乎特别合适。利息，如果读者愿意的话也可以称之为与均衡值的偏差，由于利息处于中心位置，因此在经济系统中会出现一种张力系数，利息比任何其他单一数字更接近于表达产业波动中存在的不均衡程度。

与未来货币余额相比，当前余额的溢价主要由借款人（主要是政府和企业——工业、商业和非银行机构）和贷款人（主要是银行及其附属机构）清算的，它们共同构成了货币市场。在货币市场里，每家银行都有自己的一个部门（前文中存在另一个不完全竞争的案例），由或多或少的固定客户组成，而跨越这些部门的交易构成了公开市场。在这背后，中央银行市场与之相去甚远，它由银行家的银行与其银行客户之间的交易组成，除了银行家的银行在公开市场上进行的操作之外，它们只是间接地影响了货币市场本身。

现在，用利息理论来解释货币市场发生的现象，不可避免地要遵循与过去和最近的文献有很大不同的思路。为了使非货币理论与货币和信贷领域的明显事实相协调，提出了以下观点：存在两种利率，一种是"自然的"或"真实的"利率，它也存在于易货贸易经济中，并代表了这一现象的本质，即实物生产资料的永久净回报；另一种是借款利率，它从根本上说只是前者在货币领域的反映。然而，这两者当然会有差异，通过货币政策或银行信用的扩张或收缩而产生差异，构成了一种干扰，难以从中推断出一系列明确的后果，其中包括经济周期本身。这一观点的根源可以追溯到遥远的过去，即在19世纪第四和第五个10年里有关英国货币的讨论中，这一点显而易见。它在我们这个时代的思想中所起的作用归功于克努特·维克塞尔的教导，以及瑞典和奥地利经济学家的杰出贡献。然而，对我们来说，除非与我们所讨论的实际工资的意义相同，否则实际利率是不存在的：通过价格指数的预期变化，将贷款交易的利息和资本项目转换为实际价值，我们可以得出预期利率，并且通过事后执行相同的操作，得出"商品指令"的实际利率，但从这个意义上讲，名义利率和实际利率只是对同一事物的不同度量，或者，如果我们更愿意在这种情况下谈论不同的事物，那就是名义利率代表基本现象，而实际利率代表衍生现象。因此，货币市场及其中所发生的一切，对我们来说，这比仅从一个角度来看待货币市场具有更深刻的意义。尽管它不能充当大脑的作用，但却是资本主义有机体的心脏。①

然而，不难看出，在利息标题下处理大多数问题的传统方法也将呈现在我们的分析中，而且利息与该体系其他要素之间的许多关系，将以一种与预期相联系的方式来表述。这一点我们可以马上说服自己。我们刚刚否认了所谓的自然利率的存在，并不打算让另一个假想的存在物取代它。但这并不意味着所有已经被断言为在自然利率和借款利率之间存在的关系，都必须从我们的分析中消失。因为，就利润是关于利息及其来源和"原因"的基本事实而言，它们将在我们的模式中发挥类似的作用，虽然利润没有永久的回报②，而且它们的行为与自然利率的行为也不完全一样，自然利率和借款利率之间的关系体现在许多方面，尽管不是全部，但都将被利润和利息之间的关系所取代。在这里，利息被定义为一种货币现象，因此必然与"流通媒介的数量"

---

① 在凯恩斯先生1935年的《就业、利息和货币通论》中，读者还发现了一种货币利息理论，该理论在某些方面与上述理论一致，在其他方面则与之不同。然而，作者本人并未试图将自己的理论与凯恩斯的理论联系起来，读者应该对表面上的相似之处或差异保持警惕。当然，利息是货币价格的想法比任何可以被称为科学分析的东西都要早。

② 此外，在我们的分析中，利润没有显示出均衡化的趋势。这一点以及利润的暂时性，应该足以使人明白，我们对利润和利息的区分以及它们之间的关系，与正常商业利润和契约性利息之间的区分不尽相同。无论作者多么欢迎任何能把他的教学与旧学说联系起来的理论，他都必须指出。第一，根据这种观点，正常的利润和利息仍然是同一种东西（恰如自然人的契约性租金和直接赚取的租金一样）；第二，他通过利息理论所要解决的分析问题，正是要说明理论上的永久性收入如何可能来自基本上是短暂来源的不断积累，它不应该作为净收益在分配过程中消失。

有关，这一事实也不应引起过多的希望或不必要的担心，视情况而定，以至于作者将得出惊人的非正统的结论。对于现有或潜在客户余额变化的直接影响，在任何情况下都不会有太大的意见分歧；除直接影响之外的任何事情，都不可避免地与所有或某些类别商品的借出或借入余额的含义有关，从而与总价格水平和部分价格水平的价值变化，以及价值的预期和实际变化有关。在零变化的情况下（零变化可能发生在资源利用不足时），这种必要性与其他任何情况一样明显。或者，换言之，与利率有关的从来不是市场上实际和潜在"资金"的数量，而是这些资金与实际流通余额总数的比例，当然，这只是其中一个变量。一旦意识到这一点，我们与其他更熟悉的方法之间的差距就会缩小。

最后，虽然本节提出的理论在解释利息的性质时，排除了对其他人来说是基本事实的描述，但本节并不打算排除这些事实，因为它们是关于利息的所有论点中的事实。"禁欲"就是一个例子。储蓄确实（或至少可能）意味着牺牲，但这只是一个对利息的存在并不充分或必要的解释，就像劳动的负效用性对解释工资的存在一样没有必要。作者还认为，无论是禁欲还是负效用，对我们了解利息或工资的行为都没有多大帮助。但是，这并不意味着禁欲或负效用是不存在的，也不是说它们与利息或工资没有关系。无论何时，只要可用于贷款资金的某一部分是通过储蓄提供的，那么这部分资金及其变化，在长期内必须与所涉及的禁欲有某种关系，尽管不是简单的关系；这种关系，不管是什么，都可以用一个边际条件来表示。另一个例子是消费者的时间偏好，不管其原因是什么，如果我们假设人们对当前和未来的收入有不同的效用安排，或者，在一定程度上，由于它是一个周期性变量，只要它表现出对未来收入增长的预期，那么它将始终有助于确定利率；如果利率不表现出变化的趋势，严格来说，在理论上它必须等于可能存在的这种时间偏好的边际利率。[1]

---

[1] 并没有人反对欧文·费雪（Irving Fisher）的边际收益率超过成本的概念，相反，作者承认这个概念的有效性，尽管本文对它的解释与费雪教授的不同。这一原则同样隐含在瓦尔拉斯的利息理论中。

与这一利息货币理论相对应的是资本货币理论，它一方面将资本视为一种会计概念，用货币来衡量委托给企业的资源①，另一方面将其视为一个货币数量。也许，最好完全避免一个引起如此多混乱的术语，并用它在每种情况下的含义——设备或中间产品等——来代替它，这样做则不容易产生误解。但有人认为，这两个货币概念为将货币要素引入一般理论打开了一扇大门。然而，在这里，只有第二个方面是相关的。从这个意义上说，资本不是商品，也不是生产要素，而是余额，是介于企业家和生产要素之间的一个独特的代理。它可以由银行创造，它的增减与商品或特定类别商品的增减不同。它的市场只是货币市场，而没有其他资本市场。在后一种情况下，"资本"等同于某种类型的生产品，被"以货币形式借出"，这种说法没有现实意义。但是，与分析利息时的情况一样，有必要补充一点，在我们的分析中引入这种资本的概念，并没有消除传统上被称为真实资本的问题，相反，真实资本只是以一种新的面貌重新出现，通过资本的货币理论得出的结果并不总是无效的。但在许多情况下，这只是重新表述了"真实"资本理论的命题。如果我们对资本主义社会进程的理解，主要取决于认识到货币资本是一个独特的媒介这一事实，那么在同样重要的方面，也取决于认识到货币资本与商品世界的关系。

---

① 这个意义上的资本包括所有的债务，无论是欠银行的，还是欠其他企业的或者欠债券持有人的。这也符合会计原则，根据这一原则，通常意义上的资本与资产负债表中的所有债务一起计算。

第四章

经济的演化过程

BUSINESS

CYCLES

模型的运行：第一次近似

把迄今为止所描述的分析工具组合在一起，并显示生成的整体框架（我们模型的基准）将是非常有用的。但经验告诉我们，这样做是危险的，因此需要再次呼吁读者，保留判断力，并暂时允许对概念所做的所有简化，特别是对完全竞争（孤立的垄断地位可能除外）和完全均衡状态的假设，并以此为起点。没有储蓄、人口是恒定的，其他一切都像我们假设的那样，都符合理论规范的理念。我们知道（但这不是假设），在资本主义制度模式中，总会有新的组合的可能性（在没有其他组合的情况下，会有由于知识的不断增加而产生新的组合的可能性），总会有一些人能够并愿意实施这些新组合，而且我们知道之所以如此的原因。再次重申一个经常被误解的观点，这些人绝不是少数。我们假设这种能力的分布与其他人一样不平等，并认为这一事实对经济变化的机制有着重要的影响，这一说法并不比每一位理论家熟悉的任何一组假设更大胆、更现实。在我们看来，动机是由潜在利润提供的（读者喜欢与其他刺激因素混合在一起），但请记住，这并不以价格和支出的实际或预期上涨为前提。接下来的内容意味着，除了制度和技术上的假设是必不可少的，其他假设仅具有解释性的意义。为了清楚地说明这一原则，我们希望首先假设那些在现实中非常重要的因素并不存在，尤其是判断或预测中出现的失误或其他错误等因素是不存在的。

于是，有些人以不同的速度构思和制定了不同的（理想情况下是正确的）与利润预期相关的创新计划，并着手解决在做一件新的和不熟悉的事情时遇到的障碍，也即是在前一章中所讨论过的那些障碍。我们把率先行动的能力看作是企业家才能的一部分，这使我们能够在当前的目的下，确定一个人（就像我们能够确定人口中身高最高的个人一样），例如，他是第一个决定生产一种新消费品的人，他以前没有这样做的原因在于我们假设扰动发生在均衡开始之前。根据之前的考虑，假设他成立了一家新企业，建造了一座新工厂，并从现有企业订购了新设备。他从银行借来了必要的资金，即他进入社会生产资料仓库的入场券。他利用这样做获得的余额的目的，要么是为了把支票交给向他提供货物和服务的其他人，要么是为了获得用于支付这些供给品的货币。根据我们的假设，他通过出价购买生产品，从以前的用途中提取了他所需要的商品数量。

然后，其他的企业家紧随其后，越来越多的企业家走上创新之路，通过积累经验和消除障碍，为继任者逐步铺平道路。我们知道这种情况可能发生在同一领域，或技术上以及经济上相关的领域的原因，尽管在某些方面，一个成功的创新会使其他创新更容易在其他领域发生，主要是因为成功的创新为他们提供了便利，使他们可以将其作为一个整体或部分直接复制，或为他们开辟了新的机会的领域内促进创新。创新的结果开始在整个经济系统中以完美的逻辑串联方式表现出来。

我们注意到，第一，在设想的情况下，除了最低限度的储备之外，企业家可能会被依赖于迅速使用他们的存款。同样，如果我们用所创造的余额乘以在以前的均衡中得到的速度数字，以最粗略的数量理论的方式，得到一个公正的近似总量，即仅通过这种支出就可以增加的支付总量，因为所有从企业家那里得到支付的人中，没有人需要偿还任何债务，也没有任何动机使其现金储备增加到交易之前的比例之上，因为我们考虑的是一个封闭的领域。

第二，由于没有失业的资源，生产要素的价格将上升，货币收入和利率也将上升（或者，正如作者认为更正确的说法，将出现一个正利率）。对"旧"企业和企业家来而言，成本会上升。但是，第三，他们的收入也将相应地增加，以满足企业家在生产资料上的支出、现在以较高工资雇用的工人方面的支出，以及所有这些增加的付款的支出。在这一过程中，单个企业、行业或工业有机体的各个部门将如何发展，取决于由此产生的需求的变化。不难看出，这有利有弊。在这种情况下，某些行业出现亏损就是形势变化的一个显著特征，但所有"旧"企业加在一起，仍然会出现净盈余。对于这一点，如果我们假设劳动力是唯一的要素，工资是唯一的成本，而不考虑除前两个步骤之外的一切，即由企业家支付，以及再次由收入接受者支付的下一次支付。很显然，"旧"企业只需支付已经发生的收入总额增长的一部分，他们仍然保持这些工人的收入增长，而在新产品进入市场之前，即在第二轮创新开始时收回全部收入。然而，无论是多么不切实际，这个案例提出了没有任何复杂性原则，并不受任何实物边际成本的影响。无论如何，这是企业家活动的影响在整个经济系统中扩散的过程（在目前的假设下，它们会扩散得非常快），使价值错配，破坏了以前存在的均衡状态。"意外之财与意外损失"正确地表达了这些收益和损失的性质。

第四，根据我们的假设，一般来说，总产出不可能有净增长。后一个概念固有的困难会导致这一观点可能受到质疑。在这样的假设下，不可能所有行业的产量都增加。所有获得收益的企业确实都会努力这样做；但是，一方面，在先前完全均衡的完全竞争中，他们都生产了自己的最优产量，尤其是利用他们的工厂，将平均成本降到最低；另一方面，他们以前使用的生产要素数量已经被转移到产品中，我们将得出结论：如果只有一种单一消费品，那么现在生产的商品将少于之前均衡状态下生产的商品。取而代之的是，将生产更多的产品。这些产品连同以前为旧企业生产的其他产品，将被企业家接管。如果有许多消费品，其中一些商品的产量增加，那么其他商品的产量必须减少，以释放出比前者更多的生产资源，从而实现前者的扩张。如果我们把目前建设新工厂产出的中间产品包括在总产出中，那么总产出在这个意义上是恒定的。如果我们不包括这些中间产品，总产出会更小。除非根本没有孕育期，否则消费品的产量无论如何都会下降。然而，应该注意到，以货币计算的对消费品的需求并没有减少。相反，它增加了。我们迫切地请读者了解这一情况，其中的内容对本书的论点具有至关重要的作用。

在当前的假设下，上述内容就是所有发生了的事情，直到第一个企业家的工厂进入工作状态。而后情况开始发生变化，出现了一种新的商业形势，其特点与我们所看到的有所不同，但并不难理解。新的商品（可以说是新的消费品）流入市场。因为一切都是按照预期进行的，所以它们很容易以企业家预期的价格出售。我们还假设，从那一刻起，新企业将继续推出源源不断的消费品，其生产功能不会发生进一步的变化。因此，一系列收入将流入企业家的账户，其速度足以在最初购买的厂房和设备的使用寿命内偿还总债务及产生的利息，并为企业家留下利润。让我们想象一个强有力的例子，并提出假设，当然，只有在非常特殊的情况下，才会发生这种情况，即在企业家第一次借款到工厂完工之间，且不超过这段时期结束的时候，事情进展得十分顺利，企业家目前已从收入中进行了所有必要的替换，并已向银行清偿了所有债务，从而消除了所有新产生的对他有利的余额，剩下的是完全没有债务负担的厂房和设备，并且处于良好的工作状态中，有足够的盈余作为"营运资本"。如果同样的情况也适用于第一次创新之后的其他企业家，为论证起见，他们刚刚被认为是类似的有远见的天才，那么就会出现以下情况：新企业相继进入工作状态，并将其产品投入消费品市场，增加以前减少的消费品总产量。在某种意义上，人们可能会认为，产出最终会比它在孕育期下降的程度增加"更多"。也就是说，如果把构成新企业全部开始生产时的消费品总产出的要素，与前一个均衡点的总产出进行比较，如果取消在这两个组合中出现的所有项目，我们会得到一个加减项目的清单，这样，以当时的价格下评估总产出，前者的总和必然大于后者的总和。如果只有一种消费品，并且创新是引入一种新的生产方法，那么新总产出的每单位时间的实物量将大于旧总产出的实物量。

这些新商品以极快的速度闯入以前存在的经济世界中，而无法被顺利吸收以实现其价值。尽管如此，它们还是会继续侵入，一般来说，第一个企业家的供给一般不会造成明显的干扰，也不足以改变整个商业环境，尽管这些企业可能会立即受到新商品或新方法生产的具有直接竞争力的产品的影响。随着这一过程的势头逐渐增强，这些影响的重要性和不均衡性逐渐增加，并开始显示出适应性的过程。在我们继续向其中引入任何其他元素之前，读者应该掌握这个机制，这一点很重要。

这些对"旧"企业的影响很容易理解。它叠加在新厂房和设备的建立以及由此产生的支出所造成的不均衡上。但是，即使是在那些造成净损失的情况下，这种不均衡的影响也会因支出的流动而减弱，但新的不均衡迫使人们进行更为困难的调整。它们并不仅仅是在损失的刺激下进行的。对一些"旧"企业来说，新的扩张机会出现了：新的方法或商品创造了新的经济空间。但对有些企业来说，新方法的出现意味着经济的死亡；对其他另一些企业来说，意味着负债或转型进而退到幕后。最后，还有一些企业和行业被迫经历一个艰难而痛苦的现代化、合理化的重建过程。应该注意的是，经济发展机制中的这些关键部分，很容易被视为主导许多商业状况并产生根本性的重要结果，永远无法通过测量生产指数的变化从统计学上揭示出来，也无法从总产出的角度进行理论分析。这样的指数除了增长之外什么都不会显示。但是仅仅增加总产出不会产生这些效果。这是不和谐的或片面的增长，并在重要的总量内部发生变化。与其他地方一样，这里的汇总分析不仅不能说明整个故事，而且必然会掩盖故事的主要（和唯一感兴趣的）观点。

然而，只要新企业不断涌现，并将其支出源源不断地注入经济系统，所有这些影响都可能被过度补偿。"转折点"不一定会到来，也就是说，在企业家活动放缓并最终停止之前，前面描述的情况不必让位于我们现在试图描述的情况。因此，有必要想清楚企业家活动实际在理论上可以确定的点上放缓和停止的原因。在现实生活中，如此多的意外和事件共同产生了这种结果，以至于在某些特定情况下，我们都不缺乏合理的理由来解释这种放缓或停止。但这掩盖了一个原则问题，即在没有此类事件和事故的情况下，所描述的机制是会永远持续下去（在"繁荣高原"上），还是会因其固有的原因、自身的影响及其造成的商业环境而停止。

首先，由于企业家活动的特点是从一个明确的方向开始，并不会在整个工业领域内平均分布，因为它通常旨在生产一种或一组特定的商品，因此在任何情况下，在经济体的某种特定状态下，其生产可能性都是有限的。创新的结果直接作用于某些个别商品的价格，因此对该方向或相关方向的进一步发展设定了明确的限制。我们现在急于找出这个主题的纯粹逻辑，为了避免任何附加或附带的干扰，无论它在实践中可能多么重要，我们甚至暂时保留了一个较强的假设，即不仅新产品的产量全面增加——这将由越来越多的企业开始生产而带来，而且该领域的第一人已经完全正确地预见到了价格下跌事件的发生，而且后来进入的企业也正确地预见到了留给他们的可能性。很容易看出，新产品的生产将达到一个临界点，即以与销售价格相等的最低单位成本生产。利润将被削减，创新的动力将暂时耗尽。

但是，由于企业家活动破坏了原有经济系统的均衡，特别是由于新产品的发布使不均衡达到了顶点，因此有必要对经济系统所有要素的价值进行校正，这在一段时间内意味着波动会产生并出现连续尝试以适应不断变化的临时情况。反过来，这意味着不可能以令人满意的方式计算成本和收益，即使在这种情况下并不完全缺乏必要的利润。因此，计划生产新事物的难度和失败的风险大大增加。为了进行更多的创新，我们有必要等到事情安定下来，就像在开始时一样，等待一个新的均衡出现，然后再开始我们现在正在讨论的创新的效果。[①]因此，随着新产品涌入市场，随着还款在数量上的重要性增加，企业家活动往往会放缓，直到最终完全停止。

---

① 虽然我们现在正集中精力构建我们的逻辑模式，但最好指出这一点的"事实"正当性。17世纪末的英国繁荣并非始于1688年之前，美国经济活动的激增始于19世纪60年代末，而非内战结束之前。当然，这样的例子比比皆是。但是，如果读者承认，在外部干扰的情况下这是不言而喻的，那么，对于通过任何其他（即内部原因）引起的相对值干扰，这一点同样成立。马赫卢普（Machlup）说，创业失败的风险在均衡状态下最低，并随着繁荣的发展而缓慢上升。企业家活动在风险最大时停止。这样的论点并不像初看起来那样与我们的观点不相容，即风险承担不是企业家职能的一部分。

请读者对第一章中列出的业务情景中的因素和指标，以及在这个过程中的行为进行详细的计算，并形成一个看法，然后再转向对时间序列的讨论，在这里有两件事需要注意。首先，将影响传播到整个经济系统的突出因素（尽管其因果重要性很容易被夸大，同时其运作方式也更容易被误解）是企业家的支出，而这种支出现在正在减少。这一命题与孕育期特有的情况下的类似命题不完全对称，因为在孕育期，没有"排挤旧企业"的因素，所有影响都通过企业家的支出这一渠道到达经济系统。但应该注意到，尽管仅仅停止额外借款（记住，到目前为止，除了企业家之外，没有人借款）就足以在这种情况下给许多企业带来担忧，尤其是压低价格水平，① 然而，这并不是全部，企业家偿还银行贷款，消除余额，同样会加剧这种影响。为了区别于其他存款缩水的情况，我们用"自动通货紧缩"一词来表示这个过程。它的发生不需要银行方面的任何举措，即使没有企业破产或被限制经营，也没有银行要求或拒绝贷款，自动通货紧缩也会发生。我们不关心货币机制的不同和不那么被动的反应是否会加剧或缓和通货紧缩现象，以及在这种情况下"应该"采取什么样的货币政策。目前我们感兴趣的是，货币和信贷确实以一种明确的方式做出反应，它们的行为只是对基本经济过程的适应，通过这个过程，可以解释通货紧缩，以及所有总量的行为，而反之则不成立。

其次，我们所研究的现象的总和形成了一个相互联系、具有明确意义的整体，如果这种目的论是被允许的，可以说有一个明确的功能。它构成了经济系统对企业家活动结果的反应，以适应所产生的新事物，包括消除无法适应的要素，将创新结果重新吸收到经济系统中，重组经济生活，使其符合企业更新的数据，重塑价值体系，清偿债务。很容易看到，在我们的假设下，只要稍加限定，这一系列现象就会形成一个新的均衡邻域，企业将在这个均衡邻域中重新开始其生产活动。与之前的均衡邻域相比，这种新的均衡邻域

---

① 然而，在我们目前的假设下，任何企业都不能仅仅因为价格水平的下降而被淹没，否则这种价格水平会幸存下来。考虑到我们现在假设没有固定的债务费用和任何成本要素的"黏性"，这是一个不言而喻的事实，值得记住。它足以消除围绕该主题的一些错误。

的特点是，具有不同模式的"更多"的社会产品、新的生产函数、相等的货币收入总额、最低（严格说是零）利率、零利润、零贷款、不同的定价机制和更低的价格水平。这从根本上表明，所有特定创新的持久成果已经以实际收入增加的形式交给了消费者。因此，一旦推动它远离以前邻域的企业家创新停止作用，该系统就会在各种力量的影响下开始向新的邻域努力[①]，这些力量现在应该是非常清楚的，而且如果没有外部干扰，这些力量肯定会使系统最终到达新的均衡邻域。这个过程需要时间，可能会出现波动和反复。但它是所有这些明显的不规则运动的基础，在这些运动中，损失似乎在整个经济生活中随机分布，无论通过多少次重新安排，甚至第二天被否定，它都不会停止，直到它完成了任务。

从这个模式到与历史事实的结合点还有很长的路要走。无数次要的、偶然的、意外的和"外部的"事实和对所有这些事实之间的反应以及对反应的反应，涵盖了经济生活的基本框架，有时甚至完全掩盖了它。但是，如果读者没有认识到这个理论世界的常识和现实的对应物，那么肯定是作者缺乏某种说明技巧，因为这个理论世界的每一个元素都与日常经验的事实联系在一起。我们把这种结构称为"纯理论模型"或"第一次近似"。

基本框架

当观察基本框架时，我们会看到一个独特的时间过程的画面，它显示了其各组成部分之间的相互作用的关系，并且在逻辑上是自成一体的。[②] 此外，

[①] 当然，这个词并没有什么特殊寓意：用斯皮托夫的话来说，"力量"是由"收益的糖果和损失的鞭子"组成的，它们最终的成功可以通过第二章中提到的理论规范的正式证明来确定。

[②] 在逻辑上，它不受外部因素和增长的影响，就像静止的回路流一样。时间确实是以不同的意义进入，但它仍然是理论上的时间，也就是，一个作为逻辑（而不仅仅是历史）事件序列轴心的时间。然而，读者应该记住上一章所说的关于无利润和无繁荣周期的可能性。

这种经济变化或演变的过程是在各个单元中进行的，这些单元之间被均衡的邻域隔开。每一个单元又由两个不同的阶段组成，在第一个阶段，经济系统在企业家活动的推动下脱离一个均衡位置，在第二个阶段，经济系统向另一个均衡位置移动。

这两个阶段中的每一阶段都有一系列明确的现象。读者只需回忆它们是什么，就可以发现它们正是与"繁荣"和"衰退"相关联的现象：我们的模型仅仅通过其运作，再现了在经济生活中那些被称为经济周期波动的过程，并被翻译成图表语言，以绝对数字或变化率呈现出波动或波状运动的画面。我们先对这一事实进行评论。

第一，说"进步"破坏了经济世界的稳定，或者说由于其机制是一个周期性过程，这绝非牵强或自相矛盾。以外部因素加创新的方式运行的经济波动理论可能是不言自明的，并且只是说明在未受干扰的静止或增长的流动中，不会有周期的另一种方式。读者应该牢记这一点，在不可避免的复杂情况下，面对理论和公众舆论都坚定地拒绝接受这一常识性的观点，并坚持默认进步"是一回事（而且自然是顺利的）"，而波动是另一回事，与之不同，也许对它不利。毕竟，认识到这一点只是常识，如果不是经济生活处于不断的内部变化的过程中，我们所知的经济周期将不存在。因此，不妨尝试将这个重要的因素，系统地与任何对资本主义经济，特别是经济周期的解释联系起来。到目前为止，证据表明，我们的模型中包含的几个基本事实足以在经济生活中产生一股"浪潮"，在任何情况下都具有研究价值，并对所观察到的波动有所启发。

第二，创新足以产生交替的繁荣和萧条，这一事实当然不能证明这些周期实际上就是历史上所说的经济周期。即便我们对外部因素做出了明显必要的保留，可能还存在其他"原因"。我们再次重申，从创新的真实程度来看，而不局限于所指的某些部分或形式时，创新实际上是解释那些历史和统计现象的主导因素，到目前为止，这只是一个有效的假设，将在本书中进行验证。

此外，我们的假设还不能完全发挥作用，因为还有多少与其当前内容无关的物质必须添加到其中，还有待观察。

第三，从经济历史中得出的印象开始，它实际上会很好地发挥作用，我们感到鼓舞的不仅仅是模型得出的表征与我们在研究过程中实际观察到的表征几乎一致，而且还因为某些迄今为止被我们剔除出去的因素很容易被纳入其中，可以在不使我们受到折中主义谴责的情况下给予它们应有的地位。事实上，它们似乎只有在被提到时才能获得其真正的地位和意义。

研究经济周期的大多数研究者都对一种周期性情况产生下一种周期性情况的逻辑印象深刻。这一发现开启了周期机制的科学研究，最近韦斯利·米切尔（Wesley Mitchell）也强调了这一点。但如果我们止步于此，我们的分析显然是不能令人满意的，因为这个过程缺乏动力，看起来非常像一部永动机。如果接受了我们的分析模式，这种困难就会消失，特别是，关于什么是促使从繁荣到复苏的关键问题，本文找到了一个非常自然的答案。我们以朱格拉（Juglar）首先明确承认的方式，将衰退视为对繁荣的反应，而不必反过来通过之前的衰退来解释繁荣。①

同样，大多数人会将衰退、判断失误、过度行为和不当行为联系起来。这根本不是解释；因为这并不是一个失误，而是说明广泛的消极影响的一组失误。任何满足于此的"理论"都必须假设，人们会以经济学家最方便的方式周期性地犯错。我们的模型，通过展示各种各样的错误应该比平常更频繁（即，当未经尝试的事物被付诸实践，并且需要适应一种尚未出现的事物状态时）的出现是可以理解的，从而消除了这一点的困扰，并显示了错误元素在这个实践过程中各个阶段的位置，而不必将其作为一个独立的元素引入，更不用说作为一个必要的元素。

---

① 根据朱格拉的公式，即繁荣是萧条的原因，几乎所有的"理论"都同意这一点。但自生理论也声称，繁荣的原因在于萧条时期的宽松货币、低库存、廉价劳动力和原材料，而繁荣只是这些因素的产物。这种推理可能有助于（尽管对此有一些疑问）解释经济恢复正常的原因，但显然不能用来解释经济超过正常水平的情况。

与失误密切相关的"神机妙算"是"期望"，这在第二章中已经指出，这种元素的引入构成了技术上的实质性改进，但期望不能像烟草偏好那样作为最终数据的一部分。除非我们知道人们为什么期望他们所期望的，否则任何吸引他们的论点都是毫无价值的。这样的呼吁属于虚假解释的范畴，莫里哀（Molière）①已经对此感到好笑了。②但是，如果我们能够独立地理解情况是如何产生的，例如意外收益、价格上涨等会产生一波乐观情绪，我们就可以自由地利用这样一个事实，即这种乐观情绪会自我强化并产生效果，从而成为周期性事件机制的一个要素和次要现象的"原因"。庇古似乎并不持有其他意义上的乐观主义和悲观主义周期理论。因此，他的论述并不反对所提到的原则。但仍然存在一个事实问题，即在他们合理的定义内，商人的乐观和悲观主义实际上有多重要。从熟悉的股票交易或土地投机的事实中概括出规律来是有一定危险的，然而，对这些事实的观察也清楚地告诉我们，商人的情绪不是独立的原因，而是结果性的现象。工业和贸易很少受情绪的影响。此外，那些理论家生活在什么样的世界里，他们丝毫不怀疑"沮丧的心理状态"的有效性——正如一位著名作家似乎认为的那样，通过"吹捧"来强调（更不用说独立引起）萧条方面的功效。他的经历是这样的：普通商人总是抱着相反的希望，总是认为经济复苏"指日可待"，总是试图为之做好准备，而他每次都被残酷的客观事实所逼退，又总是固执地试图忽视这个事实。最近这场世界危机的历史几乎可以用徒劳的努力来书写，这些努力都是在一种信念中进行的，所有预言家都相信几个月后企业将"蓬勃发展"。这并不意味着商人总是乐观的，远非如此，这确实意味着，乐观主义和悲观主义的浪潮对那些从狂热中判断的观察者来说，并不是显而易见的现实。

---

① 莫里哀（1622—1673），法国喜剧作家、演员、戏剧活动家。——译者注
② 他的考官问了一个问题：鸦片使人们昏昏欲睡的原因是什么？夸雷•多米雷夫和他的候选人的答案是：因为它有一种催眠的功效。这是一个非常好的答案。如果理论家的分析工具把他们推回到"心理学"上来，他们总是有陷入这种争论的危险。因此，重要的是，读者应该让自己确信，本文提出的分析模式并不是这种意义上的心理学理论，尽管企业家的行为可以用心理学术语来描述。

我们的分析模式中有很多强调事实的例子。例如，我们没有任何东西可以为所谓的生产过剩和消费不足的理论辩护。但很容易看出，经济进程可能会产生一些情境，对于未经训练的人来说，这些情境会为那些原始的解释尝试增添色彩。关于将经济周期归因于耐用消费品过度投资或投资方向错误（不当投资）的各种理论背后的事实，很容易看出：首先，实际上实际投资的变化与周期的因果关系和机制密切相关；其次，在经济进程中，过度投资和不当投资都会发生，这是可以理解的；再次，在其他情况下，也会出现过度投资的现象。

我们将继续讨论其他例子。但这里还应该提到一点，本书提出的分析模式显然不属于经济周期的货币理论体系。它确实预设了货币与信贷的某种行为，其中许多特征对于它来说是必不可少的；但是，如果这足以构成一个货币周期理论，那么就不会有非货币周期理论，因为每个理论都会明确或隐含地这样做。如果想让这种说法与众不同，我们必须遵循霍特里（Hawtrey）的标准，即将周期视为"纯粹的货币现象"的标准来定义货币理论，因为货币和信贷领域的特殊性导致了周期的存在，如果没有这些特殊性，它们根本就不会存在。到目前为止，作者认为这些理论是错误的，而且在实际意义上是具有误导性的，这一点应该很清楚，而且在后续分析中会更加清楚。但这些理论所依据的所有事实，尤其是货币时间序列与其他时间序列的关系，都在我们的分析模式中找到了它们的位置和解释。然而，我们必须认识到，演化的周期性过程的基本逻辑完全独立于所有这些辅助因素，无论这些辅助因素有多么重要，最终都会成为不稳定的基石。

第四，在这一点上，由我们模型的工作绘制的图形呈现出的特征似乎与广泛接受的观点不同。相对于繁荣和衰退，它没有体现出公众舆论对福利所赋予的内涵。通常而言，繁荣与社会福祉相关，衰退与生活水平下降相关。在我们的图形中，它们不仅没有表达这层含义，反而具有相反的含义。这在一定程度上是由于某些尚未被呈现的事实，这些事实在一定程度上证明了大众观点的合理性。但我们不希望目前的情况失去这一特点。事实上，我们意义上的繁荣远非福利的同义词，比如"饥饿的 40 年代"的代名词。而长期"萧条"时期也远远不是痛苦的代名词，例如，1873—1897 年，工人阶级生活水平的提高提供了有力的证据。我们的模型提供了这方面的解释，我们将始终坚持这一点。

计划经济组织形式的优点是，能够比资本主义更清楚地揭示事物的经济性质。例如，在一个计划经济社会中，每个人都会清楚地知道，一个国家从国际贸易中获得的利益包括进口，而出口是它为保障进口而牺牲的。同样明显的是创新时代（以英国国家计划委员会为例）是努力和牺牲的时代、是为未来工作的时代，收获是这之后要考虑的。资本主义社会也是如此；收获是在隐性表征下进行的，而且焦虑多于喜悦，这一点很容易解释，也不会改变这一原则。[①] 我们可能会再次注意到，衰退除了是一个收获先前创新成果的时期，也是一个收获其间接影响的时期。新方法正在被复制和改进；对它们的适应或对新商品的影响部分包括了"诱导性发明"；一些行业因企业家的成就创造了新的投资机会而得到扩展；其他行业则在压力下通过合理化其技术和商业流程来应对这些变化，那些腐朽的企业则慢慢消失了。因此，流行的一句话"经济衰退时期的商业智慧比经济繁荣时期的商业头脑要多"，这句话很有道理。同时，这一观察结果与从我们的模型中得出的任何推论都不矛盾。

第五，如果周期性过程被理解为一个恒定的周期，那么我们的模型在运行中就没有任何东西可以指出经济演变的周期性过程。如果我们选择根据这个意义上的周期性来定义，那么就没有节奏或周期。但节奏和周期在更相关的意义上都存在。因为有一个过程系统地产生繁荣和萧条的交替阶段，这个

---

① 不用说，上述对衰退阶段的"评价"没有任何自由放任的含义。首先，政策主要关注的不是衰退，而是我们尚未遇到的萧条。此外，这并不意味着衰退期产生的情况不能被政策影响，因为它与产生这些表征的适应过程不同。然而，它从两个方面影响政策效果。首先，它表明衰退是一个填补功能的过程，而不仅仅是一场厄运；其次，它表明，人们不喜欢的衰退是该过程机制的一部分，而不是偶然发生的，因此，对它们的任何管理，如果不准备损害这个过程，就必须是一个极其微妙的任务。

过程由一个明确的"力"或"原因"启动一个确定机制的运作而产生。到目前为止，我们所能说的关于这一过程的各个单元及其两个阶段的持续时间，将取决于特定创新的性质、对它们做出反应的行业组织的实际结构，以及在每种情况下商业界普遍存在的金融状况和习惯。但这就足够多了，因为一个现象不符合某些任意的规律性标准而否认它的存在，似乎是完全没有道理的。①我们借此机会回顾一下"内部不规则性"这一解释性概念，以便与外部因素作用导致的"外部不规则性"概念进行对比。

第六，社会总量的变化与个别行业的数量和价值的变化之间的关系，是值得注意的一个方面。从总量理论的角度来看，如果说局部不均衡——创新和对创新的反应——首先不会产生整个经济系统中明显的普遍不均衡，这是一种悖论（见第二章）。但我们现在要认识到在什么意义上是这样的，它是如何产生的，以及总量是如何因此而改变的。也许认识到为了对总量产生影响，一个因素或事件本身不需要是一个总量或直接作用于一个总量，这只是常识而已。一方面，由于总量之间的关系完全不足以让我们了解影响其变化的过程的性质，经济周期的总量理论肯定也是不充分的；另一方面，这并不是对经济周期分析的有效反对，因为它"仅仅"涉及经济周期分析的部分情况。当然，这适用于许多"理论"，例如农作物收成论，不管它的其他缺点是什么，仅凭它将原因定位在经济系统的一个部门，就不应该被记录下来。

第七，应该再次强调，我们的模式及其运行方式当然具有很强的制度性质。它不仅预设了资本主义社会的一般特征，而且还预设了其他一些特征。毫无疑问，我们认为这些特征是经过实际验证的，但在逻辑上并未包含在经济行为或资本主义的概念中。我们的论证是对历史事实的（抽象）检验，这些事实可能会被证明属于一个正在迅速逝去的时代。从这个意义上说，所提

---

① 例如，欧文·费雪教授在1923年发表在《美国统计协会杂志》上的论文中指出，时间序列中的正负偏差不会揭示特征阶段，也不会重复出现。只有从这样武断的标准来看，这才是正确的（甚至可以理解）。在其他任何意义上，"偏差"确实会反复出现，并且确实是阶段的特征。本文作者完全同意米切尔教授的观点，他毫不犹豫地承认"重复"，而没有"严格的周期性"。

出的分析实际上本身就被称为历史分析。对此应该没有异议。在每种情况下，任何应用都必须等到证明所假设的条件在设想的时间内确实存在，或可以合理地预期到它的存在。我们不仅假定私有财产和私有主动权，而且假定两者都有特定的类型；不仅假定了货币、银行和银行信贷，还假定了银行界的某种态度、道德规范、商业惯例和"公约"；最重要的是，假定了工业资产阶级的精神和动机模式，这种模式在巨型企业的世界里，我们称之为托拉斯化的资本主义，以及在公众思想的现代态度中，正在迅速失去其范围和意义。这就是为什么在对战后事件的讨论中，会提出这样一个问题：这一进程是否仍然存在，以及持续了多久。但作者很满足于对一段经济史的说明，比如，让读者决定他是否认为这一进程与实际问题有关。是否是资本主义演变过程本身造成了它消亡的社会状况，这个意义深远的问题将只在外围被触及。

次级波：第二次近似

我们已经看到，如果创新体现在新的厂房和设备上，那么额外的消费者支出实际上会像额外的生产者支出一样迅速产生。两者将从经济系统中的一个或多个点开始扩散，并创造出我们称之为繁荣的商业局面。这样一来，有两件事实际上肯定会发生。首先，旧企业会对这种情况做出反应；其次，他们中的许多人会对这种情况进行"推测"。例如，一个村子里的新工厂对当地的杂货商来说意味着更好的生意，他们会相应地向批发商下更大的订单，批发商反过来也会向制造商下同样的订单，这些制造商会扩大生产或试图扩大生产，等等。但在这样做时，许多人会假设他们观察到的变化率将无限期地持续下去，并且一直保持交易，一旦事实无法证实这一假设，就会导致损失。狭义上的投机行为会接受这个暗示，并开始走向它熟悉的道路，或者更确切地说，在预料到这一切之后，甚至在商业繁荣还来得及发展之前，就先上演一场繁荣。新的借款将不再局限于企业家，而"存款"将被创造出来，为总体扩张提供资金，每一笔贷款都会引发另一笔贷款，价格的每一次上涨都会导致另一次价格上涨。在这里，那些以实际或预期的价格上涨为前提的交易进入我们的视野，使其成为可能。[①] 我们的分析对这一众所周知的机制没有增加任何内容，只是点明了它，并将它与使其运动的更基本的过程区分开来。这就是我们所说的——保留作者在 1911 年的书中引入的一个也许有问题的术语——次级波（Secondary Wave），它将其影响叠加在初级波（Primary Wave）之上。

不需要强调现在有多少事实进入我们的视野。实际上，次级波的现象在数量上可能比初级波的现象更多，通常也更重要。因为它们覆盖的层面更广，也更容易观察；事实上，它们才是最先映入眼帘的东西，但要找到引发这场波动的导火索可能很难，尤其是在创新规模较小的情况下。这就是传统的经济周期分析如此忽视创新要素的原因之一，它隐藏在乍一看似乎只是普遍繁荣的现象背后，有时甚至完全被这些现象所掩盖，这在许多部门和阶层中都很明显，并且显然与任何可以称为创新的活动无关，更不用说"发明"了。人们似乎很自然地认为，应该为这种普遍的繁荣找到一些同样普遍的解释，例如货币的解释，而且应该像许多工人实际上所做的那样，把货币和对货币的反应都看作对经济生活和进步进程中无意义和无作用的干扰。

正如我们所看到的，错误的周期性聚集、乐观和悲观的过度等，不一定是初级过程所固有的，这个过程会产生波动，而且，尤其要记住，也会产生没有任何错误的损失，尽管他们可以充分地受到错误的激励。但现在他们显得格外重要。事实上，次级波的部分现象与其他现象无关。在我们现在要插入的逻辑上不重要，但实际上最重要的事实中，有一个现象，尽管上面提到过，可能值得进一步评论。我们将根据欧文·费雪的债务通货紧缩理论来讨论这一

---

① 正如我们所看到的，虽然原则上不需要这种上涨来唤起创新，而且在纯粹模式中，没有这种上涨也是有利可图的，但可能而且通常会有一些创新只有在预期价格上涨的情况下才会显示出利润。

问题，他否认周期的存在，而将其称作大萧条。[1] 在所有债务的"始作俑者"中，最常见的似乎是新的投资机会，与普通的利润和利息相比，有很大的预期利润，例如通过新发明、新产业、开发新资源、开辟新市场而获得。但我们已经看到，如果借款人是企业家，并且一切都像纯理论模型中所假设的那样，那么，尽管出现了自动通货紧缩，也不会因此产生可怕的后果。就这一点而言，我们只需增加一个关于企业家误判的限制。无论何时，只要贷款的使用方式能够降低每单位产品的成本，那么非企业家的借款也可能适用，甚至是那些为了证明足够成功的改造而借款的旧企业。因此，费雪教授正确地强调了主要由宽松货币引起的过度负债。但他没有给过度负债下定义。作者能想到的唯一方法就是参考"生产力"进行界定。事实上，次级波的过程为我们提供了大量非生产性贷款的例子。一旦繁荣开始，家庭将借款用于消费，期望实际收入将永久保持不变或仍将增加；企业将仅仅为了扩大原有业务而贷款，同时期望这种需求将保持或继续增加；只有在农产品价格保持不变或上涨的情况下，才会以他们愿意支付的价格购买农场。[2] 在这些情况下，生产力根本没有提高，正是这一事实，也只有这一事实本身导致了价格下跌，有时甚至会造成灾难，即使没有狭义的投机行为，这也会被列入债务的结构中。

"显然，债务和通货紧缩在很大程度上以一种非常简单的逻辑方式解释了大量的现象"。

读者会发现，从这一点得出一个误导性的结论是多么容易。真正得出的

---

[1] 参见 1933 年 10 月《经济计量学》或 1932 年《繁荣与衰退》（Booms and Depressions）标题下的文章。由于费雪教授认识到过度负债必须有其启动因素，而且在这些启动因素中，他强调了我们创新概念中的事实（伊利运河、铁路、棉花开发），而其他因素则是我们所说的外部因素，显然，这种解释与本书中的解释有很大的相似之处。费雪在这篇文章中阐述了他的"信条"，至于债务通缩作为繁荣和萧条理论的基础，作者只能重复他与那位著名经济学家的对话中所强调的："如果一个人死于肺痨，我说他死于肺痨，而不是死于发烧，因为发烧只是这个过程的伴随物之一。"

[2] 可以通过以下方式来表达：在繁荣时期，短暂的当前收益和虚构的未来收益都是被资本化的。由此促进了过度借款。随后的价格下跌会削弱这些价值，甚至可能在利息支付违约之前被强制清算。

唯一结论是，信贷功能的设计是为了改进生产设备并制约任何其他用途。然而，这种说法并不能被解释为该设计不能被改变。当然，信贷功能可以被改变，而且现有的机制可以以多种不同的方式中的任何一种来运作。除了所提议的措施的有效性及其潜在的后果之外，费雪关于公开市场操作实现"再通胀"的建议非常有启发性的是，还有多少问题会被纳入此类建议，以及这些问题如何被杰出的货币规划师完全忽视，现在我们先放下这一问题。但是，尽管提出建议不是本文的任务之一，但应该指出的是，根据目的区分债务，无论多么困难，都与研究有关，并可能与预防政策有关。

二次繁荣的中断同样是由潜在过程的转变引起的。后者为前者提供了唯一充分的解释，而前者事实上构成了那些试图自行处理它的周期理论的重要核心。[①]同样，我们不会描述每个人都熟知的模式细节。任何繁荣，无论多么理想地局限于基本的或初级的过程，都会引发一段清算期，除了淘汰那些已经过时、无法适应的企业外，伴随着新均衡体系的出现，还涉及重新调整价格、数量和价值的痛苦过程。但当考虑到构成次级波的各种现象时，我们立刻意识到还有更多的东西需要清算和调整。在二次繁荣的氛围中，也会出现激进的银行贷款、欺诈行为或其他不成功的企业，它们经不起衰退的考验。投机头寸可能包含许多无法维持的要素，抵押品价值的任何轻微贬值都会导致这些要素价格下降。当价格下跌时，相当一部分当前业务和投资业务将出现亏损，正如初级流程一样，部分债务结构将崩溃。

所有这些并不必然带来恐慌或危机（回忆一下，这两个词都不是一个专业术语），但它很容易引发恐慌或危机。如果恐慌或危机发生了，还会引发另一种普遍存在的情况，因此有必要进行额外的调整。但是，即使它们没有发生，我们也很容易看到判定恶性螺旋（vicious spiral）的两种效应。一方面，

---

① 大多数理论都是这样。因此，有人提出这样一个问题：为什么要中断呢？是什么导致了繁荣的终结？这只是一个自然的结果，我们称之为次级波的现象。

强制清算的任何价值下跌都会机制性地导致另一次价值下跌。"价值下跌是因为价值已经下跌了"（马歇尔）。防御措施，如企业或家庭为偿还贷款所做的努力，或银行为改善流动性而催收贷款的努力，以众所周知的方式促使债务人走向这些措施所要避免的困境。信贷冻结、存款缩水，以及其他一切都会在适当的时候发生。另一方面，不仅我们这些观察者，而且身处其中的人们都意识到有多少需要清算，甚至对此歇斯底里。然后悲观的预期可能会在一段时间内产生因果作用。但还是有必要提醒大家不要过分强调其重要性。最简单的经验常识就足以证明这一提醒的合理性。任何一场重大危机都能用客观事实完全解释。没有被制约的预期从来不会产生短暂的爆发或中断。这不仅适用于一般商业环境，也适用于任何特定市场。除非事态发展给予独立的支持，否则人能成功躲避危机的影响。在 19 世纪 20 年代，无论多么乐观的预期都不可能使铜价保持上涨；同样如果像所增加的那些重要的供给来源突然枯竭，再悲观的预期也无法使其价格下降。

现在，只要这类事实具有足够的数量意义，就对我们的模式有重要影响。只要我们不考虑它，在周期性的每个单元中就只有两个阶段——繁荣和衰退，但现在我们了解到，在次级波崩溃和由此引发的悲观情绪的压力下，经济进程通常会（尽管不一定）超过（通常也会错过）它正在走向的均衡邻域并进入一个新阶段，而在第一个近似值中不存在这一过程，我们称这一特征为异常清算，也就是说，通过向下修正价值和减少运营，将它们降低到均衡值之下，通常是非常不稳定的。当经济衰退时，一种机制正在促使经济系统走向均衡，但现在又出现了新的非均衡：经济系统再次脱离均衡的邻域，就像繁荣时期一样，但受到另一种推动的影响。对于这个阶段，我们将保留"萧条"一词。但是，当萧条发展到一定程度时，经济系统开始感觉自己回到了一个新的均衡邻域，这是第四阶段，我们称之为复苏或复兴。然后，扩张到均衡数额后，就会产生临时盈余收益以抵消谷底数额下的运营损失。但是，即使不存在不完善之处，这个新的邻域①也不会与在没有异常清算的情况下所达到的邻域相同。首先，异常清算摧毁了许多本来可以存活，且在正常情况下本来应该生存下来的企业（尤其是，它经常会清算和淘汰那些没有获得足够财务支持的企业，无论它们的业务多么健全，并且它留下了确实需要这种支持的未清算企业，尽管它们可能永远无法支付自己的费用），因此产生的模式或多或少不同于正常流程会演变的模式。其次，萧条和经济系统从萧条的偏移中恢复需要时间。恢复可能需要几年的时间，在这段时间里，数据发生了变化，当萧条开始时，原本是一个均衡的邻域，但当一切结束时，已经不再是一切都结束时的均衡点。我们将把繁荣和复苏称为一个周期的积极阶段，同时将衰退和萧条称为周期中的消极阶段。

又一次留给读者去描绘萧条和复苏的图景。这里，我们只提出以下评论：

1 萧条的"异常"

我们已经看到，虽然经济衰退（如果出现萧条）和复苏是经济发展周期过程的必要组成部分，但萧条本身不是。我们能够让人理解或相信，从经济衰退中必然出现的商业状况来看，萧条可能很容易发展，但从其所有基本方面来看，没有萧条，周期性过程在逻辑上同样是完整的。它是否发生是一个事实问题，取决于各种意外情况，如商业界和公众的心态和脾气、急功近利的道德观是否普遍、繁荣时期处理信贷的方式是否科学、公众对各种提议的优劣形成看法的能力、公众对繁荣稳定期和货币管理产生效果的相信程度等。此外，对于萧条的发生和严重程度，也无法形成理论上的预期。在特定的情况下，我们都可以尝试评估现有失调的程度、欺诈计划是否存在、"不健全的信贷"等；但是超出这些指标之外的分析则是不可能的。在非常困难的情况下，例如，严重的外部事件加剧了这种情况，企业界可能会保持紧张，在更小的挑衅下可能它会变得害怕。尤其

---

① 位移力和恢复力是平衡的，这并不能正确描述该社区或任何社区的情况。从理想的角度来看，这两种力量都不存在：目前还没有出现任何流离失所的力量，恢复力量已经完成了他们的任务并耗尽了自己的精力。

是惊吓或恐慌，几乎可以发生在一个周期的任何地方，当然，它在某些时刻发生的可能性比其他时刻要大得多。这种恐慌可能意义不大，但却使价值甚至某些实物量剧烈下降。这给时间序列的分析带来了一个教训：我们绝不能轻易相信我们的图表。波峰和波谷都很容易误导人，可以毫不夸张地说，就有关基本过程的信息而言，它们正是列表中最不可靠的项目。[①]

2 恢复点问题

接下来，所谓的恢复点问题（the Problem of the Recovery Point）现在在其适当的环境中出现了。人们争论不休的问题是，当经济系统进入一个消极阶段，它是否会自行停止，以及它是否会自行开始一个积极的阶段，这些问题只在四阶段周期的情况下出现。因为我们知道为什么在两阶段周期中构成衰退的清算或吸收过程，除了轻微的振荡外，在完成其工作后就会消失。我们还知道，只要资本主义机制和资本主义动机完好无损，企业家活动就会在没有任何外部刺激的情况下恢复。到目前为止，我们的分析同意那些相信"恢复力"存在的作者的观点，同时给这个本来不是很有用的短语赋予了更确切的含义。但在四阶段周期的情况下就不再是这样了。萧条并不只是有一定量的工作要做。相反，它还有一种自我补充以及启动机制的方式，孤立地看，这种机制实际上可以像"永动机"般在自己的蒸汽下无限期地运行。我们已经在上面指出了"恶性螺旋"的内涵。为了展示它，已经构建了各种模型。[②]

---

① 然而，还有一个限制条件，只有当我们坚持目前被抛弃的假设，即演化的周期性过程由单一类型的波的一系列单元组成时，刚才所说的才是正确的。一旦我们放弃它，一个对诊断甚至预后更有希望的结果就会出现。然而，事实仍然是，只有历史调查才能表明某一特定时期中是否确实发生过萧条。

② 拉格纳·弗里希（Ragnar Frisch）在他 1934 年 7 月发表的关于流通计划的论文《计量经济学》中分析了他所说的"内挤"现象（Incapsulation），假设价格保持不变，人们定期交换产品，这样每个人的购买金额占他在上一轮的销售金额的比例不变。在这些假设下，不难得出系统会在没有任何可分配限制的情况下自行"膨胀"的结果。这个模型似乎设计得很好，可以描述某些情况。同时这也是一个来说明上面论点的很好的例子，因为它比其他例子更明显地消除了系统中所有参与适应性变化的部门，而基于这些部门的存在，可以做出相反的推论。

但是，从这种机制的属性来证明这个过程会继续加强，并不等于证明它的真实对应物确实会这样做，因为这种机制的要素已经脱离了它们在经济有机体中的环境；否则，我们同样可以说，一旦咳嗽刺激了我们的喉咙，从而诱发了进一步的咳嗽，我们必须永远咳嗽下去。问题是要分析一系列复杂的短期情况，在这些情况下，这种螺旋理论所描述的事实只是许多组成部分中的一个。

我们首先要区分工业和商业活动的过程与证券交易所和其他投机市场的活动过程，后者很可能符合螺旋模式。传统理论依赖于从低迷中复苏的三个因素。首先，卖空的人会覆盖市场，这样会提供类似下降过程中降落伞功能的制止进一步下降的装置。如果没有进一步恶化的客观原因，他们会不时地促使市场反弹。如果有进一步恶化的客观原因，因为窘迫的抛售仍在继续，前景黯淡，那么每次空头攻击之后都会出现更强劲的空头攻击。此外，老的学说似乎总体上夸大了投机的调节和平滑作用。其次，"内部人士"会悄悄地买入。事实上，这在某种程度上几乎总是可以做到的，但一般来说，在数量上并不足以扭转局面。再次，普通投资者的态度将发生变化，因为不断下降的报价似乎提供了越来越多的投资诱因。在作者看来，这是很不现实的。在这种情况下，普通投资者只会认为厄运就在眼前，收益越高，他买得越少。这种说法完全忽视了投资者的需求曲线发生的变化，并假设其位置不受周期性阶段的影响。是不断变化的商业前景，也就是说，是这些市场外部的事实，使它们摆脱了萧条。然而，如果读者不同意，下面的论证将更有说服力。

至于工业和贸易，第一步则是要证明，如果萧条过程停止，复苏必然会开始（实际上，只要经济明显放缓就足够了），这很容易。如果有一个萧条阶段，那么，正如我们看到的，低谷不会是两阶段周期中的均衡状态。[①] 经过思考，人们会意识到，这个命题本身足以证明这一点，而不需要借助于乐观的预期，不过，乐观的预期很快就会出现，以帮助人们尽快恢复。如果说企业不会采

---

① 这应该足够明显，但要重申，峰值永远不是均衡状态。这一点很重要，因为许多错误的分析都以相反的观点为中心。这其中的原因其实包含着"繁荣高原"理论。

取那些能够产生复苏并最终达到均衡的方式行事，就等于说它们会故意放弃收益和承担损失，而这些收益和损失原本能够通过他们个人能力来制造或避免，并且会废弃那些可以带来盈利的工厂和设备。可能有人会反对说，狭窄的低水平均衡可能会出现，在这个均衡中人们不会自己移动。在个别情况下，尤其是在竞争不完全的情况下，情况可能会如此。但是，在整个经济系统的所有行业中，以及在所有的讨论中，这种情况（这对于证明这种推断是必要的）的可能性几乎为零。因此，我们的问题将归结为这样一个问题：从理论上讲，萧条过程是否会在普遍受损之前自行停止？

然而，对于这个问题，并没有一般性的答案。确实可以证明，来自螺旋的压力会在经济系统中产生倾向于阻止它的因素。一方面，我们可以称之为效应的扩散或稀释。这种螺旋式的过程是由一些不利的个别事件引起的，[①] 例如破产、个别市场的中断、停工。这些都会引发类似的事件，但很容易看出，随着影响的扩散，每一个事件本身都会失去动力。一家企业的倒闭可能会导致其他企业的倒闭，但它的部分责任将由那些能够承受损失的企业承担，因此它们起到了缓冲的作用。失业率的每一次增加都会导致越来越多的失业，但单独来看，失业率的增速会递减。产出的个别收缩会导致全面收缩，但每一次收缩的影响都会在达到一定程度后减弱和停止。毫无疑问，一旦系统开始了一个累积的下降过程，我们就会看到商业状况迅速恶化。但是，这种恶化不仅仅是因为螺旋式的自我强化，而主要是由于另一个事实，即它是由外部提供的，也就是说，由独立于它发生的崩溃和收缩提供的。由此可以看出，观察到的总效应的增加与每个单独的效应趋于逐渐消失的假设完全相容，并且可以根据这些例子来证明螺旋本身会逐渐消失。

另一方面，还有我们可以称之为萧条的情况。例如，一家企业倒闭导致

---

① 为了理解螺旋的作用机制，有必要从影响企业、行业和部门的事件开始，而不是从宏观的行为开始。手头的问题为宏观动态方法如何误导提供了一个很好的例子。价格水平、存款和支出总额、净损失等成为需要处理的变量，萧条时期的整个经济体系出现了亏损的特征，而这一过程的本质体现出这些宏观经济中的各个要素受到不同的影响。

失业，进而导致一家杂货店倒闭，因为该杂货店的顾客就是失业工人。然而，这个杂货商的市场并没有完全消失，如果他消失了，其他杂货商将有一定的扩张空间。总的来说，螺旋过程是一种偏离均衡的运动，正如我们从价格的日益分散和数量之间的均衡关系的日益偏离中看到的那样。这不仅意味着实际和潜在的损失，也意味着实际和潜在的收益。因此，无论总的净损失有多大，它不仅会引起收缩，还会引起扩张，尽管这些可能暂时不会在统计上显示出来。人们经常认为，随之而来的廉价成本要素、廉价劳动力、廉价资金和原材料最终打破了这种螺旋过程。这种说法似乎并不恰当，因为它忽略了需求曲线的向下移动的事实，即使不花钱就能买到钢铁和铜，也可能无法生产。但可以说的是，由于需求和成本曲线的变化并不一致，因此出现了一些交易的机会，而这些交易在其他情况下是不可能出现的，这将有助于抵消螺旋式下降带来的破坏。毫无疑问，悲观的预期会阻止实现许多纸面上有利可图的交易。但是，如果认为这是普遍现象则有失偏颇。如上所述，无论商人的心态如何，他都会接受当前提供的业务，这实际上是工业市场和投机市场运作的主要区别之一。

但是，尽管这样可以证明，一种恢复性的趋势将会发展成为对抗螺旋过程的力量，但没有证据表明它有战胜螺旋式变化的作用。只要保持我们的论点的一般性，就必须认识到这个经济系统的局限性，而螺旋过程的作用如此猛烈，这种趋势在任何给定的时刻都存在失败的可能性，从理论上讲，这个经济系统可能永远无法征服自我恢复的生存空间。事实上，如果想要实现完全恢复，或者希望恢复之前不存在完全混乱和不确定的时间段，那么必须有来自商业有机体外部的帮助，例如来自政府的行动或一些有利的偶然事件的发生，这几乎成为流行观点中的真理性共识。

这个结果需要补充几点。

第一，上述分析并没有使螺旋的作用阶段与萧条阶段完全一致。我们可能会将它们等同于被称为深度萧条的时期。但我们意义上的萧条阶段，通常比任何可能在其过程中发生的螺旋过程持续时间更长，而且特别容易在其开始时出现。一般来说，复苏是从一个低谷开始的，在这个低谷中，形势不再由一个累积的下降过程所主导。然而，螺旋的问题与恢复点的问题相关，当萧条过程停止时，复苏将接踵而至，而且螺旋的存在提供了唯一的理由来怀疑它是否会自行停止。

第二，应该注意到，分析结果的不确定性是由于我们希望正视的一般理论导致的。当然，本文可以依靠被常识和历史事实充分验证的限制性假设，进而提供有力的证明，即在没有特别不利的外部因素的情况下，经济系统在几乎任何实际可行的情况下都会"自行"恢复。其中一个假设经常被表述为：总收入波动小于总产出、工资加薪水低于总收入、消费品支出低于工资加薪水。这基本上是正确的，部分原因可以通过我们的效应稀释理论进行解释。但在一定程度上，它还取决于对萧条不敏感的收入和几乎不受其影响的社会阶层，即依赖于不属于资本主义引擎逻辑的事实。然而，在每一个历史事件中，必须在所有的困难面前重新回答一个特定的恢复是否是"自然"的问题，这些困难在任何情况下都会困扰这样的调查，即使讨论的各方没有先验的解决方案，一方总是能得出一个肯定的答案，而另一方总是得出一个否定的答案。

第三，人们反复强调，萧条与衰退不同，它是一种病理过程，不能归因于任何有机体的功能。这个命题确实不完全正确。在我们的说明中，每个阶段都有其最典型的特征，而这从来都不适用于现实生活。一方面，根据均衡理论提供的标准，许多可以生存的东西可能会在一场正常的衰退中消亡。另一方面，许多按照同样标准无法生存的东西（以及许多不适应和刚性）将不会因经济衰退而消除。因此，大量的重组和适应性工作也在萧条中进行。但我们的主张基本上是成立的。由此可见，即使证明萧条找到的"自然"结局比实际情况更令人满意，但它本身并不构成顺其自然或相信"自然的恢复力量"的依据。不管我们如何看待这一证据，政府在大萧条时期采取行动的理由，尤其是某些类型的政府行动，与人道主义考虑无关，甚至比在衰退时期采取的行动要强烈得多。

3 周期单元及其阶段

由此可见，将周期性演化过程的单元划分为两个或四个阶段，并不是一个方便描述的问题。[1] 每个阶段都是一个独特的复合现象，不仅可以通过一系列特征来区分，还可以用支配它并产生这些特征的不同"力量"来解释。正如我们所知，这些"力量"存在于具体可见的现象中，比如创新（企业家的支出）、经济系统对新工厂产品的影响的反应（以及自动通货紧缩）、异常清算的动力（以及由此产生的压抑预期）遇到越来越多的阻力，经济系统对均衡负偏差的反应（回到现在的正常量和值）。第二和第四阶段，即衰退和复苏，在它们消除或吸收偏差的性质以及复苏的迹象上有所不同。但它们在工作机制的性质上是相似的，在这两种情况下，工作机制都是由经济系统各要素之间的均衡关系构成的。第一和第三阶段，繁荣和萧条，在推动经济系统的动力和发展的偏差的性质上有所不同。它们的相似之处在于，在每一种情况下，系统都会远离均衡，进入不均衡状态。在一个两阶段的周期性运动中，一条穿过法线的线将形成（不稳定的运动除外）图表上所有项目的边界，我们的材料中没有任何点位于其上方或下方（根据绘制的序列，价格序列将在边界线上方运行，失业序列将在边界线下方运行）。另一方面，在一个四个阶段的周期性运动中，通过法线的直线或曲线必须穿过时间序列图。

由于每个周期都是一段特定的历史，而不仅仅是观察者创造的一个任意单元，我们不能随意从任何阶段开始计算周期。只有当我们先从繁荣前的均衡邻域开始，再从复苏后的均衡领域结束时，这种现象才变得可以理解。因此，从谷底到谷底或从峰值到峰值的计数不仅有可能遭到前面提到的反对，即谷底和

---

[1] 这并不是我们的论述的特点。几乎对于所有的研究者来说，最常被区分的两个、三个、四个或五个阶段意味着不同的过程和不同的特征集，而这种区分体现了分析的大部分结果。因此，在这件事上武断是不对的。所有深入研究统计资料的研究者的意见都显示出令人满意的一致倾向。尽管在细节上存在差异，但柏林研究所的斯皮托夫和哈佛委员会的方案尤其显示出明显的家族相似性。它们都有四个阶段，因为斯皮托夫的第五个阶段是"危机"，正如我们所看到的，它没有被视为一个阶段的标题。

峰值都可能被证明为非常不可靠的标志，而且在理论上也是不正确的。这种方法可能很方便，但它很可能在几个方面引起错误的分析，其中一个对我们特别重要。

复苏是一个周期的最后阶段，而不是第一阶段。如果从波谷开始计算，我们会将这个阶段从它所属的周期中截断，并将其添加到不属于它的周期中。这样计算使我们失去了复苏和繁荣之间的根本区别。尽管大多数作者至少都认识到二者程度上的差异，有些人也承认二者程度上的差异，但他们没有认识到推动因素的差异。他们看到指数从谷底上升，最终上升到繁荣水平（大多只是从数量上对其进行定义），并且很自然地得出结论，相同的因素解释了整个上涨过程。因此，他们在复苏的过程中寻找整个上涨的"原因"，并发现无非是逐渐消除异常，然后充分利用现有的低库存、闲置的工厂、失业的劳动力、闲置的信贷设施，尤其是，他们找不到任何看起来像创新的东西。因此，他们得出的结论是，创新与推动繁荣无关，即使他们瞥见了这种可能性，但他们中的大多数人并没有考虑创新的作用。这样的分析很容易忽略关键点，并陷入永动机般的解释，尤其是货币解释。①

4 完成第二次近似的其他事实

除了次级波的现象，我们还将介绍一些其他事实，以完成我们对第二次近似的解释。

第一，必须放弃为方便论述而做出的假设，即我们的波是同类波中的第

---

① 我们这里有一个例子，既说明了使用均衡概念的必要性，也说明了拒绝使用均衡概念的后果。一些有疑问的作者确实提供了一个关于恢复点的理论以及接下来的理论。他们没有看到一个独特的繁荣理论的需要。但在这里，我们应该注意到作者经常被问到的一个问题。如果我们承认，在萧条因素"结晶"（Crystallizing）和蓄势的影响下，系统在其下行路径上超越了均衡状态，那为什么复苏阶段的上升趋势也不太可能涌现并蓄势，从而使邻域在上升的道路上同样被超越？我们认为这种可能性较小，因为不存在类似于次级波破裂的现象。复苏中不存在乐观过度的相应冲动。但是，即使情况并非如此，投机活动仅仅是在有利的变化率的力量下发展起来的，以便将系统提升到均衡之上，在缺乏创新刺激（当然，也没有外部因素）的情况下，重新回到均衡之上（可能在某种程度上低于均衡，需要进行反应）会很快发生。换句话说，回归均衡确实可能伴随着围绕均衡的波动，但它们很快就会消退。

一个，而且它不仅从一个均衡的邻域开始——通过所有我们必须坚持的限制性条件，而且它完全不受先前演化结果的影响。也就是说，我们必须考虑到这样一个事实，即每一个邻域都包含着以前繁荣和萧条中的未消化的元素、尚未完全实现的创新、错误的或不完全的适应性结果等。这并没有使我们的模型失效。相反，这些事实只是它所描述的过程的一个结果。但它们大大增加了分析的难度，并使我们必须处理的经济周期的模式变得复杂。

有一点需要特别注意。生产者熟悉周期性阶段中需求的周期性变化，从利润最大化的角度以及从更广泛的角度来看，生产者学会提供繁荣的峰值对应的需求，这一过程可能而且通常是相当合理的。相较于其他行业，更容易受这种波动影响的工业特别可能做到这一点，例如，生产工业设备或工业材料的行业，我们称之为周期性行业。这些周期性行业将建立只有在繁荣时期才会充分利用[1]的生产能力。应该注意到，这种趋势实际上总是以不完全竞争为前提的，即使是替代需求也是强周期性的，有时甚至是非常不合理的事实，也会加强这种趋势。例如，铁路公司应该知道，萧条不会永远持续下去，但他们往往在复苏后期甚至繁荣时期订购新的铁路或新的机车车辆。随之而来的是一些十分明显的严重后果。在繁荣时期，产出将比我们从纯理论模型中预期的要容易得多，成本和价格的上涨幅度也将低于其他情况。此外，一种特殊的失业，类似于季节性失业，可能会随之而来；因为在许多情况下，当繁荣时的需求停止时被解雇的人，既不能也不愿意在他们知道只是暂时的中断期间获得其他工作，因为他们已经习惯了这种中断，只会"徘徊"在失业与"可能"的就业之间，这一点在任何一位经济学家的短期失业理论中都很重要。

第二，我们必须考虑增长。尤其是不能再忽视储蓄了，因为它为经济进程提供了足够充足的资源和强大的动机，使其在数量上具有重要意义。事实上，

---

① 这种情况必须与"超前需求"的预期能力区分开来。但是，既然这样做是基于一种期望，而这种期望反过来又取决于对演变结果的熟悉（比增长的结果更为熟悉），那么这里也应提到这种情况。这也是为什么如此多的行业，即使在繁荣时期，也处于"最佳点左侧"。

一旦周期过程开始，就有可能构建一个模型，该模型的金融周期图将完全由储蓄组成，并且储蓄在其中的功能将有所不同。我们不会这样做，因为即使是少量的信用创造也足以产生我们所描述的现象。但必须将其纳入我们设想的实际工作中。在讨论货币时间序列的行为之前，我们可以方便地推迟讨论这一问题。目前，请牢记这一因素，并形成自己的观点，即通过储蓄而不是通过创造信用为创新提供资金，特别是价格水平，将如何影响我们的周期波的形状。

第三，我们必须记住，信用创造从其"逻辑"源头（创新融资）扩散到整个经济系统。它侵入的方式是，为任何不能由现有资金资助的扩张创造信贷，以及企业家在周期内不偿还他们所借的东西，而且往往从不偿还所有的钱或定期重新借入他们的周转资金的一部分。因此，从表面上看，信用创造往往会失去其与创新的关系，并成为一般商业融资的工具，其数量将显示出纯理论模型无法解释的变化。例如，当普通业务恢复其比例时，收入可能会增加。它在衰退中的下降幅度也会低于第一次近似值，或者根本不会下降，因为用于改造旧企业以及将其中一些企业扩展到最近的创新所创造的新经济空间的支出将由银行信贷提供资金（第九章）。

第四，创新在为尚未进行生产方式改革的行业提供新的投资机会方面的作用没有得到足够的重视。它并不局限于创新产业的附属产业。它也不仅仅局限于开启各种可能性，美国横贯大陆的铁路建设就是最好的例证。新的经济空间也是由额外的生产可能需要其他生产来支付这一事实而创造的：例如在封闭的领域中只有两个行业，它们都在均衡数量上生产，如果其中一个行业引入了一种创新，例如，能够以相同数量的资源生产更多数量的设备，另一个行业可能会相应地扩大生产。这就是经济衰退和复苏中广泛发生的情况，如果足够"恐慌"的话，萧条也会再次发生，尽管不一定会经常打断这一过程。[1]

从这些例子中，有必要区分另一个可能产生类似结果的例子。一些行业

---

① 罗伯逊的工资弹性（Effort-elasticity）概念可能有助于阐明上述论点的一个方面，然而，在阅读时应适当考虑货币机制的功能。无论如何，我们仍然有理由怀疑所描绘的衰退景象的有效性，这种图景似乎过分强调了个别企业和家庭的忧虑和麻烦，以及投机者悲观情绪的重要性，反而忽略了这样一个事实，即整个系统在满足需求的实际手段和可能性方面变得比以前更丰富。

对利率非常敏感，以至于主要参照利率来决定其发展方向。例如，在战前的德国，公寓楼（非常重要，而不是工厂建筑）仅作为抵押贷款利率的函数就可以用令人满意的近似值来表示。美国的住宅建筑比哈佛大学的晴雨表曲线早几个月，这使它在短期内与货币曲线大致成反比。这比看起来更有意义，因为除了利息的影响，预期应该会有一个滞后的影响。然而，过于相信这种关系是不安全的。

第五，回顾第二章第六节和第三章第三节中所论述的内容。为了完整起见，我们再重申一次，企业家的推动不仅影响到一个不完全竞争的世界，即使是在另一个完全竞争的世界里，企业家和他们的子公司也几乎总是发现自己处于不完全竞争的短期情况中。事实上，创新是造成这些缺陷的最强大的因素。因此，现在我们完全放弃对完全竞争的假设，以及在本章开始时提出的假设，即一开始就存在完全均衡。相反，我们可以假设，竞争和均衡从一开始就是不完全的，而与经济进程的影响无关，甚至在第二章定义的意义上，经济系统是不活跃的。我们知道这将带来什么后果：命题和证明将不那么严格，不确定性区域将出现，事件序列反应将不那么迅速，缓冲器将被放置于我们机制的各个部分之间，使其齿轮的啮合速度更慢。个人策略、行动和对行动的反应将有更大的空间，这些行动和对策可能会阻碍——尽管它们也可能促进经济系统走向均衡的斗争。这肯定会产生许多奇怪的现象，生产悖论的经济引擎将被运用达到最大甚至超过产能。但这就是全部。需要记住的一个重要问题是，即使在均衡状态下，行业也可能在平均成本降低的区间内转换。[①]事实上，理论上的预期是，在每个阶段都想保持繁荣，而不是相反的选择，这同样也适用于繁荣开始的阶段。

由于许多经济学家把失业资源（特别是劳动力）的存在作为周期问题的

---

① 应该清楚地理解这意味着什么和它不意味着什么。我们现在不会撤回对平均成本曲线 U 形的怀疑，因为这些怀疑指的是独立于周期性情况的长期状态。虽然我们的意思是"在最佳产出点的左侧"，这使得在短时间内扩大产出变得更容易，但我们并不是要支持这样的一个错误，因为管理费用可以分散到更多的单位产品上，在这种情况下产量将增加，反之增加则是不合理的。当然，对于已经存在的支出来说，情况并非如此。

数据，把他们的理论建立在失业资源的基础上，并反对其他理论，理由是其他理论忽视了它，而且正是因为忽视了它而失败，我们再次说明我们对此事的立场。竞争和均衡的不完全，以及外部干扰，可以解释独立于周期性演化过程的失业资源的存在。没有将这一事实引入纯理论模型中，是为了消除后者的非本质和次要因素的影响；但现在，可以将其毫无困难地引入我们的模型中，并在特定情况下考虑它们存在的影响。此外，由于经济进程本身产生了竞争的不完全和不均衡，这导致就业不足可能比产生它的周期性单元的持续时间更长，我们认识到，每个周期都是前一个周期的继续，也包括这个来源可能对任何特定单元的总失业率的影响。这在纯理论模型中可能是循环推理，但现在无可置疑。然而，必须记住的是，只要总就业不足的任何部分是由于竞争的不完全造成的，充分就业就不再是均衡状态的属性，而是表明——尽管这听起来很矛盾——某种类型的不均衡。这一点很重要，因为它为那些在周期性峰值中寻求均衡的经济学家的论点提供了答案。无论如何，应该非常清楚的是，在繁荣开始时（不仅在开始时）存在失业，这对于那些希望强调这一点的人来说（这可能是大多数经济学家所想的）很重要，但失业的存在不必成为接受我们分析的障碍。然而，只有当失业资源（除了刚性）与完全竞争情况下的完全均衡相容时，才会出现在重要情况下等同于诊断差异的意见分歧。

多个同期周期：第三次近似

到目前为止，我们已经暗示了，如果不考虑外部干扰的影响，在我们的分析中存在着一个单一的周期序列，每一个周期都与此前及之后的周期具有相同的类型。每个周期都是残缺的或持续时间延长了的，其历史背景（战争、丰收等）加剧或减弱了周期的幅度，并且在内部也是不规则的；然而，每个周期都和其他周期一样。但在我们的理论模式中，没有任何东西可以证明，也没有理由认为演化的周期性过程只会产生一个波状的运动。相反，有许多理由可以预期，它将启动无限数量的波状函数，这些函数将同时进行，并在演化过程中相互干扰。我们从每个经济时间序列图中得到的经验也不支持单周期假设。相反，读者只需查看本书中的任何一份图表，就能够得到印证，即假设存在许多不同跨度和强度的波动是更真实的，同时这些波动似乎是相互叠加的。在接受这一理论推论和承认这一事实时，我们与经济周期研究的一般趋势相一致。

壮观的繁荣和惊人的崩溃首先吸引了经济学家和商人的注意。因此，这个问题一开始就表现为"危机"问题。这些灾难主要被视为个别的灾难，它们会中断一个均匀的流动或扩张的持续过程，而这并不是由其自身机制产生的。它们是经济机制运作过程中的不正常现象。即使作者在他们身上看到的不仅仅是过度、不当行为或不幸的孤立影响，并且认识到他们的反复出现和具有同族的相似性，同时试图用更一般化的术语来描述它们中可以适用的部分或全部，并将它们与战争、瘟疫、饥荒等其他类型的崩溃区分开来，这种"危机"本身构成了需要解释的现象。研究者在解释上存在很大差异。即使在今天，我们习惯于将其列为"周期理论"的大多数论点都是在当时发展起来的，即在 18 世纪最后 25 年里以及 19 世纪上半叶——尤其是所有的货币理论和关于生产过剩、消费不足等的各种理论。其中一些对即将发展的分析做出了宝贵贡献，另一些则与今天提供的许多解释一样毫无价值，尽管并不比这些解释更糟糕。但这些作者没有一位认为在判断危机实际发生的时间上有任何困难。他们起草的清单确实有所不同，但考虑到老一辈研究者必须使用的材料存在的缺陷，这种差异并不意味着意见分歧，特别是对什么是危机这一问题存在相当大的意见分歧。对每个案例事实的讨论可能会形成一个大多数研究者都同意的清单。[①] 这一主题观点之外的巨大进步是许多研究者努力的结果，

---

① 需要强调的重要事实似乎是所有或大多数调查人员共有的范围，而不是场地的狭小程度。为了支持这一点，可以引用一本通俗的书，这本书只是当时描述性文献的一个摘录，除了以合理的方式收集了关于 19 世纪危机的最容易获得的事实外，没有任何优点：H.M. 海德曼，《19 世纪的商业危机》，1892 年第 1 期。它列出了 1815、1825、1836—1839、1847、1857、1866、1873、1882、1890 年"欧洲"（但实际上是美国、西欧和中欧）的数据清单。在 1892 年，很少有人会对这一点有太多的指责。

但主要与朱格拉的贡献有关，他是第一个对理论、统计和历史在我们的领域应该如何合作有清晰认知的人。他的伟大之处在于，把这场危机纳入背景之中，并在危机之下发现了另一个更为根本的现象，即繁荣与清算交替的机制，正如他在另一个地方指出的那样，后者被解释为经济体系对前者事件的反应。自此，尽管这一新观点花了几十年时间才流行起来，但这股浪潮将危机从剧中的主角角色中赶了出来。但当时研究者的精力都放在了对浪潮的探索和解释上。因为朱格拉和他的追随者们想当然地认为，他们所揭示的是一个单一的波浪式运动，他们没有意识到这样一个事实，即他们确实引入了一个新的、大胆的、非常不切实际的假设，并通过这些假设进行推理论证。

但这个假设在一开始相当有效。朱格拉从他的银行数据、利率和价格中得出的结论，并得到了结婚率和其他证据的支持，与他之前认识到的大危机的日期完全吻合。事实上，随着观察的准确性越来越高，困难也随之而来，而且该领域的工作者，由于失去了危机的壮观表征的指导，面对着更温和的波浪，开始在持续时间和阶段上摇摆不定。但他们仍然坚持单一波浪的假设，尽管人们会认为，承认存在多个波浪将是对现在涌现在它们身上的部分不规则现象的自然补救。这种心态非常有趣，他们不愿意放弃一种熟悉的分析工具，也不愿意否认开始被考虑的其他波浪运动的真实性或存在性，并且可以与其他科学的许多实例相提并论。即使在现在这种情况也不会消失。或许，更正确的说法是，大多数研究者尚未成功离开这些停泊点。然而，对其他人来说，这个问题再次改变了局面。这不再是波浪的问题了。这是一个识别和（如果可能的话）隔离许多波并研究它们相互干扰的问题。本文作者在近 30 年前开始研究经济周期时，也顺理成章地接受了单周期假说，认为发展是一个非常重要的进步，但它只是其中的一个进步，与一开始创造的困难和解决的困难一样多。如果未来经济学家会像天文学家一样，认为拥有自己的私人周期是一件值得尊重的事情，他也不会感到惊讶。

我们只会注意到那些在这一进展中与我们的工作直接相关的贡献。它们指的是比朱格拉描述的长得多的波状运动和短得多的另一个波状运动。总结他早期的工作，斯皮托夫在其关于周期的专著中指出，有些时期的繁荣与其他时期的萧条相比更显著，然而，他认为这些时代是更大的周期，但没有将它们组合成包含升阶和降阶的周期，也不超出之前的陈述，大意是它们可能是由于其他原因，而不是他准备称之为周期的原因。按照他的标准，他发现1822年至1842年这段时间对英国的铁消费量来说是一段（流行）萧条期，而对德国来说，1843年至1873年和1895年至1913年则处于（流行）繁荣期，而1874年至1894年是萧条期。然而，正是康德拉季耶夫将这一现象完全带到了科学界面前，并在假设存在一个具有资本主义过程特征的长波的前提下，系统地分析了他所掌握的所有材料。他将材料覆盖的第一个长波的年代定为18世纪80年代末或90年代初至1844—1851年；第二个长波从1844—1851年到1890—1896年；第三个长波则从1890—1896年开始。[①] 其他研究者也提出了存在平均周期比通常归因于朱格拉周期更长的运动的证据。我们将提到库兹涅茨（Kuznets）的生产和价格的长期变动和沃德韦尔（Wardwell）的主要周期的经济数据调查，他们发现平均周期分别约为25年和15年。

　　1923年，克拉姆发表了对1866年至1922年纽约商业票据月利率的周期图分析结果，清楚地表明在所分析的序列中存在大约40个月的周期。这是迄今为止对经济数据进行周期图分析最成功的应用；这一贡献的重要性在于，它至少为一个序列确立了一个周期的存在，虽然没有进一步的评论，但这个周期几乎可以在所有时间序列中观察到，而且是所有时间序列中最明显、最有规律的周期。同时，约瑟夫·基钦（Joseph Kitchin）用一种不那么严格但更为灵活的方法表明，在1890年至1922年期间，英国和美国的银行清算和批发价格以及利率也出现了这种周期，此外，它还与朱格拉旋回和较长的摆

---

　　① 米切尔教授承认这种长期运动的"存在"（关于这一点的含义，下面将做一些评论），但称它们只是"纯粹的经验"。如果本文作者理解正确的话，这个限定应该通过我们文本中的以下内容消除，因为有理由相信，这些运动（至少可以说）与工业中的明确历史过程相关联，这些过程具有相同的性质，产生的表征与那些导致并产生普遍公认的周期性表征的过程相同。

动形成对比，后者可以大致与斯皮托夫的跨度一致，并与黄金生产相联系。"40个月的周期"，虽然起初并没有受到太大的欢迎，但自从获得普遍认可以来，我们将看到，这是无法质疑的。根据对1878—1923年五个美国经济系统序列（包含两个清算序列和一个存款序列）的分析，似乎可以对米切尔教授的权威提供合理的支持，该序列给出了42.05个月的平均持续时间（总周期），标准偏差为12.37个月，而中位数是40个月。标准偏差的最大值不应该让我们感到惊讶。在像我们这样的材料中，没有什么能比这更有规律的了。没有一个周期图方法的变体会让每个人无条件地满意。

当然，断言或否认几个周期性运动共存可能意味着许多不同的事情，在每种情况下，对它们的明确区分将有助于讨论。提交关于他认为是一个独特的周期性运动的发现的作者，可能只是声称已经建立了一个统计事实。然而，他当然可以明确地或暗示地或多或少地声称这件事。一方面，他可能仅仅认为假设存在几个周期将被证明是一种有用的描述手段。另一方面，他可能认为他的周期对应于不同的经济过程，并与不同的原因联系在一起。在这两者之间和周围可能存在着各种各样的立场，以至于直接断言或直接否认任何人的周期几乎没有任何意义。回到我们的论点上来，则是为了尽可能清楚地表明我们自己的立场。

第一，如果创新是周期性波动的根源，那么就不能指望这些波动会形成单一的波浪式运动，因为一般来说，在任何时候进行的所有创新，其孕育期和经济系统吸收效果的时间都不会相同。有一些创新的持续时间相对较长，同时也会有一些创新，在前者形成的波浪的支持下，在较短的时间内完成其进程。这同时表明波动的多样性，以及我们预期的波动之间的相互干扰。当一个大跨度的波浪处于它的繁荣阶段时，较小的波浪将更容易兴起，通常，较小的波浪将对应于不太重要的创新，并且只要"潜在"繁荣持续，就会有一个缓冲，而在潜在波浪的萧条阶段，他们可能根本不可能明显上升，尽管他们仍然可以通过繁荣缓解萧条，也能通过萧条加剧萧条，从而坚持自己。

我们中的一些人认为，在长期的萧条期，季节性功能尤其强大，这可能就是因为每一类周期内支出的变化，将强调或补偿所有其他同时期周期内支出变化的影响，如果没有其他周期的变化这也就不会发生。这些周期将相互取代波峰和波谷，如果不适当地认识到任何给定周期的相位恰好落入的其他周期的相位中，也就难以理解在它们之间产生的轮廓线。似乎不承认预期的时间序列的行为，往往可以用这种方式来解释。

第二，一个显示多个周期的运动的统计和历史图景，可能是由于连续的周期单位并不像我们在构建模型时所假设的那样相互独立，这种解释是很方便但不必要的。当一些创新成功实施后，下一个波浪更有可能在同一领域或相邻领域开始，而不是在其他任何领域。重大的创新几乎不可能以其最终形式出现，也不会一次性覆盖最终属于它们自己的整个领域。世界的铁路化、电气化和机动化就是一个例子。一条铁路或几条线路可能是在给定时间、在给定环境中能够成功修建的全部，而不仅仅是全部。在新一轮铁路建设浪潮出现之前，可能还需要进行反应和吸收。如果汽车仍然是30年前的样子，如果它不能为自身的进一步发展创造环境条件的话，其中包括道路的修建，那么它就不会获得现在的重要性，也不会成为如此强大的生活改革者。在这种情况下，创新是分步骤进行的，每一步都构成一个周期。但是这些周期与彼此之间的关系可能显示出一种家族式的相似性，这很容易理解，并且倾向于将它们焊接成一个更高的单元，作为一个历史个体脱颖而出。这种情况与以前的情况完全不同。在之前的案例中，我们有许多周期，每个周期都是一个独立的实体。而在这里，我们只有一种类型的周期序列，而更高阶的周期只是这些周期的产物或组合，而不存在自己的周期序列。

第三，一个序列的周期，无论是否相互独立，都可能是一些过程的结果，这些过程也具有不同于周期本身所显示的影响。铁路化可以再次作为例子。一条新生产线的支出和开通对总体业务、相互竞争的运输方式以及生产中心的相对位置有一些直接影响。它需要更多的时间来利用铁路新创造的生产机会，并消灭其他机会。如人口迁移、新城市发展、其他城市衰败，以及总体上适应铁路化所改变的环境的国家新面貌的形成，这还需要更长的时间。另一个例子是被称为工业革命的过程。它由一组相互叠加的不同跨度的周期组成。但是，这些周期的共同作用给社会经济和社会结构带来了根本性的变化，其本身也具有一些明显的周期性特征。它出现在价格、利率、就业、收入、信贷和产出发生很大变化的阶段，其表现与普遍认为是周期的波动差不多。如果拒绝考虑这一点，我们应该失去一个将我们的分析深入到经济史材料中的明显机会。再重申一次，这种周期，如果我们称之为周期的话，或者更确切地说，这种情况通常被称为长波，与第一种或第二种情况完全不同。它与后者的不同之处在于，它是一种真实现象，而不仅仅是一系列真实现象的统计效应，它们之间的共同点比序列外的类似现象更多。它与前者的不同之处在于，它不能与同一时代进行的其他类型的创新相联系，而只是该时代所有工业和商业过程的结果。

我们接受所有这些事实，我们的结论是，如本节第一段所述，在任何时候，我们的材料中都存在着理论上不确定数量的波动，"存在"这个词意味着有真正的因素在起作用，产生这些波动，而不仅仅是可以通过材料运用形式化方法分解而形成这些波，这一区别将在下一章变得更加清晰。它们的持续时间（周期）变化很大，因为，其中一些与在一两年内运行的过程的影响有关，另一些则与经济体系的自然进程的影响有关，但在有限的情况下可能会持续变化。事实上，我们并不期望如此，而是期望各期显示出围绕某些平均数的有限差异。其中一些周期将会非常接近，以至于无法区分，或者无法通过周期图分析等常规方法发现，因此可能会显示除真实周期之外的其他周期，例如中间周期。另一些则相距甚远，几乎可以满足周期图分析的要求。

这里面没有任何东西暗示着一个假说。与假说有关的是它意味着拒绝接受一个假说，即单周期假说。我们也不打算提出另一个假说来取代后者。但我们要做一个决定，就我们的目的而言，就像许多其他目的一样，如果把事情停留在上述结果上，并试图用不确定数量的周期或周期类别来分析问题是非常不方便的。也没有必要这样做。毫无疑问，当我们脱离单周期假设时，我们将在最初阶段收获大部分希望获得的收益，然后这些收益将迅速减少。因此，为了本书的大致目的，我们现在决定满足于三类周期理论，简单地称之为康德拉季耶夫周期、朱格拉周期和基钦周期，因为我们选择用来识别属于这三个类别中每一类的个体的平均跨度，大致与这三个研究者分别"发现"的周期跨度[①]一致。由于这种安排在接下来的论述中起到了相当大的作用，而且对它的误解都可能很容易损害本书对经济周期研究的贡献，因此如本书所希望的那样，最好在此对其进行介绍。

1 三周期模式不是另一个假说

通过上述说明，在采用三周期模式时，我们没有做出任何替代单周期假说的假说，而只给出了一个结论，我们已经放弃了对该模式的任何要求，除了将要说明的那些要求。仅仅选择三类周期没有什么特别的优点。五类可能会更好，不过，经过一些验证后，作者得出结论，为了图景的改进这么做并不值得，反而更加烦琐。尤其要强调的是，三个周期的模式并不遵循我们的模式（尽管周期确实存在多重性），并且对它的认可或反对都不会增加或削弱我们的基本理念的价值或其他方面，它与许多其他此类模式一样存在优缺点。如果我们用康德拉季耶夫周期、朱格拉周期和基钦周期来讨论时间序列的行为会很简单，因为作者发现这在自己的工作和整理事实中很有用。因此，到目前为止，三个周期的模式可能被视为一种方便的描述手段，而希望如此的读者不需要从其他角度来看待它。就这一点而言，我们不能简单将单周期

---

① 由于本书作者决定将"40个月的周期"（当然，这并不绝对，有时甚至不只是40个月）作为其模式的一个元素，这基于克拉姆的论文中主要用于结晶的考虑，因此他倾向于将短周期标记为克拉姆周期，而不是基钦周期。但是，克拉姆的学术良知很反对任何看似草率、概括的东西（正如我们所说的，尽管我们的安排并不真正意味着这一点），但作者并不认为这样做更正确，因为基钦先生实际上是想为一个普遍的波动提供证据，一个真正的、普遍的周期。

模式称为错误的模式：我们唯一可以指责的是它不方便描述所有周期。

2 决定使用三个周期的动机

但是，做出这一决定的一个动机是要有尽可能多的周期类别或顺序，以确保对周期的多重性的三个原因都有机会发挥作用，而不是更多。[①]另一个原因是要有长、中和短周期的代表。最后，人们认为合理的要求是，所选择的每个周期都应该具有明确的历史和统计意义。这一要求说明了这样一个事实，即我们的周期正是由上面指出的那些研究者"发现"的，无论他们的材料和方法有什么例外，也不管他们对发现细节有多大的意见分歧，某些广泛的事实，通常在没有任何意图发现任何周期的情况下被观察到，这些事实的脱颖而出也见证了这三个周期的历史和统计意义。

从历史上看，我们的材料所涵盖的第一个康德拉季耶夫周期开始于工业革命时期，包括吸收工业革命成果的漫长过程，主要是从 18 世纪 80 年代到 1842 年。第二个周期则延伸到所谓的蒸汽和钢铁时代，它处于 1842 年和 1897 年之间。第三个则是电力、化学和电机的康德拉季耶夫周期，我们从 1898 年开始计算周期。这些日期并不缺乏历史依据。然而，它们不仅是试探性的，而且在本质上也只是近似的。正如在后面将更清楚地看到的那样，它们中的大多数都有一个相当大的怀疑区域。每个朱格拉周期不仅有它的"大"危机（我们不太重视这一点），而且还可以与工业和贸易中确定的创新过程相关联，它的平均持续时间在 9 到 10 年之间。这种历史关联在基钦周期的案例中是最值得怀疑的，部分原因是作者未能完成研究他们每个人的繁重任务，而不得不满足于对几个间隔期的调查。结果不是决定性的，甚至有必要保留

---

① 事实证明，三个是满足该要求的最小数量；但这并不意味着我们将每个周期与其中一个原因联系起来。由于第二个和第三个原因是指需要较长时间才能表现出来的效果，所以康德拉季耶夫将与它们有特定的关系。否则，这仅仅是一个偶然的巧合，我们已经看到了周期多重性的三个原因，我们还选择将这种多重性限制在三个顺序或三个类别中。

一种可能性，即基钦周期仅仅是适应性类型的波动。[1] 统计证据是否在必要程度上支持历史事件，以使我们的模式是否成为有用的分析工具，将由读者自己判断。在不同的序列和国家中，所有的周期等级或顺序都有不同的表现：在一些序列中，如生铁消费和失业，朱格拉周期表现最好；在其他一些情况中（该序列中的大部分）都是基钦周期表现良好。总的来说，朱格拉周期在德国比在英国更突出，基钦周期则在美国比在英国更突出。[2] 所有这一切也表明了为这三个周期"真实存在"的秩序要求的意义。

3 康德拉季耶夫周期、朱格拉周期和基钦周期之间的关系

从推测不同顺序的周期同时存在的原因来看，对我们来说，一旦我们认识到存在不止一个周期性运动，产生的问题就仅是一个干扰问题，而不是（在关于基钦周期的条件下）不同因果关系的问题。正如我们的模型所描述的那样，它们都将根据经济演化的过程来解释。尽管不同类型的创新和不同类型的影响可能在每种创新中发挥不同的作用，但创新、创新的直接和间接影响，以及经济系统对创新的反应是所有创新的共同"原因"。在这个限定条件及

---

① 它们可能是弗里希在纪念卡塞尔序列中所讨论的那种周期。他获得了 8.5 年的"初级"周期、3.5 年的"次级"周期和（可能）2 年多一点的"第三"周期，并设想了后两个周期性质不同的可能性，第二个周期与投资有关，第三个周期在下一节将被称为振荡。这将使基钦周期成为一个与朱格拉周期具有相同性质的真实周期；但它也可能满足弗里希的第三周期的性质。

② 随着机会的出现，很少有人会谈论这些差异。这使得在这里强调这一点变得更加重要，它们可能在未来被证明是解决各种各样问题非常有用的线索。不同国家相同（或密切相关）序列行为的差异可能会告诉我们这些国家的经济结构、经济引擎的特点，以及它们之间的经济关系。不同周期在不同序列中表现出的等级差异，充满了关于周期机制细节和不同周期特征的潜在信息。需要补充的是，尽管给定的一类周期在任何单个序列中都不存在或标记非常弱，但有趣的是绝不能根据该类周期的"现实"进行记录。例如，格林斯坦（Greenstein）先生在他的周期图研究中发现了一个典型的周期，其持续时间为 9.4 年，在这类贡献的列表中排名很高（周期图分析特别适用于美国 1867—1932 年的商业失败），作者希望将其列为朱格拉周期的主要统计证明之一。还有一些小的峰值，但没有任何迹象表明它像基钦周期。然而，这正是我们应该预料到的。大萧条时期的波动与基钦周期的波动一样短暂而温和，不太可能导致任何数量异常的企业破产，或者更普遍地说导致失败，而由于更深层次的工业变革，大萧条时期的波动自然会更大。在这方面，这种情况与上述失业率或生铁消耗的情况类似：在基钦周期的过程中，这些情况的变化不会很大。

下一节将提出的另一个限定条件（不同类型波动的存在）下，我们在所有情况下观察到的是相同的现象和相同的机制。特别是，我们在所有情况下都有相同的理由来期待两个或四个阶段。仅仅是持续时间的差异，就足以改变不同等级的周期所呈现在图像中的许多细节，在许多情况下，必须为不同跨度的周期分别制定期望值。但是，原则上，我们的一般命题适用于以上所有周期。

对于分析给定的现实模式来说，演化过程产生多种同步波的概念是相当重要的，尽管它不涉及任何由外部因素引发而产生的现象，因为它使我们能够在一个单一的简单原则下看到经济过程。因此，似乎有必要将其作为一个解释的模式，并通过赋予它一些额外的属性来适应这种解释，这些属性是由我们对周期机制的了解和为了分析的便利性所总结的。在现实中，用三阶周期来表示无限的多重性是最基本的一步。现在我们继续假设每个康德拉季耶夫周期应该包含整数个朱格拉周期，每个朱格拉周期应该包含整数个基钦周期。这样做的理由是在引起多重性的情况下的性质。如果较短跨度的创新波浪围绕着具有类似特征但较长跨度的创新波浪展开，则后者的阶段顺序将决定前者兴起和断裂的条件，从而使其成为更高阶的单元，即使创造它们的创新完全独立于传播长波的创新。这两个运动的每一个阶段之间都会有一种关系，这会使较短的运动在较长的跨度内保持不变。关于多重性的第二和第三个原因的类似命题是显而易见的。特定顺序的周期性运动的单元不能被视为独立的，正如时间序列中的单个项目一样，这一事实解释了使用正式统计方法进行分析时遇到的许多困难。

属于下一个更高阶单元的个体将显示出彼此之间的某些关系，从而将它们与其他单元区分开来，某一阶周期性运动的单元恰好落在下一个更高阶周期性运动的连续单元的相应阶段，这些单元也有一些共同特征，在某些方面，这些特征构成了一个独特的领域。此外，每个长波的扫描为下一个低阶波提供了均衡的邻域。当然，由于在大多数情况下，较短的波浪必须来自一种情况，这种情况不是一个均衡的邻域，而是受到此时正在进行的较长波浪的影响的干扰。现在必须修改我们之前的观点，即创新的过程只从这种邻域开始，以及均衡邻域的概念本身。从具有短跨度波动的交易的角度来看，长波的波动构成了企业经营的长期条件，即使从理论上讲，完全均衡也可能只存在于所有周期都通过其正常值的点上。这完全符合商界对经济波动的态度。商人看到的、发现的和考虑到的都是相对较短的波浪。在我们的三周期模式中，它们将是基钦周期。比这些长得多的波浪，商人不认为是这样，而只是作为好或坏的时代，如新时代等。因此，作为一个规则，在较长周期的阶段的条件下采取行动，好像这些条件是一直存在的。在康德拉季耶夫周期的情况下，显然也是这样。与其他方面一样，朱格拉周期在这方面是一个中间状态。我们将通过以下方式来表达这一点：对于每个时间序列，任何周期的扫描都是下一个低阶周期的趋势。这里没有暗示关于不同阶周期之间关系的精确形式的假设。特别是，我们必须反复承认它们的影响不是简单的相加，尽管它可能足以满足我们粗略的目的假设，即它们是对数相加的。即便如此，可以很明显地看出，在所有三个周期的相应阶段的任何时候，重合总是会产生异常强烈的现象，特别是如果重合的阶段恰好是繁荣或萧条阶段。我们的资料所涵盖的时代中最深、最长的三个"洼地"：1825—1830 年、1873—1878 年和1929—1934 年，都显示了这一特征。

　　正如读者所看到的，我们现在介绍的周期性运动的两个附加属性有一些合理的理由。但是，对于假设一个朱格拉周期中的基钦周期的整数或一个康德拉季耶夫周期中的朱格拉周期的整数应该总是相同的，作者看不到任何合理的理由。然而，从对时间序列的研究中，我们得到了这样一个粗略的印象。除了极少数出现困难的情况外，从历史上和统计上来看，六个朱格拉周期对应一个康德拉季耶夫周期之比；三个基钦周期对应一个朱格拉周期之比（不是作为平均值，而是在每种情况下都是可能的）。在我们的论述中，我们将利用这一事实，作者非常渴望把它说清楚，不仅没有任何主要的结果依赖于此，而且在他的理论模式中也没有任何部分与此相关。这里面没有什么值得期待的规律性。相反，基本思想的逻辑预期是不规则的。我们很难理解为什么在孕育期和将其吸收到经济系统中的时间差异有如此之大的创新，总是会产生分别小于60年、10年和40个月的周期。我们陈述的事实在我们看来是相当规律的，① 与之不同的是，外部干扰都可以很容易地解释与这种规律的偏差，因为我们相信这是一个事实，而不是因为任何有利于它的理论先入为主。如果读者接受了这一事实，应该记录它，不是为了承认它，而是为了对照所呈现的分析模式。如果拒绝接受，这种分歧也不会带来任何后果，只需要更复杂的描述。然而，应该补充的是，我们的观察与许多众所周知的周期持续时间估计大致相符，虽然看起来很奇怪，这只是因为我们将通常不在一起呈现的估计值结合起来。

其他波动

显然，我们一直试图描述其机制和原因的波浪并不是唯一的经济波动。读者只需考虑季节性波动即可满足这一点。统计和理论分析显示，在我们的材料中存在着许多其他的波浪式运动。除了静态均衡理论的目的之外，经济过程应该是许多不同性质的同步波的无限复杂的组合，与我们在这里感兴趣

---

① 当然，这在很大程度上是一个观点或意见的问题，其有效性取决于我们应该在多大程度上认识到这一事实。作者已经非常清楚地表明，周期是一种不规则的现象，在一个受到其他不规则因素干扰的环境中运行，如果这种误解不经常出现，作者将不会对其模式的含义产生任何歧义。当然，从明显不适用于我们这样的材料的标准来看，我们很容易辩称，无论是我们还是任何其他作者都没有证明任何规律性，尤其是，我们的三个周期没有被以后提出的证据充分证实。因此，需要再次强调我们将要谈论的意义，比如基钦周期可能不是多余的。我们的意思是，有一些波动比朱格拉周期的波动时间短，但我们仍然认为其具有类似的性质，并且我们认为其典型的持续时间略微超过3年，是可以接受的。我们并不是说它们正好是40个月，在大多数情况下，它们更短。我们也不认为"稍微超过3年"代表了符合任何正式离散测试的平均值或模式。作者认为任何这样的测试都没有多大意义。这就是他对持续时间几乎没有确定的原因。他曾经见过的最有价值的助手，当他表达自己对48个月的"周期性"感到满意时，他惊恐地举起双手，表明"40个月的周期"的存在。他坦率地承认这听起来很荒谬，但他的意思根本不是这样。他认为，他所寻找的一切都是合理的，因为波动的痕迹远长于1年，而大大短于9年。他总能找到这些，尽管通常只是体现在变化率上。

的那一类完全不同。未来理论最重要的任务之一就是这个方向。

我们所关注的经济周期实际上完全不是人们在使用"波动"和"波浪"这两个术语时所想的那样。它们是一个过程的结果，这个过程确实在我们的图表中产生了向上和向下的运动，但这些运动并不类似于弹性绳或膜的振动。这种运动一旦开始，如果没有摩擦，就会无限期地持续下去，因为它们是由于创新的"力量"的间歇性作用，通过这种作用，均衡"力"每次都会发挥作用。但也有其他经济波动更好地接近于这种物理类比的现象。

1 外部因素产生的"波"

然而，在讨论其中一些细节之前，有必要再次指出，我们的周期甚至在它们自己的类别中也不是唯一的。许多外部因素会起作用，从而产生一系列现象，这些现象在许多方面与周期过程的一个单元相似。如果这些因素发生得足够频繁，那么，在一个世界的时间序列图中，只有这些因素作用于一个原本静止的过程，即使周围没有振荡，也很容易呈现出一个波浪式运动的画面。战争融资就是一个例子。当战争需求通过通货膨胀的方法得到资助时，我们将观察到许多与我们的周期的繁荣阶段相关的现象。当战争需求停止、预算再次均衡时，我们将看到大部分表面现象与经济衰退和萧条阶段类似（伴随着次级波浪的叠加），之后的一段时期将显示出周期性复苏的许多特征。在这个过程中，工业有机体发生的转变，首先是从和平生产到战争生产，然后再从战争生产到和平生产，将呈现出进一步的类似性。当然，二者的原因和影响都是不同的，但还是会有"波浪"产生。事实上，许多研究者对周期性过程的推理方式，在这种战争波浪的情况下将会比在前者的情况下更合适。在我们看来有问题的分析中，有相当一部分可能是由于与外部干扰的运作方式相类似。因此，有必要系统地研究两者的相似性和差异性，特别是在参考货币机制的行为方面，但我们不能停留在这一点上去做这种辨析。

另一个可能导致我们序列的部分或全部出现波浪式行为的外部因素是黄

金产量的变化。严格来说，黄金产量的变化只是由于偶然性或"自主"的发现。由于用它作为解释较短周期（如朱格拉周期和基钦周期）的基础的理论似乎不再有追随者，唯一的问题是是否可以用它们来解释长波。本文对这个问题的解答所做出的贡献可以在不同地方找到，尤其是在历史章节及关于价格和中央银行的章节中。在这里，首先说明一点，无论对那些显然支持这种长波理论的相关价值有什么看法，以及考虑到货币立法、支付习惯及保留准备金的同时变化等这些在多大程度上存在净效应的问题，我们都没有选择另一种解释，因为接受这种解释就意味着放弃本书中的解释。反之亦然。这一点对于黄金产量的变化是显而易见的，这可能是由经济进程引起的，但对于自主发现也是如此。它们只是改变了企业家活动的一些条件：正如我们不厌其烦地指出的那样，如果说加利福尼亚和澳大利亚的金矿发现推动了铁路建设，或者说南非的金矿发现推动了经济世界的"电气化"，那将是非常荒谬的，因为这两种改变都是在金矿发现以前就开始了；或者说，如果没有它们，这些事件就不可能发生。第二，黄金的发现通过利率和价格对系统起作用（主要对价格起作用），其中通过银行机制完全作用于利率。因此，从黄金生产或货币使用中的黄金变化中永远无法发现直接影响因素，这也是关于黄金生产以外的其他变量的函数，体现了银行及其客户的反应。但是，第三，从长远来看，如果黄金在货币体系中发挥了主要作用，价格和价值会随着黄金生产情况的不同而有所差异，尽管总体上不会达到人们在数量理论基础上预期的程度。历史事件的许多细节都可以追溯到它的行为。由于价格和价值的"水平"和"趋势"也会受到影响，我们实际上可以说，黄金造成的影响形成了一种特殊的波动，叠加（尽管没有可加性）在我们周期波动之上。

更具启发性的是"收获周期"，因为它通常都存在一个周期，而且正如读者所知，一些研究者已经把它作为（中等长度）一般经济周期理论的基础（杰文斯和摩尔）。在这里，还有一个作用于经济系统的间断的力量。[1]可以忽略它是严格周期性还是准周期性的问题，因为这只会影响此类周期的规律性，在我们看来这个问题是次要的。但另一个问题，即收成如何影响总体商业状况，并不像我们想象的那么简单。就其本身而言，仅仅是作物的个体差异这一事实，也就是说，只考虑受天气、瘟疫等因素的影响，而不受农业创新的影响，也不受种植面积或种植强度的适应性增减的影响，所有这些都在我们的模式中，偏离经济系统目前所适应的数量这一事实，与福利的关系比，同繁荣或萧条的关系更大。对繁荣或萧条而言，重要的只是这类事件将对价值和收入产生的影响。如果不正常的收成能卖出与正常收成相同的价格，那就不会产生太大影响；不过，除非每个家庭和企业在农业产品上的花费与以前相同，否则会有一些干扰。如果它卖得更多或更少，收入和支出就会发生变化，但在一个孤立的国家，繁荣或萧条并不一定随之而来。因为农业部门的繁荣或萧条是由其他部门的相反情况来进行补偿的。

这个结论不能通过诉诸讨论廉价或昂贵面包对工资的任何影响（古典学说断言，至少对英国、德国和美国来说，自19世纪70年代以来，这种影响是可以忽略不计的，而且除了特殊情况外，对于作物的偶然变化来说，这个问题从来都不是最重要的，因为这些变化基本上都是短期事件），或诉诸专门的弹性来回避，即这个社会中非农业部门希望扩大产量以购买超常作物，因为没有明显的机制来实现此类愿望。如果这个结论似乎与所有的经验背道而驰，尤其是如果这个国家的每个人过去都期望从好收成中获得更好的生意，那么这一规则则不再适用。这主要是因为，在大多数情况下，尤其是在欧洲收成不佳的时候，出口价值的增加将直接作用于整个经济系统。然而，还有

---

① 下面比较一下庇古教授在他的《工业波动》中的处理方式。我们在这里和其他地方只对一个问题做简要的评论，除了对特定情况的解释外，其他的最好由它自己处理。因此，我们不会讨论所涉及的技术问题，这些问题从什么是歉收问题开始。例如，在德国，对小麦不利的降水和温度反而对土豆有利。甚至在南斯拉夫等面积相对较小的国家，在单一作物的结果范围内的这种补偿是不可忽略的，区域性灾难可能足以影响总体情况。

其他的可能性。农民期望获得更多的收入，他们会迅速贷款和消费，超出收割和转移作物的要求（如果收割超常，尽管不成比例，但总会超常）。事实上，我们观察到，这种情况增加了该国农业区的银行活动。因此，这可能会使商业全面活跃起来。此外，在其他部门的需求出现补偿性下降之前，许多行业将主动为满足农民的需求做好准备，并进行贷款和扩张，因此可能根本不会出现这种情况。但是，虽然我们看到作物的偶然变化会对一般的商业状况产生影响，甚至除了对出口价值的影响之外，我们还看到这种影响主要取决于信贷结构的反应，以及借款人和贷款人的反应，这既不像人们通常认为的那么可靠，也不像人们认为的那么强烈。它可能会减轻或突出萧条或繁荣，因此往往有助于扭转局势。在其他情况下，它甚至似乎会自行转变，尤其是在当我们承认变量滞后的情况下。但是，任何声称它解释了经济过程的周期性特征的说法，当然都可以通过证明这一过程来显示其自身的周期来实现，即使没有外部因素对其产生作用。因此，自然而然的做法是将由作物的偶然变化引起的周期性波动识别为一种特殊类型的周期（特殊周期[①]），它将叠加在自己身上，而不是叠加在本研究对象的周期上。[②] 对于这些特殊周期的相对重要性不存在任何理论假设。它在历史和地理上都有明显的差异。在某些时候和某些国家，它们可能主导着被观察到的波动。1900 年前后的俄国提供了一个例子，尽管这个例子并不简单。

　　当然，这个事实问题是否只是一个特殊周期的唯一实例？如果我们的回

---

　　① 特殊周期不得与某一商品的价格或数量与某一平均价格或数量的偏差相混淆。构成一个特殊周期的不是特定的反应形式，而是特定的因果关系。此外，这个概念与米切尔教授关于特定周期的概念无关。

　　② 据信，上述公式与米切尔教授的观点一致。此外，它与铁摩辛柯（Timoshenko）和摩尔的理论相去甚远。摩尔的理论认为"工业活动周期和一般价格周期的根本、持久原因是作物每英亩产量的周期性变化"，由九种作物的产量指数表示。即使作物指数的线性趋势偏差与其生铁产量的线性趋势偏差（滞后两年）之间的相关性比实际情况更具说服力，也不会遵循这种因果关系的说法。季莫申科的声明不仅更加谨慎，而且主要强调了农业发展的周期性重要性。当然，有了这一点，我们就没有什么可争论的了。再说一遍，我们现在只讨论作物中偶然变化的影响，无意谈论在我们的进程中最小化农业部门的重要性。

168

答是肯定的，那只意味着我们不知道其他实例。在已构建的例子中不难看出，看起来非常特殊的运动仍然可以被纳入周期性事件的模式中，并被理解为条件的结果，而这些条件反过来又可以追溯到经济进程。除了受天气影响的作物这个例子之外，作者没有遇到过任何其他情况，除非我们选择将战争和金矿发现包括在内。

2 斯勒茨基效应

现在继续考虑更接近于弹性（声波）模型的波动。在开始时，有一个一般性的评论。我们举过一个例子——创新机制是个突出的例子，说明一个普通的周期可能来一个特定的或局部的原因，例如农业部门产出的偶然变化。我们现在必须注意到另一个事实，即为了产生波浪式运动，一种推动、"力量"或负责任的某种因素。简而言之，它本身不需要间歇性或以波浪式的方式行动。它的图表也不需要显示任何波动。我们可以通过一个类比来想象这种情况，在一个容器内，水以完全稳定的速度流入容器，但它的构造使其在每次累积到一定容积时通过阀门释放水。储蓄可能会提供一个经济实例，尽管我们不相信它会以这种方式独立于我们打开和关闭阀门的过程。为了说明另一种情况，我们将回到对弹力绳的类比，弹力绳在一次拉力的作用下，会在摩擦消失后继续振动。在这里，我们主要关注的是这个例子。然而，这两种情况显然都源于我们的"某物"所依据的系统的属性，而在很大程度上独立于后者的性质。这类经济波动构成了一个独特的类别。丁伯根（Tinbergen）甚至将其视为"内生"波动的唯一类型，并将其视为精确经济周期分析的主要对象。从模型的设计中我们可以清楚地看出，为什么我们在这本书中没有与他的理论保持一致，以及为什么这类波动在这本书中只起次要作用。但在研究这些材料时，我们必须始终注意它们，为了确定它们与我们的周期的关系，我们将它们称为适应波或振荡波。

撇开这个问题不谈，正如我们从第二章的讨论中所知道的那样，这个问题应该得到否定的回答。一个经济体系是否能够在没有任何特定"力量"冲击的情况下，仅仅凭借其结构就可以以波浪式的方式运行？接下来，我们将注意到斯勒茨基（Slutsky）提出的同源可能性，即非常多小的随机冲击同时作用于一个过程，从而使其具有波动性（斯勒茨基效应）。为了显示这种现象而设计的模型是这样的：由纯随机项组成的序列，例如，俄罗斯彩票中数字的最后几位，通过 n 阶移动求和运算将其变成由相关项目组成的序列，在后者中，"两个相邻项目中的每一个都有与其自身相关的一个特定原因，$n-1$ 个的原因与另一个相同"。一个强烈的周期性运动立刻显现出来，在未加权的 10 年移动总和的情况下，它模仿了多萝西•托马斯（Dorothy Thomas）的英国商业季度指数（趋势消除）的图表。

在这里，我们难以讨论这个最有趣的结果所引发的经济、统计和认知逻辑问题，这个结果是关于将随机事件分布的经典假设扩展到其移动和的分布。常识告诉我们，在经济生活中经常会遇到小扰动的累积效应，尽管经济系统自身存在减震器，但在没有对每种情况的经济性进行探索的前提下，不应依赖这一事实，或将其与斯勒茨基定理联系起来。仅因这一事实而产生波动运动的可能性可以立即得到验证。但斯勒茨基教授对经济过程应用问题所提出的假设表明，首先，他认为这是对现实经济周期的一种可能的解释；其次，他重视他的序列与周期指数的协变量。因此，这些假设是必要的。关于第一点，我们要指出，可以为这种解释辩护的经济过程模型是完全不现实的；关于第二点，通过最小二乘法或使用类似假设的方法可以消除趋势，这当然会非常有助于使偏差符合斯勒茨基模型。即使没有消除趋势，只要选择合适的周期，任何具有足够规律性的波动序列，都可以从任意随机序列中进行近似再现。为了论证起见，假设所有的序列都是按常规正弦运动的。那么，这些正弦可能是由随机原因的累积产生的结果，不管其本身多么有趣，但这不仅无法证明，而且也没有理由怀疑它们是这样产生的。否则，所有的正弦过程都必须是这样。但这一证明为我们做了两件事：首先，它消除了这样一个论点，即由于我们的序列显示出明显的规律性，因此它们的行为不能来自随机原因的影响；其次，它为经济机制的一个重要部分开辟了一条道路，弗里希在一篇著名的著作中对此进行了探讨。

布洛克（Bullock）、克拉姆在讨论卡斯滕（Karsten）根据正交理论对哈佛曲线的解释时，也讨论了在一连串的随机数字上进行累积可以产生"周期性"波动，这种波动很容易被用来描述经济时间序列的运动。没有必要对这种解释所涉及的经济学或统计数据发表评论，但有必要坚持这样一个事实：在许多经济过程中，效应的累积与加速、自我强化和乘数递增一样明显。每个人都知道这些现象，因此几乎没有必要对其进行定义，他们都属于关于繁荣和危机的常见类型的历史报告中最古老的一种，在某些情况下，它们就是整体。在我们的整个论述中，它们在周期机制中的作用并没有得到更特别的强调，原因很简单，因为它们似乎通过各种方式已经得到了充分的重视，特别是通过次级波和恶性螺旋等概念，这些概念必须被理解为将它们包括在其中，因为当它们本身处于一个确定的过程中时，会给环境带来适当的动力。

现在必须补充一点，这些现象当然也可以由外部因素的影响产生，其中包括偶然发生的情况，因此，只要这些因素对系统产生影响，就会重现周期性机制的一部分。然而，为了对历史周期进行充分的解释，我们将接受它们本身似乎存在的一些危险。第一章已经指出，经济波动的外部因素理论绝不是荒谬的。然后，这些外部因素将通过累积、加速等方式发挥作用，但不必为了创造重要的起伏而使它们变得重要。特别是，我们可以说，如果某个这样的事件一旦启动了一个自我强化的繁荣过程，那么这种繁荣就会继续下去。比如说，消费品需求的每一次增加都会增加对设备商品的需求，而设备商品的生产又会增加消费者的购买力，等等，从而造成越来越不稳定的局面。因此繁荣持续时间越长，当一个自我强化的萧条过程开始时，导致崩溃所需的影响就越小。这些解释的不足之处并不在于这样一个事实：在关于个别危机的流行和半流行的文献中，累积、加速等只不过是与缺乏精确性的表面观察，或者只是松散地联系在一起的词语。毫无疑问，我们有可能做得更好。针对这一点，我们强调，首先，为了将这样的理论确立为在逻辑上令人满意的基本解释，有必要证明，通过在"自我强化"标题下所包含的元素，会在一个小的干扰下从一个严格静止的过程中产生一个周期，在这个周期中，经济系统的所有内在稳定力量和运行机制都完好无损，就像燃烧的香烟落在潮湿的草地上一样。如果不能成功地通过这一测试，就会在理论上把它推回到大的扰动上，如战争或严重的社会动荡，或货币、商业政策的突然变化，因此我们对此不能有任何意见分歧。以实际状态从来都不是静止的为理由，拒绝满足这一测试，这等于回避了问题所在。 第二，再次强调，正如我们在讨论恶性螺旋时所做的那样，从历史上看，从来没有一种情况需要像这样解释波浪。约翰·阿克曼（Johan Akerman）在 1928 年发表的《经济生活的节奏》一文中注意到的小扰动可能会诱发更大扰动的命题本身，并没有因为这些考虑而完全失效。

然而，仅仅由自我增强放大的小扰动导致的波浪不属于"弹性"类型。但值得一提的是，我们也可以从加速度中导出"弹性"波。以价格水平为例，为了论证，假设它会受到存款 Q 的影响。考虑它的时间形式，$P(t,Q)$ 及其时间变化率；$\dot{P}$ 本身以 $\ddot{P}$ 的速度变化。现在让这个案例的事实证明一个假设（这个假设是不正确的，而且在任何情况下都没有什么意义），即价格水平序列中的这种加速和与价格水平相对于 Q 的二次偏导数（也是一种加速）成正比，$\ddot{P}=c^2P''$，c^2 是一个比例常数。我们转向解决这个偏微分方程的规定方法——虽然它不一定代表波浪，但它以两个函数的乘积来表达，每个函数只代表两个变量中的一个，$P=f(Q)\cdot\phi(t)$。为了满足我们的微分方程，有必要满足：

$$\frac{f''}{f}=\frac{\ddot{\phi}}{c^2\phi}$$

只有当两边都等于一个常数，比如 K^2。因为只有它们依赖于不同的变量时，才会出现这种情况。这使我们能够单独对两边求解，并且可以很容易地导出一个基于正弦和余弦的一般解，[①] 然后我们将在此基础上施加与我们的事实相适应的边界条件。除了说明一种乍看之下人们可能倾向于怀疑的可能性之外，我们并没有为这种设置提出任何主张。

3 锯齿波和振荡

正如在第二章中所注意到的，任何一个价格恰好处于失衡状态时就可以说明适应波或振荡波的最简单情况。即使没有发生进一步的干扰，我们也不会观察到它马上就恢复了它的均衡值，或者它径直向该值前进并停在那里。通常情况下，它会错过均衡值或者超过均衡值，然后再转回来。正如瓦尔拉斯所说的那样，必须通过试验和错误的方法[②] 找到均衡。我们序列的大部分行为都是这样的。有时会有一些技术上的原因。例如，在证券交易所，多头和空头会不时巩固自己的头寸，并在他们继续前进之前进行掩护。但这并不是必需的。每周，甚至每月的序列图表都通过其较大运动的锯齿的形状揭示了这种性质的振荡，我们可以称之为锯齿波（Hesitations）。如果一个序列以这种方式反映的变化不是源于它，而是源于另一个序列，比如，想想这种类型的振荡可能是通过反映价格水平的特定变化而在利率中产生的，在此我们谈论的是振荡。

锯齿波和振荡是周期性机制的重要组成部分，尽管在这本书中，除了原则和广泛的事实图形之外，它们不会以它们应该的那样显示出来，这本书也无法对其进行充分的论述。但同样，它们并不局限于特定的周期性扰动。因为任何干扰，无论其性质如何，都会产生波动。因此，我们的周期和其他波动之间的表面相似性将增强，它们开始的所有振荡也将相互干扰。这些适应波也是如此，它们可能（尽管它们不需要）是由引入滞后或滞后时间的导数，或者是变量的历史值和（预期）未来值的影响所导致的。比如说，一种商品

---

① R，S，T，U 作为常数，一般解为：$\begin{cases} f(Q) = R\cos KQ + S\sin KQ \\ \varphi(t) = T\cos cKt + U\sin cKt \end{cases}$。

② 原文为法语 *par tâtonnement*，意味试错，通过试验和错误的方式。——译者注

的数量，在引起蛛网问题的情况下，调整本身就具有滞后性，或者在经济系统的不同部分所适应的滞后、速度不同，从而创造了可能会以波状运动的方式反映的过渡情况。这在第二章中已经提到过，并且将在第十章中再次提及。根据明显的常识性考虑，它们的发生是非常容易理解的。他们的确切理论是对一般价格理论最重要和最有希望的贡献，除了少数超出本书范围的例子之外。再重申一点，无论它对周期过程和其他扰动机制的细节提供了多少启示，它必须与其他命题相结合才能使其成为周期过程的理论。除非这样做，否则该经济系统与任何解释都是兼容的，并为每一种解释提供同样的服务。在后面引用的论文中，罗斯（Roos）对周期性问题有着非常全面的观点，从他为自己设定的任务的角度来看，这种观点是可以理解的，也是正确的。

通过相同或类似的方法，总量分析可以使分析"动态化"（"动态宏观经济学"）。例如，交换方程（$MV=PT$），这个总量理论中最古老、最熟悉的命题，就其本身而言，只是一个均衡条件。但是通过引入滞后因素和变化率，它可以很容易地成为动态的方程。或者我们可以简单地假设，某一时间点的工业产出是某一时间点价格水平变化率的函数，而且工业对激励的反应具有滞后性。必须小心使用这个模型，因为这样一个双变量关系总是会对更多（甚至是总产量的）数量相互作用的过程产生影响，但很容易看出这些变量随时间波动的形状可能由此产生。价格水平和产量之间的滞后本身并不会产生它们，除非我们假设工业的行为与生猪养殖者的行为相同。然而，如果工业在任何时候都能对价格水平在早些时候的变化率做出反应，例如通过增加总产量对正的变化率做出反应，那么这种增长将倾向于导致价格水平的下降，即价格水平的负变化率，因此产量将在适当的时候萎缩，等等。如果我们愿意并选择忽略除此模型孤立的关系之外的任何东西，这甚至可能会以一种爆炸性的方式永远持续下去。根据欧文·费雪的建议，阿莫罗佐（Amoroso）提出并扩展了该模型，从而将所有总量过程都包括在内；菲利斯·芬奇（Felice Vinci）在类似方面展开了更进一步的分析。

再举一个例子，可能会提到卡莱茨基（Kalecki）的理论[1]。在描述周期性序列时，它遵循既定的传统，将投资作为描述周期序列的关键，但它以一种独创的方式做到了这一点。为了推导出系统产生的投资周期，而不是周期性推动产生的投资周期，卡莱茨基引入了设备货物订单到交付之间必须经过的时间段，为简单起见，他假设该时间段是恒定的（或接近恒定），而且对所有投资货物都是相同的。现在，我们可以通过推广丁伯根为造船业的特殊情况所提出的论点，试图使这种滞后产生一个周期，这将在第八章中详细讨论，也就是说，我们可能会直接根据早期存在的投资金额来交付新的投资产品（减去拟替换的产品）。卡莱茨基先生并没有这样做。相反，他明确引入了利润加利息（等于"资本家"的消费加上储蓄）[2]，并使得无法替代的设备商品（假设替代需求在整个周期内是不变的）的订单依赖于它们，以及同时存在的工业设备的总量。然后他（在第一轮转向）用新设备的订单来表达这两个项目。为了说明这一点，我们将重申这一论点。设 $I(t)$ 是在时间 t 下达的订单数量，θ 是滞后，A 是"资本家"收入中用于储蓄的部分（没有其他人储蓄）。通过对卡莱茨基的假设所证明的简化，我们将忽略这些"资本家"在消费品上的支出，因为卡莱茨基把资本家的收入等于消费加上花在设备商品上的储蓄，这样 A 就成为整个资本家的净收入，等于在单位时间内生产的超过替换的设备品的货币等值（按价格水平修正）。 $A\theta$ 是滞后期间发出、支付和接收的订单数量。如果 $K(t)$ 是在时间 t 存在的设备的"数量"（等于修正值），那么下订单的"数量"可以表示为利润率和利率的线性函数。然而，按照卡莱茨基的说法，我们选择相对值 I/K 作为因变量，而不是选择订单量 I。此外，不

---

① 该理论已多次发表。第一篇文章是用波兰语写的，因此作者并不知道内容。1935 年 7 月，《计量经济学》发表了英文版（1936 年 10 月则发表了关于价格和工资如何隐含地进入模型的评论）；1937 年 2 月，《经济研究评论》发表了另一英文版。在后一版中，该理论与凯恩斯理论进行了比较。我们在这里难以对这一问题进行深入的讨论，但其基本思想和对所涉及的原则的评论是本书所能介绍的全部内容。

② 在丁伯根教授的造船周期模型中，它们当然也存在，但只是隐含在其中。

考虑利息，因为它是利润率 A/K 的单值递增函数。由此可知：

$$\frac{I}{K} = \varphi\left(\frac{A}{K}\right)。$$

既然已经确定这个函数是线性的，则

$$\frac{I}{K} = m\,\frac{A}{K} - n,$$

m 和 n 是常数，且

$$I = mA - nK,$$

或者在时间上有所区别：

$$\dot{I} = m\dot{A} - n\dot{K}。$$

但是 $A\theta$ 等于 θ 期间内每个时间单位下订单的积分，因此 A 等于该积分除以 θ。时间点 t 中 K 的增量等于 I（$t-\theta$）之前 θ 个时间单位下的订单。如果用订单来表达一切，下面这个公式就是滞后的表现方式：

$$\dot{I} = m\frac{I(t) - I(t-\theta)}{\theta} - nI(t-\theta)$$

或者

$$\dot{I}\theta = mI(t) - (m + n\theta)I(t-\theta)。$$

这是我们想要的混合差分和微分方程，以应用丁伯根让经济学家熟悉的方法，这将在他的造船案例中展示。用复数形式的指数来代替指数，更容易揭示出周期性过程的可行性。利用美国和德国的历史数据材料，卡莱茨基几乎不难得出一个显示 10 年周期的主要组成部分。这就说明了根据这个模型，经济周期当然需要一种启动冲击，比如，亚当和夏娃居住在天堂的时候，苹果种植业产生的一些麻烦，随后可能会一直持续下去。这是因为"被视为资本家支出的投资是繁荣的源泉……但同时，投资是资本设备的补充，从诞生之日起，它就与这些老一代设备相结合"。如果读者认为这是一个"悖论"，卡莱茨基可以给出一个答复，这给许多面对着自己造成的不可能的结果的经济学家们带来了安慰，即"悖论的不是这一理论，而是资本主义经济这一主题"。

卡莱茨基认为这种分析是不够的，投资本身在没有其他因素的情况下不会产生任何波动或危机，这一点在前一章第二节中已经说明了。但是，由于经常会遇到卡莱茨基的这类论点，而且是许多悖论的来源，因此，明确指出乍一看似乎是不可调和的原则差异的原因和性质，并不是多余的。首先，这种差异并不像人们想象的那样，来自对储蓄定义的不同，或来自对储蓄与我们所说的实际投资的关系的不同看法。相反，在第三章关于储蓄的讨论中，我们假设（本书中任何地方都不这么认为）储蓄转化为设备，就像卡莱茨基让他们订购新设备一样迅速。诚然，他没有区分这两个步骤，而是将它们融合为一个步骤，正如我们现在将看到的那样，这与他得出的结果有关。但从根本上说，这一点没有区别。不同之处在于，我们一直在讨论过程在其他各方面都是静态的情况。如果我们重复这样做是为了弄清储蓄和投资本身是否会产生波动，那么可能会得到这样的回答：由于最初的干扰无论如何对开启卡莱茨基先生的模型都是必要的，因此即使我们得出了正确的否定结果，也与对他的批评无关。然而，事实并非如此。如果我们的结论是正确的，那么，除非出现新的扰动，否则最初的扰动可能产生的任何投资波动都将不得不减弱，因为存在一种不存在滞后的均衡机制。事实上，这让我们有机会认识到卡莱茨基所做出的贡献：卡莱茨基的理论在可能的适应波或预期周期内曲线的波状的原因列表中增加了一项解释。

现在关键的一点出现了，卡莱茨基通过假设借款利率与 A/K 变化方向相同，消除了这种均衡机制，正如所有这类模型都以某种方式消除某些机制的重要部分一样，应该注意的是，对这一假设的反对并不是因为它无法通过观察得到证实。相反，人们完全承认，在一阶近似中，该假设确实符合事实。但这是一个有待解决的问题，而不是一个有待接受的数据。因为，储蓄本身降低了利率，从而创造了互补的投资机会，这正是我们不能期望储蓄—投资过程本身产生任何波浪、危机或困难的原因。因此，与储蓄—投资过程本身无关的其他因素，对于解释贷款需求计划变化是很必要的，它们的变化超出了这一趋势，并导致利率的变化。这些因素无疑是可以找到的。但这样一来，可以用来解释的就不再是投资本身，而是对投资的反应。

对于其他具有类似形式性质的模式，读者可以参考丁伯根的著作。作者越是意识到自己的局限性，尤其是意识到他们只不过是对经济生活适应机制（"传播"）中可能产生的影响的确切陈述，他们就越不令人反感，也越有用。这尤其适用于我们将要注意到的唯一一个额外的例子，弗里希在之前引用的卡塞尔论文中设计的优雅模型中，通过三个简单的关系连接三个元素。其中一个 $Z(t)$ 在形式上类似于卡莱茨基的 $A(t)$，但只是简单地表示了生产过程中的设备，并没有以我们有理由反对的方式将其与储蓄联系起来。第二个要素 $y(t)$ 与卡莱茨基先生的 $I(t)$ 不同在于它还考虑了替代需求——与第三个要素 $x(t)$ 成正比，而不仅仅是与成比例的新投资需求。后者是消费者购买的变化率，它与现金持有量呈线性关系，现金持有量被视为生产和消费领域交易货币量的一小部分。如果该模型的作者将其与代表周期性过程的主张联系起来，那么就必须再次提醒注意类似于上面提出的反对意见。但由于它并不打算成为另一个经济周期的永动机理论，而只是一种机制的呈现，我们不仅可以享受它的简单性，也能用它来证明一种独特类型的振荡的可能性。

4 替代波及相关主题

其他一些事情可以在这里方便地处理。从马克思时代以来，工业设备的更换就与经济周期零星地联系在一起，一些研究者几乎将其作为因果关系的核心要素。在我们的分析中，替换有两种方式。首先，很明显的是，周期性情况对于替换的决定来说不是一个无所谓的问题。不太明显的是其影响的确切性质。替换的必要性，要么是因为磨损，为了我们的目的，我们可以把仅仅是时间的推移而产生的物理效应也包括在内，而不考虑使用情况；要么是因为陈旧。在繁荣时期，过时或废弃的机器通常不会被取代。相反，我们发现，经济衰退和萧条时期的激烈竞争，将迫使企业安装最新可用类型的设备，当然，深度萧条时期的衰败和瘫痪是有条件的。然而，如果相信我们所掌握的不完整信息，对于更换磨损的机器，情况正好相反。例如，毫无疑问，美国和英国的棉纺织行业会在生意兴隆时更新设备，尽管对这一事实的解释还存在一些疑问。当然，建筑物或机器的寿命不是纯粹的技术变量，而是经济变量。如果没有过时，它是由安装新机器比保留旧机器能更便宜地生产单位产品的时间点合理决定的，因此是许多数量的函数，不论是实际的还是预期的，包括利息率。这些数量是周期性波动的，尤其是如果新机器的技术优势随着使用程度的不同而变化，并且如果机器的价格变动不灵活，那么在繁荣时期更换机器往往比在衰退时期更有利。但是这些考虑几乎无关紧要，因为在任何情况下，一般机器的寿命都比任何最长的周期长得多。大多数普通纺织机械在30年到40年的时间内都能保持充分的效率——经过良好处理的纺纱机，甚至比这更长。①事实上，我们掌握的此类统计数据并不鼓励人们相信，无论是这些还是其他理性的考虑，在更换的决定中起着主导作用，而且在具有（基本）固定技术的老字号企业中，在任何时候使用的机器中，有相当一部分的老化程度似乎超过了专家的标准。然而，我们不必对此进行讨论。但这一事实是毋庸置疑的，也许是另一个事实的简单结果，即当价格下跌时，人们会非常天真和理性地感到沮丧，因此当情况再次好转时，必须弥补设备的延迟更换。很明显，在次要现象列表中，这是一个重要的项目，但它以周期性运动的存在为前提。甚至"低转折点"（恢复点）理论也不能很好地建立在它的基础上；因为现实情况从来没有达到这样的程度，在某一特定时间，在故障的惩罚下，才有替换的必要。正如我们以前所看到的，只有当经济复苏由于其他原因开始时，对设备商品的这种需求才会恢复。

其次，如果一个行业的设备年龄分布集中在某个数值附近，就会出现真

① 作者不明白，马克思在谈到资本主义工业时（主要是指纺织业），他怎么会说到该工业固定"资本"的"10年生命周期"。

正的更换波动。这必须在每个个案中加以解释，不能抽象地作为波动的独立原因提供解释。但一般来说，这样的理由并不难找。外部因素通常会提供这些原因。例如，如果一个地区的设备被地震摧毁，并在随后的两三年内被更换，我们可以假设该设备的所有元件的寿命严格固定且相等，并且所有元件实际上都将在之后被替换，那么就能推导出一个理想的有规律的波浪，永远滚动下去。但很明显，这种假设很不合理。在大多数情况下，振幅减小的凸起会持续一段时间，并影响时间序列的行为。现在，我们的模型提供了一个"内生"的例子，当创新者在某个行业领域取得成功，并且新的组合正在被扩散时，我们将很容易理解，新机器将被引入这个行业和互补行业的分支中，其他情况下也是如此，其速度实际上会产生适当的（倾斜钟形）时间分布。这是我们机制的一部分，取决于它的工作情况。但这并不是波动的新的或独立的原因，更不是永久性的原因。就专门的机械而言，这种效应将从扩散中消失（不同的企业在不同的时间进行替换，有些企业根本不替换），尽管不同领域的连续创新，将使它在非专门的半成品金属产品的较高阶段保持活力。

用上升和下降来解释设备和建筑行业产出中的波浪形凸起，可以通过许多其他方式推导出来，其中一个值得注意。在最简单的形式中，这个论点可以这样说：为了突出重点，假设一个行业使用 100 万台某种严格同质的机器，我们将其命名为"爱好马"（Hobby horse）①，其寿命正好为 10 年，不多也不少。这些爱好马以每年 10 万匹的恒定速度已经被均匀地安装起来——使用爱好马的行业及提供爱好马的行业已经达到了完全的均衡——每年生产和销售 10 万匹爱好马用来替换。如果我们假设所有企业都以知道的恒定速率进一步扩张，这种模式将不会受到实质性影响。但我们现在假设"某物"会永久但突然地将该产品的需求提高 10%。即如果以前使用过爱好马到最佳点，那么现在将需要增加 10% 的爱好马。因此，生产商将在明年销售 20 万匹爱好马；

---

① Hobby horse：一种儿童玩具，由在一根棍子上绑一个马头玩偶组成。——译者注

但在那之后，比如明年需求将再次下降到更换所需的 10 万匹，直到新的玩具车本身需要更换，届时将出现另一个膨胀。这些生产商的生产能力应该翻了一番，而在爱好马生产者之上的处于较高阶段的企业也相应地扩大了，这是效果的强化或倍增，其后果是显而易见的。

当然，从来没有人以如此怪异的形式提出过这种论点，但近似的推理却不断出现。因此，为了认识到它的荒谬性，这个例子是值得留下来的。"某物"不是一个可接受的理由。如果它变得更加具体，我们就会发现，除非是在创新的过程中，否则不太可能发生这种突然的推动，如果增长不是突然的，那么许多后果将无法仅仅因为这个原因而产生。但是，即使对该产品的需求突然增加，也不意味着生产企业会立即按比例生产更多的爱好马；在实践中，会有过剩产能作为缓冲。即使在完全均衡中完全竞争本应占上风，但他们也不会以同样的方式迅速采取行动。例如，有些人过度使用他们的爱好马，或使用它们超过其正常寿命（当然，刚性的寿命是一个最不现实的假设）。然而，即使他们都多订购了 10% 的爱好马，这也不一定会促使制造商一下子将工厂产能增加到这个水平。他们同样可以提高价格或增加未交货的订单。由于这个过程的每一步都有缓冲区，同时存在正常的预见性，这种突变带来的影响往往会自行消失，而不是在每一步都不断聚集力量。如果它不这样做，那这就不是对论证的验证，而只是表明存在另一个过程在起作用。对所有影响均衡条件的忽视，正如它在所有类似的情况下所做的那样，也就相当于理论上的错误。

但比这更应该强调的是，讨论中的论点缺乏现实条件。任何技术改进的尝试（例如，在投资品的新支出对消费品价格的影响，以及随之而来的投资品供给增加的影响之间，插入了一个相当大的滞后期）都无法消除这样的事实，即绘制的商业行为图不是来自现实，而是从理论家的需要中得出的。此外，没有理由相信，任何这样的膨胀都会充分同步化，从而产生重要影响。但必须再次指出，这种批评只有在该论点作为对周期解释的主要贡献而独立存在时才适用。不可否认的是，爱好马制造商或者其中的某些制造商，可能会因此愚蠢地行事，而且他们最有可能在繁荣的气氛中这样做，但是，这将作为一个独立的情况进行解释。

第五章

时间序列及其规范

BUSINESS

CYCLES

时间变量的性质和时间序列分析的任务

在这一章中，我们将把关于一些有必要说明的统计方法的原则问题，归纳成一个相互关联的论点。这项工作很有必要，但确实需要做的不多。这里不尝试对技术进行阐述，不熟悉通常技术处理的读者可以转向阅读有关这一主题的论文。消除季节性变化的问题仍然被排除在外。因此，这里的讨论简化为对时间序列的分析，这些时间序列反映了经济增长和受外部因素影响而扭曲的周期性的演化过程。为方便起见，首先（第三节）在单周期假设的基础上进行分析，然后（第四节）讨论因存在一个以上的周期而产生的问题。

为了阐明时间序列的性质和它们所呈现的统计问题，我们将区分三种类型的变量，分别为理论变量、随机变量和历史变量。如果在我们面前有一个系统，即一组已知的存在某种确定关系的量，我们可以通过允许这些量"模拟"变化来研究这些关系。因此，得到了在理论上可以发挥作用的"定律"。如果引入时间的话，它没有参考任何特定的日期，只是作为坐标之一参与到分析中。理论关系一经确立，就超出了其所收集到的实际调查结果的范围，我们决定在更进一步的理论推进出现之前依赖这个定律。当然，这个意义上的每一条定律都与系统的一般属性有关。一个变量通过"定律"与系统在一般条件下的一个、多个或所有变量相关，我们称之为"理论变量"。任何出现在经典理论命题中的变量都会说明这一点。例如，瓦尔拉斯理论分析中代表有效需求的商品数量等。

与理论上的逻辑关系对应的变量是随机变量。它不是由已知或应该已知的与另一个变量的函数关系定义的。相反，这种对应关系的缺失是它的突出特点。我们不能像"理解"一个理论变量的变化那样"理解"随机变量的变化，它们仅仅是实验或观察到的事实。相反，我们关注的是，在理论变量显示恒定值的条件下进行的实验或观察过程中，一个变量的不同值出现的相对频率。

我们可以把这些实验看作是由一组集合组成的，这些集合来自一个瓮，瓮里装有比例不变的黑白球，在此基础上进行一定的测量和数学期望的计算（无论其逻辑如何），所有的东西实际上都是围绕着"概率"这个听起来让人难过的词，或"相对频率的极限值"这个没那么令人反感的词组而展开。我们不需要像鲍雷尔（Borel）的《概率理论的基本原理》中阐述的那样，将统计方法与瓮中取球这一模式联系起来，但必须牢记，关于随机变量的所有推理的先决条件是，它们的值，实际的和可能的，应该构成一个技术意义上的整体逻辑体系，只有在这个严格的限制性条件下分析问题，才是安全可靠的。

只要走出理论模式的世界，并试图将其中的理论关系与实际事实联系起来，就会得到混合变量，这些变量既不是理论的，也不是随机的，而是同时具有这两类变量的特征。特别是，如果我们想推导出某种比理论更具体的理论函数的形式，比如马歇尔需求函数，我们就面临着区分这两类变量的特征的所有困难；除此之外，还有弗里希所指出的风险，即由于我们无法做到这一点而被误导。然而，忽略这一点，可以说明理论变量和随机变量之间的区别，以及它们在实际材料中同时存在的情况如下：假设一组给定的价格—数量数据代表一条马歇尔需求曲线，在这些数据所涵盖的时间区间中，这条需求曲线在理想的情况下是不变的。然后，对于区间内的每个数量都对应某个单一的"真实"价格，这是一个理论变量。现在，让价格的观察结果服从小的随机误差。对于每一个数量，我们要么得到几个报价，要么得到与"真实"价格在某种程度上有所偏离的单个报价。因此，每个报价本身就是一个随机变量，可以被视为技术意义上的观察值。如果一个数量有多个价格，它们都是对同一事物的观察，形成一个集合（样本），可以说是代表了频率分布的片段。但显然，不能对整个价格集进行这样的解读。在所有这些图表中，理论上的差异不言自明。然而，在我们的例子中，理论定律是不变的，我们也许能够通过纯粹的统计方法从材料中找到它；但正是这种知识而不是统计逻辑本身使我们做到了这一点。

从某种意义上说，历史变量正是这种混合变量。但与先前讨论的情况有所不同，它的理论规律处于变化的过程中。为简单起见，我们假设关于每个"真实"点的概率分布保持不变。从一个处于完全瓦尔拉斯均衡的经济体开始，在其质量严格保持不变的条件下，关注某种商品的价格。这个价格和其他变量一样，处于其理论的正常值（这里指的是在第二章定义的意义上）上，在报价中观察到的任何变化（除非允许数量上的小变化，而现在不允许这样做）都只是由于观察的错误或小的偶然事件造成的，可以把它们当作是观察误差。因此，除了概率分布外，它不会显示出任何东西。让这个经济体在企业家的推动下踏上繁荣之旅。商品的价格和数量现在都会发生变化，但是他们假设的新值不能直接用于推导它的（马歇尔）需求曲线，因为它们既不位于原始需求曲线上，也不位于任何其他单一的需求曲线上，而是依次出现在不同的需求曲线上，这一点通常可以用需求曲线的移动来表示，尽管不完全正确。旧的理论范式已经被摧毁，而没有被另一个理论范式所取代。实际上，可以想象每一组价格—数量都位于一条临时需求曲线上，并将他们的观测值解释为两个组成部分的结果，即需求曲线的移动和沿着需求曲线的移动。但是，总的来说，如果没有进一步的信息或假设，无法区分这两种变化。

这种情况持续整个周期，直到达到一个新的均衡。然后，我们将再次得到一个与以前一样的理论上的正常值，但却是一个不同的正常值。即商品的价格和数量将适应一个新的瓦尔拉斯世界的条件，在这个世界中，新的均衡值将产生，而且价格和数量在严格的逻辑中，可能只是虚拟地沿着新的需求曲线、供给曲线、成本函数等的变化而变化。这种在不同时期属于不同系统的属性，或代表不同理论规范的特性，是决定历史变量性质的突出事实。在其他方面，正是这一事实，也只有这一事实带来了历史的时间轴，这些变量的实际日期也就是它们在该轴上的实际位置，这一事实对它们存在的意义来说至关重要。没有这些事实，日期将是无关紧要的，而根据日期排列项目将只是一种非常方便和没有启发性的呈现方式。因此，我们可以把历史变量定义为一个变量，由于其所遵循的理论正常值的变化，该变量的随机正常值也随之变化。① 这种变量的数值序列被称为时间序列，或者稍微不正确地称之为系列。也可以采用通常的定义，但这个定义本身并不能表达我们的意思，即根据连续出现的日期排列的一个变量的数值序列。

关于时间序列唯一普遍正确的一点是它们不符合概率要求。由于每个时间序列所反映的演化过程是以不同的周期性单元进行的，每个单元内的各个项目并不是相互独立的。严格来说，周期本身也不是相互独立的；但把它们作为观测单元时，我们可能会忽略这一点。然而，这就把观察数量减少到一个危险的程度。事实是，只有针对基钦周期，我们的材料才涵盖了足以进行统计处理的单元数量，而且在此期间，系统性变化的可能性还是会大大削弱其价值。而对于大多数序列，可用的朱格拉周期很少。因为从技术意义上讲，没有哪个序列会"很多"，在战前最有利的情况下，我们也只有 12 到 14 个这样的周期。而到 1914 年，我们拥有的康德拉季耶夫周期比 2.25 多一点。最后，如果回顾一下经济进程所受到的不规则的外部因素和内部因素的影响，就会看到时间序列分析所涉及的统计任务的性质。

这里通常表示两个问题。首先，将单独的时间序列拆分成其中的组成部分的问题。作为一种常识，我们把它看作是一个综合体，我们自然愿意用形式化的方法来分解它，也就是说，尽可能少地涉及关于理论的方法，这样做的主要目的之一，就是为了使结果与理论命题相对比进行分析；第二，不同的时间序列之间的"相关性"问题。同样作为常识，我们将每个序列视为能够感知到的一个过程的元素，通过把时间序列置于这种表现形式中，来呈现

① 作者被告知上述内容可能被误解，他希望再做一个解释，尽管他自己并不认为有必要这样做。假定除了我们所理解的周期性演变之外，没有什么会干扰经济过程，我们在两个连续的理想瓦尔拉斯均衡状态 A 和 B 中观察到一个变量，它的值在 A 和 B 的均衡值中是恒定的，尽管在 A 和 B 之间有差异。在这两种情况下，我们都应该能够进行许多观察，这些观察受到测量误差的影响，并在两者中形成相同的概率分布，例如对称的分布。当然，这个分布可能会发生变化，但为了简单起见，我们假设它不会发生变化。当然，我们所说的"统计正态分布"并不是指描述该分布的函数，而是指在 A 和 B 中的变量值，在观察误差理论的意义上，这些变量值将被证明是"陷阱"。在我们的假设下，这些值与理论上的正常值相吻合，而它们在 A 和 B 之间不同的原因是，A 中变量的理论值或均衡值已经通过演化过程变成 B 中同一变量的均衡值。

这个过程所特有的经济数量变化之间的关系，这样做也是很自然的。同样可以理解的是，我们希望这些关系可以用形式化的方法推导出来，以便使它们尽可能独立于理论。但是，正如以前从其他角度所看到的那样，现在从统计理论的角度看到，这两个问题都不适合用形式化的方法来解决，甚至，如果用形式化的方法来表述，也没有任何意义。

重要的是，读者要清楚地掌握这意味着什么和不意味着什么。当然，众所周知，任何材料都可以用无数种方式分解成各种成分，比如正弦－余弦类的函数（参见兰姆，《大英百科全书》中关于谐波分析的文章），即使代表它的函数的常数受到足以使问题被确定的限制，比如像在傅立叶（Fourier）分析中所暗示的那样，拟合的接近程度本身也不能证明单个成分在与不同现象对应的层面上有任何意义。因此，从形式上看，在没有进一步信息的情况下，对于任何给定的材料中"存在"了哪些成分的问题没有逻辑意义，甚至在视觉上看起来很突出的周期性，以及明显的周期性的缺失，都可能被证明是非常具有误导性的。例如，不仅可以通过傅立叶级数将直线逼近到任何所需的程度，而且一条直线实际上可能是两个周期和振幅相同、相位相反的正弦运动叠加的结果。但我们的分析远远超出了这些和与这些相似的观点。这里所说的形式化方法是指从概率模式中推导出来并加以利用的方法，即在严格的逻辑下，这些模式在产生所定义的时间序列的条件下是不适用的，因此，基于这些模式的方法的应用可能会产生虚假的结果。要使它们充分发挥作用，我们必须引入更多的信息或假设。但即便如此，他们的工作也可能会出现问题。因此，不能依靠它们来发现和隔离任何成分，仅此一点，即使没有其他原因，也无法解决时间序列分析的第二个问题。

然而，我们并没有走到这样的地步，说它们的工作一定是错误的，并且永远不能得出至少在最初的近似中合理的结果。相反，至少在某些类别的情况下，扫清障碍，以便为适当地使用它们腾出空间，是上述分析的目标之一，因为它是第四章中选定的许多安排的目标之一。例如，我们选择了三周期模式，以使它们在时期上有明显的不同。这将为一些原本会被排除在外的方法打开大门。此外，我们已经强调了三周期模式的优点，即它不像假设每类循环的周期近似相等那样荒谬。可以肯定的是，这并不等同于证明，即使是证明，也不足以使傅立叶分析或舒斯特（Schuster）分析的应用一帆风顺，但它肯定会使两者的问题变得更容易阐述。而且，每一个"高级别"的周期都可以合理地假设成由下一个更低的周期的整数组成。由于傅立叶分析由一个基本项及其谐波组成，这就消除了它在应用中遇到的一个困难。从某种意义上说，我们对经济周期的分析表明，无论是在性质上还是在表征上，这一过程始终基本相同，这一事实本身就在一定程度上打消了极端怀疑主义的态度，这种怀疑主义乍一看似乎是基于上述考虑而产生的，因此，在我们看来，说统计学家在他们的时间序列分析中完全是踩在云端，似乎并不正确。

然而，基本的指责仍然存在。简单地说，统计方法不像我们的逻辑那样具有普遍性，在概率模式的范围之外，它们必须从其所适用的模式的理论中发展出来。从涉及要分析的现象的知识中，这当然基本上是经验性的，但同时对正在处理的每项任务又都是先验知识，我们必须尝试形成关于统计轮廓属性的想法，并设计出适合表达这些属性的统计程序。这一要求被称为"经济意义原则"。本书的全部论证可以看作是尝试提供满足经济意义原则的材料。

关于趋势的不同含义

这种几乎迫使我们区分趋势和周期的强烈印象，可能体现在相当含糊的定义中。如果可以将一个序列覆盖的整个时间区间划分为几个子区间，使得它们在这些子区间积分的平均值随时间单调递增或递减，或者相同数字重复出现只显示一次，那么这个序列就呈现出一种趋势。用"周期"一词来表示这样一个事实，即一个给定的序列经季节性修正后，在其项目或其第一或更高的时间导数中不止一次地显示出数值的重复性。由于这些波动不是独立地在个别序列中发生，而是显示与其他波动的瞬时或滞后相关联，我们可以定义周期的概念以涵盖这一额外的事实。不显示这种周期的序列，被称为纯趋势序列（Clean Trend Series）；不显示定义意义上的趋势的序列，被称为纯周期序列（Clean Cyclical Series）。由于这些纯粹的形式上的定义并不涉及对所要研究的区间长度的任何限制，当然也有两者兼而有之的实例。然而，对于本书考虑的那些区间，没有纯趋势序列的实例，只有两个主要的纯周期序列的实例：失业率和利率。

在对经济数量趋势的确切性质和分离它们的方法提出自己的看法之前，我们在本节讨论这个被过度使用的术语的一些更重要的含义，希望这有助于澄清所涉及的问题。在这样做的时候，我们将试图给每一个含义以可操作上的补充，也就是说，指出哪种趋势确定方法在逻辑上与之对应，或隐含在其中。我们不考虑两组含义，这两组含义都使这个术语成为"趋势"一词的替代品，而"趋势"一词似乎已经过时了。第一个情况是，某一天的价格显示出下降的"趋势"，当然，这与我们关注的问题没有关系；第二种情况可以通过引用一些流行作家或演讲者的话来说明，这些人似乎从以非技术性和非量化的方式撰写或谈论的"趋势和力量"相关的论著中获得了满足感。

1 描述性趋势

我们希望在任何时间段内调查任何经济数量的行为，不被图表中的所有波纹或凹痕所困扰，或者希望看到该数量在该时间段内的"一般斜率"或"实际的运动"。作为一个规则，通常需要进行一些经济分析，无论多么简单粗略。因为很明显，平滑的斜率所排除的是什么，这显然不是无关紧要的问题。然而，我们也可以通过应用某种平滑或分级的方法，以一种纯粹的形式来满足这个愿望。通过在数据上拟合一条简单的曲线，如直线、抛物线、龚柏兹曲线（Gomperz）、逻辑曲线（Logistic）或其他许多曲线中的一条，得到彻底的满足。例如，如果我们对某个历史时间段内显示的数量的平均变化率感兴趣，那么类似于指数形式的函数 $y = cr^t$，其中 c 是一个常数，r 表示该变量的平均变化率，将起到很好的作用，哪怕根据一些形式上的检验，拟合效果并不好。曲线或函数的目的是以某种简化的形式表示时间序列的运行轨迹，而不是其他，我们称之为描述性趋势（Descriptive Trends）。

只要清楚地认识到它们不过是以曲线形式存在的一段经济历史，或者是所有平滑方法中最激进的一种，就不会有人对它们提出异议。一方面要考虑表现的充分性或拟合度，另一方面要考虑计算的便利性或成本，这些都是合理的。可以肯定的是，这些研究的高度主观性与结果在表面上的精确性和客观性形成了鲜明的对比，这的确很有趣。但这是目的不明确的自然结果。这个问题在本质上是一个合理的妥协。具有少量常数的简单曲线很容易计算，但可能是一个较差的表征。高次抛物线的计算成本很高，并且可能会包含太多我们希望丢弃的波动。正交函数的使用除了其他优点之外还有一个实用的优点，即每个常数都与函数的阶数无关，可以简单地通过添加新项来进行更高的近似，而无须重新计算。这种考虑不可能是确定的，但这并不是谴责它们的理由。甚至诸如"排除明显异常点"和识别"趋势终止"之类的做法也有它们的地位，这意味着将不同的简单函数，比如直线，拟合到子区间，尽管它们意味着在每种情况下都必须进行合理的判断。

然而，一旦试图将描述性趋势用于其他用途，而不是定量地表达材料的大致轮廓，就会出现上一节中提到的困难。首先，任何推断都是没有根据的。此外，不能想当然地认为这种趋势描述的是一个真实的过程，更不能认为这是一个平稳的过程，与引起波动的过程不同，而且从我们的材料中消除这种趋势，就是消除了某些因素，孤立了其他因素的影响，从而进行了一项片段式的经济分析。为了清楚地说明这一点，让我们想象一下用最小二乘法（或矩法）进行拟合的特殊情况。正如我们所见，由于材料中明显缺乏能够证明应用概率模式合理性的属性，这些特性是零相关、均方差、偏差的正态分布，在严格的逻辑中没有这种方法的基础。但是，只要把分析限制在我们所赋予的描述性趋势的意义上，这就没有多大关系，因为任何这种性质的趋势线都没有特别有说服力的理由来解释。然而，一旦我们赋予实际操作以分析性的意义，并期望它能实现不同过程的分离，这就很重要了。我们所确定的趋势将决定波动是什么。但不规则和周期性的波动将反过来决定这种趋势。由此得出，在这些方面的分析是不可能取得进展的，而且，残差的相关性，即因此"经趋势修正"的序列的相关性，几乎与未修正的数值的相关性一样令人反感，尽管当然不完全如此。

与前一节一样，必须再次补充的是，这种批评不仅没有触及为了暂时探索我们的材料而使用的描述性趋势，也没有触及通过平滑和拟合的方式进行的趋势分析。从额外的理论和历史信息中，这两种趋势分析可能会衍生出一种非自然的或非一般意义上的关于自身的存在权利。为了说明这一点，我们引用前面提到的弗里基（Frickey）关于长期趋势问题的研究结果，即通过对序列的不同间隔拟合不同的函数，或者通过对不同长度的时期计算移动平均数，几乎可以得出任何周期。但是，在对其论点的主要方向表示赞赏的同时，本文还想指出，弗里基由此得出的完全悲观的推论并不完全符合逻辑。因为我们得到的不仅是无意义的周期，而且是可以通过历史分析来证明的周期。这方面的原因，以及我们希望将后者与前者区分开来的方法，最好在一个稍有不同的论证中讨论。

2 真实趋势

如果有可能假设将我们的材料作为一个经济事实，首先反映了一个平滑和稳定的运动，其次是围绕它的波动，这个波动是由于随机冲击或扰动造成的，而这些扰动的行为就像随机冲击一样，那么情况就会完全改变。如果是这样，概率模式的应用就缺失了依据，我们的任务可以简化地描述为找到该运动的"经验法则"的精确形式，为此目的，最小二乘方法可以排除"大"的扰动，在原则上为概率模式的应用辩护。事实上，哈佛方法就是从这样的假设出发的，可以从它的发明者的评论和似乎正指向这个方向的短语"长期趋势"的使用中得出这样的结论。

然而，这意味着有一个明确的经济演化理论。不难看出，这就是马歇尔－摩尔的有机增长（Organic Growth）理论。由于我们认为这一理论并不令人满意，而且稳步前进的图景具有误导性，因此我们不愿意沿着它开辟的道路前进。但是，除了阐明统计方法与经济理论之间的关系，以及"摆脱理论成见"这一假设的作用之外，这一情况可能再次表明，原则上不可接受的方法所产生的结果不一定是毫无价值的。正如我们设想的那样，如果演化的周期性过程有明显的标志，那么，对于适当选择的时间间隔，从正在讨论的假设中得出的结果有可能具有我们将在下一节中定义的趋势的初步近似值。因此，一个重要的事实是，哈佛方法令人满意的是，当对 1896—1914 年的资料进行试验时，它在同样合理的趋势线上产生了明显合理的波动；而当对 1875—1914 年的整个时间段进行同样的处理时，则出现了困难。稍后将用获得其全部意义的术语来表述这一点，即在第一个例子中，最小二乘趋势确实触及了较短周期的法线之间的线；在第二个例子中，它没有触及。因为在第一个例子中，大致遵循了康德拉季耶夫相位的扫描；在第二个例子中，却没有。不管怎样，对弗里基的指控都需要一个限定条件，但这并没有削弱其在严格逻辑上的有效性。

我们将使用"真实趋势"这个术语来表示体现真实过程的轮廓的趋势，该趋势与任何导致周期的因素都不同，如果上述条件得到满足，也就是说，如果马歇尔式的画面足够逼真，最小平方趋势线就会描述这种趋势。这里所说的"增长"效应就是一个例子。增长的存在无疑说明了一种真实的趋势，然而，这种趋势被其他更重要的外部因素和内部因素的影响所掩盖，任何曲线拟合过程都无法发现这种趋势。没有理由描述我们的增长曲线在观察值的图表中穿行，或显示出任何明确的、更不用说不变的关系。真正的趋势永远不会这样，除非它们所表达的因素在给定的资料中占主导地位，以至于所有其他因素的影响都可以安全地被视为"小"的偏差。

3 参考趋势

与我们一样对拟合趋势的有效性持怀疑态度的经济学家，以及一些不这样认为的经济学家，有时会通过将某个特定的时间序列与另一个具有更广泛或更根本意义的时间序列进行比较来展开分析。因此，代表单个商品价格变动的序列数据可以用一般价格指数来参考或修正。据作者所知，布雷西亚尼·图罗尼（Bresciani Turroni）教授是第一个提出用这种处理方式来替代正式的趋势分析方法的人，他在研究出口时把总产出作为一个参考量。沃伦·皮森（Warren Persons）教授通过比较短期借款利率和债券收益率，在这个方向上提供了另一个思路。这种趋势可以被称为参考趋势。它们的意义和构成它们的思想的正确性毋庸置疑。它们当然是以比描述性趋势更丰富的意义来表达一个特定序列的基本运动。但参考趋势不能直接帮助我们将周期从中分离出来。事实上，它们不可避免地包含了趋势分析要分离的所有元素。

4 特殊趋势

一些与周期性演化过程无关的因素可能会对经济系统中的某些特定因素产生稳定的影响，我们希望对这些因素进行单独的研究或将其消除。如果这些因素直接作用于整个系统，对我们的图形的影响将构成一个真正的趋势。如果它们只作用于经济系统中的一部分，而且是间接地作用于整个系统，我们将谈到一种"特殊趋势"。偏好的自主改变，例如已经发生的在饮用酒精饮料或吃重口味食物时的变化，提供了例子。这种趋势可能符合，也可能不符合我们关于趋势应该是什么的一般概念，但在任何情况下都不能通过形式化的方法找到它。还应注意到，根据我们的分析，本质上是周期性演变过程的要素所呈现的现象，在很多情况下，看起来像这种特殊趋势。一种新商品的产出可能很容易划出一条生产曲线，许多研究者会毫不犹豫地将其解释为该商品特有的趋势，并且与同一时期可能运行的任何周期相区别。当然，从我们的角度来看，这不是严格正确的，尽管为了部分分析的目的，这样表述可能很方便，特别是在处理最短周期的问题时。

5 康德拉季耶夫运动经常被当作一种趋势

最后，我们将再次回顾，由于大多数研究者不承认康德拉季耶夫所描述的是一个周期，许多长而缓慢的向上和向下的运动对我们来说是周期性的，但其他人却认为它们属于趋势类，这就导致了理论分析在一些重要问题上的差异。

但是这个观点暗示这些运动在本质上是非周期性的，不应该与本章第四节的命题相混淆，即每一个高阶的周期可以是下一个低阶周期的趋势。

单一的周期性运动

回到经济意义原则和时间序列的定义上，为了便于阐述，在这一节中我们不仅假设季节性变化和我们所指意义上的增长是不存在的或已经成功地被消除了，而且假设在我们的模型中体现的经济演化过程以这样一种方式运作，即只产生一个周期性运动。当然，这些假设已经构成了"附加知识"。我们还知道，符合这些要求的时间序列所反映的过程的性质。这种序列的每一项都以适合该序列所代表的元素的性质的方式表明该过程中的一个阶段，该过程有时使系统远离，有时又使系统接近均衡点的邻域。因此，即使没有正式的证明，图上也一定存在着离散的点，或者稍微现实一点的是，存在着离散的区间，在这些区间里，序列通过均衡的邻域，或者在所有情况下，在它的不活跃、刚性或偶然性等性质的作用下，尽可能地接近这样的邻域。这对我们来说是一个至关重要的事实。它提供了我们所称的理论正常值和它的统计阴影——统计正态之间的联系。这个术语，正如以后所使用的，与概率分布无关。它的含义类似于经济服务部门使用的经济高于或低于正常值的意思。事实上，我们所要做的仅仅是为这个商业实践中非常熟悉的概念提供一个更精确的定义和某种程度上的不同解释。

因此，从我们的角度看，时间序列分析的首要任务是在图表上找到与均衡点相对应的点，或在图表上找到与均衡邻域相对应的区间。因为这些邻域的经济系统的状况概括起来并呈现出来的（无论多么粗略），都是由前面系统的反应所形成和吸收的突发演变的净结果。它们标志着经济演变的路径，就像踏步石标志着跨越小溪的路径一样。它们是一个序列中最相关的项目，包含了最丰富的信息，也是进行其他研究最重要的参考点。一条线或一条曲线穿过这些点，或者一条或一个窄的区间带穿过这些区域，提供了一种真正具有经济意义的趋势。我们将主要在这个意义上使用这个术语。从第二章和第四章的分析中知道，这种趋势并没有描述一个与周期不同的现象。相反，由于演化本质上是一个在周期中运动的过程，趋势只不过是周期过程的结果或它的一个属性。为了表达这一点，我们将把这里描述的趋势称为结果的趋势或结果趋势。此外，我们还知道，它只有在离散的点或区间中才具有现实意义。如果我们用直线将它们连接起来或将它们拟合成平滑的曲线，则必须记住，邻域之间的延伸只不过是一种视觉帮助，是缺乏现实意义的，因为没有与之相对应的事实。在这里，真实的只是周期本身。

正如只能从案例的经济学角度来说明问题一样，解决问题的方法也不能从其他方面得出，这些方法不过是将我们可能掌握的信息转化为统计上的工具。但要再次强调，关于每个个案的历史资料是把外部因素的影响减少到可以承受的比例的唯一手段，研究和讨论每个似乎有某种要求被称为"均衡邻域"的情况，以及不可避免的粗略估计，这些情况将是获得真实可信的结果的最可靠方式，至少在未来一段时间内是如此。作者主要依靠的就是这种方法，我们现在讨论单纯的统计程序的问题，是为了说明原理，而不是为了我们在时间序列工作中的应用（当然，已经做了一些实验）。

在两阶段周期的情况下，解决方案将很容易呈现。首先，必须确定一个给定的周期仅显示两个阶段这一事实，并确保周期之间的点是真正正常的，而不是异常的，因为显然存在某些或所有表征超过均衡的情况。在这种情况下，可能经济反弹如此之快，以至于几乎没有出现萧条阶段，因此也没有复苏阶段。第二，在这些点满足了上述条件之后，所要做的就是根据每个序列的性质，根据不同的情况，标出最高点或最低点。连接这些点的平滑曲线将呈现出趋势，在这种情况下，趋势不是穿过数据，而是在某些地方与它邻接，在其他地方则偏离它。当然，必须预期外部因素至少会产生一些影响，但按照惯例通常会产生波动，除非经过历史诊断，否则这些影响会打乱周期性模式；必须认识到，这些因素可能而且肯定经常会使整个序列发生永久性的偏移。因此，我们得到的是，趋势从来不是由周期性过程单独产生的，而是由外部因素扭曲的周期性过程产生的。

在四阶段周期的情况下，问题及其解决的原理是相同的，但出现了实际上的困难。例如，在严谨的理论中，价格水平会在繁荣和复苏时上升，在衰退和萧条时下降。但是，即使事实上它总是这样表现，均衡的邻域仍然可能位于波峰和波谷之间的任何地方，显然没有初步证据来假设它应该位于某个位置，比如说中间位置。因此，从时间序列中识别邻域的唯一希望在于，它们的图形可能显示这些邻域内或周围的某些特征性行为。当然，这可能仅仅包括他们假设的一个特定的数值，然而，这显然是不切实际的。但是，均衡位置也可以通过图形的更一般的属性来确定。对这一问题的考虑确实在一开始就给我们带来了很大的麻烦。因为除非我们满足于视觉印象（这可能是最明智和最直接的做法，更何况任何结果，无论如何得出，都必须根据历史信息进行检验），否则我们首先必须进行平滑化处理，以摆脱振幅相同的振动、振幅不同的波动、方向不明确的停顿，以及一些外部因素带来的影响在图中的表现。然而，一旦付出了这些努力，我们只需通过处理平滑曲线的微分特性，就能获得所有的好处，这些微分属性包括每一点的变化率（或更高阶的导数；尽管由于误差的累积，在每一点上走得太远是危险的）。

这个想法是拉格纳·弗里希提出来的。为了说明他的法向点法（Method of Normal Points），首先，我们将跟随他考虑一个经济时间序列的情况，该序列的平滑图可以用一个轴上的正弦曲线来表示，显示一个正的斜率。当然，在这种情况下，对普通的傅立叶分析和其他一些方法是没有问题的。但这也表明，事实上，当曲线经过均衡点的邻域时，它将显示出某些特征行为，即拐点。二阶导数将在这些点处变为零，因为 $\sin n\pi=0$（$n=0,1,2\cdots$）。为了理解这一点的经济意义，我们选择一系列不含季节性和偶然性波动的就业数据，这些数据在四个阶段的周期中移动。显然，可以预期，在经济繁荣期，就业率将以缓慢的速度上升；在经济衰退期，就业率会加速下降；当经济体系开始萧条时，下降的速度将达到最大值，然后就业率以逐渐减小的速度继续下降，直到达到复苏点；之后，就业率开始上升，起初是停滞不前的，然后随着复苏过程的进展而越来越明显，直到达到均衡。当然，所有这些都是高度模式化的，与实际过程的图景相去甚远，但这并不荒谬。无论如何，它展示了我们知道的在起作用的经济因素如何产生这些的模式的行为，这种行为不仅在各阶段之间有不同的特征，而且还表明了邻域之间的不同特征。在这一逻辑的进程中，尽管路上还有许多其他障碍，但是没有任何东西可以阻止我们在这些方面取得的进展。

如果没有经济上的意义，我们甚至可以走得更远（但我们不应该这么大胆），用这种特定的模型作为一种模式，来表达现象的基本特征，并用来比较实际行为。在我们的例子中，如果在历史上可以证明，就业率在真正的繁荣开始时根本没有上升，而在之后的一段时间里却以越来越快的速度上升，那么肯定会有一些理由怀疑这种行为是由外部因素引起的，并开始寻找这种外部因素。如果可以令人满意地确定这种因素的存在，我们可能有同样的权利用一段正弦曲线桥接这段断点，就像考古学家根据废墟和他对寺庙的知识来重建古代寺庙的"真实"形态一样。只有在我们无视历史证据的时候，这些做法听起来才很荒谬，因为，在每一种情况下，历史证据都必须提供可以还原的线索。

弗里希教授毫不费力地消除了该模式中最明显不可接受的特性，即固定周期（the constant period），在法线两侧的偏移量相等，相位的长度也相等。如果在解为正弦曲线的微分方程 $y''+cy=0$ 中，用时间函数 $F(t)$ 代替常数 c，假定为正则且始终为正，得到二阶微分方程的一般形式 $y''+F(t)y=0$。这使得我们处理许多更接近现实的模式成为可能，特别是不再需要假设均衡耦合的作用强度与距离成正比。"高于"和"低于"的偏差在持续的时间和数量上，都可能是相互关联的。然而，与正弦曲线的情况一样，趋势被假定为平滑曲线的引力轴，也就是说，后者总是要将其凹面转向该趋势。同样，这也有一个完全合理的经济意义。从模型的角度来看，确实非常有道理，系统离均衡越远，均衡耦合的作用应该越强，即不均衡带来的收益和损失越大，就这一点而言，甚至对直接按比例关系定义作用强度也没有什么不妥。然而，这只是一种趋势。不管它是如何确立和表达的，它都不会在现实或图表中占主导地位，除非所有其他趋势也反映在其中，特别是企业家的推动和造成外部和内部不正常现象的因素的推动，并以某种方式发挥作用。因此，这种方法暗示了关于这一点的某些额外假设。例如，考虑一个像 $y(t)=t^2(t^2-a^2)$ 这样的函数。图表（读者应该画出来）展示了一个干净周期的图形，跨越 $t=0$。但不仅拐点在应该存在的地方不存在（对于 $t=a$ 和 $t=-a$），而且在周期中存在三个拐点，其中两个（$t=0$ 处的拐点是正确的）在更复杂的情况下非常可能具有误导性。

这个例子只是为了说明基本假设是多么难以满足。在许多情况下，如上文所述，在繁荣和衰退的相当长一段时间内，曲线将凸向轴线。例如，由于预期行为在经济繁荣期得到补偿，在衰退期则被覆盖。在其他情况下，拐点可能不会出现在它们的"真实"位置，或者可能难以定位。这与平滑化可能产生虚假的和隐藏真实拐点的额外困难无关。这就是为什么我们的论述不会发出一般性的建议；为什么至少在目前，在实际工作中采用这种方法。尽管它在许多情况下是成功的，并且具有实用价值，但我们认为它的主要贡献在于它为时间序列分析领域的所有努力提供了基本原理和标准。

同期波

上述分析只是为了说明一个原则，并引出与复杂的周期性运动相关的真实情况。为了简单起见，只包括康德拉季耶夫周期、朱格拉周期和基钦周期，而不考虑上一章第五节中注意到的所有其他类型的波动。由于我们对前面所说的外部因素干扰的影响和消除它们的可能性没有什么可补充的，那么我们可以假设它们不存在，以及不存在或成功地修正了季节性和增长，这样做也是很方便的。当然，作为一个原则性的问题，我们并不假定内部规律性或正弦形式，但在呈现其振幅与持续时间成正比的三条正弦曲线之和的图形（图1）和综合曲线的一阶差分图（图2）时，有一定的作用。然而，这种趋势并不存在，用我们的术语来说，所代表的周期性运动是"干净的"。除此之外，我们可以把这些图看作是对所有最大胆的假设的说明，为了简化描述和构建一个理想的模式来比较观察结果，这些假设是可能的，而且在某种程度上是允许的。特别是，所有的周期都有四个等长的相位，正负波动的幅度相等且恒定，周期也是恒定的，两个较高阶的周期中的每一个都由下一个较低阶的运动的整数和恒定数量的单元组成。对于不了解统计技术的人来说，仅仅由极具规律性的三个组成部分可能导致看起来非常不规则的合成效果，这一事实就应该具有启发性。但这些图片也可以帮助我们形成一个概念，即一些统计方法所强加的那些假设是多么接近或远离现实。

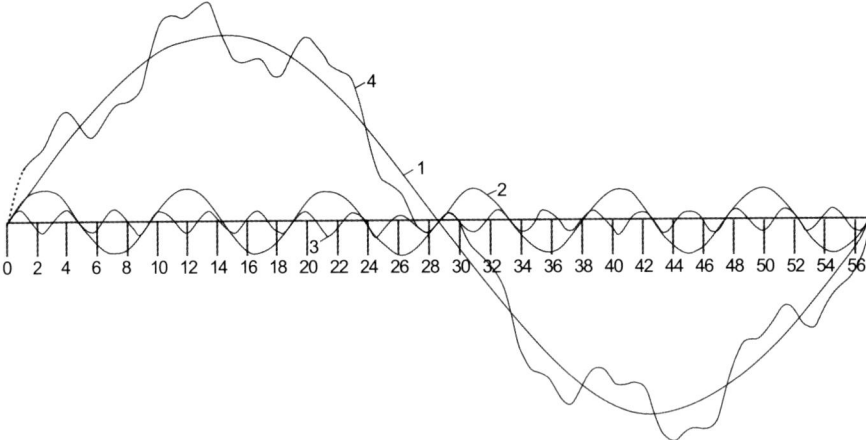

图1　曲线1：长周期；曲线2：中周期；曲线3：短周期；曲线4：1-3之和[1]

———————

[1]　三条正弦曲线的周期分别为684、114和38个月（或57、9.5和3.17年），振幅与周期大致成正比，即18:3:1的关系。第四条曲线是它们的总和。

200

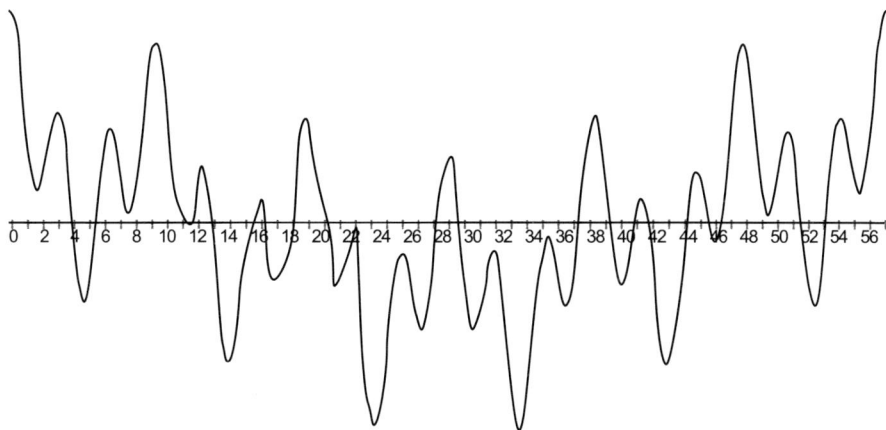

图 2　三条正弦曲线之和的导数 [①]

回想一下，许多可用于分析这种组合的方法，在严格的逻辑上并不适用于在实践中遇到的经济时间序列，但却可能产生历史分析允许接受的近似结果。这一事实再次表明，我们的材料满足了某些规律性的条件，特别是傅立叶和舒斯特分析所要求的条件，比我们在理论基础分析上所期望的更接近。对于我们的领域来说，这也使乔治斯库（Georgescu）博士提出的一种简练的方法变得更加重要，这种方法被用于分析我们的一个序列（图 24），尽管它包括根据概率测试来拟合正弦曲线，在"误差"按照高斯定律分布的假设下，找到已知数量的正弦波动的未知周期的最可能值。同样的事实也为相当原始的检查方法提供了一些支持，即简单地计算我们所看到的，或者通过计算平均周期，除了可以合理地解释在外部因素干扰的情况下，这些平均周期几乎不会与观察结果严重脱节。基钦先生仅仅通过计算他的短周期就取得了成功。他观察到其中两三个周期似乎形成了更高的单元，而在这些单元下面有一种地面隆起，这就很好地说明了这一点。

但我们在此仅限于弗里希教授的法向点法。目前的问题与单周期的情况基本相同，即必须再次确定统计法线的位置，这些法线将被解释为均衡的邻域，

---

①　该图表示周期分别为 684、114 和 38 个月的三条正弦曲线的和的导数（时间变化率）。

201

并可用拐点表示。这意味着继续假设每个周期是一个形式为 $y_n'' + F_n(t) \, y_n = 0$ 的方程的解。该方法现在不会像傅立叶分析那样受到责难，即它可能产生虚假成分。该方法的微分特性实际上避免了这种危险，它依赖于对（平滑）曲线上每个点附近数据的行为的独立研究。显然，任何持续出现的周期性运动都不可能毫无意义。但除此之外，该原则的应用现在还遇到了一些困难。

之前已经注意到，没有理由假设三个周期或不同阶的周期是相互叠加的。虽然通过使用对数也可以处理乘法关系，但目前还不能令人满意地处理一般情况。然而，在目前我们对这一现象的了解中，这并不重要。似乎更严重的是，这个方法只给出了每个周期上的离散点，并没有告诉我们邻域之间的更高阶周期的形状。但从理论的角度来看，可以说，同时进行的周期之间的区别主要取决于邻域，在它们之间的间隔中，没有同样的"现实性"，而趋势在这些间隔中没有现实的意义。从正在讨论的特定方法的角度来看，可以说，即使放弃每个周期在降阶时产生的不可靠邻域，我们依然拥有对每个朱格拉周期的三个基钦邻域，对每个康德拉季耶夫周期的六个朱格拉邻域。如果通过这些邻域来拟合，一方面考虑到两阶段周期的可能性，另一方面考虑到我们关于平滑度和曲率的假设，就不可能与现实有太大的偏差，尽管有时可能对相对振幅的精确值感到怀疑。

对作者来说，这个困难似乎没有拐点的可靠性问题那么严重，拐点的可靠性问题在单一周期的情况下已经被注意到，现在又重新出现。它的背后出现了一个更基本的问题。除了所有阶数的周期的法线重合的情况外，低阶周期的拐点显然不能精确地位于代表高阶周期扫描过的曲线上。因此，即使在理想条件下，由这些点之间的插值得到的曲线也不会追溯到基本的周期，并且穿过复合周期拐点的线也不会穿过最低阶周期的法线。我们在前一章中提出将每个"潜在"的周期视为下一个低阶周期的"趋势"，即后者的法线点的轨迹，这似乎产生了逻辑上的不一致。然而，可以看出，这并不意味着该方法现在基本上成为一种近似方法，这是对统计学的有效辩护，也是对有关理论观点的有效辩护。这个近似是否令人满意，确实必须根据每个案例的优劣来判断，不能一劳永逸地做出决定。如果合成曲线的表面移动是由最短的周期主导的，在消除了短周期之后出现的轮廓是由下一个高阶的周期主导的，依此类推，通过合成曲线的拐点的线，通过连续的剩余部分的拐点的线，每一条线都会表明（尽管没有给出），相对于每个周期运动来说，不完全均衡邻域的状态的位置。这一假设无疑会在许多情况下失效，但这些情况可以从图表中看到，并从行业发展的历史中得到解释。这里出现了微妙的干扰问题，然而，为了本书的目的，我们不需要探讨这些问题。

　　如果除了周期之外，材料中还有其他的波动，弗里希的方法将显示所有的波动，包括季节性波动、锯齿型波动等。如上所述，它比周期图的分析更可靠，因为它的灵活性不容易压制真正的（尽管是不规则的）波动，也不会产生无意义的波动。如果组成部分波动的持续时间相差很大，一个非常简单的图形程序就可以给出良好的初步结果。图3展示了一个示例，显示了季节性和基钦波动。本书中包含的弗里希方法应用的唯一其他示例将在我们讨论价格水平的周期性行为时遇到。

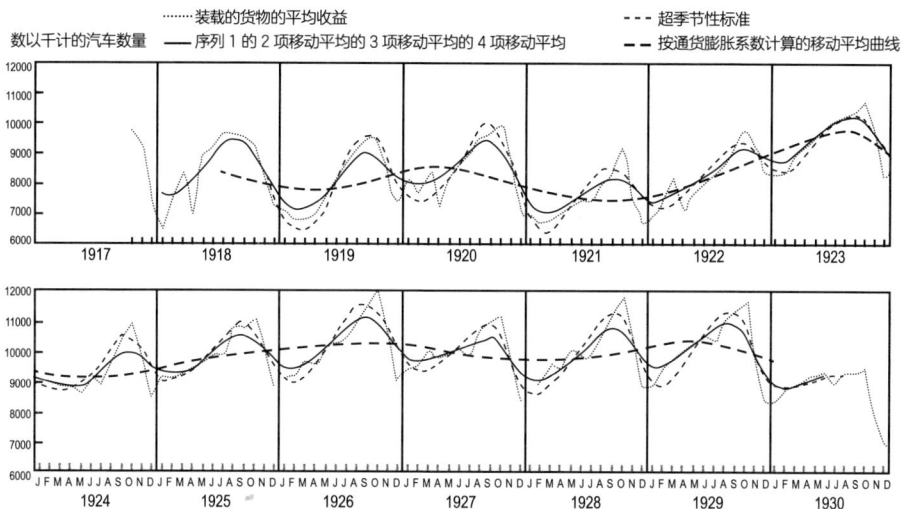

图 3　美国平均铁路运载收入 [1]

---

　　[1]　a. 美国每周平均铁路运载收入；b. 序列 1 的 4 项移动平均数、3 项移动平均数和两项移动平均数以及序列 1 的平均数；c. 超季节性标准。这是一条穿过移动平均线拐点的手绘曲线；d. 序列 2 与序列 3 的偏差乘以"通货膨胀系数"。

虽然这种方法有助于探索我们材料的性质，并在这样做时显示出它的优势，但它仍然不能从其所揭示的所有运动中挑出的那些周期，即基钦周期、朱格拉周期和康德拉季耶夫周期。这只能通过进一步的经济分析来实现，包括理论分析和历史分析。在这方面，该方法确实具有利用均衡概念和周期过程的一些性质来进行统计应用的优点，但除此之外仍然仅限于形式上的分析。它也没有显示出它的实际运作的任何组成部分，而只是显示出被其他因素干扰了。每当我们能够根据自适应机制结构引起的波动的额外认知中构建组件的"真实"形式时，例如目前最接近这个目标的生猪周期，就必须放弃使用这种方法，而采用其他方法。即使在这种情况下，它也可能成为这条道路前进的起点，最终可能远远超出我们目前的视野。

当我们对照处理时间序列的问题时，经济意义原则变得更加重要。弗里希方法对我们的作用是，首先，通过指出位于均衡邻域的每个时间变量的值，将均衡邻域的马赛克拼凑在一起；其次，在它同样表明的走向和远离均衡的阶段或运动中，研究它们彼此相关的行为。同样，正是经济和统计常态的概念的联系使之成为可能，但需要更多的事实和理论材料才能在此之外取得进展。与总体或系统的序列不同，来自个体的序列尤其具有说服力，因为个体序列通常会比整体呈现出更复杂的关系。那么，通过弗里希方法，我们分析单个商品的价格和销售量的相对行为，得到每个周期性的组成部分的总的关系，这是由"沿着需求曲线的运动"，以及周期性和其他"需求曲线的移动"造成的。我们从额外的信息中知道的各种参数，如与周期性变化相关的参数，将不得不被引入传统理论所提供的熟悉的关系中。在这一点上，我们的问题与一个更普遍的问题融合在一起，这个问题似乎在将来会出现。

第六章

价格水平

BUSINESS

CYCLES

需要注意的问题

我们要讨论的第一个事实是价格水平序列，这不意味着在因果关系或表征的重要性方面应该首先考虑它们。商人、政治家和许多经济学家共同描绘了一幅夸大价格运动在周期性过程中的作用的图景。虽然在商人和政治家的例子中，有一些显而易见的理由可以解释这一点，但在经济学家的例子中，只有错误的分析才能解释这一点。"危机是价格的断裂"这一定义本身，还有更多诸如"价格体系的崩溃是萧条的真正原因"的主张，都没有意识到周期是一个过程，在这个过程中，经济系统的所有元素都以某种特定的方式相互作用，没有一个元素可以被挑出来作为原动力。因此，如果从经济数量系统中寻找导致周期性变化的单个元素真的有任何意义的话，并且如果所提到的理论只是强调了一个错误的元素，那么所涉及的错误就会更加严重。

第三和第四章的理论讨论可以清楚地看出，价格运动并不是经济周期中最重要的因素（它们有时是如此）。再怎么重复也不为过，价格走势与经济繁荣阶段并无因果关系；这种繁荣可能（有时也确实如此），始于价格水平的下降；那些"点燃"繁荣的创新，虽然不会诱发价格上涨，但在现有水平上是有利可图的；在现有水平上没有利润的创新是不合理的，就像所有其他因为价格上涨而付出代价的业务一样。但是，价格上涨作为经济体系运行机制的一部分，只要创新是由信用创造提供资金的，并且在理想的充分就业条件下，生产要素被引导到新的就业岗位上，确实创造了额外的利润空间。它们有一种错位的影响，通过诱发失误和纵容无能及不当行为，直接和间接地造成了随后清算期间发生的许多情况，使清算期间变得异常，即转变成萧条。

同样，价格的下降与货币收入的下降不一样，货币收入的下降也与实际收入的下降不一样。为了在经济周期问题上建立一个合理的思维框架，有必

206

要摒弃这样的偏见：价格的普遍下降本身就是一场灾难或必然会产生灾难，如通常由于周期性机制的运作而引发的；价格下降总是意味着痛苦；价格下跌必然会增加债务负担，这将带来麻烦；价格下跌与繁荣的商业不相容；或者价格下跌只是一种不折不扣的罪恶，应该不惜一切代价加以防止，而且可以在不损害资本主义机制运行效率的情况下加以防止。但是，在经济衰退时期出现的价格水平周期性下降，是对繁荣时期所造成的变化进行调整的过程中的一个因素，而这一过程对许多人来说都是残酷的。随着价格的上涨，价格的下跌也成为次级现象的中间原因，它们也可能获得自己的动力，然后以一种不会导致调整但会带来额外干扰的方式移动，特别是在萧条时期。[①]

然而，经过分析让我们相信，至少价格变动的表征值应该是很大的。当然，事实的确如此，但并非我们想象的那样。因为，从常识的经验来看，无论是个别商品的价格（它们必然受到个别行业中普遍存在的特定条件和政策的影响），还是整个世界商品的价格（无论如何衡量）都可以期望与代表工业条件的其他序列或它们背后的过程保持一致的关系。可以肯定的是，大多数价格序列显示了周期运动的痕迹，总体上相当令人满意。但我们必须对个案的预测保持谨慎，并避免对那些实际上只有价格数据时期的周期得出意义深远的结论。

个别价格序列引起了许多复杂的问题。所谓的成品仍有许多实际上解决不了的问题，如质量问题、地方差异问题等。然而，这些序列至少有一个明显的意义。同样的情况也可以在一些限定条件下说成是不同的但却是相关的商品价格的组合，我们将其称为组合价格。每个人都知道促使我们构建汽车或者纺织品综合价格指数的原因。众所周知，这种综合指数可能非常具有误

[①] 区分衰退和萧条时期的价格下跌可能有助于我们达成共识，至少在判断上是如此，但在政策上却未必如此。有如此多的经济以外的因素和对受影响的利益的评价进入了后者，以至于即使在经济论证中达成完美的一致，也无助于对措施达成一致。在经济论证中达成一致，对措施的一致也没有什么帮助。即使是纯粹的经济论证也不能在这本书中得到充分的阐述。然而，在我们前进道路的不同阶段已经并将会对它做出各种贡献。

导性。我们不讨论所涉及的原则问题，这个问题的根源已深入到一般理论之中。我们只谈一点，这类指数可以提供一个不受个别商品价格变动的许多特异性影响的画面，并可能对某些目的有用。然而，这对我们的目的来说是不够的，因为这种指数所掩盖的内部变化可能是最重要的东西。如果创新的结果在这样一组商品中，导致一种商品淘汰另一种商品，那么它们彼此之间价格的变化对于理解它们发生的一个或多个周期的地位是至关重要的。显然，由 1780 年至 1830 年的棉花、羊毛、丝绸和亚麻纺织品的价格组成的综合指数，在研究该时期的经济周期时几乎没有价值。①

但经济学家对价格的总水平的研究提出了一个完全不同的问题。在这里，这件事的真实意义变得令人怀疑，甚至有人怀疑它是否有任何意义。或者不那么激进的是，价格总水平是否衡量了一个确实存在的东西，还是它仅仅是一个统计数字。例如，衡量个别价格的共同变动，或者不一定是同一事物的所有单个价格的变动。② 从杜托特（Dutot）和卡利（Carli）开始的一系列研究者中，大多数统计学家和经济学家根本不关心这个问题，而是基于诸如结果的合理性或荒谬性，以及计算的方便性等常识性考虑，把程序的经济意义视为理所当然。可以说，杰文斯和埃奇沃斯是两个突出的例外，他们在不清楚自己想要测量什么的情况下，就演化出了测量方法并加以应用。这样说并不过分。尽管如此，研究还是取得了进展，特别是通过系统化和分析各种公式之间的选择标准，这一进展主要与欧文·费雪和拉迪斯劳斯·冯·博尔特凯

---

① 此外，应该注意的是，组合价格的指数有时也会以其他方式模糊周期性的情况。我们只需想象这样一种情况，即所有的组合价格都显示出强烈的周期，除了所处阶段之外，其他方面都是相同的。我们有足够的理由来降低由此产生的波动。但是，价格具体的周期性特征将部分地丧失，甚至在有些情况下完全丧失。在一般价格水平的情况下也应该记住这一点，当然，如果不可避免地出现成分不完全同步移动的情况，它的波动幅度会小一些。这是应该的，也不会误导人，只要我们把自己限制在把总的价格水平仅仅看作是一个货币参数。但如果我们把它看作是衡量个别价格波动的平均振幅，我们就会完全误入歧途。

② 商人和代表商业利益集团的代表，当他们谈到价格水平时，大多只指他们自己产品的价格。在一本关于稳定价格水平的可取性的小册子中，作者发现价格总水平被使用了 86 次，但没有一次是指它应该有的意思，或者说没有任何东西可以被有效地指定为该术语的具体含义。

维奇（L.von Bortkiewicz）的名字有关。庇古、哈伯勒（Haberler）、弗里希、列昂惕夫（Leontief）等人还进行了其他方向的探索。但与我们有关的具体问题还存在很多争论，而且在大多数情况下，这些问题陈述得很不完善，因此，我们必须努力陈述和回答这些问题，然后才能根据理论预期讨论我们所拥有的指数的行为，或者利用它们来"纠正"或"放宽"以货币单位表示的个别价格或其他数量。

价格水平理论

为简单起见，设想一个没有货币的孤立社会，其经济生活仅仅包括从原始生产资料（如劳动和土地服务）中生产消费品。这些消费品被卖给提供生产服务的劳动者和地主。货币和信贷①是缺乏和未知的，交换的均衡比率将在所有成对的经济商品之间建立起来。但商品不会有绝对的价格。现在用一个公共单位来表示所有这些比率，例如让任意数量的任意商品的交换价值等于一个单位，比率就变成了绝对数量，我们称之为价格。如果想从这个标准转变为另一个标准，只需用这些价格除以新标准商品在旧体系中的某个数量的价格。然而，我们不需要任何这类商品标准，但可以通过将均衡市场价值的任何组合等于一个任意数字来推导出一个单位。例如，通过判定所有消费品的市场价值总和（价格乘以一个会计期间的销售量）等于 100 单位或 1000 亿。对于每一种商品来说，这将唯一地定义这个本来毫无意义的单位的意义，就像选择一种标准商品一样。显而易见的实际困难与这一论点无关。但是，我们要获得估算和清算单位（"记账单位"）的巨大优势，就必须始终引入一个任意的东西，这既表明商品数量和交换比率制度本身并不决定它，也意味

---

① 事实上，除非货币是由间接交换的标准来定义的，否则在这种情况下许多商品都可以作为货币使用。

着只要同一均衡持续存在，具体的决定就完全无关紧要。另外，如果所有的价格和所有其他的货币量级都能瞬间完美地适应它，那么任何变化都是不重要的。

为了使价格存在，有必要在决定经济数量系统的其他条件中加入社会决策，这种社会决策不需要存在于任何有意识的行为中，这实际上是不可能的。它可能而且在历史上确实是通过一种社会习惯的发展而产生的，这种社会习惯演变成了商品标准这种特殊的、逻辑上相当不正常的情况。这里重要的只是这样一个事实：这种任意的选择，不管它是如何产生的，不管它采取什么特殊的形式，都提供了我们所需要的额外等式，以便唯一地确定绝对价格。如果没有一个单位来表示价格，或者说没有对价格水平的选择，这些价格将是不确定的，因为只有它们之间的关系才是由系统本身决定的。

因此，价格水平或货币参数就像特定人口中特定年龄的新兵的平均身高一样，不是一个单纯的统计总量或平均值，而是一个独立于统计学家而存在的真实事物，并与价格之间的关系有所区别，而价格之间的关系被我们称为定价机制。价格水平与组合指数的性质不同，价格水平不仅仅是其中最全面的指数。毫无疑问，计算的便利性考虑以次要的方式进入了其测量的实际方法，但没有进入其概念。在同样的意义上，不存在加权或平均的问题。对合理性的考虑根本就不存在。为了达到目的，我们必须用一个单一的问题来取代对指数的各种检验，即一个给定的公式是否能够及如何准确地表示该参数的变化。此外，这样定义的价格水平本身并不是一个价格，也不能用供求关系来描述，因为这些类别只适用于个别商品的世界。它还遵循效用或福利，以及所谓的金钱主观价值的考虑，这些可能会对不同预算组合的人产生相反的影响，与我们的价格水平的概念或衡量它的方法都不相关。①

---

① 要记住这一点很重要，因为最近的讨论已经精确地转向了效用方面，以便定义不同时间点的不同收入商品集合的等价性。这种等价性反过来又被用来为货币单位的"购买力"可能发生的变化提供一个标准。从这个观点出发，哈伯勒很自然地否定了任何一般价格水平的存在。但是，所有这些，尽管在其他目的上很重要，在这里与我们无关，在这些方面的争论与我们的目的无关，就像我们的争论与福利考虑无关一样。

这一社会决策决定了当前经济系统均衡状态下的价格水平；但是，只有在一个完全静态的社会中这个价格水平才会保持固定不变。然而，在这种情况下，价格水平的值是多少，这个问题的意义就和潜在的类似问题的意义一样小。在现实中，价格水平一直在变化，而社会决策本身却没有变化。因为实际上经济过程中发生的每一种变化都会影响到经济过程，而极其不可能的是变化的发生完全能够补偿其对经济过程的影响。特别是，如果货币和信贷领域没有发生任何变化，价格水平还是会发生变化。衡量它们的问题不仅有意义，而且明显很重要。这个问题很容易解决，如果定价机制不改变，即如果价格除了比例上的变化外从未发生过变化，我们可以从任意价格的变化中读出价格水平的变化。然而，不幸的是，定价机制也只能在一个稳定的社会中保持不变。事实上，它和价格一样，随着时间的推移而变化。因此，我们在任何时候观察到的任何一种商品的价格，都必须被解释为两个截然不同的组成部分的结果：价格水平和定价机制。我们也很容易看到，在实践中，除非定价机制发生变化，否则几乎不会发生价格水平的变化；如果不强制价格水平发生变化，定价机制也几乎不会发生变化。然而，变化的两个组成部分不可分割地混合在一起，在逻辑上是截然不同的。只要没有在数量上把价格分开，我们就不能理解一般价格或任何单一价格的特定变化。因此问题就来了：既然我们只有实际的价格，接下来的分析该怎样进行？

如果定价机制和价格水平都发生了变化，而所有商品的数量保持不变，那么无论个别商品的价格发生了什么变化，实际支出总额的变化就能准确地衡量价格水平的变化。如果商品数量也改变了，那么严格地说，这个问题就无法解决了。但在这里，差分分析方法拯救了我们。考虑到在相关量级的（平滑）时间序列中通常具有可微性的条件，我们仍然可以在任意给定时刻分辨出价格水平的变化率。为此，我们从 n 种商品的支出开始，它等于任何时候购买的价格 p_i 乘它的数量 $q_i(i=1\cdots n)$，构成全微分（支出变化率）

$$d(p_iq_i)=q_idp_i+p_idq_i。$$

将所有商品相加，如果总支出为 E，因此

$$dE = \sum_{i=1}^{i=n} q_i dp_i + \sum_{i=1}^{i=n} p_i dq_i$$。

dq 是商品数量的增量，或正或负；$\sum p_i dq_i$ 是这些增量乘以"旧"的价格，给出了支出变化中，与数量变化的影响相平衡的那部分，如果系统没有变化，那么支出就必须发生变化才能保持价格水平不变，或者至少价格水平需要发生变化。换句话说，如果支出正好改变了 $\sum p_i dq_i$，那么 $\sum q_i dp_i$=0 时，这部分新的支出总额将保持不变，它不购买新的正或负增量，可以看作是花费在与以前相同种类和数量的商品上。但是，因商品种类和数量不变，恒定支出定义了相同的价格水平。由于同一种商品在同一时间不可能有两个价格水平，价格水平就会和以前一样。因此，对于价格水平发生的变化，$\sum q_i dp_i \neq 0$ 是必要的也是充分的，这个量偏离 0，通过它与 $\sum p_i q_i$ 的关系，近似地衡量了实际发生的变化。

我们看到了这个原理，它把无法处理但普遍存在的情况，即把价格水平、定价机制和商品数量同时变化的情况，减少到数量不变的可处理的情况，这种情况总是隐含在一般情况中，如果变化很小，就可以从其他情况中分离出来。当然，这意味着，解决方案只是一种近似，如果不能将个别价格或数量的变化分解为小的变化，任何基于它的方法都会失效。[①] 这也意味着，只有在相邻的时间点之间才可能进行等级比较；在有限远的时间点获得的事物状态不能直接比较，只能通过所有中间点进行比较。当然，在实践中，距离的微小变化可能被解释得有些不那么严格。用这类指数除货币数量意味着消除货币单位重要性变化的影响，即一个因素的作用使它们的比较几乎毫无意义，就经济生活的真正相关要素、商品数量和交换比率而言，这个因素本身毫无意义。

---

① 因此，在发生突然和剧烈变化的时候，比如极端的通货膨胀，它就会崩溃。然而，它不会因为新商品的引入而崩溃，前提是这些新商品的数量与其他商品相比不会突然大幅增加。这种性质的指数在多大程度上符合费雪的测试，在这里不做讨论。这个问题也与我们的目的无关。但也可以说，它满足了这个理论中保留意义的所有标准。

这就是用"美元现值"表示的项目的"平减"序列的含义。[1]

接下来，必须找出哪些比较知名的公式是令人满意的，或者说从这一理论的角度来看是大致如此的。当然，我们并不关心许多特殊用途的指数，正如读者现在会意识到的那样，尽管"水平"一词总是与它们联系在一起，并且它们的结构可以充分证明它们所要达到的目的，但这些指数与价格水平的衡量毫无关系。

令人高兴的是，我们有了一个非常令人欣慰的发现。最常见的公式一般被称为拉斯贝尔（Laspeyres）公式，这在理论上确实比在实际指数编制中更常见。它比较了两个总量，基准期的数量乘以当期的价格，以及同样的数量乘以基准期的价格。如果用下标 i 表示当期的价格或数量，用下标 0 表示基期的价格或数量，公式是 $\sum p_i q_0 / \sum p_0 q_0$。很明显，经常有人指出，离基期越远，这个公式的偏差就越大。例如，在大多数情况下，月度数据代表"小"区间，如果把每一项作为它的基数（马歇尔首次正式提出的"链式方法"），就可以把每个 $p_i = p_0 + dp_0$，去掉下标：

$$\frac{\sum (p+dp)q}{\sum pq} = 1 + \frac{\sum qdp}{\sum pq} 。$$

这是我们自己的公式。也可以按照帕什（Paasche）的建议，如果按照当时的价格 (p_0) 购买现阶段的数量 (q_i)，将现阶段的支出总额与基期的支出总额进行比较。因此，克努特·维克塞尔采取两者之间的几何平均数（费雪的理想公式）的建议（然而，他只是基于在拉斯贝尔公式和帕什公式之间缺乏选择标准），虽然不完全符合我们的理论，但也可以接受，当然，前提是变化很小。

最后还有一个问题就是要包括哪些价格。如果我们意义上的价格水平是

---

[1]　许多著名研究者对该操作的执行提出了异议。如果他们依赖于现有指数的质量，他们的基础就太好了。如果他们针对的是由于对"平减"的真正含义的不完全理解而得出的错误结论，他们也是有充分根据的。但是，这一操作仍然不可避免，如果理解得当，理论上是正确的。有人给作者指出，用"价格水平"这个术语来表示我们的概念可能会产生误导，这可能是真的。布莱斯（Bryce）先生曾提出"货币参数"这一术语。

一个明确的概念，那么答案就必须来自这个概念的理论。正是如此。我们的公式应该包括家庭实际和恰好购买的所有商品和服务的价格乘以数量，而不是其他。一个非常简单的论证就能确立这一原则 ①。

我们认为，价格水平是对经济价值体系的一个属性的衡量。这个参数来自支出的流动和它所购买的商品的流动之间的关系，从而以特定的方式和为了特定的目的界定了以商品和服务为单位的会计和清算的意义。现在，这种支出的流向，就像它通过几个部门或经济领域。为了目前的目的，我们可以把这些部门或领域减少到四个：消费品"市场"、原始生产资料的（主要是劳动力）"市场"、资本的（主要是原材料和机器）"市场"及收入的所有权的（主要是股票、债券和房地产）"市场"。支出流经所有这些领域，但它的每一个元素在任何时候都不是面对所有的市场，而只是面对其中一个。来自不同领域的项目的组合，或货币流中不同领域或阶段的所有项目的整体，都没有任何意义。在消费品市场上价格的一个方向上的变化不会被在生产品市场上价格的另一个方向上的同等变化所补偿。当然，不同领域之间存在着大量的相互依存关系，潜在支出的单位可以从一个领域转移到另一个领域，但这与计算无关。相关的标准是技术意义上的可替代性。为了得到适当的价格水平数字，我们必须结合所有商品的价格和数量，这些商品在给定的范围内和适当的时间间隔内竞争实际购买的金额，而没有其他任何东西。如果包含的少，我们可能会得到一个变化，这是由于竞争对手的商品之间的价值转移造成的。如果我们把更多的东西包括在内，我们就会因将货币过程的不同阶段缩成一个，从而使我们的结果失效。这就是争论的底层逻辑，然而，它有另一个表面含义，即我们不能包括工资，除了为直接消费的服务支付的工资，因为这将涉及"重复计算"。如果包含"一切可购买的东西"，我们得到的将是一堆毫无意义的东西。

---

① 更全面的讨论将在作者关于货币的书中找到。目前，我们感兴趣的只是原则问题。在实际工作中，由于我们不可能希望包括所有的东西，问题就变成了抽样问题，概率的考虑在这个阶段进入，尽管它们没有进入理论中。

但是，唯一的市场是消费品市场，它详尽地且不仅仅是详细地讨论了货币过程的一个完整阶段，还呈现出货币流和商品流之间的联系。在生产和商业过程的许多阶段，构成"原始"和"生产"生产资料市场的东西都是可以互相替代的，因此，它们的价格组合从来不会仅仅显示出我们的参数的变化。我们也不能把所有生产品放在一起，因为它们没有满足面对一个支出流阶段的条件，而是明显地排列在连续的一组商品中。

就收入的主题而言，大致上有一个特殊的理由排除股票交易所和房地产市场。它们根本不构成基本支出流的一个阶段，而且，正如后面将看到的那样，它们的定价过程与商品和服务领域的定价过程大不相同，即使是为了调查"货币价值"的通常目的，以及从有关价格指数含义的通常理论的立场来看，将重要的权重纳入其中，都会产生无法达到任何有用目的的结果。

实际问题

从战后的材料中建立一个我们认为的价格水平指数（它显然只能是一个指数）并非不可能。即使是战前的信息（在某些情况下长达几个世纪[①]）也可以让我们对价格水平的行为有一个概念，尽管对于微观目的来说过于粗糙。然而这项任务完全超出了个人工作者的能力范围。

在这种情况下，目前我们不得不使用现有的价格指数，并对其进行某些操作，由于各种原因，这些指数与我们希望研究的东西关系不大。如果我们想至少涵盖18世纪80年代以来的时期，有时就必须使用（尽管已尽可能避免）年度和季度指数。这些指数不能为我们最短的周期提供正确的轮廓，也不能为较长的周期提供正确的边界或极值，而且还违反了我们关于间隔必须很小

---

① 当然，在有记录的历史时期，我们几乎都有关于价格的零星数据。关于1780年以前的个别价格的数据，有时可以在长的连续序列中获得。然而，对于这一序列的解释来说，详细的货币历史是不可或缺的。

的条件。缺乏必要的数量数据本身就足以降低一些指数的价值，在某些时候，所有可用的指数都仅仅是最强烈的特征的表示。在某些情况下，数据本身以及所使用的价格报价在多大程度上代表了它们所涉及的国家和时间的真实价格（但往往差别很大），这是值得严重怀疑的。质量的变化往往带来难以克服的困难。在其他情况下，无论从哪个角度看，技术的缺陷都是无法弥补的。但是，实际工作者的古老论点是：无论指数的构造多么好或多么差，都会给出大致相同的图景，毕竟包含了一些真实的元素。对我们来说，它足以证明我们要用它来做什么，只要我们在得出结论时注意我们的步骤即可。

一方面，使用批发价格指数来代替我们自己的理论所要求的零售价格指数，似乎比大多数研究价格指数的学者更有说服价值。尽管已经对前者的现有数据进行了研究，但由于战前零售价格资料不足，我们别无选择，只能使用批发价格指数。使用零售价格指数存在固有的弊端，在不久的将来也没有任何关键的考虑或技术上的完善可以预期克服这些缺点。某些零售价格在短期内具有很强的"黏性"，有些是非常"典型"的。在这里，质量（也包括数量）的变化取代了价格的变化，这一点比其他地方更多。此外，我们很难发现和评估零售商向顾客提供的服务的变化，也很难发现和评估家庭真正购买的那种可估计的和不可估计的综合元素的性质，或者很难跟踪有时是异常、正常和"销售"价格的拐弯抹角方式。零售业并不总是阻碍商品流沿着它的路线流动，但经常作为一个瓶颈。从我们的角度来看，所有这些，无论对其他的目的多么重要，都是对真实轮廓线的扭曲。另一方面，商品的批发价格也许会夸大其词，但它们至少能被描绘出来。斯奈德（Snyder）先生说它们是"投机"的图景，而不是商业现实，这话有一定道理，而且它们肯定有可能显示出高峰和低谷，它们本身对于振幅或确切位置都没有多大意义。但这种特殊的"投机"反映了批发贸易对短期内即将发生的现实的看法，以及在没有许多摩擦、刚性和惰性的情况下事物长期发展的真正趋势。在这里，商业生活为我们做了一件抽象和分析的工作，为了更高的准确度，这些工作只能通过费力和不安全的方法在零售序列上完成。

由于零售价格是成品的价格，它们与相关的批发价格的关系将根据行业的条件和政策，甚至是个别制造（有时是批发）企业的情况而有所不同。我们发现了极其多变的模式，这是非常不容易归纳的。零售价格和批发价格之间的共变性在统计上几乎是独立的，从几乎瞬间的共变性到短期内的共变性都是如此，甚至在批发价格是零售价格的固定百分比的刚性的情况下也是如此。在食品方面（如果不包括深加工产品和品牌类型的产品），我们大概比任何其他情况更接近似乎是（理论上）正常的状态，即零售价格的变化应该落后于批发价格的变化，并且在数值上大致等于批发价格的变化（每相应单位）。无论是对象本身，还是它的一些原材料或半成品，这一规则必须考虑到库存和预期。显然，这意味着零售价格的百分比变化更小。实际上，零售和批发价格指数之间的共变性比我们有依据的预期更有证据。可以确信，批发指数和零售指数分别显示的周期性变化并没有太大的差异，不足以引起读者对前者所要说明或证明的任何陈述的担心。

价格水平序列的行为分析

首先要认识到这种分析使用的是第一和第五章中介绍的术语，即综合的、系统的、主要的、必然的，而且它显示出一种结果趋势。我们要从纯理论模型中形成对其行为的预期，并通过构成进一步近似的限定条件加以修正，然后审视我们的材料并进行比较，最后看看差异是否可以由外部因素或材料的缺陷来解释，从而令人满意。由于这些因素和缺陷显然在任何时候都很重要，在某些时候占主导地位，且经济进程是"内部不规则的"，因此，以任何其他方式制定我们的任务都是很不合理的。我们必须从一开始就为相当大的差异做好准备，而我们所希望找到的只是经济进程的痕迹。这就是为什么作者认为不能太重视"精确的时间"，特别是与周期性过程中的其他因素相比，价格水平变化的领先或滞后必须非常一致或非常重要，才能在经济学家工作的环境下具有真正的意义。

对纯理论模型的期望是如此明确,以至于除了在第四章中所说的之外,再详细说明这些期望是多余的。在信用创造的压力下,价格水平应该在繁荣时期上升,而在纯理论模型所体现的条件下,这不会被产出的增加或"速度"的下降所补偿,以及不会在自动通缩和产出的增加超过其在之前的繁荣中的上升的压力下的下降中得到补偿。我们知道,通过逐次逼近的方式引入额外的事实确实会降低这些预期,但不会扭转局面。在均衡附近存在失业的资源就是这些事实之一。但是,第二次近似值所带来的最重要的区别是,用四阶段的周期代替二阶段的周期,增加了价格水平在萧条中继续下降的预期,而这种下降的预期应该在复苏中得到纠正。然而,这并不意味着经济复苏将使价格水平完全恢复到萧条初期的数字。即使是萧条也可能(但复苏总是)通过增加产出来继续萧条后面的进程。在较长的周期中,增长也会自我维持。因此,通过萧条和复苏的迂回过程所达到的均衡水平,一般来说会低于该系统开始之前的均衡水平。还应注意的是,由于萧条基本上是不稳定的,在每一种情况下,复苏能得到多大程度的修正是一个事实问题。

特别是在康德拉季耶夫的长周期中,由恐慌和螺旋上升引起的短期波动所起的作用非常小,以至于在康德拉季耶夫周期的复苏中,至少在其绝对值上,与变化率相比,没有同样的理由期待价格水平的上升;而在较短周期的复苏阶段,则有同样的期待。第三个近似值引入了三周期模式,干扰现象的存在影响了人们的预期,从而使情况变得复杂。任何给定周期的任何给定阶段都会受到其他同时进行的阶段的影响,并可能被它们完全掩盖甚至逆转。牢记这一点是很重要的。因为有些经济学家,特别是那些持有货币周期理论的经济学家,可能认为我们的预期太明显了,不值得一说,而其他经济学家则否认这些预期是由事实所证实的。这些人可能指出的事例,虽然不是全部,但大多是由于忽视了康德拉季耶夫效应。[1]

图 4、图 5、图 6 和图 7 显示了事实在多大程度上符合这些预期。图 4 显

---

① 上述内容仅指否认价格上涨与评级提高、价格下跌与评级降低的关联。如果这些作者只是想淡化价格水平的因果作用,我们当然在很大程度上同情他们。

示了三个国家的价格水平变化率，它们之间的相似之处与不同之处一样有趣。在其他三个图中，读者可以看到价格水平的图（以对数为单位）——批发价格指数——本身及产出指数的图，我们认为代表流通媒介的图，以及某些利率的图，这些将在后面的章节中讨论。图表作者的工作室，已经养成了将这些图称为脉冲图的习惯。这样做的原因很明显。尽管作者对总量理论的解释价值不以为然，尽管他对这些图的四个组成部分的参考值要求很高，但他们还是对经济过程的时间进行了粗略的描述，并且在某种意义上总结了我们必须通过分析来解释的东西。另外，就其本身而言，图 5 是完整的：四条组成曲线中的任何一条都不能被遗漏，但从逻辑上讲，没有其他的曲线是必要的，以表达在总量的变化中的含义。如果作者必须构建一个商业指数状况，这就是他要提供的东西。

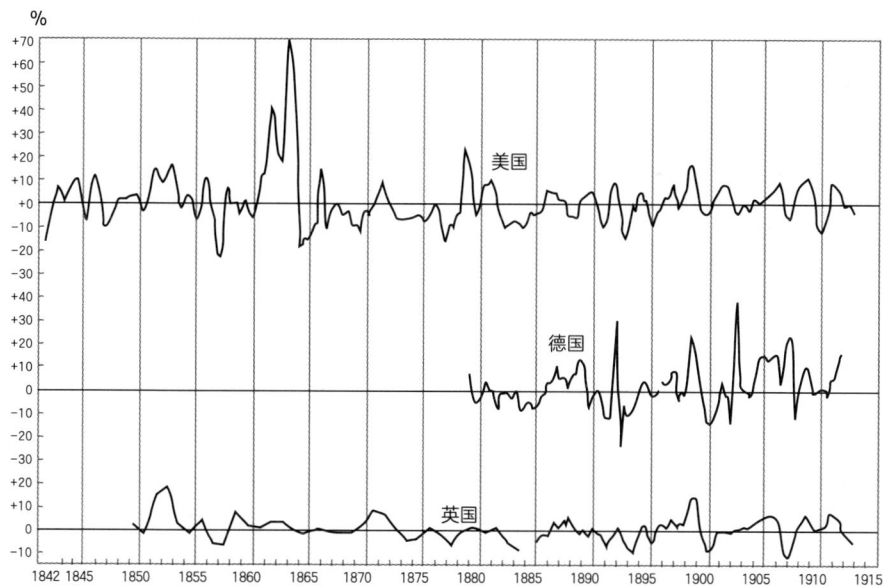

图 4　价格水平百分比变化率

当然，首先要寻找分析过程导致我们预期的结果趋势。因为在所有周期的降阶过程中，如果没有其他周期的相反阶段的干扰，价格水平的下降必须超过其升阶过程中的上升，所以资本主义的演变产生了价格下降的长期趋势。这种下降的结果趋势体现了资本主义机制将工业改进的成果扩散到广大公众之中的方法，也是具体的资本主义"富裕之路"的特征。毫无疑问，这是一种不符合逻辑的方法，它记录实际收入增长的方式可以比喻为通过保持英寸数不变而增加英寸的大小来衡量一个孩子的成长。我们还可以设计出其他的社会核算方法，这些方法可以达到同样的效果，而不会每次都造成经济系统滑向萧条的危险。然而，经验表明，无论是资本主义本身还是与之相关的社会制度，其中包括民主制度，都不能有效和相对平稳地工作，除了在价格下降的趋势下。[1]

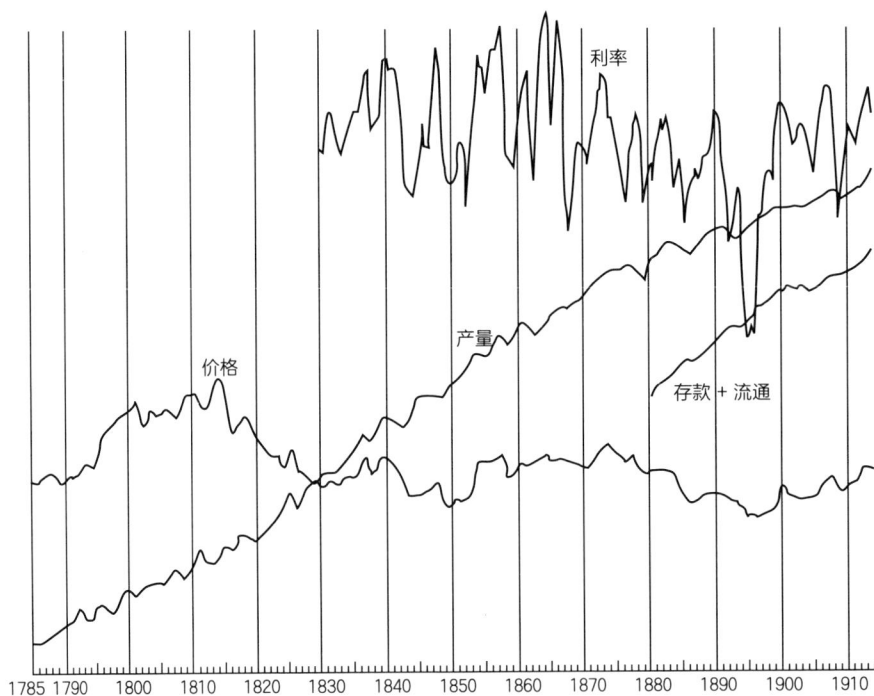

图 5　英国战前"脉冲图"

---

[1]　这种说法的依据是，所有在政治上可行的替代方案都带有其他影响，这些影响以这种或那种方式倾向于破坏系统的运作。然而，应该再次记住，上述内容并不适用于萧条时期的价格下跌。

图5、图6和图7中的价格水平曲线实际上显示了一种下降的描述性趋势。[①]
尽管这种描述性趋势是我们图表中留下的结果趋势，但前者并不代表后者。
两者因外部因素的影响而不同。政府的通货紧缩从来都不足以抵消相应的政
府通货膨胀，在我们涉及的主要国家和时期，这些通货膨胀主要是（虽然不

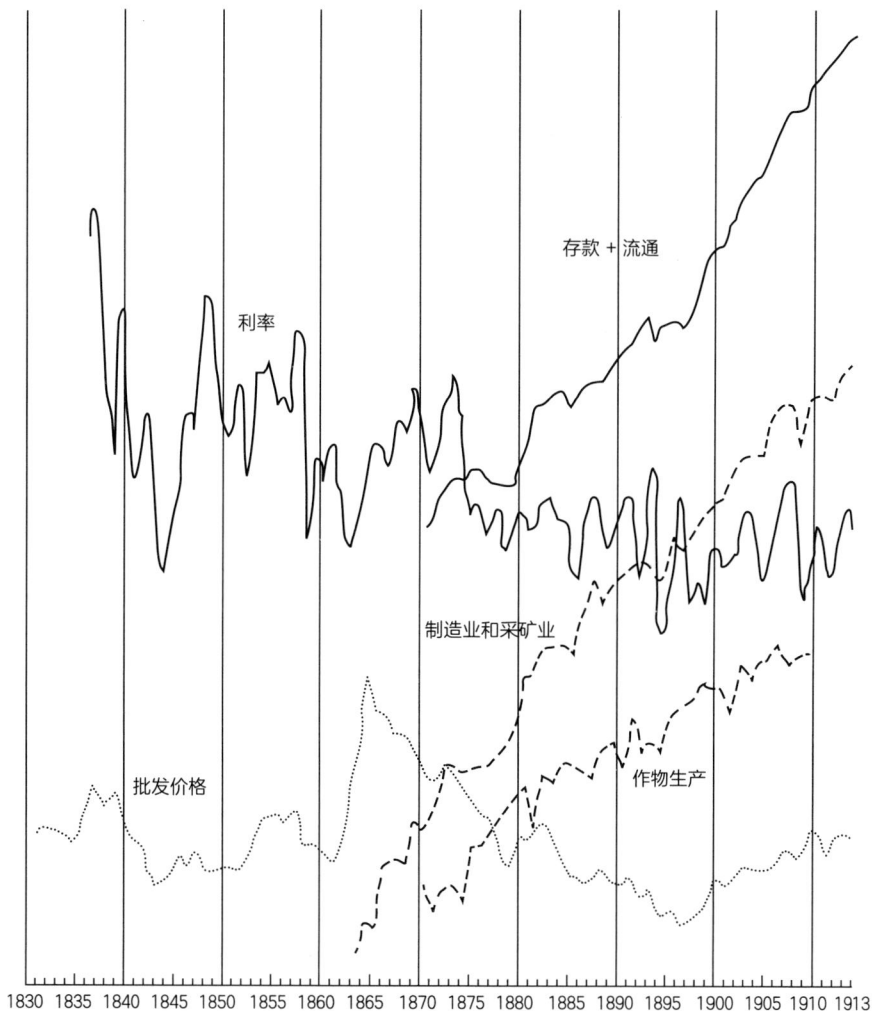

图6　美国战前"脉冲图"

---

①　在零售价格中，特别是如果我们把租金包括在内，它就不那么明显了。据说，无论怎样构
建的指数，都没有成功地消除或扭转它。当然，把工资包括在内是很不正确的。

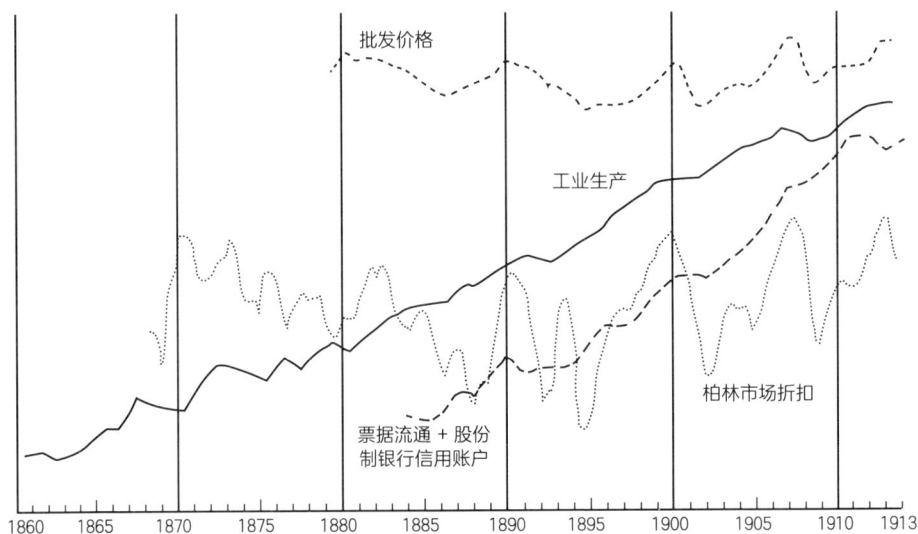

图 7 德国战前的"脉冲图"

完全是）拿破仑时期和美国内战时期的通货膨胀。一方面是白银的去货币化，另一方面是澳大利亚、加利福尼亚和南非黄金的发现，这肯定产生了一些影响。随着黄金产量的增加，银行存款业务开始扩张。在某些情况下，保护主义和资本移民也是价格上涨的原因，或者防止了本来会发生的下跌。从理论上讲，货币收入总额的描述性趋势应该衡量所有这些外部因素的净影响。然而，不幸的是，演化过程本身不仅倾向于带来我们的纯理论模型所描述的经常性的存款扩张和收缩，而且还带来在连续的近似值中所考虑的那些持久的扩张，其结果是货币收入将显示出一种长期的增长趋势。因此，这些扩张成为经济进程的一部分，我们不能指望用所提到的方法作为一种手段，将结果趋势与其他因素的影响分开。此外，还有其他原因。支付习惯的结构性变化也是由经济进程本身引起的。货币黄金供给的增加不能被视为一个完全独立的因素。政府的通货膨胀和通货紧缩及作为其组成部分的政策，除了影响收入之外，还对经济有机体产生了许多其他方面的影响。这里提出了一个非常有趣的研究计划。然而，可以说，至少对我们国家来说，外部因素的净影响是抵消而

222

不是加强结果趋势的影响的。

有理由认为，外部因素不仅影响结果趋势，也影响价格水平序列的周期性行为。此外，我们的图形根本不能准确地表达价格水平，甚至不能正确地衡量它们可以期望衡量的东西。这些事实在周期的情况下可能比在长期趋势的情况下更能体现出来。最后，系统中总是有很多"闲置的设备"和就业不足的情况，有很多因素的作用空间，以至于每个周期性阶段对价格水平的影响可能出现得很慢，而且很容易被后一个阶段的影响所掩盖。同样应该清楚的是，这并没有使我们的分析失效。

就康德拉季耶夫周期而言，一些读者可能会认为，证明那些长期的价格上涨和下跌时期的存在是一种浪费，这些时期足够明显，而且乍一看与该长波的升阶和降阶大致相符。事实上，为了证明这一点，我们所需要做的只是看一下脉冲图，或者把美国、英国和德国的批发价格指数的 9 年移动平均数（图 8）进行对比。然而，单纯定价机制的变化不会影响价格水平，但确实会影响价格指数，这一点再怎么重复也不为过。因此，个别价格除了具有合理的影响外，还可能获得不合理的影响。

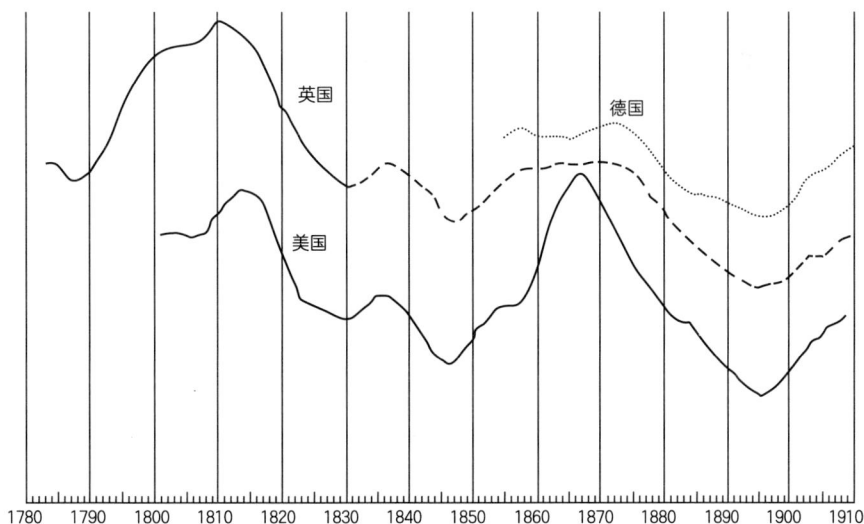

图 8　价格指数的 9 年移动平均数

我们看到相当平滑的波浪线，显示出两个长度大致相等的单元和第三个单元的开始。图 9 呈现出类似的情况，给出了通过对在第五章中讨论过的弗里希的方法进行简化的自由改编处理的美国批发价格的变化。回顾工业史提供的证据，我们将把 1843—1897 年这一时期与通常被称为工业革命的过程联系起来，最大值的高度和位置显然受到拿破仑战争的制约，但这并不能证明什么。英国的最大值（西尔伯林指数，Silberling index）出现在 1814 年[①]，之后由于政府财政正常化导致的"通货紧缩"，叠加在我们理论上应该预期的自动通货紧缩上，可能在大约 6 年内使画面变得不清晰。我们不能通过使用黄金价格而不是纸币价格来消除这种干扰，因为黄金价格也会受到通货膨胀和通货紧缩的影响，也会受到通货膨胀和通货紧缩只是货币外衣的事件的影响。就英国而言，价格水平数字在 18 世纪 80 年代没有上升，可能是由于我们的材料不完善造成的。许多重要商品价格上涨的新证据指向了这个方向。在美国，如我们所见，受革命及其后果的影响，康德拉季耶夫周期的开始是值得怀疑的。[②]

图 8 中我们在 9 年移动平均线图中观察到的第三个较小的驼峰带来了更微妙的问题。这种波动的出现本身并不令人惊讶，也不能证明有违三周期模式，因为它可能只是一种叠加的效果（见图 1）。但对于属于康德拉季耶夫恢复阶段的朱格拉周期来说，其振幅之大出乎意料。此外，根据一些指数，价

---

① 吉尔博伊夫人给出的是 1818 年，但由于她使用的是收获年，所以实际上没有什么区别（1936 年出版的《经济统计评论》）。就像杰文斯的理论一样，我们应该预料到最大值会提前出现，更何况英国的战争金融在世纪之交后，虽然有复发，但却稳步发展，尽管西尔伯林先生的数字与此不尽一致。熊彼特实际上证实了国内商品的价格从 1800 年开始下降，这与我们的周期性模式相吻合（1938 年出版的《经济统计评论》）。必须记住，在法国大革命战争之前，每年从西班牙流入南美的贵金属超过 700 万磅，后来开始下降，1825 年约为 500 万磅，1829 年只有 400 万磅。

② 斯托克（Stoker）先生谈到了战后持续了 8 年的萧条。这几乎不符合历史证据（见史密斯与科尔 1935 年出版的《美国商业的波动，1790—1860》）。但是，现有的数字确实没有表明 1792 年之前价格水平的上升。克兰道尔（Crandall）的波士顿价格"特别"指数确实从 1788 年开始上升，但它只包括糖蜜、朗姆酒和鱼。正如我们所看到的，1790 年的情况是繁荣的，之后立即变得剧烈繁荣。汉密尔顿的政策虽然有利于繁荣，但却不利于价格的上涨。此外，原始环境提供了大量未充分利用的资源。

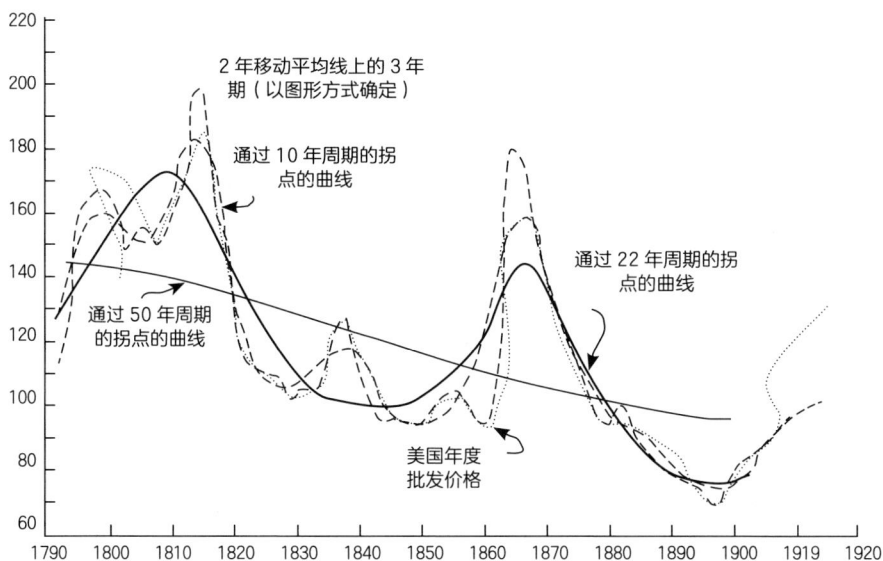

图 9　美国年度批发价格及移动平均线[1]

格水平一直下降，直到 19 世纪 40 年代，远远超过了第二个康德拉季耶夫周期的繁荣崛起的日期。我们在历史讨论中也遇到了同样的困难。当然，这很可能意味着我们的模式设计有误。但是，图表作者倾向于认为，过于"激进"的银行业务无疑是 30 年代美国和英国的一个突出特点，它加剧了康德拉季耶夫周期最后一个朱格拉周期的繁荣，并诱发了异常激烈的投机浪潮，这反过来说明了异常严重的萧条，以及第二次康德拉季耶夫周期开始时的就业不足。这种解释在适用于价格水平时似乎特别合理。正如绍尔贝克（Sauerbeck）本人所指出的那样[2]，政治问题同样合理地解释了 1848 年至 1851 年的进一步下降。这在朱格拉周期过程中是完全正常的。此外，在价格水平下降最明显的英国，引入自由贸易肯定对价格产生了一些影响，皮尔法案可能对信用创造

---

① 原始数据（点）是 1790—1920 年美国的年度批发价格。

② 因此，康德拉季耶夫本人将第二次长波的时间定在 1849 年。然而，我们的观点得到了斯皮托夫的权威支持，他的 1842—1873 年回收率的标准，从我们的角度来看是完全有效的，即繁荣的年份（他计算了 21 年）与萧条的年份（10 年）相比，前者占主导地位。

产生了一些限制性影响，事实上它的目的就是如此。如果我们必须得出一个结论，那就是主要的周期性因素由于各种抵消情况的组合而未能按照预期的方式行事。它并不妨碍我们意义上的繁荣阶段的开始和运行，这一点在任何情况下都是清楚的——英国的铁路狂热就明确地证明了这一点。

某些指数的行为似乎为这种解释提供了一些支持。在德国，19世纪30年代的驼峰虽然不是没有，但比英国和美国要少得多，价格在1845年开始上升（见柏林研究所的新指数）。在法国，可能从1843年年底开始，或者至少从1844年年初开始，价格水平急剧上升。对于美国，科尔（Cole）教授的38–商品指数（38-commodity index）（1926年4月《经济统计评论》）给出了1836年的最大值（130）和1842年的最小值（72），之后的上升一直持续到我们找到朱格拉周期（1847年）的转折点。沃伦（Warren）教授和皮尔逊（Pearson）教授的所有商品指数在1843年达到低谷，然后开始上涨。他们的金属和金属制品及建筑材料的指数也是如此。把这描述为一种增加的趋势似乎也不无道理，但在上述情况下就相形见绌了。

我们发现，所有三个国家（根据法国统计局的指数，法国也是如此）的指数，在19世纪50年代中期出现了一个高峰，这个高峰可以被确定为一个完全规则的康德拉季耶夫周期的转折点。但是，在1858年左右，除了法国以外的其他国家，我们预期应该会继续下降，却因为较短周期的繁荣而被遏制，至少在整个康德拉季耶夫周期的衰退和萧条阶段都是如此。到1863年左右，朱格拉阶段的复苏和繁荣说明了这一点，当时德国的价格水平实际上开始下降。这个转折点一年后发生在英国，两年后发生在美国（如果以黄金价格为标准）。这一点不能反映价格的上涨，英国和德国的价格上涨发生在1870年至1873年，而德国的黄金和货币价格在1871年和1872年上半年都有适度的上涨，这为援引黄金生产的影响来解释与预期相反的走势提供了唯一的机会，尽管在其他方面，这种影响可能加剧了由不同因素独立引起的趋势。然而，我们应该明白，那些信任图形形式属性的经济学家把从1849年到1873年的整个时间

所 有 商 品 ⋯⋯⋯⋯⋯⋯⋯⋯⋯⋯⋯⋯⋯⋯⋯	1849，1851（相等）
材 料 总 量 ⋯⋯⋯⋯⋯⋯⋯⋯⋯⋯⋯⋯⋯⋯⋯	1848，1949（相等）
食 物 ⋯⋯⋯⋯⋯⋯⋯⋯⋯⋯⋯⋯⋯⋯⋯	1851
玉 米 等 ⋯⋯⋯⋯⋯⋯⋯⋯⋯⋯⋯⋯⋯⋯⋯	1851
动 物 食 品 ⋯⋯⋯⋯⋯⋯⋯⋯⋯⋯⋯⋯⋯⋯⋯	1850
糖、咖啡、茶 ⋯⋯⋯⋯⋯⋯⋯⋯⋯⋯⋯⋯⋯⋯⋯	1848
矿 物 ⋯⋯⋯⋯⋯⋯⋯⋯⋯⋯⋯⋯⋯⋯⋯	1851
纺 织 品 ⋯⋯⋯⋯⋯⋯⋯⋯⋯⋯⋯⋯⋯⋯⋯	1848
杂 物 ⋯⋯⋯⋯⋯⋯⋯⋯⋯⋯⋯⋯⋯⋯⋯	1849

见 1886 年出版的《皇家统计学会杂志》第 648 页（*Journal of the Royal Statistical Society*,1886, p.648），10 年移动平均值在 1848 年触及最低点。然而，绍尔贝克指数并不是理想的指南。

段视为一个长期的升阶。既然我们可以很容易地解释那个高峰——重复一下，除了高度之外，没有任何不规则的地方——而且既然反应如此迅速和严重，那么从 19 世纪 50 年代中期开始，基本趋势是向下的论点也许不是不可辩驳的。如果是这样，那么随之而来的对形式化分析方法的价值的影响就真的令人沮丧了。价格水平继续下降，不仅经历了萧条阶段，而且经历了康德拉季耶夫阶段的复苏，尽管对所有的国家来说是以递减的速度下降，在德国这种下降到 1886 年几乎消失了。因此，康德拉季耶夫周期的复苏再次未能带来价格的恢复。原因在本节开头已经提到。第三次康德拉季耶夫周期的崛起在德国是明显的，而且特别正常（1897 年）。

我们可以总结说，历史上记录的经济变革的巨大波浪显示在价格水平的行为中，但这种联系是如此不完美，以至于基于它的判断或预测非常不可靠。由于我们认为造成这种不完善的干扰因素的存在和其充分性，在每一种情况下都可以从独立的历史证据中得到证实，因此不应根据我们的模型来记录事实。其中，货币失调是迄今为止最重要的，特别是造成突出峰值的原因。但是，是否对黄金因素进行了公正的处理，这个问题再次出现在我们面前。在第四章第五节中已经处理了它在经济周期的因果关系中可能起的作用问题，剩下的就是它对价格水平的因果关系的重要性问题。

古斯塔夫·卡塞尔（Gustaf Cassel）倡导一种久享盛名的观点，即价格水平由黄金产量与产出主导；或更一般地说，由经济活动主导。这有助于重新开始讨论。他比较了1850年和1910年的世界黄金存量，其年份与绍尔贝克指数的年份大致相同。他得出的结论是这两年间黄金库存的平均增长（2.8%）是"正常的"，因为它足以保持价格水平不变；并将黄金的实际数量与正常数量的比率的变化与已经发生的价格水平变化进行比较，推断到1800年。约瑟夫·基钦考虑了印度、中国和埃及的囤积，将黄金存量限制为货币性黄金存量，将这一个数字纠正为3.1%，即黄金库存的平均增长达到3.1%才是正常年的增长率。拟合度得到了极大的提高。与价格水平的变化相比，该比率的变化显然在可取性方面具有优先权。即便如此，该方法还是不无意外地受到了负面批评。[①] 此外，有人可能会认为，存款银行业务的增长肯定缓解了1873年后黄金的"稀缺"，以及1896年后金本位制地区的扩大和过多的黄金。在能够自信地谈论这些问题之前，还必须做很多进一步的研究；但为了我们的目的，我们不需要去研究这些问题。为了论证的需要，我们会同意比我们认为应该同意的更多，并接受黄金对价格水平的影响提供的现有证据。这并不意味着价格水平的康德拉季耶夫周期波动仅仅是由于黄金产量的变化引起的。相反，很明显，根据该理论，价格水平是货币黄金存量（顺便指出，货币黄金存量更多的是商

---

① 读者可以在弗拉基米尔·沃伊廷斯基（W.Woytinsky）的《国际价格上涨作为摆脱危机的一种方式》中找到对该方法的阐述和辩护，菲尼（Phinney）先生在文章《黄金生产和价格水平》中对反对该方法的情况进行了很好的介绍。另见塔克（Tucker）先生在1934年出版的《经济统计评论》中的论文《黄金与价格》。拟合度甚至比该方法的发起人所声称的还要好，因为他们没有考虑到白银在20世纪上半叶发挥的重要作用。在那里，在内插值范围内，拟合度不太令人满意。沃伊廷斯基先生忽视了这一点，他试图通过假设在那段时间内较小的进展速度来改善拟合程度，以便拉低实际和正常黄金供应之间的比率曲线，直到它穿过价格水平的曲线。但这种"修正"的必要性不大。

业状况的函数，而不是总的黄金存量）和商品产量变化的结果，而且后者的变化反过来又来自我们的工作过程，无论黄金的产量如何影响经济，除非它恰好是补偿性的，否则康德拉季耶夫周期的痕迹一定显示在价格水平图上，尽管或多或少被黄金产量干扰了。

　　尽管人们有理由反对使用移动平均线，但我们将采用9年平均线的离差，以便对朱格拉周期有一些了解。图10展示了移动的结果。尽管在振幅上存在着特有的差异，但在作者看来，这三个国家的情况都相当突出。在英国和美国（但我们可以肯定地断言德国也是如此），其中六个周期是图表所涵盖的唯一完整的康德拉季耶夫周期。读者应该把它们标记出来，并就试图衡量平均振幅的问题形成一个观点，记住康德拉季耶夫周期从哪阶段上升到哪阶段，以及它们在每种情况下所下降的阶段，并把结论建立在这种平均数上。顺便提一下菲利普莱特先生（Philip Wright）的实验，该实验的内容是将连续的项目关联起来。实验发现彼此相距9年或10年的商品的相关性最高。这些相关系数的值很低（9年的系数为0.40，10年的系数为0.35），该实验程序或过程还有待公开探讨，但这个结果与我们的研究结果很吻合。另外，应该注意到，对时间序列应用相关分析的一些反对意见在本案例中并不成立。威尔逊（Wilson）教授的价格周期图只显示了在109个月的时间内，驼峰并不令人满意，但其他驼峰也发生在大约两倍和三倍于此时间长度的时期，这可能很重要。[1]

　　可以参考图10和图4，以了解基钦周期的情况。毫无疑问，朱格拉周期中存在着较短的波动。似乎也很清楚，每个朱格拉周期大约有三个这样的波动。它们的振幅非常不规则，有时仅仅是曲线上的一个弯折就能显示出来。然而，

---

　　[1]　朱格拉周期似乎不受康德拉季耶夫阶段的影响，但朱格拉阶段的持续时间可能会受到影响。也就是说，在康德拉季耶夫周期繁荣时期，繁荣程度可能不仅更明显，而且比康德拉季耶夫周期的繁荣期更长。这就是斯皮托夫教授所观察到的。作者更愿意说，在前一种情况下，经济衰退看起来更像是繁荣；而在后一种情况下，更像萧条，并且不强调持续时间的差异。但这只不过是表达同一事物的另一种方式。

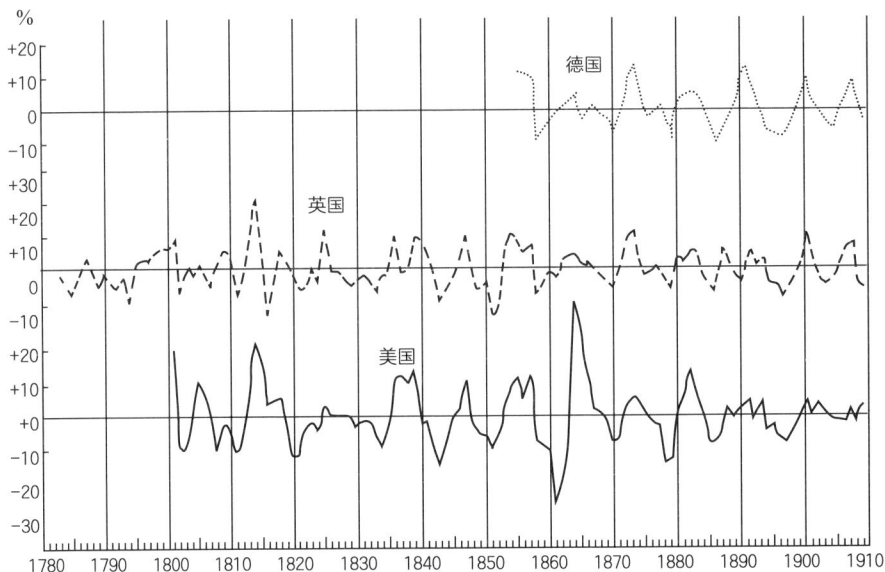

图 10　价格指数与 9 年移动平均线的百分比偏差

这总是可以用基本周期的影响来解释，如上所述，这可能会使曲线变得更加平缓。它们的周期不那么不规则，也不偏离平均水平。

组合价格：共变的显著事实

　　一系列价格的指数与我们在前面几节中讨论的完全不同。当然，我们不反对把它称为价格水平，但它不是系统本身或货币耦合的一个参数特征。一方面，无论统计学家的行为如何，它都不是"真实的东西"，它的存在和它的呈现都归功于统计学家的行为。另一方面，它仍然是一个价格，受制于普通的价格逻辑（如果组别不是太大[①]），并且应该简单地被称为综合价格或相

　　[①]　如果它太大了，马歇尔的供求机制就失去了意义。我们仍然可以谈论综合价格，但那时只有最粗略的流行意义附着在供应和需求的概念上，而且它们将不再承受现代的改进。

对综合价格，视情况而定。在最有利的情况下，除了在谈论不完全同质的商品的"价格"或例如成品钢的综合价格时总是隐含的问题外，此事并不涉及其他问题。在其他情况下，目标是将具有某种共同特征的商品的价格组合起来，而不试图找到任何可以被解释为综合价格的东西。我们将从这个角度来看待组合价格（Group Prices）的指数。

一种情况是我们熟悉的纺织品、金属和金属制品的价格指数，或者如果与需求有关，也可以用建筑材料的价格指数来说明。另一种类型由诸如敏感价格组之类组成，这些组成在美国和德国的预测研究者中被广泛使用。这只是根据经验发现的比其他价格波动更剧烈的价格的集合。它有一个有用的目的，但对我们来说，批发价格指数是相当敏感的，可以用一句话来否定这一组合，即它与一般指数的背离提供了迄今为止相对最成功的价格分散的周期性变化的度量。耐用的和短暂的、国内的和国外的、垄断的和非垄断的、原料的和加工的、基本的和其他商品的、食品的和非食品的价格指数，是应用可以公平地称为独特分析方法的例子。区域组合价格确实是价格水平。然后是生产者和消费者的商品价格之间的巨大差异，只要把生产者和消费者的商品价格都作为随机样本来看，它就接近于定义货币的整个过程。

最后，我们可以用适当的权重，将原材料价格指数与设备价格指数和建筑成本指数的组合，以及根据每工时产品的变化进行修正的工资率指数结合起来，就可以得到一个成本指数，并将其与成品价格指数进行比较。但是，除非在这个项目上投入大量的资金，否则就会出现严重的错误导致可信度不高，因为我们在任何情况下都可以从原材料价格、工资等价格指数中单独推断出来这些结果①。至少在战后，在构建工资商品价格指数和生活成本指数方面取得了更多的进展。

在周期中，适当选择的组合价格可能会显示出彼此之间的特征性变化。当然，学者们也是这样做的。这些变化可以通过将所有变化除以一般价格水

---

① 当然，问题是不同的，这取决于是否希望建立一个生产成本（或一般经营成本）的"社会"指数，目标是否为特定行业制定成本指数，或者更恰当地为特定关注点制定成本指数。

平的指数[①]而得到,并可用于衡量某些类型的周期性价格分散和不均衡的程度。它们对更精细分析的更高的近似值,以及对周期性情况的任何数量上的精确描述都相当重要。图 11 足以说明我们想说的一点,读者也可以很容易地用大家都熟悉的其他这类图表来补充。首先打动我们的不是曲线反映的趋势。相反,突出的是共变性,与共变性相比,所有在形式、振幅和周期上的差异,以及滞后都明显是次要的。[②] 让我们暂停片刻,考虑一下这个广泛的真理,虽然只是广义的,但却始终如一地坚持自己。

从我们对经济演化的周期性过程的分析来看,的确,周期不能令人满意地被描述为使系统内的结构关系不受影响的聚合性运动。这个过程的实质是它重新塑造了该系统的结构。但是对组合价格的周期性行为的比较并不一定表明这一点。我们把上面提到的所有价格划分为三类。第一类,我们把那些由商品之间的亲缘关系构成的组合价格归入其中,如纺织品、电器等的组合价格;第二类是由具有共同的组织或营销特点的商品价格形成的组合价格,大规模工业或垄断工业的价格就属于这一类;在第三种情况下,我们把由经济过程中不同"阶段"的成分组成的组合价格归入其中,生产品和消费品就是典型。

现在,我们将预期,无论是在较短的周期中还是在长周期中,第一类组合价格将根据它们是否被在每个时间间隔内碰巧正在创新的行业的价格所支配而表现得不同。这的确有许多限定条件。一开始,新商品缺乏一种比较标准,用来描述它们的相对行为。只要创新出现在高度的完成品中,价格变化很容易打破纪录,这既是出于统计原因,也是因为这种创新往往导致以相同的价

---

① 这种做法很常见,特别是为了表达农业产品的"购买力"的变化(德语的 Agrarschere 一词,没有很好的英语对应词),例如见康德拉季耶夫《工农业产品价格动态》(《社会科学档案》第 60 卷)。在事实和一些结果上,作者完全同意他的观点。上述内容甚至可以被认为是对他的一些发现的解释。然而,不应忽视这种方法的明显危险性,特别是在应用于群体时。

② 如果按照一些研究者的说法,我们把股票的价格 [如哈佛晴雨表的 A 曲线(A-curve of the Harvard Barometer)所代表的] 看作是实际资本的价格,情况就不同了。但对作者来说,这似乎是完全不允许的。

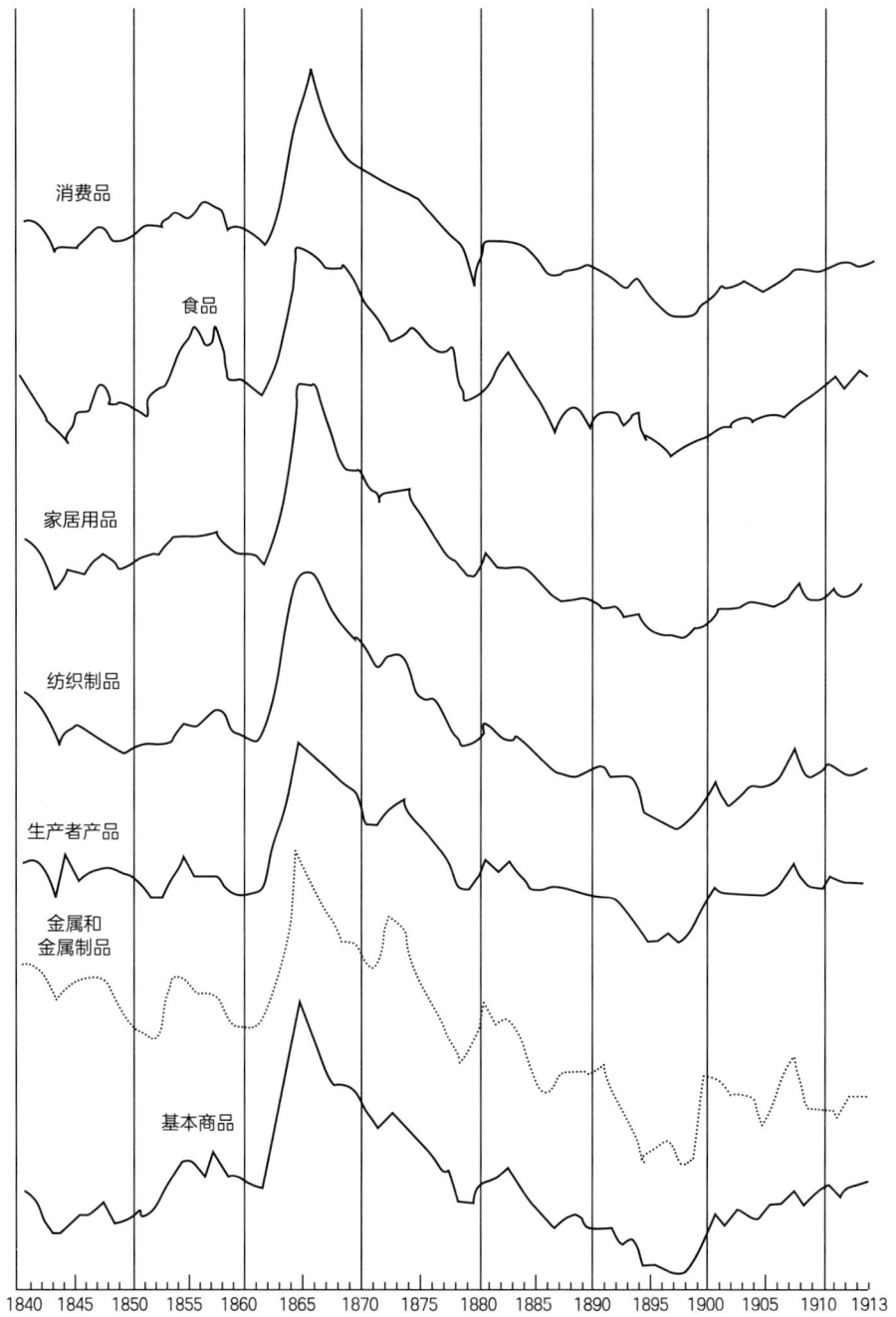

消费品

食品

家居用品

纺织制品

生产者产品

金属和
金属制品

基本商品

1840 1845 1850 1855 1860 1865 1870 1875 1880 1885 1890 1895 1900 1905 1910 1913

图 11　美国的组合价格

233

格提供更好的质量。即使在创新确实影响报价的情况下，这种影响在很大程度上也会因为分组而消失。此外，在大多数情况下，创新会对其他价格及创新行业的价格产生作用，而且企业家活动会从一个行业转移到另一个行业。因此，必须分析它的影响①，特别是它对价格水平的长期影响，而不是对组合价格的影响。由于这些原因，组合价格会倾向于相互"追赶"。但我们仍然可以期待创新能够展现出来，事实也的确如此。如果读者检查一下斯奈德先生的图表，他不会发现很难将化学品和金属或（在19世纪70年代末和80年代）燃料和电力的组合价格的性质与创新联系起来，或者将建筑材料和皮革的组合价格与（相对而言）缺乏创新联系起来。我们可以很容易地举出更多引人注目的例子（例如19世纪初的纺织品，20世纪初的电力）。农产品的组合价格不但没有与这一原则相矛盾，反而巩固了这一原则的证据。农产品在生产和运输方面都有很多创新，但两者都为美国的出口打开了欧洲市场，因此完全符合我们的观点及一般理论的是，美国的这一组合价格并没有下降多少。在英国它下降了，在德国则没有，这当然是由于19世纪70年代末开始的对农业的贸易保护。

第二类组合价格的周期性行为是由每个群体的成员所具有的共同属性的周期性影响所决定的。垄断定价是这种属性的一个例子，并说明了这样一个命题，即它们主要影响对周期性过程中活跃因素影响的反应（见第八章）。

但在第三类的组合价格中，我们将期待基本的共变。企业活动影响系统中的特定方面，包括繁荣时期生产者支出的增加，以及繁荣末期和衰退期生产者支出在数量或速度上的减少。其影响将在整个系统中迅速显现。特别是增加的工资，在繁荣中会被迅速花掉（虽然是次要的，但相当重要，将在以后阶段被注意到），在乐观预期的影响下（在许多情况下，由于消费者信贷

---

① 应该强调这一点。许多经济学家习惯于争论，仿佛创新只影响相对价格（事实上它直接影响），并仿佛因此价格水平的变动与它毫无关系。但很容易看出，这些运动不能被视为个别价格的独立组成部分。

的随时可得）支出甚至可能超过实际收入；而悲观的预期则可能导致消费者支出的减少超过实际收入的减少，一旦萧条开始就会如此。因此，没有理论上的支撑认为消费品价格必须始终或必然或明显地落后于生产品价格，也没有支撑认为它们应该在前面。根据我们的理论（第四章第一节），我们更应该期待经济有机体的所有部门朝着同一方向进行几乎同步的运动，而在一个大国，差异更多是区域性的，而不是"阶段性的"。这是从对这一类组合价格的研究中得出的最重要结论。这些事实并没有给那些关于特征序列将遵循周期机制的观点提供多少支持，尤其是关于储蓄将"购买力"从消费品转移到生产品的理论。①

这并不意味着对同步平行的偏离是不重要的或无意义的。它们在前两类组合价格中更为重要，但在第三类中并非没有。如果没有这样的偏离，那将是最令人吃惊的，因为每组价格结合了如此不同的行动和反应模式。如果结果所有的百分比变化都是相等的和同步的，那将非常神奇。但问题是，我们不能对这些差异一概而论，这些差异的根源在于进入每组的单个商品的特殊性和每个周期的条件。因此，这些差异一般对周期的基本机制没有什么启发。读者可以从我们的图表中看到，生产品价格综合指数虽然显示出与消费品价格综合指数基本相同的节奏，却显示出更大的振幅，而且一般来说也有一些波动②。

---

① 值得一提的是，对本书提出的分析模式的许多错误解释之一是，很多人认为，消费品的价格应该是首先下降的，是造成"麻烦"的原因。这是对以下主张的完全误解：最终，周期性的演变过程意味着所有阶层的实际收入增加，这主要通过价格水平的下降传递给他们的。

② 在生产品和消费品价格之间进行系统比较的最早尝试之一是米切尔的尝试（见《劳工统计局公报 173 号》）。1890 年至 1918 年米切尔的尝试为上述情况提供了实例：生产品批发价格的广泛波动足够明显。它们在 1894 年之前急剧下降，而到 1895 年则低于消费品价格；然后在 1896 年上升，而消费品价格仍在下降。在经历了一次挫折后，它们与消费品价格一起上升，在 1898 年超过了消费品的价格。1903 年和 1904 年，当消费品价格下降时，它们并没有下降。1909 年，消费品价格上升，而生产品价格开始下降。1913 年的情况也类似。但是，即使就生产品价格可以说是领先的，强调购买这些商品的人作为一个阶级具有更广泛的预见性，而不是强调他们在生产过程中的地位这一事实，会更符合现实。

这并不完全是由于与最终消费者的需求有较大的距离，最终消费者的需求实际上是相对稳定的，但在周期性阶段的过程中会有相当大的波动。有些原材料在到达家庭之前只有很短的路要走，但其波动程度不亚于其他一些距离很远的原材料。比如说，消费品价格的相对稳定，在很大程度上是由完全不同的因素造成的，即消费品价格即使不是零售价格，也是比生产品组合包括更多的品牌和服务的物品。因此，我们不能过分相信单纯的消费距离，还要寻找其他的解释，比如耐用性，这也是金属和金属产品组合价格剧烈波动的原因。当然，企业家的需求对这方面有明显的影响。但它也影响到对劳动力的需求，从而影响到消费品，而且没有任何令人信服的理由可以先验地假设一种影响一定比另一种强。从我们的周期性过程模型的角度来看，这在很大程度上是偶然的。[①]

虽然这些考虑说明，事实上它们是为了反对那些假定组合价格之间根本不存在系统关系的理论，或者没有像它们为了证明这些理论而必需那样明确主张，但它们没有说明，也没有打算说明，反对一些"内生"或"自生"理论所珍视的主张。即随着繁荣的推移，经营成本日益侵占了利润。我们认为，这本身并不是对繁荣转为衰退的一个令人满意的解释。我们也不能接受所有被列为坏账损失的相关要素。例如，坏账造成的损失在拐点之前或独立于拐点之外几乎没有变化。但我们并不否认这一机制的作用，它确实构成了我们模型的一部分。正如第四章中所指出的，许多"旧"企业从一开始就会被劳动力、原材料、信贷等成本的上升所困扰。而一旦企业家活动开始放缓，大多数"旧"企业（事实上是所有没有从企业家活动中获得超过其份额的支出的企业）就会陷入困境，即使不考虑"新"工厂直接竞争的影响，以及在成

---

　　① 因相关行业的特殊性而产生的协变，也是食品和原材料运动的突出特点。在这里，如果有的话，我们是否应该期望消费领域的邻域能够表现得比较明确（不管在任何地方，我们都应该期望消费领域的邻域得到确认），因为对食品的需求肯定比对其他东西的需求在周期上要稳定得多。这些邻域的点确实表现得很明确，几乎没有达到方向不一致的程度，此外，这些情况都可以用与周期性过程无关的情况来解释。例如，见绍尔贝克食品和材料指数。

品的情况下经常出现的提高由习俗、商业政策或公共机构固定的价格的困难。正如米切尔教授所表明的，对许多行业来说，这将导致原材料的购买价格高于产品的销售价格。然而，这与生产品和消费品价格的相对运动只有很小的关联。

第七章

实际产量与就业量

BUSINESS

CYCLES

单一产量和综合产量

如同价格的情况一样，我们有关于生产、运往工厂的原材料、运输、出口、进口、有担保的抵押贷款、支付的消费税、出售给消费者的消费品（有时等于生产量加上进口量减去出口量）等数据，这些数据可以直接获得，也可以通过活跃的纱锭或纺纱厂工人、高炉开工小时数等指标间接反映出来。[①] 这些数据在战后时期非常多，大约从 1870 年开始就相当丰富，而我们对更遥远的过去的追溯也在稳步增加。许多数据是按月甚至按周提供的，可以说所有这些都意味着，至少大致是一个确定而真实的东西，不需要借助理论来解释。当然，有些限定条件是必要的。一些现代资料和许多较旧的资料是不可信的，或至少是不准确的，如早期对作物或生铁产量的估计，或在一个走私频繁的时代和情况下的进口数字等。一些数据则引起了计量单位和可比性的问题。

质量或地域等方面的变化使人们对许多数据的价值产生怀疑。来源和编制方法的变化带来了虚假的中断和波动。理论家不禁会提出什么是商品、什么是生产要素、什么是国家等问题。这对于实际的目来说，具有不好的预兆。诸如在颁发建筑许可证的情况下，其含义本身就令人怀疑。如果我们从衡量一种原材料的一个阶段的数据中得出关于另一个阶段的结论，如从铁的使用数据中得出关于工业设备的相关数据，从小麦的生产中得出关于面包的结论，或从来自进口或出口的数据去推断关于生产的结论，那么我们不仅犯了严重的错误来误导读者，而且还掩盖了周期性运动的基本特征。此外，个别商品在消费者预算和生产模式中的作用和效率的变化，本身就是周期性过程结果的一个重要特征，如果不结合行业和技术的历史来研究这些数据，就会导致

---

① 根据当时的生产，纺织业比较具有代表性；根据目前的生产状态，则一般用工业用电量来反映。——译者注

错误的解释，因为只有行业和技术的历史才是其存在意义的关键。另一项关于组合商品的价格和数量的研究项目的展开，完全超出了单个工作者涉及的范围。

如果从相互关联的商品组合中形成综合体，如将食品、家具、设备、纺织品组合在一起进行分析，就会出现一个问题，这在一定程度上与谈论一般的煤或一般的咖啡的数量所隐含的问题不同，这一点是不可避免的。一堆羊毛和棉织品的意义可能比一堆铁和草莓的意义要小。在最适于分析的情况下，特别是在分析固定比例的互补性产品和竞争性产品的情况下，以及在这些情况之外，甚至可以将确切的理论意义归于某种商品组合。然而，我们不打算讨论这些问题，而只是根据事物的常识，将我们限制在这样的讨论中，即如果这些综合体的所有组成部分由于其在经济有机体中的地位而都受到相似的外部因素和内部因素的影响，那么这些综合体就会获得额外的合理解释。有必要记住，与组合价格一起，综合体可能会严重掩盖关于经济演变的周期性过程的基本事实。

但总产出的概念缺乏类似的含义或解释。它已经成为经济分析中的重要概念，并被"认可"。这一事实并不令人欣慰，因为这种认可被不加批判地延伸到它身上。这个问题比价格方面的相关问题更令人怀疑。在价格方面，我们至少能够发现和定义提供价格水平指数含义的商品范围。在总产出方面，实际上不存在总产出这样的实物形式。不管出于何种目的，总产出是一个虚构的指数，与价格水平不同，如果没有统计学家来创造它，总产出根本不会存在。我们似乎确实面对着一个无意义的堆积物。

有三种方法可以克服这一困难，尽管没有一种方法完全令人满意。第一种方法的优点是简单。第一章已经提到将一些序列的项目固定在一起，这些项目所衡量的东西可以被认为是表明生产活动的变化，特别是周期性的变化。所有的量的序列都有一些"系统性"的意义，但是那些我们决定称为系统的量序列比其他量序列具有更多的"系统"意义。然而，这些序列有严重的局限性。即使这一时期的统计数据比实际情况要好，但对于比诸如朱格拉周期更长的时期来说，甚至经常在更短的时期中，就业数据都会产生严重的误导，即从理论上讲，永远不能假定就业率与产出量成正比（见第四节）。被废除的吨位计量，对英国来说并非毫无价值，它可能会遭到反对，不仅是因为单位的意义在变化，国际贸易的重要性也在不断变化，而且还因为它把一吨煤等同于一吨留声机的唱片。类似的困难也存在于铁路货运数字的使用上，如安装的马力的计量。当然，生铁的消费量虽然没遭受批评，但如果我们对周期性波动的历史知识进行检验，会发现它在战前的表现非常令人惊讶。因此，我们将立即呈现生铁消耗的序列和变化率的序列，见图 12 和图 13。

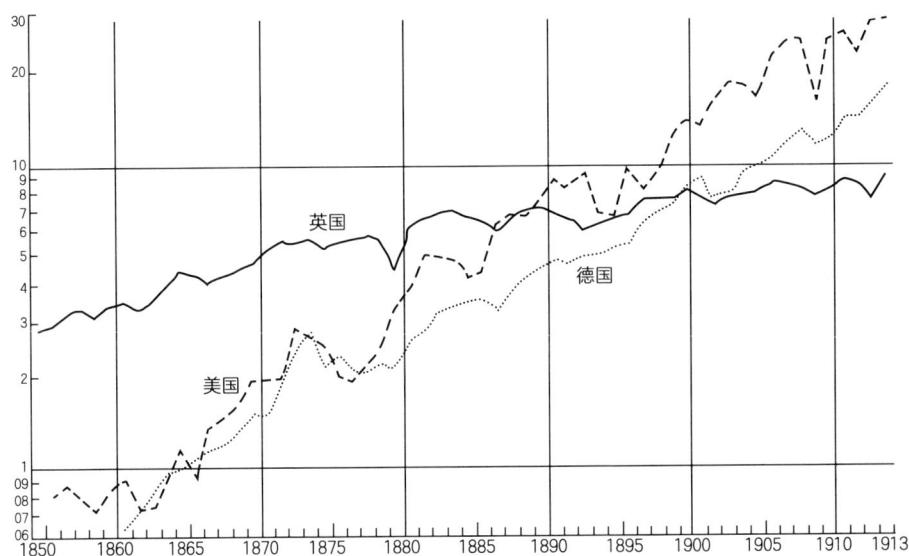

图 12　生铁的消耗量

图 12 中曲线的趋势是生铁消耗的趋势。没有给出总产出的趋势，因为用生铁代表的生产设备的产量比制造总产出的其他要素增长得更快，甚至也没有给出"实际"总投资的趋势。此外，生铁不能表现总产出的周期性变化，因为消费品生产的周期性变化与设备生产的周期性变化不成比例或不同步。但是，设备生产的波动（在这个时期，钢铁并不像现在这样大量进入消费品

领域），在所有三个周期中都表现良好。这一点在朱格拉周期中尤其明显，几乎不可能在任何其他序列中如此工整地被标记出来，读者应该在这里做标记并使用这个结果作为参考。这三条曲线在某种意义上相互解释。美国的曲线是最令人满意的，显示出了严格的梯级，它在 1875 年到 1885 年提出了一个问题，我们只要看一眼英国和德国的线条，就知道如何解决这个问题。这个问题被美国的线条在 1885 年到 1892 年这一段中清除掉了。这三条线在平均振幅和总体特征上的差异，很好地揭示了这三个国家经济发展的脉络。作者认为，基钦周期在图 13 中表现得非常清晰。毫无疑问，有些读者不会同意。对于可能的反对意见，我们只能回答说，拒绝把性质如此相似、标志如此明显的波动视为一个独特的类别似乎是一个错误，仅仅因为它们没有显示出一种根本不存在于现象中的规律性。图 14 是为了说明其他具有超过平均系统重要性的序列能在多大程度上提供同样的服务。

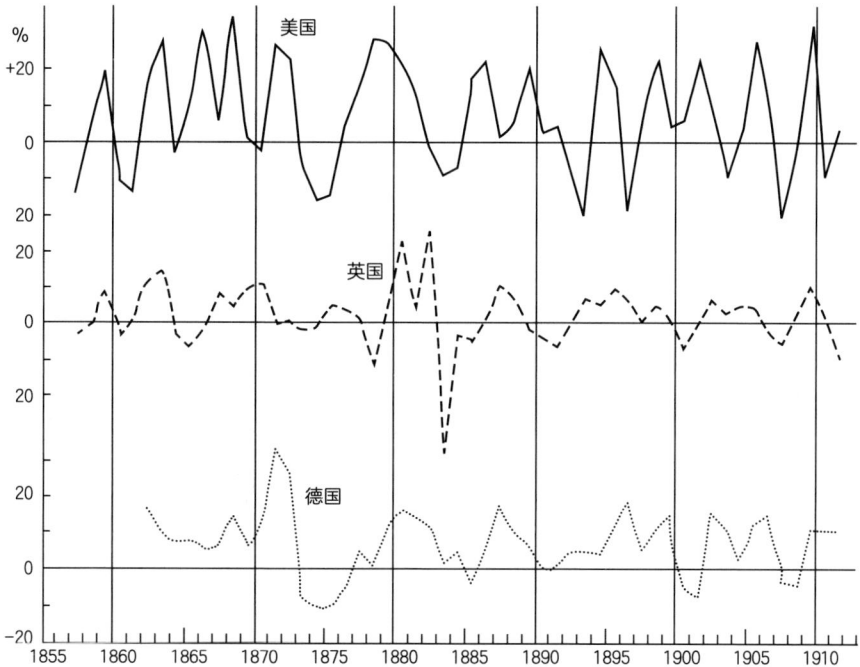

图 13　生铁消耗量的百分比变化率

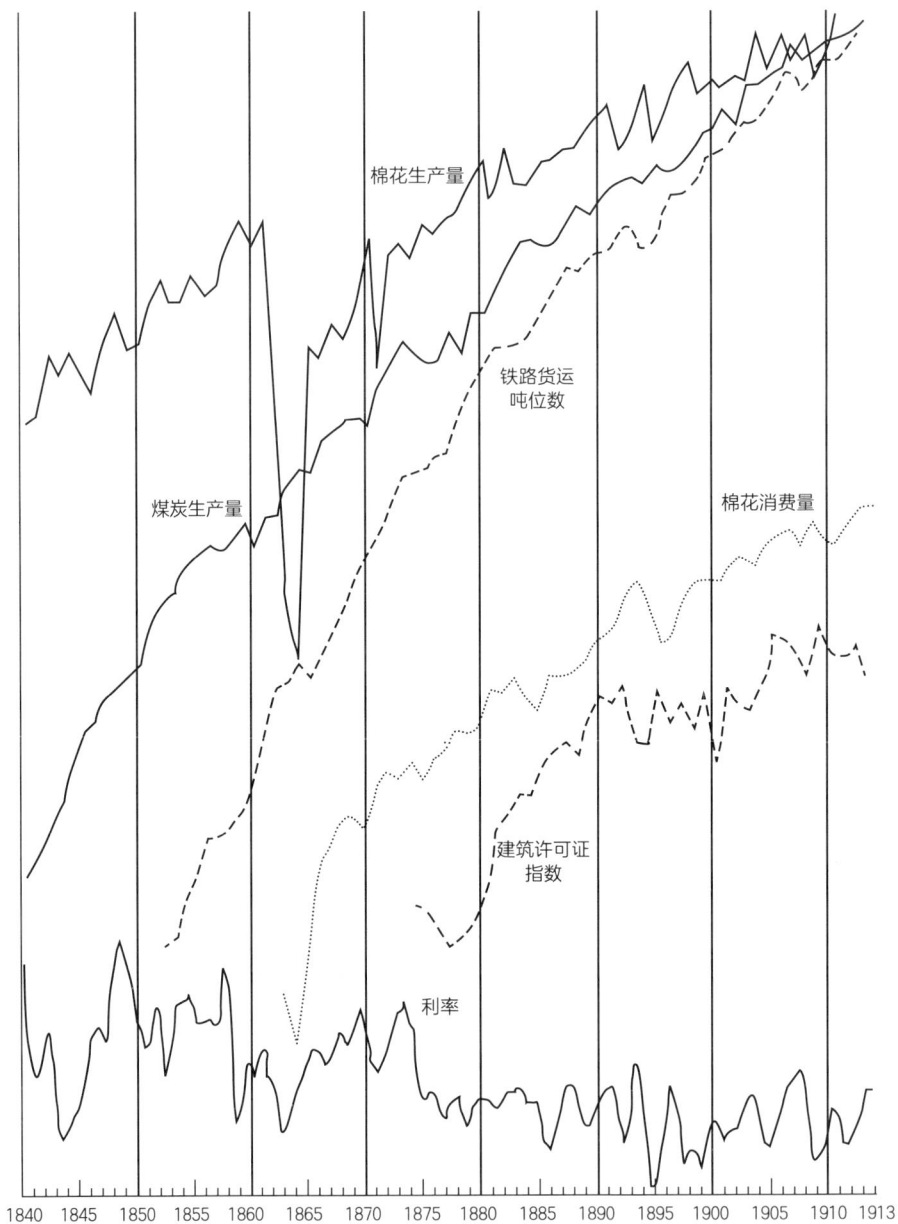

棉花生产量

铁路货运
吨位数

煤炭生产量

棉花消费量

建筑许可证
指数

利率

1840 1845 1850 1855 1860 1865 1870 1875 1880 1885 1890 1895 1900 1905 1910 1913

图 14　美国不同行业的产量和消费量

其次，可以把任何综合体的"实物量"（physical volume）的变化定义为经价格水平变化修正后的以美元计算的量值的变化。值得注意的是，其结果仍然是一个价值，而不是一个真正的实物量，正如我们根据价格水平的定义所期望的那样，使其成为一种平均价格。这里的标准不是价格，而是一个纯粹的数字。因此，"通货紧缩的美元数量"只是一个代表价值的数字，其中货币参数变化的影响已被去除。然而，这有明确的意义，这些修正的数字在某些方面可以被当作实物量来对待。应该注意的是，为了实现这一点，有必要用一个近似于我们标准的概念的指数来缩减，而不是用其他的指数。例如，一个专门构建的指数，只包括那些进入特定综合体的商品的价格，其权重相当于这些商品在综合体中的相对重要性。我们不关心后一种程序是否有其自身的意义。重要的是，这个含义是不同的。

总产出的货币价值（不幸的是与其他项目一起）反映在外部清算中，即消费品总产出的价值，反映在私人收入总额减去储蓄和从收入中支付的税款中。当有这两个数字或者至少其中一个时，我们可能会试图通过货币贬值来解决手头的问题。我们不主要依赖这种可能性的原因将在稍后讨论清算和收益序列时显现。无法克服的理论顾虑不是其中的原因之一。但是，尽管我们大胆地把知道的东西作为一个层级的序列，尽管在使用清算和收入本身的情况下也同样大胆，但我们不愿通过将两者结合起来，即使是在统计方法方面的各种其他反对意见之外，因为这样会使错误累加。

第三种方法是，从单个数量序列中构建一个指数，以表明生产或消费的商品总量的变化（严格来说，服务和自愿休闲也应包括在内）。每个人都认识到，生产、消费和库存的数量应该分别结合起来，并且不能回避这些单独的指标，但每个人都接受了所有东西的组合。主要贡献者都倾向于使用美国制造业增加值或英国净产品价值（其中包括生产过程不同阶段的产品），来衡量个别产品的相对价值，或根据某些趋势和季节性变化来调整相对价值。但是，在不能获得这些值的情况下，有些人又回到了其他相对重要的标准上，例如雇用的工人、工资总额、安装的设备功率等，他们不会在理论上为这些标准辩护。这种指数的理论形式很容易推导出来。就是将价格水平的拉斯贝尔公式（参见第十章二节）：$L_p = \sum p_i q_0 / \sum p_0 q_0$ 更改为明显等价的表达式

$L_p = \dfrac{\sum \dfrac{p_i}{p_0} p_0 q_0}{\sum p_0 q_0}$，其中 $p_0 q_0$ 的值在分子中，现在用作相对价格的权重，并形成

数量的类似表达式，即 $L_q = \dfrac{\sum \dfrac{p_i}{p_0} p_0 q_0}{\sum p_0 q_0}$，表示按价值加权的相对数量，但不是按附加值加权。就像之前在价格的情况下所做的那样，$q_i = q + dq_0$，并去掉下标，我们得到了

$$L_q = 1 + \frac{\sum p dq}{\sum pq}。$$

这就是支出中那部分实际相对变动的指数，正如我们之前所说，$(E+dE)/E$，它通过数量的变化对价格水平的影响进行了平衡，为了保持价格水平不变，支出必须改变。

因此，我们又得到了一个剔除货币参数变化影响的价值数据。由此可见，这种方法不过是价值平减方法的一个变体。在本质上，它们的目的是相同的。然而，它不仅避免了因清算数字的性质而产生的困难，也避免了货币贬值过程中的误差累积。而且在理论上优于后者，因为它从逻辑上遵循理论上的推理，从体现价格水平理论的方程中得出自己的意义，由于这一事实，绝不会产生荒谬的结果。如果回顾一下第四章定义的创新对商品流的深度和广度的影响，我们就会立即看到，这个指数在何种意义上实现了关于经济周期中产出变化的观点。它并不衡量字面意义上的实际产出，而衡量的是通过引入经济维度而转化的实际产出。在这里，有一种论点是，通过选择要列入的商品来考虑到商品世界的结构。但是它只是在重复我们在讨论水平指数时关于这个问题所阐释的内容，仅做了适当的变更，因此我们不打算继续发展它。

工业总产出的趋势分析

与价格不同，生产或消费的数量是每个时间要素的产出率。它们在周期过程中的变化既是主要现象的一部分，也是次要现象的一部分，在这两个范畴内，对某些现象来说是结果性的，对另一些则是原因性的，最重要的因果作用的方式是新产品的实际或预期发布与从繁荣到衰退转变的关系。总产出指数构成一个综合的、系统的和周期性的趋势序列。

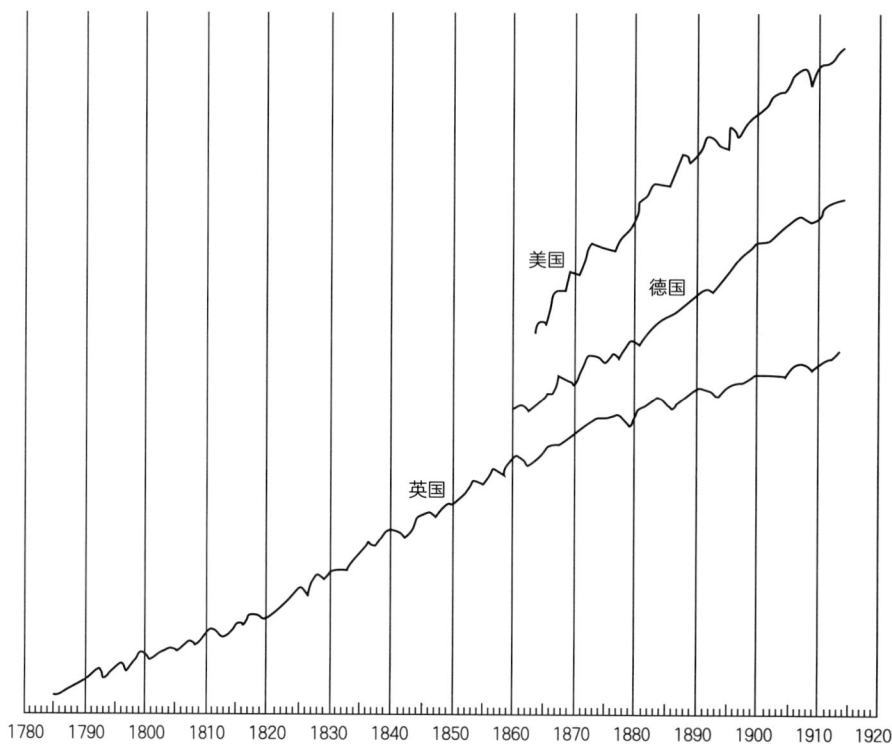

图 15　工业年产出

247

要验证对趋势存在的预期，只需要看一下图5、图6和图7中的数量线。此外，图15展示了一个具有一定意义的国际比较，由于资料来源和编制方法不同，不能过于绝对地依赖这项比较。图16给出了通过经验微分运算变换后的同一序列，在没有标记任何趋势的情况下，使我们了解了原始图形中所呈现的趋势的一些特征。当然，这并不意味着对其他数据也会出现同样的结果，也不意味着可以相信调查者的资料可能产生的特定对数直线的斜率。一些提到"复利增长法则"的作者，就像剧中的女王，似乎有太多的断言。维赫斯特（Verhulst）公式 $y = \dfrac{a}{be^{-t}+1}$ 的应用，可能更加充满了投机的风险。该公式旨在（1838年）代表有机物或类似这种类型的增长的某些特征。[①] 即使是最小二乘意义上的完美拟合也无法证明任何事情。然而，当将这样的表述应用于单个商品数量的时间行为时，在某种程度上是比较安全的。

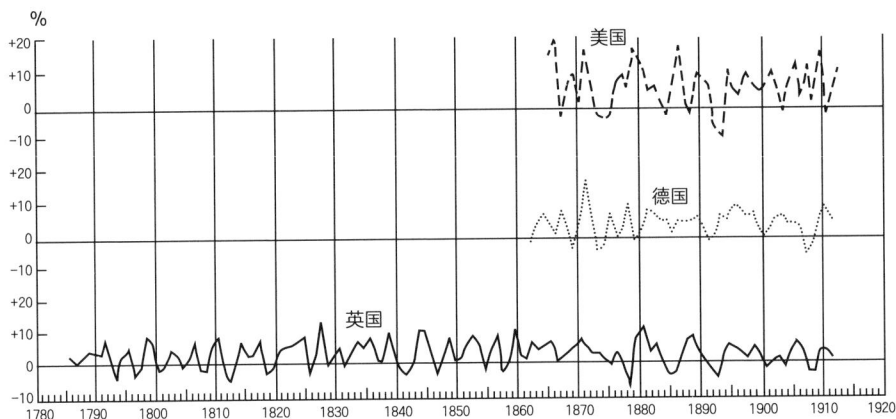

图16　工业生产的百分比变化率

然而，在长期增长中的巨大稳定性这一广泛的事实仍然存在，无论是从趋势的斜率大致不变的意义上，还是仅通过形成的视觉印象的意义上，都可

---

① 维赫斯特模型可用于预测具有非单调波型特征的原始序列，并且可以刻画一些处于饱和状态的过程，如S型过程；常用于预测人口、农作物的生长和产品的生命周期。

以说趋势对波动的影响占据支配地位。一般来说，即使是像1825年英国那样的大萧条，也很难仅从产出图上识别出来。在任何国家，1873年看起来都不是非常灾难性的。在美国，1884年趋势曲线几乎没有产生任何下降。对德国来说，19世纪90年代初的危机在趋势曲线中只显示了一个微不足道的凹痕。在漫长的英国序列中，只发生过两次绝对下跌超过两年的情况。在德国，这种情况只发生在1868年、1869年和1870年；在美国也只有一次。对经济演变的周期性过程的分析模型最重要的检验之一，是它能否让我们理解这两种意义上的稳定（事实上它做到了）。

当然，我们看到的只是一个描述性的趋势。在与价格水平相同的意义上，我们把这个趋势解释为一种被外部因素干扰所模糊和偏离的结果性趋势，特别是如果用最小二乘法拟合这条趋势线，可能会获得持久的影响，即便它只是自然界中的过客；此外，还有增长效应。正如前面所指出的，作者并不知道有什么令人满意的方法可以消除这些影响，而且在阅读下面的内容时，必须适当考虑到这种缺陷所意味着的条件的限制。结果趋势本身必须从产生它的周期中的产出行为来解释。在讨论这个问题之前，我们要岔开话题，以便对一些问题进行评论，虽然这些问题严格来说并不在我们的讨论范围之内，但却离我们很近，不能不被引起注意。

有理由相信，如果这些分析使我们能够分离和测量产出的结果趋势和增长的影响，而不是仅仅让我们认识到它们在序列中的存在，产出曲线会变得比描述性趋势更陡峭，因为实际上影响后者的所有其他因素都具有对经济有机体造成伤害的性质。从我们的立场和就目前的目的而言，这样表达一个明显的历史事实的方式，不应该被理解去暗示包括伤害在内的不利的判断。大多数人衷心赞同的许多社会改良措施，以及许多赢得狂热拥护的民族主义政策都符合"应该"这个词的含义，只是因为它们阻止了经济机制按照其设计运行，但没有什么比认为"应该"允许它这样做，或者认为如果它这样做每个人都会更幸福，或者认为富足是定义福利或判断文明的标准，更远离作者思想的了。然而，产出的描述性趋势本身，以及在没有其他因素的情况下由这一想法（无论多么模糊）而产生的关于演化和增长的综合影响，对于纯粹的经济分析来说，都是一个重要的事实。从某种意义上说，这是资本主义社会的经济学中最重要的事实，区别于它的文化和它创造了什么样的人。在看到这一点时，我们面前有一个衡量人类对私营企业和获利原则的伟大试验的实际经济结果。

我们所观察到的斜率，是否如我们上面所暗示的那样，只是一种更大的可能性所留下的东西；或者所提到的伤害是否是资本主义进程本身的结果。因此，要对照斜率来记录，并与资本主义进程不可分割，因为这是一个必须从社会阶级的性质和行为的理论出发才能解决的问题。我们也不关心资本主义的表现与可以预期的、或任何时候已经可以预期的其他制度的表现相比较。有人提出了一些看起来很有说服力，也得到了一些人支持的理论，以证明这样一个命题，即以私营企业为特征的经济引擎必然会产生它在自然、技术和政策背景框架内可能产生的最大产出。还有一些看起来很有说服力的理论也被提出来，以支持这样的主张，即私营企业制度的本质是，在相同情况下，生产的产品要少于所能生产的产品。就逻辑上的松散和对事实的疏忽而言，这两种论点之间几乎没有什么可选择的。我们将只关注以下几点。

首先，从资本主义制度倾向于吸引最优秀的人才从事商业活动，并激励他们尽最大努力这一不容置疑的事实来看，我们并不能由此得出这些努力必然会导致生产最大化，尽管这一事实仍然与本文的论点有关。

其次，对于完全竞争条件，我们可以证明，除了一些不重要的例外，完全均衡状态实际上将以最大产出为特征。这个命题并没有因为在证明过程中的所有假设而完全失去价值或者是多余的。由于不适当地强调几乎没有实际意义的限定条件，分析的细化往往会对这些问题造成不利影响。但类似的命题同样可以在计划经济的情况下得到证明。

第三，任何以经济原则为基础的相反论点，都必须以竞争或均衡的不完全为主要依据。然而，这些观点却产生了有力的、得到普遍认可的反对资本主义运行机制的所谓效率的情况。因此，有必要回顾一下，一方面，与既定的观点相反，一个不完全竞争占上风的经济系统在许多情况下——也许在大多数情况下——会产生与完全竞争的预期结果相似的结果；另一方面，即使一个系统的产出一直低于其最佳产量，这本身也不会随着时间的推移构成对最优产量的反向证明。持有这种观点的人认为不完全竞争完全颠倒了系统的运行，或者认为不能产生瞬时最大值，这就意味着不能沿着上述意义上的最大生产路径发展，因此，他就必须开始进行一项更艰巨的分析，这种分析既不是根据几个假设进行推理，也不是只分析个别事实而不把它们与整个经济过程联系起来。然而，如果从纯粹的经济立场以外的角度开始分析，他将处于更安全的地位。

第四，当然有必要认为资本主义的表现实际上符合资本主义制度本身所产生的发展潜力，无论是描述性的趋势，还是人们设想的可能的真实结果趋势加上增长，都真正代表了一段时间内可能的最大产出。而那些认为在我们目前的实际知识水平下，理论只能贡献一种推理技术，可能超出了个别工作者的能力，则过于小心谨慎了。

但是，无论描述性趋势是否勾勒出一条最大生产的路径，无论这种最大生产是相对于资本主义条件而言，还是相对于更普遍的条件而言，事实仍然是，这种趋势在历史上所呈现的行为不仅与人类对私人经济目的执着追求、完全或不完全竞争的私人企业及密集型储蓄有关——总之与"利润经济"有关——而且在历史上完全或在相当程度上依赖于它。我们对描述性趋势的推断得出的结论是，如果允许利润经济继续发展，在不远的将来，任何按照目前标准可以被称为贫困的东西都会消失，因此，询问这种推断是否有根据，是有一定意义的。这就提出了增长率缓慢的问题，一些研究者认为实物序列呈现了这一现象。

我们目前所设想的议题范围，只对总产出或消费品的总产出有意义。很明显，即使我们忽视了对经济发展至关重要的新商品取代旧商品的现象，也没有一个行业能以其创新阶段的速度继续扩大产出。每一种产品都达到了成熟期，即它在经济有机体中找到了自己的位置，当产量超出这个点则无法盈利，除非通过其内部或某些"互补"行业的进一步创新才能使产量增加，或者通过财富增加（但也可能是负面的）和增长的综合效应来增加这一产出量。但同样明显的是，无论是绝对增长率，还是按年龄分布修正后的人均增长率本身，都不会为我们提供所需的信息。以一个有说服力的例子说明这一点：人口的绝对下降可能会使社会需求减少，甚至生产工具效率的强大和持续的进步也无法平衡对总产出的影响，而这种下降可能导致人均产量上升，但这并没有实际意义上的"进步"，实际产量的增长甚至可能是负的。最后，我们应该考虑到自愿闲暇量的变化，这可能是而且无疑经常是在费特－费雪（Fetter-Fisher）意义上增加实际收入的一种形式。在这个意义上，工作时间的减少是经济发展的最重要"产品"之一。如果目标是衡量资本主义的业绩，以决定是否存在利润经济运作所固有的"障碍"，而这些障碍往往会阻碍人类经济发展的可能性，那么，所有这些都说明讨论发展迟滞的困难。以下例子进一步说明了实际或可能迟滞的原因。

首先，我们将重申前面提到的统计原因。与价格水平指数的情况一样，我们必须接受这样一个事实，即总产出或消费品产出指数一般都会受到个人和群体发展的影响。在使用生产指数时，会对实际产出产生向下偏差，因为新商品和成品商品没有得到充分的体现，服务（和自愿闲暇）则完全没有被体现，而正在被取代的商品却得到了充分的体现。产品质量的提高，特别是耐用性的提高，也在很大程度上被忽视了，而且在许多情况下它们可能越来越重要。在技术进步的过程中，由于废物或废料的广泛使用，构成产出指数的大部分原材料和半成品的数量被编入越来越多的成品中，因此，观察到的迟滞可能是虚假的，甚至是完全相反的。最后，1897年到1913年这段时期涵盖了康德拉季耶夫的繁荣阶段，根据我们的理论，如果与1870年至1896年康德拉季耶夫的萧条期和复苏期相比，这一事实足以产生一种经济发展迟滞的印象。

其次，我们可以称之为社会学原因。其中一些可能是导致创业努力和相关现象有所松懈的原因，这在第三章中已经提到，并将在对战后时期的讨论中再次出现。但也有人指出，至少在某种程度上，经济发展越来越独立于典型的资本主义文化价值观和动机模式。作者认为，在任何情况下，在解释战前美国和德国的发展时，抛弃这一组因素是合理的，尽管在英国的案例中，我们已经看到了对此有些怀疑的理由。

第三，经济原因。最终它可能被证明是其中最根本的原因，也解释了一些社会学原因，例如不断增加的需求满足感在我们这个时代不太可能起作用。因为它需要用比收入的边际效用下降这一单纯的事实更多的东西来证明自己，而且在进入这个问题的许多微妙因素中，没有一个因素可以被确定，除非确实从这个意义上解释了某些为缩短工时而斗争的情况。从采购食品和原材料难度增加的意义上来说，收益的减少也不可能在整个时期发挥主要作用。当然，任何康德拉季耶夫式的繁荣都会使这两个群体的总体财富达到相当高的水平，即物价上涨；而这每次都会欺骗许多经济学家，使他们相信收益递减的世俗法则。但这是一个暂时的现象，或者说，在我们这个时期这一直是一个暂时的现象。

同样，正是由于这一时期食品和原材料的日益丰富，一些经济学家将其作为论据的基础，而这种论据如果是真实的，就会倾向于定义一种特殊意义上的迟滞，同时也解释了马克思关于资本主义机制运作所导致的大规模苦难的预言未能实现的原因。有人认为，如果不是因为新地区的发现使递减的收益暂时失去了作用，而且，一旦这种独特的机会用完，那么，无论是收益递减还是利润经济的性质，都会导致经济迟滞（retardation）。在第一章中，我们已经注意到，将实际的开放（有别于新地区的发现）视为经济体系的外部因素是不正确的。发现利用一个新地区的过程只是一种创新，并以其他创新方式改变经济过程中的相关数据。因此，它们的影响被恰当地包括在对资本主义绩效的衡量中。对新地区的发现也不会有任何迟滞的预测，因为它只是众多创新类型中的一种，而且只是食品和原材料领域众多创新类型中的一种，这种创新的可能性因此被耗尽了。也许，每一种个体的可能性都是如此，但对于普遍意义上的创新来说，并不能由此得出任何结论。

大多数人在理解收益递减的概念时似乎犯了一个错误。从严格意义上说，它只适用于给定的生产函数和一般静态条件加上增长因素。为了使边际收益递减与未来生产过程的预测相关，必须使用它，事实上李嘉图已经使用了。在不同的意义上，收益递减的"静态规律"的作用确实会被创新打断；但从长远来看，创新则将无力弥补其影响，也就是说，存在着一个来自连续创新的收益递减规律。在这个意义上，连续创新的收益递减规律是完全没有根据的。由于其不可预测性，未来的创新可能比以前的创新更不利或更有利于增加满足需求的方法。"伟大的事情可能会完成"，但它们同样可能还没有到来。虽然可以对世界进行考察，并且可以首先抓住更好的机会（相对于每个给定的技术状态）来开发它，从而只把较差的机会留给未来，但可能的创新世界无法被描绘出来。战后的农业史有力地证明了这一点。

生产总量的周期性行为

首先，再次回顾，对总产出行为的理论预期，是对分别以生产品和进入家庭预算的商品为中心的两个组成群体行为的理论预期的净结果；其次，总产量随着连续的近似值的变化而变化。除非我们知道包含哪些商品及它是如何构建的，否则，在任何给定指数的情况下，最终结果都是无法预测的。在这里，它比在价格水平的情况下更适用，因为总产出不是一个确定的真实事物。在严格的理论中，产出序列的相对稳定性（在这个意义上，例如，"良好"拟合于形式为$y=ax^t$的表达式的数据资料）主要不是由于其个别成分的稳定性，也不是简单地由于组合成总量的成分的随机波动的平滑效应（当然，这种效应也会存在），而是由于两组成分的不同节奏相互抵消发生的作用。这些节奏在生产者和消费品的综合体中已经有所缓和，但由于第四章中提到的一些因素，我们在此重申，这些节奏的振幅将进一步缩小。

我们预计，除了"深度"萧条阶段以外，总产出将在周期的所有阶段增加。其逻辑如下：这种例外几乎不会延伸到整个萧条阶段，因为它是由恐慌和恶性螺旋带来的，通常不超过一年。至于设备行业及其附属机构，我们模型的预期与公认的意见并无不同，只是对一个普遍承认的、有时甚至被过分强调的事实进行了解释。投入的数量在繁荣阶段应该增加；在萧条阶段应该减少，或增加的速度降低。生产的数量可能而且无疑经常是，受到进出口和其他情况的干扰，特别是在较短周期过程中，但仍应以基本相同的方式移动。当然，首先必须考虑到周期之间的相互影响；其次，如果企业家对设备的需求放缓，或者在严谨的理论中四个阶段中的三个阶段不存在，由企业家活动引起的设备需求不仅不会停止，而且实际上会在衰退和复苏中得到加强；第三，考察增长，特别是在康德拉季耶夫周期中。由于可以把生铁作为设备组的代表，生铁消耗图可以说是合理地验证了这种预期。另外，现在应该把变化率的图表与总产出变化率的图表进行对比。

我们期望批发价格在生铁或设备产品的产出之前出现（至少在较短的周期内如此），不仅因为交易先于生产及投机性预期的影响，而且因为批发价格一般要弥补萧条时价格的下降，从而显示出复苏时的增长。根据"最大相关滞后"（lags of maximum correlation）的方法，事实确实如此。如果生产品指数全部或主要由设备产品构成，则同样适用。当然，价格或货币和信贷机制的因果作用并不由此产生。

对最终消费品及其附属品的预期，归结为预期它们的产出在衰退和复苏中的增长应该比在繁荣中的增长更多，这不仅与公众意见相悖，也与大多数研究者的看法背道而驰。在其"纯粹"的形式中，我们的模型产生了这样的预期：在繁荣时期，生产投入品的产出应首先以牺牲消费品的产出为代价而增加。后者甚至应该绝对下降；如果所讨论的创新属于铁路建设的类型，前者产生的投入增长可能多年来都没有得到充分补偿。然而，一般来说，新产品会随着繁荣的持续而被推出，它们的影响是最终将繁荣变成衰退机制的一部分。因此，下降只能显示在复苏和繁荣后期之间的一段时期。但是，大量的消费品及其附属品应该会在衰退中出现。除非出现恐慌和螺旋式下降，否则在萧条阶段，它们的产出应该会继续增长，并在复苏中表现得最强劲。

只有当繁荣始于完全竞争中的完全均衡时，这一原则才严格成立。现实情况并非如此，企业将立即通过扩大生产来应对旺盛的需求，在繁荣中不需要减少消费品生产。周期性产业，在这一方向上的作用尤其强大。此外，在"增长"方向上所指的事实必须使画面变得模糊。从 1839 年到 1915 年，美国人口以每年 2.28% 的复利率增长，可以假设在那个时期的大部分时间里，收益递减趋势没有产生明显的影响。仅此一项就足以在繁荣阶段导致实物生产量的增加，并消除任何反方向趋势的影响，如资本主义机制运行所预期的那样。虽然这种趋势通常不会显示出来，但由于次级波的破裂和其他抑制因素导致的曲线下降几乎总是会显示出来。它们会影响人们对降阶的性质和统计图形的看法。应该注意的是，它们对短周期的扭曲可能比对长周期的扭曲更严重，因为在这个过程中，事物会有时间理顺自己，进而呈现出它们的真实形态。因此，我们希望在康德拉季耶夫周期中，事实最符合上述预期。如果在朱格拉周期中不太符合，那么在基钦周期中就更不符合了。与所有其他情况一样，我们还应牢记对预期的虚假偏离。如果有四个阶段，并且萧条包含一段实际产出下降的时间跨度，那么在复苏阶段中，两阶段周期的降阶将是最明显的证据。但是，大多数作者都从低谷开始计算周期，在他们看来，这当然会显得我们与一个明显的事实相矛盾。

如上所述，在这种情况下，我们必须和所有人一样，阅读关于三个相互叠加和相互干扰的周期性运动存在的陈述。虽然这一点更难考虑，因为所有可靠材料所涵盖的时间都很短，但它却没有因此而失去任何重要性。为了说明这一点，有必要对每个小波的细节进行调查。在康德拉季耶夫周期下降阶段，与其机制相关的消费品的增加往往会掩盖较短周期相反阶段的相反趋势。这并不是全部，我们还必须考虑到，由于在这种降阶中，一切都在技术和商业上为扩张做准备。这种扩张尤其可能在较短周期的繁荣引起的支出增加的影响下表现出来，而它们的萧条阶段如果同时出现，在人们普遍抱怨价格战、恶性竞争和生产过剩的情况下，可能会造成恐慌和商业瘫痪，从而抑制新型工业设备产品的发布。在升阶方面，看看"饥饿的40年代"和20世纪之交的情况，康德拉季耶夫周期的横扫加剧了较短周期繁荣阶段的趋势，并削弱了它们衰退和复苏的趋势。上一节中提到的一个明显的事实表明，关注这一现象是多么重要，从1870年到1913年的资料中可以看出，所有这三个国家和许多其他国家都存在着消费品生产增长率长期下降的趋势。如前所述，这只是因为1870—1897年恰好处于康德拉季耶夫周期的先萧条后复苏阶段，而1897—1913年则涵盖了新康德拉季耶夫周期的繁荣和仅有的几年衰退阶段。

回到图15和图16，似乎可以合理地说，只要提交的理论为工业生产总量行为的稳定性提供了合理的解释，该理论就被这些行为所证实是正确的。因为如果这一理论不正确，那么我们所认定的较长的非繁荣期，在总体上至少会显示出与繁荣时期一样高的增长率，有时甚至更高，这是极不可能的。如果其他理论是正确的，即产出增长主要与繁荣阶段相关，而减少的或更小的增长主要与萧条阶段相关，那么同样不太可能的是，这一点在康德拉季耶夫周期中完全没有显示出来，而康德拉季耶夫周期却在其他序列中如此强烈地显示出了周期性变化。甚至有迹象表明，从纯理论模式中可以预期到的效果也不是完全没有的。如果读者在图14中通过1898—1913年和1858—1897年的这两个区间画出直线，就会发现，如前所述，对所有三个国家来说，第一条线的斜率都小于第二条线的斜率。米尔斯（Mills）教授的说法将在我们讨论战后时期时再次被注意到，这无疑支持了这样的观点：在第三个康德拉季耶夫周期，产出在衰退期的增长速度实际上高于在繁荣期的增速。与1842—1858年相比，1820年（考虑到拿破仑战争及其后果，允许从那一年开始，而不是1800年左右的某个日期）至1842年的英国指数似乎也有类似的情况发生。

图17对设备类商品和消费品的行为进行了比较，首先发现了一些熟悉的特征，尤其是前者的波动幅度更大，但设备类商品的领先优势并不特别明显。如果从波峰和波谷来看，没有任何理由应该如此，消费品甚至有望更快地从低谷中复苏，这在几个例子中都有所体现。但即使不考虑这一点，从进程的角度来看，短期内的领先和滞后在很大程度上是偶然的，或者说是个别情况的特点，没有什么根本意义。然而，不考虑领先和滞后的问题，设备类商品和消费品之间关系的周期性变化已经显示得很清楚了，特别是在图表底部的

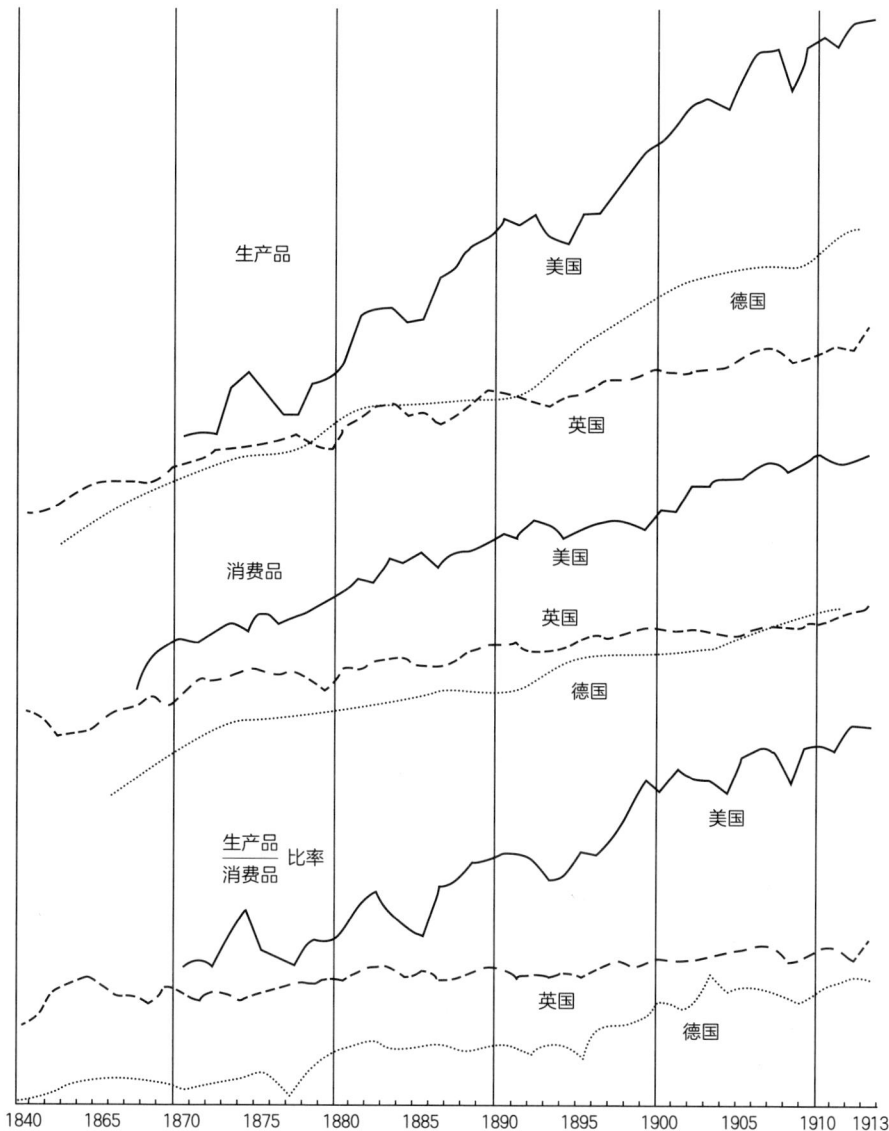

图 17　工业设备和消费品

三条线中，这对研究朱格拉周期特别有用。与其他两个国家的特征不同的英国序列表现出与康德拉季耶夫的预期相反的内容，除了一个不规则的短波和一个易于用博姆－巴沃克（Boehm-Bawerk）的理论解释的趋势外，几乎没有其他的表现。它在一定程度上支持了这样一种观点：在这一时期，来自其他国家更强烈的周期性冲击来到了英国。德国的生产消费比率非常有趣，它起初通过 19 世纪 60 年代初消费品的明显异常行为而上升，然后到 1875 年几乎持平（但仍标志着朱格拉周期），在 1877 年下降后猛然上升（虽然比美国早一年，但仍是新朱格拉的早期迹象），继续保持同一水平或略微下降到 1894 年，此后新的康德拉季耶夫周期非常明显。这两个水平可能与第二个康德拉季耶夫周期的萧条和复苏阶段有关。美国的生产消费比率是最活泼的一个，它以清晰的比率标记了朱格拉周期，几乎没有留下任何悬念，甚至基钦周期，读者应该仔细核实，因为在这一点上有很多关于基钦周期意见分歧的空间。在第三个康德拉季耶夫周期开始的时候表现很突出的是急于进入一个新的水平，这一点没有再失去。图 18 更好地说明了这一点。

在结束这个话题之前，有必要比较一下产出的变化和价格水平的变化。我们从一开始就记得，后者与周期性阶段，或者至少是其中的三个阶段（繁荣期的上升、衰退期的下降和萧条期）有正相关关系，因为模型的运作倾向于产生这种关系。但我们必须以各种方式来限定这种预期，尤其是考虑到周期之间的相互干扰时，即使是在对周期性过程的纯理论分析中也应该如此。现在必须考虑前文提到的关于产出行为的内容，并进一步加以限定。然而，主要轮廓是模式所要求的。读者应该看一下这三个脉冲图，让自己对资本主义演变的两大结果趋势印象深刻，即价格的下降趋势和数量的上升趋势，两者都是周期性过程的产物。尽管不能简单地把前者归因于后者，因为它们都是一个包含许多其他变量的过程中的元素，但可以把这幅图看作是该过程的一个突出特征。至少，如果用工业生产来衡量商业活动，那么将其完全或主要与价格水平上涨的时期联系起来，显然是荒谬的。我们甚至可以使用水平下降的事实（每次康德拉季耶夫周期降阶时的下降和由此产生的长期下降），连同流通环节继续增加的事实，作为证明的捷径，但这并不

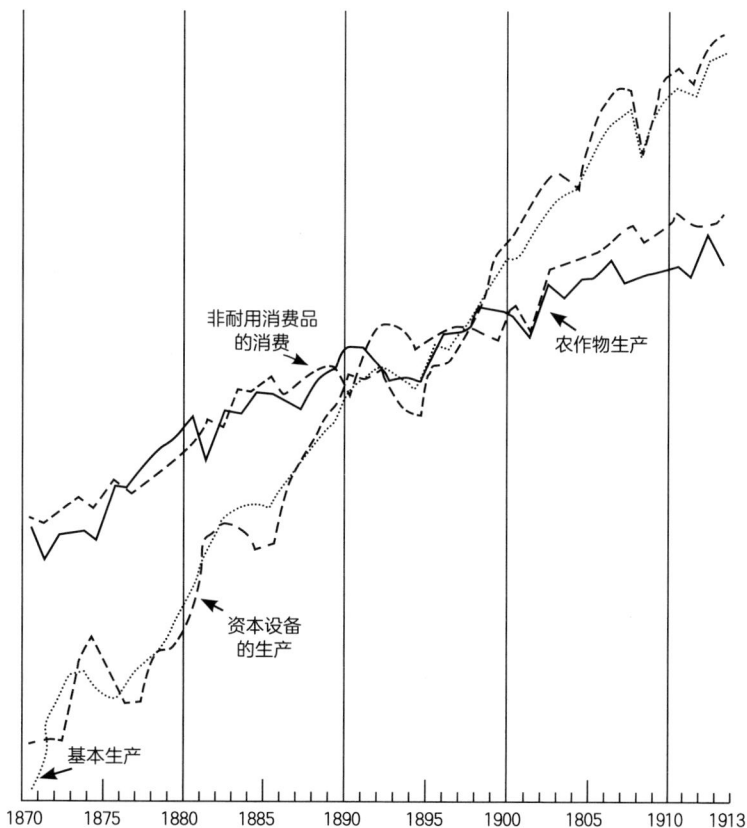

图 18　美国的消费品和生产品（年度数据）[1]

完全正确。降阶加复苏是以增加产出的形式收获创新成果的时间，并且考虑到其他因素的实际行为，但这是一种作者非常不赞成的推理方法，如果他发现别人在使用这种方法，则应该是这些成果的释放导致了价格水平的变化。以英国的为例，我们发现价格水平和产出一起上升，可以想象，如果没有法国战争，直到 1800 年都会有相当类似的斜率（当产出在价格之前的一个短周期内转向时）。我们怀疑如果没有拿破仑战争，价格的转向会在这里出现。价格随着高峰的中断而上升，在我们的序列中，高峰出现在 1814 年，产出在

---

①　这里不包括"土壤产品"，援引自卡尔－斯奈德的索引，经许可取自沃伦和皮尔逊的《美国的实际生产量》，包括煤、生铁、铜、锌、锡、铅、钢、银、石油和镍的生产。

基钦期间稳步上升；然后价格下降到 1820 年（与 1817 年和 1818 年的价格高峰相对应的基钦产量与前者没有什么不同），产量继续增加，完全无视许多经济学家提出的所有相反的理论论点。之后价格再下跌，产量以增长的速度上升到 1825 年，并在价格上涨前的那一年陷入危机。在那之后，产量继续增长——如果有的话，在价格上涨时期（1849 年至 1873 年）比在之前的价格下跌时期要少。从 1873 年到 1895 年，产量的增长略低于我们的预期，尽管物价长期下跌，但仍以同样的速度增长。从 1895 年到 1913 年，产量的上涨幅度超出了我们的预期，但还是以同样的速度上涨。

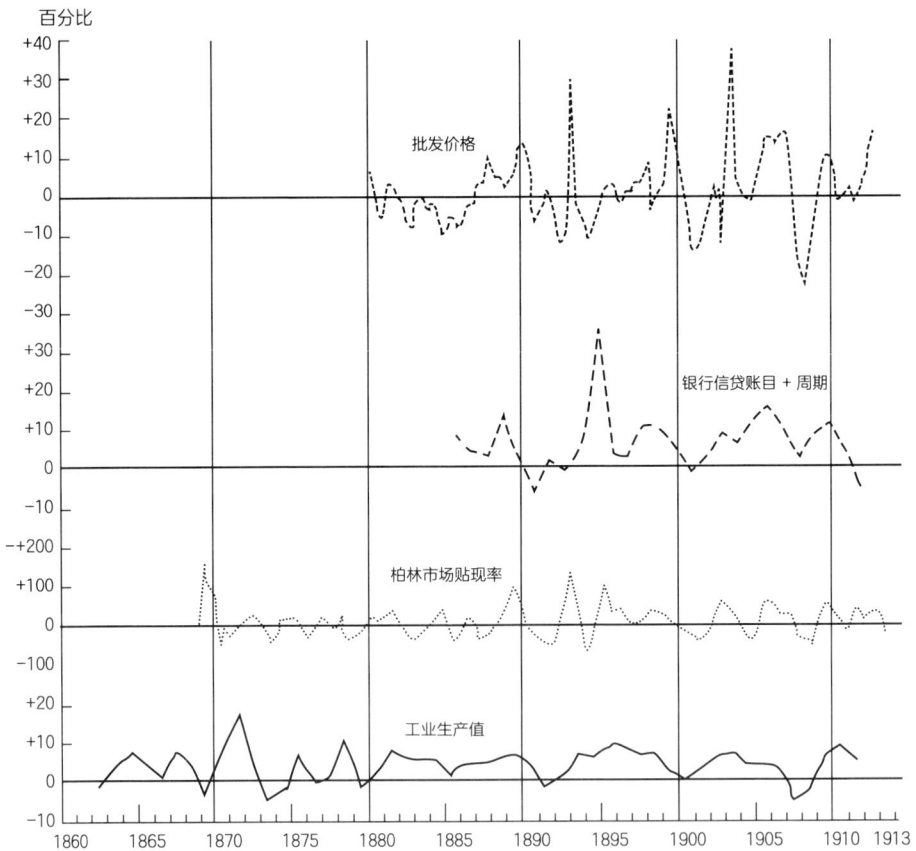

图 19　德国战前脉冲图（百分比变化率）

在朱格拉周期中,价格下降与产出下降相关联的情况要频繁得多,确切地说是在萧条或"危机"中,如英国的 1793 年和 1794 年,然后是 1884、1885、1886、1892 年和 1893 年,1903 年和 1904 年,以及其他类似场合,尽管并非始终如此。繁荣阶段反复从价格水平下降中产生,但只是在康德拉季耶夫降阶的情况下,例如在 1825 年危机之前的 19 世纪 20 年代英国的繁荣或 80 年代英国和德国的繁荣。不管怎样,这并没有证明在繁荣中存在价格水平上涨的"常态"。衰退与产出下降之间没有系统性的联系。这在基钦周期中似乎存在,虽然不缺乏相反的例子,但在理论的支持下,产出与基钦周期正相关的证据是相当有力的,而且总体上也与价格水平相关。图 19 展示了从德国脉搏图中已知的序列变化率。共变性是很明显的。虽然产出的变化率显示出一种超前的趋势,但它似乎是近似瞬时的。

就业量

这是我们将讨论的唯一关于生产性资源的使用情况。对自然资源利用程度的变化进行调查是我们计划中尚未实现的愿望之一。关于工厂和设备利用程度的变化,由于缺乏实现我们目的所需的信息,我们只能重复说,社会越进步,在其他条件相同的情况下,厂房和设备的利用不足或能力过剩的情况就越多。这是因为快速的进步意味着对已有生产能力的剧烈扰动和相应的强烈冲击;也因为进步越快,那些尚未被企业明确抛弃或从统计清单上删除的陈旧和过时的设备和机器的比例就越高。在整个战前时期,有关劳动力就业变化的资料非常少,而且数据有缺陷。对于德国,我们只有一些显示这些数据的迹象,主要来自 19 世纪 90 年代,可能很容易误导读者。10 年一次的美国人口普查数据对我们的目的没有作用。马萨诸塞州的数字虽然本身很有价值,但始于 1889 年。在本节,我们将只使用英国的数据,把失业率作为就业变化的一个指数。该数据始于 1851 年，只提供了一个样本报告失业的工会成员人数百分比，没有考虑兼职人员。但是，不包括因罢工、停工、疾病或年龄而闲置的工人。庇古教授在《工业波动》中使用了这个序列，并与其他序列（如 3 个月银行票据的市场贴现率、生铁消耗、伦敦清算、绍尔贝克价格、未偿还银行信贷的增加、实际工资率、肉类、啤酒消费等）进行了比较。为了节省篇幅，我们将通过提及该作品和之前引用的皮森教授的评论来代替我们应该提供的证据。

我们可以看到，就业（每周工作小时数）和产出之间没有独特或简单的关系，产出与就业不成比例，也不由就业衡量。这是经济演变的性质所决定的，只要说明比例关系的一些条件就可以看出：生产函数必须在时间上保持不变，要素的相对价格必须保持不变。两者都不可能在任何一段时间内实现，比如在朱格拉周期中。但是，这两种情况都可能在很短的时间内大致实现，第二种情况不一定总是需要实现，因为在这段时间内不可能适应要素相对价格的变化。这个非常短的周期可能会延伸到一个基钦周期的跨度，尽管不能依靠它来实现。因此，在这方面，它将呈现出与较长周期不同的图景。还应注意到，无论数字是精确的还是粗糙的，而且即使有可能在所有改变其意义的情况下（工人对失业和救济的态度、地域和行业的流动性、工作日的长短等）及时进行修正，就业或失业总数作为经济状况的指标，在任何情况下都是不能令人满意的。因为总就业或失业的变化是工业地区和贸易实际情况的净结果，无法单独分析，这容易掩盖行业之间的差异，而从我们的立场来看，差异往往是最重要的。这可以从季节性失业的情况中得到说明，季节性失业率可能相当大，但如果不同行业的季节不同，则产生的季节性振幅却不大。

现在考察序列图（图 20），首先我们注意到失业百分比与利率的负协变（另见庇古，《工业波动》），这一点非常突出，只是由于基钦周期在利率的图中表现得更多而变得模糊不清。1854 年的情况显然是由于克里米亚战争爆发引起的混乱事件造成的，这类情况并不算是真正的例外。为了分析这幅图，我们将回顾以下概念和命题。

我们把自然失业（Normal Unemployment）称为如果系统已经达到它所趋向的均衡附近，在任何时间点都会存在的失业。它包括季节性失业的情况，但是，由于上面提到的原因，这种情况不需要完全显现出来；而且正如第一章所指出的那样，由于如战后建筑业等发生的技术变革等，或由于消费者习惯的改变，可能会显示出一种特殊的趋势。它还包括由于通常会发生的意外事故（例如工厂的意外毁坏）而造成的失业，由于缺乏技能或从业资格而失业的情况（可以忽略，因为在英格兰和那段时期，工会不太可能大量庇护这种情况），以及由于居住、职业或工作的改变而失业。最后，我们已经看到，竞争或均衡的不完全可能是系统无法吸收所有合格工人的原因。这是我们能够附加到德国常用的短语的唯一含义，但从另一个意义上讲，这就是结构性失业。参照这个自然失业的概念，我们定义了超自然和低于自然的失业。可以看出，这种意义上的高于自然的失业在完全竞争的范围之外，与高失业率相适应，也即与许多人有能力并愿意按照现有的工资率工作，但找不到工作的情况相适应。超自然就业包括加班，低自然就业包括短期就业，但是如上所述，在我们的研究中，我们不考虑这两种情况。

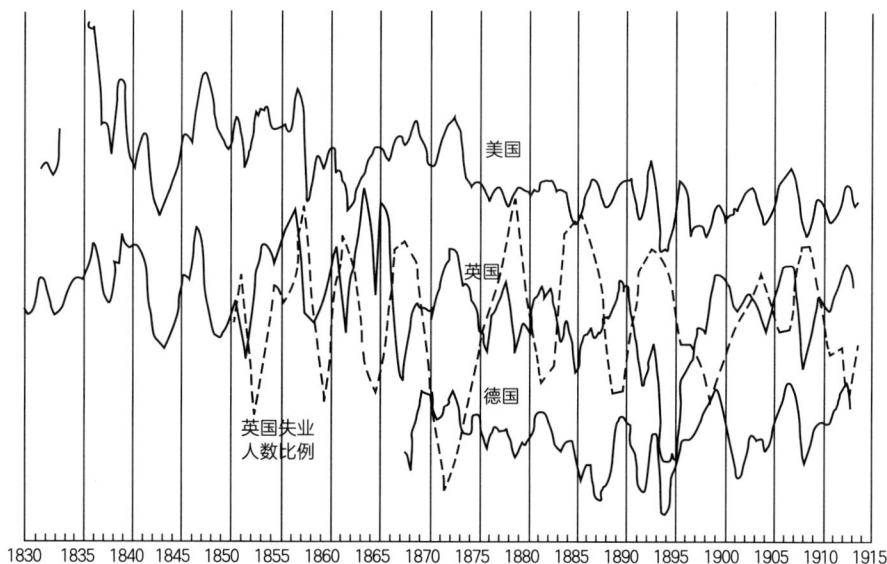

图 20　利率和失业率

我们必须注意到一个根本性的困难，尽管我们对此无能为力。任何导致特定失业总数的各种根源并不是独立的，也不能区别它们对失业的影响。特别是，周期性过程对这些根源都有影响，失业的周期性变化也受到它们的影响。这也适用于所有类型的自然失业，甚至由于缺乏技能的失业。对于特定个人是否失业的问题，在经济状态好的时候和不好的时候会有不同的回答。此外，同一偶然扰动会根据其发生的周期性阶段，产生不同数量的失业或不同持续时间的失业等。因此，自然失业百分比的概念不是一个独立的数量，它只是指在均衡不受干扰的情况下，工人失业的百分比，可以被加到同样独立的其他类型的失业数量上。为了理解其数值的重要性，必须首先确定它的均衡邻域，观测值的平均值显然是相当没有意义的。1897 年是一个特别好的选择，因为根据我们的模式，所有的周期都通过了它的邻域。这一年英国的数字是 3.3%，如果认为这个数值对当时的英国来说大约是自然失业率，那么我们也许不会离题太远。

如果在完全竞争体系中，在其他方面完全均衡的状态下，例如通过公共权力提高工资率，且超过其均衡值，那么在其他条件保持不变的情况下，一定数量的失业将会出现，我们称之为替代性失业（Vicarious Unemployment）。如果均衡或竞争不完全，仍然可以用这个概念来指由于工资率偏离自然就业所能达到的水平而造成的失业，或者因此我们用"失业"这个词来代替对工资率的调整。到目前为止，这个概念是完全清晰的，尽管可能仍然无法用数字来衡量它，而且只是表达了自然失业的一个要素的某个方面，只要这种状态持续到所考虑的整个时期，或者是一种特殊类型的超自然失业，即只要不是暂时的。但我们也会用"替代性失业"这一术语来表示失业的因素，可以在均衡的邻域之外通过适当地改变工资率来消除这些因素。这个概念非常难以处理，原因在我们讨论工资行为的时候会变得很明显。

前面已经将当期由企业事故引起的情况包括在自然失业中，类似于当期的事故死亡率。如果企业遭受到超常程度的经济损失，比如流行病导致的死亡，则称之为扰动性失业（Disturbance Unemployment）。在周期过程中观察到的许多失业实例显然属于这种情况。革命或战争带来的破产清算属于其他例子。从单个行业的角度来看，另一个行业的萧条状态也会引起扰动性失业。一类特别重要的情况包括系统外部的长期原因导致环境处于衰退过程中。一个国家由于插入一条新的边境线而与内地隔绝，有力地说明了这一点。在这一类别中，当与任何单个国家打交道时，我们将国家之外的发展和运行的创新影响包括在内。例如，16世纪后新贸易路线对威尼斯的影响，或者热带地区大规模工业的兴起对现代欧洲的影响等。

但是，对于因系统内的创新而引起的失业这一特殊情况，我们将建立一个独特的类别，称之为技术性失业。当然，从字面上看，这个术语一直只包括工人被机器取代的情况。从更广泛的范围来讲，它不仅包括工业和商业中每一种变化对企业自身就业的影响，例如组织变革，而且还包括另外一些变化的影响，这些变化使与之竞争的企业和行业引入新的生产函数，进而对就业产生影响。因此，为了从工人那里找出他们被解雇的原因而设计的调查问卷永远不会揭示我们所说的现象，而且结果往往会低估这种现象。然而，应该清楚的是，这个宽泛的定义对这一现象并不公正，因为它所做的只是将这一概念的通常意义扩展到与该命题下通常设想的经济含义和因果关系基本相同的情况。例如，很明显，在用汽车取代马车的情况下，尽管今后没有机器来驱动他的马匹，马车夫在狭义上甚至也会在技术上失业。或者说，一个簿记员是否因为引入计算机或其他合理化设备而失业，一个采棉工是否因为引入采棉机或因为棉花被标准纤维的竞争所淘汰而失业，都没有任何区别。由于每一种失业都会引起进一步的失业，因此必须将卡恩（Kahn）先生意义上的二次失业添加到每一种失业中。

现在，大多数经济学家都认为，替代性失业对失业率在周期过程中的变化有一定的贡献（周期性失业），尽管他们对这种贡献的重要性有很大分歧。

我们将在关于工资行为的讨论中提出对这个问题的看法。所有经济学家都会同意这样的说法，即干扰性失业贡献很大。狂热、螺旋式下降、繁荣促成欺诈性或构思不良的企业的出现，而衰退则促成了这些企业的崩溃，所有导致次级波兴起和中断的现象都充分说明了这一点。就这些观点而言，我们唯一需要补充的是，尽管自动通缩会加剧这些现象的出现及它们对就业的影响，无论货币和信贷的行为如何，这些现象都会随着周期性机制的运作而产生。但几乎没有经济学家意识到作者想要表达的一个主要观点。他们习惯于区分周期性失业和技术性失业，并进行对比。但根据我们的模型，周期性失业基本上就是技术性失业。因为替代性失业和干扰性失业主要是容易辨别的偶发事件，虽然数量在实践中很重要，但可以从这些事件中抽象出来，而不至于抹去任何基本轮廓。然而，技术性失业是这个过程的本质，它与创新联系在一起，本质上是周期性的。事实上，在历史调查中，我们已经看到，超自然失业持续的时期与创新成果在整个系统中扩散的时期是一致的，而在这一时期，系统对创新的反应主导了经济状况，例如 19 世纪的 20 年代和 80 年代出现的情况。

这进一步表明，与利润一样，技术性失业是短暂的。尽管如此，它可能始终存在，就像利润的情况一样，工业有机体中的每一种来源都倾向于耗尽自己，而新的来源则会周期性地出现。此外，在与利润相同的意义上，它可以被称为摩擦性的，因为系统的瞬间适应会使它一出生就被扼杀。读者不必担心，作者使用这些语句的目的是为了减少这一现象的重要性或它所造成的痛苦。但应该注意的是，工人阶级的主要长期利益在于创新对实际工资总额的影响，而不是就业的偶然变化；就业的偶然变化只是产生前者（实际工资总额）变化机制的一个要素，可以由公共政策单独处理。

现在我们继续将此分析应用于解释序列的行为。失业是这个过程的主要因素之一，虽然完全是结果性的，但也像其他因素一样，是某种影响效应的传导者，而这种影响本身又是次级的因果影响。这个序列是自然的、系统的，也显然是周期性的。但我们的理论并没有提出任何理由预期失业率会出现任何结果趋势。在统计图的主要元素中，我们面前有两个例子，一个是纯周期序列，另一个是利率序列。读者应该从第四章开始，重构引出这一陈述的每一个推理步骤。在人口数量和年龄分布不变的情况下，失业工人百分比趋势的缺失意味着，演化过程的运作方式是吸收它造成的所有周期性失业、技术性失业和其他方面的失业。如果人口数量的净增长（自然增长减去移出加上移入）未能产生上升趋势，即使该系统承受同样的失业百分比，也意味着它以相同的条件吸收当前的增量。从农业领域吸收移民属于周期性失业而不是技术性失业，即使这些"移民"以前是所有者，或由于其他原因都算不上是技术性失业。

看一下图 20 就能验证这一结果：我们没有观察到明显的趋势。而且很明显，任何可能通过正式方法得出的趋势都太弱了，不可能有意义。特别是如果我们回顾一下已经说过的关于个别极端值的不可信性，就不会太重视发生在 1858 年和 1879 年的峰值。毫无疑问，我们不能完全依赖统计数据。除此之外，工会的数据并没有反映出青少年失业及延迟获得第一份工作的变化。在不熟练和无组织的工人中，失业可能表现出不同的形式。如果不考虑经济进程，这些例外可能会产生的单纯效果，可以预期会吸收一部分失业。此外，制度变迁、在制度中加入更多的长期刚性条款、在任何时候出现以前不存在的缺陷，例如寡头垄断的出现，都可能产生正向的趋势，消除它们会产生负向的趋势。因此，我们的理论基础和统计发现的基础并不是简单一致的。但是，这些因素不太可能完全结合起来，从而对我们的论点产生虚假的验证，或者更全面的信息除了显示由于特定原因导致的一些特定偏差之外，还对我们的论点产生实质性的影响。

正如将看到的那样，在所调查的时期内，周期性失业已被实际工资的增长所吸收。正是这一事实使我们的结果和观察都变得重要，如果吸收是由实际工资的下调而产生，那么这些结果和观察就变得微不足道了。然而，目前我们只是注意到，正如失业可能是工资下降的替代物一样，工资的增加也可能是就业增加的替代物。在前一种情况下，至少在理论上可以用阻止失业的等量工资下降来表示失业增加；在后一种情况下，可以用等量就业增加来表示工资增加。当然，这只是虚拟的，因为没有相应的劳动力来描述。因此，将周期性过程对工资的长期影响减少到对虚拟就业的影响，我们得出了虚拟失业百分比的负趋势，而如果吸收是由工资下降引起的，那么虚拟失业率的趋势将是正的。

我们对失业率的周期性行为的预期是非常明显的，无须重述。如果一个周期是从完全竞争中的完全均衡开始，那么繁荣时期的就业增长只能通过加班来体现，就像现在这样，它部分地通过加班表现出来，因此在我们的序列中并不完美。深度萧条时期的失业会像那个阶段的一切一样不规律。由于所谓的干扰因素占主导地位，它也具有非常独特的性质，因此被赋予一个独特的名称——萧条性失业。复苏应该会使就业恢复到正常水平，而且实际上比那些忽视了扩大自然失业数量的一长串因素的观察家所设想的要更频繁。似乎没有理论上的原因说明总失业率的变化应该是一个特别早期的表征，但在大多数情况下，它实际上是这样。当然，与所有其他周期性序列的共变关系（大多为负相关）是可以预期的，但这不能解释为变化的巧合，也不能解释为任何一致的领先或滞后。经济生活并非如此有规律。

第二个康德拉季耶夫周期中萧条时期的严重失业，以及第三阶段繁荣时期的不同状况都很好地体现了出来。考虑到这一现象的本质，我们发现，通过资料中的两个康德拉季耶夫周期阶段画两条不同斜率的线并不像其他序列那样容易。在基钦周期阶段可以画出来，但数量很少。这也是非常自然的，观察与基钦周期利息波动的对比，考虑到技术成分的重要性，它不能在其跨度内发挥强烈的作用，这或许在一定程度上解释了为什么大多数研究者认为经济周期主要指基钦周期，并总是把周期性失业和技术性失业分开。出于同样的原因，序列在朱格拉周期中的剧烈运动是可以预期的。因为创新集群或"演化的步骤"通过朱格拉周期最明显地表现了出来，这一点可以通过参考生铁序列的行为来验证。值得注意的是，作为一项规则，它们中的每一个都倾向于消化自己创造的失业。当然，我们不能从这一点推断出失业者实际失业的平均持续时间。

除了比较容易理解的 1860 年代的双峰外，大约每 9 年就有一个高峰。64 年中有 16 年的失业率超过了 6%，除 1862 年和 1879 年之外，中心区都在朱格拉周期的萧条时期。但朱格拉周期并不与中心区相伴而生，它持续的时间比这三个时期（19 世纪 60 年代末、80 年代和 90 年代初）持续的时间更长，而在明显属于萧条阶段的几年中，都没有达到 6% 的失业率。除了 19 世纪 80 年代，失业率超过 8% 的持续时间从未超过一年。这种情况发生在 1858 年和 1879 年（再次忽略 1862 年），在随后的一年中得到了弥补。在繁荣的初期，后一个高峰的位置尤其不正常。尽管从理论上讲，我们没有理由预期波动幅度具有这么多的规律性，但可以肯定地说，在任何超过 6% 的失业率中，螺旋式变化等因素的作用要远远大于创新的直接影响。除了 1872 年之外，其他的低谷都显示出不超过或仅止于 2% 的特点，即使不考虑它们与加班有关的历史事实，根据我们的猜测，在我们（不只是统计学）的意义上，这已经意味着超过了自然就业。在所调查的时代，作者也没有拿出充分的证据表明替代性失业所发挥的重要作用，失业率和按价格水平修正的工资之间的相关性也证明不了什么。

第八章

单个商品的价格和数量

BUSINESS

CYCLES

单个商品的价格和数量的关系

应该一起研究单个商品的价格和数量。单独来看，无论是价格还是数量，都没有传达出其全部信息，或者事实上有任何明确的信息，它们必须借助于对方的情况来解释。在一般理论及其统计学的补充中，这一点一直被承认。然而，研究周期性变化的研究者有时试图单独处理价格变化或单独处理数量变化。但该问题的核心变量却是价格—数量对或向量点。它们的行为是周期性机制的核心。一个庞大的研究项目再次摆在我们面前，而我们却无法进入。我们必须局限于提供以下评论，这些评论仅仅是对我们第二章和第四章分析的应用和例证。

1 对周期性反应多样性的预期

首先回顾一下关于组合价格问题的内容。其中大部分内容也适用于个别商品的价格—数量关系的行为，只是它的作用要大得多。因为当从纺织品到棉布，从棉布到制衣棉布，从制衣棉布到棉质衬衫，从棉质衬衫到男士棉质衬衫，从这些到 Y 公司的 X 品牌时，个体特性的重要性必然相对增加。同样，可以方便地、尽管有点人为地把变化分类为直接由创新引起的变化（这些变化又转化为在生产中发生了创新的商品的价格—数量变化，即创新产品，以及由创新在其竞争对手和子公司中引起的价格—数量变化），以及由创新造成的特定不均衡导致的对一般经济情况的简单反应。

对于后一类，这种统计上的一致性必须停止。事实上，在大多数情况下，周期性阶段的印象是足够清晰的，尽管不像研究者所期望的那么强烈，因为他们已经从周期性过程的总体观点中获得了一种思维习惯，任何偏差都从本质上是一个令人惊奇的发现。但是，每个行业甚至每个企业都有自己的结构模式，并且在每个时间点都面临着决定其反应的一系列环境条件。因此，如果观察到一个行业的价格—数量与其他行业的价格—数量不同，没有理由认为必须有不同的力量作用于它们，或它们具有（除了形式上的）自己的特殊周期，或否认"一般"周期的现实存在。

从这个意义上曲解统计结果是很危险的，特别是如果我们拒绝承认周期性过程的痕迹，除非它们显示出足够的规律性，从而在正式的测量方法中显示出来。因此，读者应该从一开始就意识到，这种态度是没有根据的，我们对模型的期望不是为了一致性，而是为了实际发现的各种各样的振幅、周期和序列。这丝毫不表明存在一个普遍的运动，也不意味着这些发现在理论上是没有规则的，尽管它们确实意味着统计上的不规则性。应该训练自己把每一个行业都看作是一个受到力量冲击的共振器，并根据其结构对这种冲击做出反应。这些共振器受到每个单独冲击的影响是不同的，尽管冲击它们的过程总是相同。因此，即使构造相同，它们也会有不同的反应。但如果它们的构造不同，即使受到同样的影响，也会有不同的反应。由此可见，相对于价格水平或总产出，以及相对于其他价格—数量对来说，单个价格—数量对的领先或滞后，对于周期性过程本身的因果关系和机制的影响不大。

2 支出周期性变化的"名义"影响

然而，价格—数量仍然可以用图形表达。首先，我们将关注那些在上述区分意义上不属于创新行业或与创新行业密切相关的行业的价格—数量对的行为。这种区分在任何实际情况下都不容易进行，因为创新会从一个行业引进到另一个行业，并在某些时候渗透到每一个行业。但它有一些可以说明的优点。此外，从近似于竞争模式的案例开始是很方便的。

经济状态的周期性顺序对这些行业的影响是通过企业家的支出和由其引起的支出来实现的。影响可以分解为名义影响和实际影响。前者意味着对价格和成本的影响相互抵消，后者意味着对价格和成本的影响不相互抵消。尽管如果采用这样的假设，即支出的作用是以相同的比例影响所有的价值，就意味着消除了过程的本质，但实际发生的部分情况确实符合这种"通货膨胀"和"通货紧缩"的纯粹名义上的交替模式。它既不应该引起产出的扩张，也不应该引起产出的萎缩，而且从事实上解释了为什么在周期的所有阶段，价格变化比数量变化更常见。因此，通过指数来修正商品的价格水平是有一定意义的，尽管这些指数的缺陷使其成为一种危险的操作。斯奈德先生已经这样做了。然而，他似乎声称这些结果缺乏长期趋势和共变性，这不是每个人都能看到的。图21所传达的信息足以满足我们的目的。在某些明显的条件下，根据目前的假设，货币工资总额的变化将反映成本和收入方面的变化，而这些变化从企业和挣工资的人自己的立场来看，将会被抵消掉。现实中，它们在某种程度上被抵消了，只要它们被抵消，就不难在普通的马歇尔需求或供给曲线中考虑到周期性因素。例如，引入工资总额作为参数，使其以必要的方式变化。事实上，从某些周期理论的角度来看，这就是所需的全部内容。

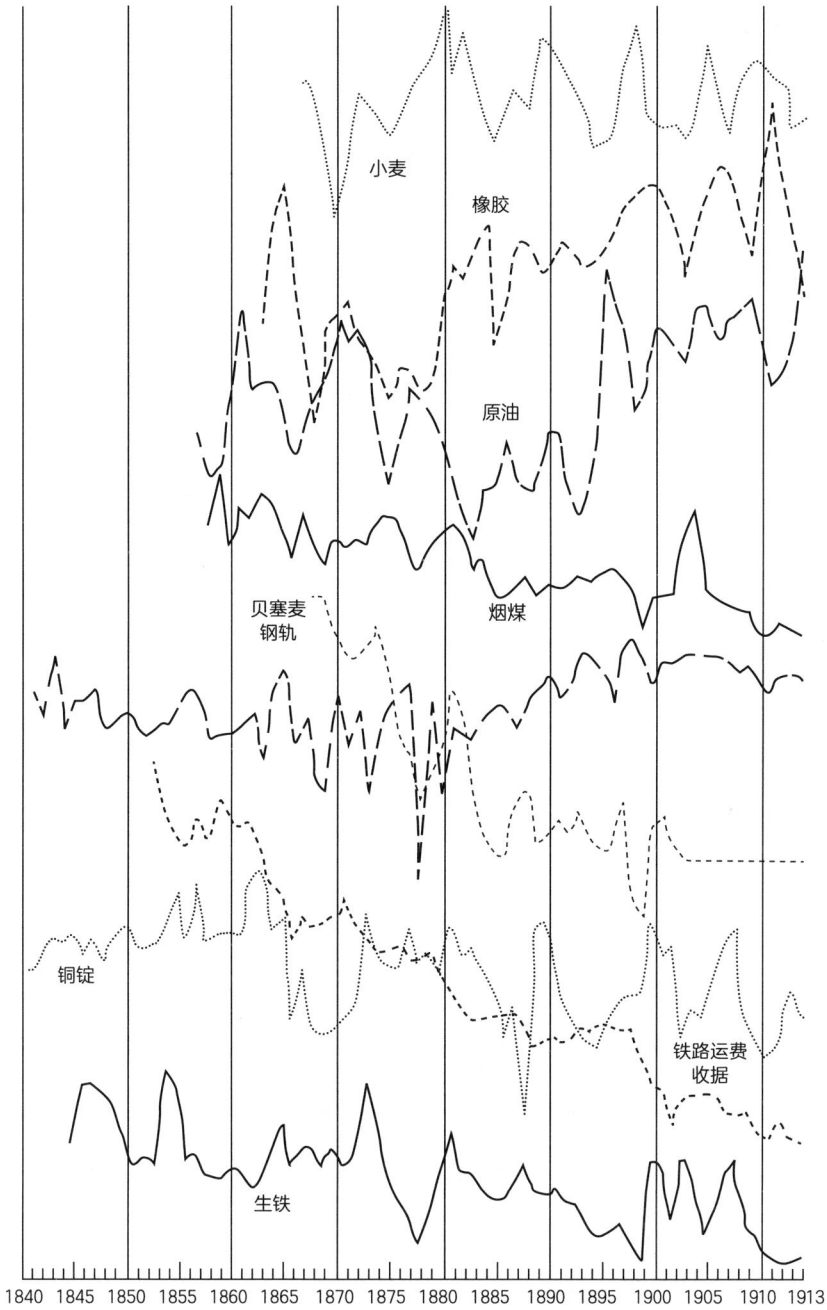

小麦

橡胶

原油

贝塞麦
钢轨

烟煤

铜锭

铁路运费
收据

生铁

1840 1845 1850 1855 1860 1865 1870 1875 1880 1885 1890 1895 1900 1905 1910 1913

图 21　美国单个商品价格的下降

3 竞争性行业对收入"实际"变化的反应

支出的增减并不是按设想的方式进行，而是引起家庭之间"购买力"的转移，以及行业乃至企业之间相对收入和成本的转移。因此，需要对实际的变化做出反应，而这种反应在竞争情况下是唯一确定的，但有很小的限制条件。只是，确定性并不意味着每个行业和企业都会以同样的方式做出反应。它将根据自身结构和目前的情况做出反应，第二章的分析使我们为此做好了准备。我们所说的结构不仅是指技术和商业设置，包括其固有的滞后性，以及行业的组织形式，如它与批发和零售贸易的关系和行为，而且包括其产品的性质，如它们是否会受到时尚的快速变化的影响、是否容易变化、是否易于储存等；包括其财务特征，如它是否能够从其金融关系中得到支持；还包括其管理人员的思维方式、反应的敏捷性，尤其是眼界，以及对解雇工人的厌恶程度等。最重要的一点是企业关于库存的政策，因为如果有可能，生产商通常会"投机"自己的产品。由于战前关于库存结转的数据极其稀少（尽管可能会发现有价值的迹象），我们别无选择，只能忽略周期性价格—数量波动的这个因素。

在任何时候和每个单独的周期中，价格—数量对的行为也取决于当时每个行业和企业的实际情况，原则上取决于所有之前的情况。如果可以从完全均衡开始，这些情况很容易定义。但这是现在无法做到的。我们必须从第四章的第二个近似值开始，并考虑到可能存在的就业不足，草率决策或负债的影响，所有未消化的前几个阶段的遗留问题，以及正在研究的行业特有的偶发事件的印记，并说明其反应的多样性和时机选择。然后，尽管行业可能只会对"经济周期"本身做出反应，但周期可能会被跳过，或者统计学家可能会看到一些特殊的周期。这个故事的寓意是，只有对一个行业的历史和状态进行分析才能解释其价格—数量对的行为。除非对事实的研究可以按照这条思路进行，否则研究毫无用处，还不如把自己限制在陈述理论的预期上，因为统计图表所能告诉我们的并不比理论预期更多。

4 对各行业行为的说明

然而，这些只是对广泛真理的限定，尽管是重要的限定。即在完全竞争条件下，或即使在技术上没有达到完全竞争却有着相似结果的条件下，所生产的非创新产品在价格上呈现出相对迅速和相对强烈调整的周期。因此，总的来说，除非具有典型的周期性，否则数量的波动往往较小。为了验证这一点，我们只需浏览一些敏感价格指数的构成。请参阅皮森的《预测商业周期》列出的 22 种商品的斯奈德·皮森（Snyder-Persons）指数（1875—1889 年）、哈佛经济协会的 13 种商品指数（1923 年起），以及另一个 10 种商品的皮森指数（1890—1922 年）。这些指数涉及豆类、大麦、麻布、咖啡、棉籽油（精炼）、棉片、焦炭、铜（锭）、玉米、玉米粉、皮革、生猪、猪油、燕麦、生铁和铁条、猪肉、印花布、橡胶、黑麦、虫胶清漆、丝绸、焊料合金、废钢、牛脂、锡、锡板、烟草（叶）、松节油、小麦、木螺钉、羊毛、精纺纱线、锌等产品。在德国，大麻也有相应的清单。正如读者所见，找到那些根据某些理论与周期性过程特别相关的商品的期望并没有完全落空。但满足完全竞争条件的标准例子的农产品，却几乎占据了主导地位。如果不是因为以下两种情况，喜欢构建敏感价格指数的人会更愿意这样做。首先，尽管所有这些作物的价格和数量都受到作物偶然变化的强烈影响，但有些作物受到的影响比其他作物大。例如，土豆受这一因素的影响要比小麦大得多（见摩尔在《经济周期》中提出的非常令人满意的土豆需求曲线，尽管其构建依据的假设极其简单，但它却和小麦的价格非常吻合，这充分显示了其他因素的影响）。其次，构造一个先于一般价格水平指数的敏感指数的目的，取消了其他商品的价格（如牛奶的价格）完全显示出周期性影响的资格。① 在这方面，我们针对非农业产品只提出两点意见，棉床、印花布和精纺纱线的敏感性丝毫不低于生铁或铜。而木螺钉作为一种马歇尔需求弹性极小的商品，其生产是在与完全竞争相距甚远的条件下进行的，这一点特别有趣。米尔斯统计的基钦周期的平均持续时间是 40.2 个月。

这并不是否认对周期、振幅和相对阶段（时间）进行更深入的研究可能会得出揭示周期性原因的结果。有趣的是，金属和金属产品的价格和数量比基钦周期更清楚地表明了朱格拉周期（胡椒和面粉、运费和一些化学品也是如此），而食品、原材料、半成纺织品和纺织机械的作用正好相反（其他化学品和木材也一样）。但是对这些价格和数量没有简单的概括是可能的，也没有令人满意的正式分析方法。如上所述，这完全符合我们模型的预期。对于需求和供给的研究来说，这意味着马歇尔曲线的失败是无法补救的。在特别有利的情况下，我们仍然可以把实际的变化分成沿着需求曲线的移动和需求曲线的移动。在引用的马铃薯案例中，沿着需要曲线的移动占主导地位，

---

① 米尔斯指责大麦、豆类、玉米、黑麦、小麦和其他许多作物的不规则性。当然，这是对应用他的测量结果和周期性运动参考模式的正确表述。其他的（总共 26 个）作物被他归为"例外"。可以补充说，这些结果很好地说明了我们对这种测量的看法。如果行为的不规则性被解释为这样指定的商品的价格"不以任何系统的方式符合一般价格的周期性运动"，并且我们认为"特殊"行为意味着不规则性太大，无法忍受，似乎就很容易推断出这种商品的价格—数量行为是独立于周期或与周期模式相反的。当然，米尔斯教授并不是这个意思，而且这可能是完全错误的。他们中的一些食品可能被列入敏感价格指数，而且他们认为这比生铁更好，这本身就足以反驳这一点。另一个论据是鸡蛋和黄油，它们也被归类在不规则组合里面；还有家禽，被评为例外。鸡蛋、黄油、家禽及所有被列为普通牛肉、猪肉、羊肉（作者不确定小牛肉的情况），在它们的价格—数量行为中显示出与工资账单的密切关系，正如我们预期的那样，可以同时考虑到这些"共振器"的结构。同样，我们必须主要依靠战后的数据来说明这个问题。1927年黄油的批发价格与联邦储备委员会的工资表呈反向变动，但在其他方面则普遍存在共变关系。农业部估计的家禽和鸡蛋的农场总价值与薪资表相吻合。在所有情况下，通过批发价格对农场价格的消费者支出变化的影响是比较快的。例如，美国农业部 1933 年 2 月 9 日向美国参议院提交的关于生猪情况的报告，尽管报告涉及战后的事实，但仍可适用于我们这个时期。"消费者对猪肉的总支出显然主要由消费者的收入水平决定。如果收入保持不变，消费者对大量猪肉供应的支出与少量供应的支出大致相同"。可以肯定的是，这将导致价格的变化，在上述意义上看起来是不规则的，而事实上，很难找到比对周期性冲动反应更强烈的例子。类似的评论也适用于廷纳先生的一些测量。例如，他说，德国金属价格对周期性节奏的反应很小。

在没有扰动的时期，可以推导出看似合理的马歇尔曲线。即使在这方面，它也更多地掩盖而不是阐明事件的真实过程。在铁、钢、铜和其他这类商品的案例中，需求曲线的移动占主导地位，得到摩尔的正向倾斜需求曲线。正如现在人们普遍认识到的和摩尔本人最终承认的那样，它根本不是需求曲线，而是一系列需求曲线中的周期性变化路径，其中每一条相对于数量轴来说，还是负向斜率的。但是，把供给量或需求量的周期性变化看成是沿着不变曲线的运动显然是不被接受的。而且正如我们将在后面看到的，这是关于工资、利率和资本品价格的许多错误论点的根源。同样不可接受的假设是，在曲线移动时，这些马歇尔函数的形式相对于周期阶段是不变的。这比通常反对在这一领域使用"经典"分析的许多其他反对意见要重要得多。

特殊案例

最近的研究已经超越了这些限制，并将价格变化率、过去价格的影响和一些附带的情况都已经考虑进去了（怀特曼，Whitman，1936）。帕累托-斯卢茨基-舒尔茨理论已经从分析上解决了实际收入变化的影响问题。多重相关方面的研究已经为类似方向的进展提供了帮助。消费者对价格和收入变化的反应也是国际联盟调查的主题。所有这些研究和类似努力的一些成果直接满足了我们的需求。其他的研究则很容易适应周期性行为研究的目的，事实上，这些研究可以通过借用周期理论来改进。当生产函数和消费函数（"方法"和"偏好"）发生变化时，一切都将崩溃，而这最终是不可避免的。但大多数商品，尤其是消费者"偏好"，在相当长的一段时间内是保持不变的。任何通过创新、诱导或自主改变偏好而发生的变化都必须在历史上被定位。在某些情况下，它显示在统计资料中，但是，绝不能依靠这些资料来明确地说明问题。如果只有一张关于土壤产品数量的历史图表，我们可能很容易想从收益递减的意义上解释它的形式，尽管这很荒谬。

在不离开目前完全竞争假设的范围的情况下，我们或多或少可以再迈出一步，尽管创新的因素偶尔会被引入。在不考虑产业结构的情况下，在一种商品的价格—数量对的波动可能会偏离周期机制而无法解释的原因中，技术滞后是最重要的原因之一。在某种程度上它无处不在，特别是在如果包括通过建造或重建工厂来适应经济状况的变化时。但我们的分析只限于几个突出的例子，咖啡就是其中之一。我们预期并在其价格—数量对序列中找到咖啡树产量随时间变化的轨迹。美国的价格（这里只涉及巴西咖啡和美国市场）与基钦阶段的变化相当接近（根据米尔斯教授的说法，1890 年至 1925 年的平均持续时间为 37.0个月），但所有较长时间的运动都是在新种植的巨大浪潮的明显推动下呈现的，完全不同步。新树在 4 到 7 年后开始结果，之后产量随着天气状况和丰收后树木的枯竭而变化。这样的一波浪潮将价格拉到了 19 世纪 80 年代中期的低谷，在 19 世纪 90 年代初的大幅上涨之后，又在 20 世纪初再次回落。

这解释起来并不困难，但很复杂。这是一个创新的案例，是一篇强行进入消费者预算并引起偏好变化的文献，人均消费系统性地增加，到 1902 年左右停止，显然不仅仅是财富增加的结果，正如从这个国家和英国的咖啡与茶的消费之间关系的变化的比较中推断出来的那样。由于生产主要用于出口，国际影响造成了对标准模式的偏离。巴西的货币失调进一步扭曲了这个过程，货币失调经常给生产带来额外溢价，甚至在咖啡馆出现之前，政府就以各种其他方式补贴生产；还有天气的影响、汽船航线的发展（主要是在 1870 年到1890 年）、国内运输（直到 19 世纪 60 年代，咖啡是用骡子从种植园运到港口的）、进口国附属工业的发展，以及与其他生产国和茶叶的竞争形势的变化，都促进了对标准模式的偏离。如果从通过平滑后的原始图形的拐点徒手画出的曲线上，取经过水平修正的价格偏差和人均消费偏差，我们会发现很好的反向共变关系。这表明"沿着需求曲线移动"并没有被曲线的移动所消除；但是，通过价格图的拐点的线有自己的形状。大约自 1870 年以来人均消费的对应线只显示了可能被称为结果趋势的东西。

这个例子很好地显示了价格分析中遇到的一系列问题，特别是，作者很遗憾地指出，精确的分析方法肯定会遇到的困难。技术上的滞后，通过替代和扭曲效应，给计算错误提供了很大的空间，会产生没有技术滞后就不会出现的波动和在这个意义上的特殊周期。但是，首先，如果认为实际观察到的波动只是表明适应存在的技术滞后的影响，那将是一个严重的错误；其次，如果认为这里有一个内生波动的情况，这种波动本身可能会无限期地持续下去，甚至幅度可能会增加，那也是同样错误的。咖啡业的情况只是对大量冲击做出的反应。当它的生产涉及创新时，就会产生周期；只要它经历消费者支出的周期性变化，它就会受到周期性的影响。消费者支出的周期性影响比咖啡树滞后的周期性影响更明显。正是由于这些周期性的和外部的影响导致了它的波动。只有这些波动的形式是由咖啡共振器的结构属性决定的，而滞后就是其中之一。

这些特点在"牲畜的周期"中表现得更加明显。情况稍微简单一些，因为尽管有很多限制条件，但对德国和美国来说，供人类消费的牲畜的生产主要来自国内产业。而且，除了特殊情况，在这个产业中，创新因素不会像在咖啡产业中表现的那样强烈地干扰图形。这些周期源于这样一个事实，即只有在技术滞后的情况下，它们才能适应任何超常或低于正常的有利情况，对应于把牲畜饲养到必要的成熟期所需的时间，对所有生产者来说，这些时间基本上是固定的，而且是相同的，因为他们面临同样的情况，必须在差不多的时间做出决定。应该立即注意到，有必要进一步假设他们不会考虑竞争对手的行动，直到所有人都拿出自己的产品。显然，这种假设是不合理的，因为竞争对手的行为不是什么秘密。因此，由单一干扰引发的波浪尽管有滞后性，但很快就会平息。认为一种干扰一旦引起了异常有利或不利的情况，就会因此产生一种可能在其自身的推动下永远持续下去的波动，这种想法显然是荒谬的。在这些情况下，生产者可能也确实会做出这样的反应，即他们的适应性行动的集合效应会在与他们打算适应的偏差相反的方向上造成不均衡；并从站不住脚的位置反弹，同样可能会超过目标。但最终他们会吸取这个教训。相信一些方程的常数来提供相反的证明，这也是非常轻率的。回顾一下第二章和第四章中关于这个问题的论述，并得出结论：由于这些波浪显然是无限地持续着，而且相对而言，它们非常有规律，所以它们恰恰不可能在完全意义上是内生的，而必须由来自外部的冲击或由一个生成机制来维持。这种机制只能是周期，特别是基钦周期，但也可以是朱格拉周期，并通过消费者的支出发挥作用。

在标准情况下，如在生猪周期中，就很容易看出这一点。总体而言，生猪价格在所有三个周期中都表现良好（例如关于德国，参考之前引用的柏林研究所的《新价格研究》的图表，该报告通过两个序列涵盖了 1863 年以前的猪肉价格和近 150 年以来的生猪价格。对于这个国家和他研究的这段时期，米尔斯教授给他的两个生猪周期的记录打了一个好分数，周期持续时间分别为 38.8 个月和 38.4 个月）。它们与消费者收入的周期性变化的关系非常明显，无须证明。确实，这些需求的变动是与"沿着需求曲线"的强烈运动相结合的。市场上的生猪收入或屠宰量与生猪价格呈负相关，与大约 18 个月前的生猪（或猪肉）和饲料价格成正相关关系。几乎可以仅从这种关系预测生猪价格，因此，乍一看，该市场似乎完全由供给变化主导，而供给变化又完全是生成机制带来的。然而，一些研究者得出的关于存在与经济周期无关的特殊周期的推论是完全没有根据的。当看到那些非常有规律的生猪图呈现出的波浪时，这肯定是一种特定的反应机制在运作。

造船周期：丁伯根模型

这个由丁伯根教授命名的周期，用来代表所有耗时的厂房和设备建造过程中的滞后现象，因此（也包括其他方面）与生猪的情况有很大不同。我们的讨论延续了在第四章第五节中开始的一个论点。如果把总吨位视为时间的特定函数（首先是周期性时间，但后来与历史时间相联系），即$f(t)$；再用造船的第一个近似值来确定总吨位的变化率，即$f'(t)$。如果总吨位高于正常水平（无论这意味着什么），这将降低运费，减少造船量（它不能使吨位增量为负数）。如果总吨位低于正常值，则会发生相反的情况，并经过一段时间θ后，θ由航运公司订购和造船厂建造新吨位所需的时间决定，总吨位将根据承运人的反应强度而增加。假定该强度为常数a，并根据与正常吨位的单位偏差相对应的吨位订单的增加或减少来衡量。因此，造船量或吨位变化率与$t-\theta$时刻的吨位有关，因此，$f'(t)=-af(t-\theta)$。这个函数方程用我们熟悉的代换方法来处理，可以得到

$$f(t) = e^{\alpha t+\beta} = Ce^{\alpha t},$$

求解$Ce^{\alpha t}$，得到$\alpha=-ae^{-\alpha\theta}$，如果令$-\alpha\theta=x+iy$，会得到一个具有复数指数的指数函数，它的虚部会带来周期性的波动。然后，这些吨位的波动可以用周期性和非周期性运动的组合来表示，周期只取决于θ和a。这种复合处理清除了无意义的解决方案，是非常有韧性的，引入这个方法是一件值得庆幸的事。

但是，在应用于我们的主题时，这一连串的推理引起了各种怀疑。首先，这种波动在自我产生的意义上不能被称作是内生的，因为它们的存在显然取决于启动它们的某种干扰。其次，只有当我们假设载体的反应形式非常特殊时，它们才能自我延续，这不仅违反了经济理论中关于理性行为的一般性假设，而且也与常识相悖。我们不能合理地假设，对异常有利的运费率的反应是机制性的，并且在开始行动时不考虑事情的原因和可能持续的时间，以及整个贸易同时行动的影响。这并不是一个有效的反对意见，结果只会滞后地显示出来，并影响到同时发生变化的各种情况。因此，即使是在决定时是正确的反应，也可能被结果证明是错误的。如果没有其他过程在起作用，或没有进一步的外部干扰，这种情况就不会发生。正是这个过程或这种干扰，而不是造船业固有的任何自动性，导致了差异和进一步的波动。三是该论点忽视了新的现有船舶、二手船舶和新订购船舶价格反应的调节作用。第四，反对使

用趋势线作为衡量吨位偏差的标准。由于这种趋势本身是增长和周期的产物，消除它就会消除这一过程的部分本质。第五，我们不能把它作为判断反应正确与否的标准，因为承运人和观察其行为的经济学家都必须考虑到需求的周期性变化，运费并非仅仅是吨位的不变函数。一旦认识到这一点，这个特定的周期就结束了。

通过观察图 22，我们可以发现这一点的含义完全被案例的事实所证实。当然，我们看到了该行业所特有的性质的影响：其他国家采取的补贴和声誉政策，却影响了英国的情况；航运业和造船业反映了世界各地的经济和政治状况；跨大西洋货运与移民的关系；事实上，航运将在很大程度上分担国际

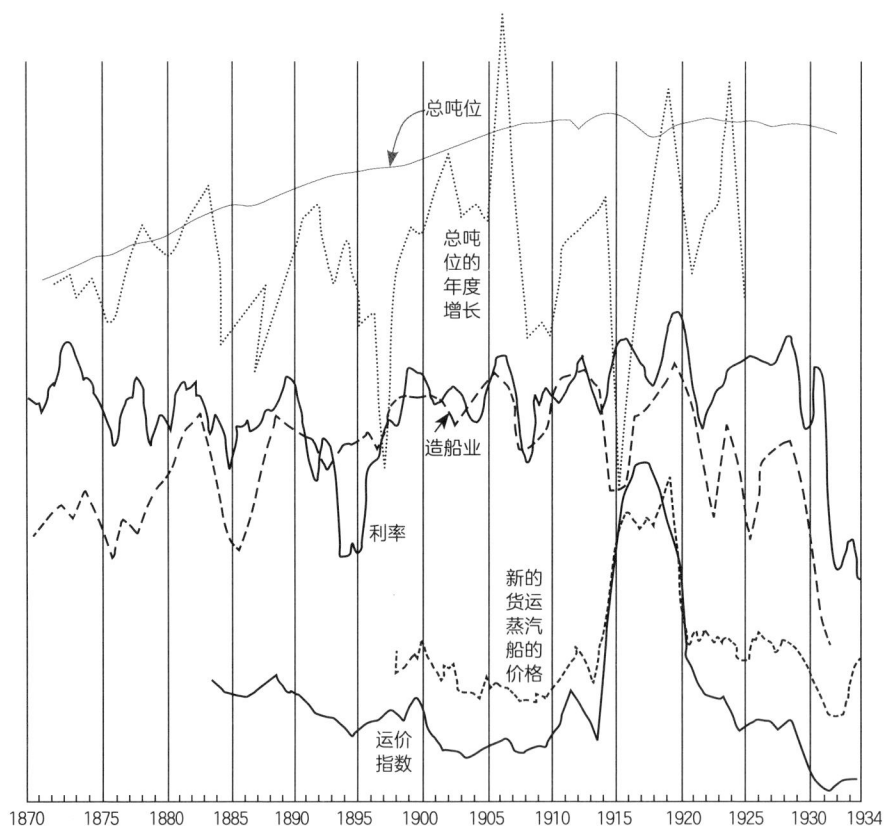

图 22　英国航运业和造船业

商品贸易的命运，而国际商品贸易本身，特别是在较长时期内，偏离了周期的轮廓线等。最重要的是，必须注意这样一个事实，即在技术上和商业上，航运业和造船业都发生了重要的创新。这将解释即使在价格普遍上涨之后，运费率仍有下降的长期趋势，部分原因也是运费的价格战。考虑到所有这些因素，周期在房价，尤其是建筑业方面表现得很好。在图表所涵盖的时期内，从长期意义上讲，它们的运动是逆向的；而从短期意义上讲，基本上同步且方向相同。这正是在周期性过程作用于这个特定谐振器的情况下应该预期的，而且可以在没有滞后因素的情况下得到充分解释。作者认为，事实上，这个谐振器的影响非常小，而通过形式化的方法可能得出的这种对相反观点的证明在很大程度上令人困惑。

企业家的价格策略

如果企业家行为是用一种新方法生产一种在完全竞争条件下已经生产出来的商品，而企业家无力改变这种竞争，因此他面对的是一条无限弹性的个体需求曲线，那么创新发生的行业及其子公司和竞争者的价格—数量对将受到影响，这一点不需要额外评论。如上所述，创新的发生必须在每个个案中进行历史定位，这是彻底的价格—数量分析的先决条件。回顾前文所述，使用传统概念，我们把这种分析的最终任务定义如下，并给定实际价格—数量行为的时间序列，将它们分成五个部分：（1）沿着供给或需求曲线的移动；（2）不变的无差异品种（不变偏好）内需求曲线的变化（包括形式的变化）；（3）供给曲线在不变的生产函数内的变化（也包括形式的变化）；（4）偏好的自主变化；（5）生产函数的变化（创新）。如果以数字的精确性为目标，完成这项任务就很艰难。如果满足于粗略的常识性方法，虽然费力，但并不困难。特别是，不难解释价格—数量在长期调整中的行为，这种调整有时是由创新引起的。在此期间，许多或大多数企业继续亏损生产多年，不合格者的生存造成了我们熟悉的生产过剩。创新行业的价格—数量对偏离所有商品的平均水平，很容易被误认为是特殊的周期或趋势，但也不难理解。

但是，如果创新在于引入一种新产品，那么企业家发现自己几乎总是处于不完全竞争的情况。在大多数情况下，他的企业也会影响到一个不完全竞争的部门。在这个部门中，不完全竞争的现象独立存在。因此，在这里有必要对第二章和第四章及历史章节中关于这个问题的内容进行少量补充，可以结合这方面进行理解。然后我们又遇到了一种现象，如果赞同它，就称之为价格稳定性；如果不赞同它，就称之为价格刚性。尽管几乎没有理由相信这种稳定性或刚性在过去50年中有所增加，但最近确实值得关注。对我们的目的来说，重要的是了解是什么阻止了如此多的新商品和旧商品的价格像完全竞争条件下的价格那样参与周期性波动。

从我们的观点来看，传统的刚性价格和权威监管价格并没有太大差异。在许多情况下，属于这两类的商品和服务会错过周期，尤其是基钦周期，这一点太明显了，不会让我们感到困扰。但是有三点值得注意，它们都与下面的例子有关。首先，任何要求公共服务机构批准涨价或降价的行业或企业都必须知道，涨价是极其难以获批的，而出于同样的原因，降价很可能是最终结果。它需要突如其来的紧急情况——通货膨胀可能还不够——才能在一贯充满对抗的公众舆论中"证明"涨价的合理性。这是一个外部因素。其次，这并不一定意味着现在的数量会比在价格变化更大时波动更大。事实上，许多相关商品的需求弹性很低，在周期性过程中也没有什么变化。在普通的萧条时期，如果价格迅速降低，销售量是否会明显增加，常常令人怀疑。第三，在并非不重要的情况下，如果不是无弹性，需求只会对价格大幅下调做出反应，如果没有重大创新，这种价格下调通常是不可能的。很多时候，只有在吸引新的消费群体时，降价才有意义。但这种可能性不一定与周期的特定阶段相关，而且很可能在繁荣时期出现。

接下来我们考虑一个有少数企业的行业情况。由于商业精神萎靡不振，这些企业的单位，在一段时间内一直不受干扰地占有这个领域。假设这些企业本身也同样行动迟缓，在由产品差异化支持的寡头垄断的准均衡中稳定下来，但没有达成协议。确实，这样的绿洲并不容易找到，大多数实例经分析证明是虚假的，但它将有助于阐明我们的问题。当繁荣降临，企业将享受更活跃的销售，除非他们无法在不增加单位成本的情况下增加产量，否则他们不会轻易地通过提高价格来利用这种情况。因为在这种情况下，价格不可能像小麦价格那样非人为地上涨。必须由有身份的人来做这件事，他冒着失去客户的风险，即使其他人最终会跟随，但至少有一些人可能根本不会这么做，因为他们希望征服一些他们不敢主动入侵的领域。类似的考虑也适用于降价的情况。应当注意到，在这种情况持续期间，统计数据将报告非常稳定的价格，而不像传统的、受管制的或商定的价格那样缺乏灵活性，它们可以随时变化，并根据严格的理性考虑进行选择，以期在这种情况下随着时间的推移获得最大优势。在这种情况下，我们假设迟缓，不是为了暗示非理性，而是为了排除创新精神和竞争倾向。

非理性的因素当然会帮助刚性价格情形的发生。尽管有理性和非理性的因素，但在一个经济进程弥漫的世界中，这种情况不可能持续。如果现有的企业对这个价格感到满意，他们可能并且经常试图与它挂钩。对其中一些企业来说，这意味着他们准备放弃自己的机会，因为他们有理由期待从这个进程所带来的不断变革中获得机会，并通过企业行动使它适应不断变化的环境。他们经常试图通过同意禁止"交叉销售"来使之"合理化"，然而在产品差异化的情况下，这并不容易识别。他们可能会聚在一起，以"教育"彼此来达到这一"道德准则"。或者，他们可能只是决定防止零售代理与自己竞争，这是零售价格维护运动（Resale Price Maintenance）的动机之一，尽管不是最重要的动机。他们也可以共同采取基准价或交货价的政策。例如，在英国，钢铁、水泥、木材、造纸、石油、啤酒、橡胶、玻璃、化肥、面粉和制糖业已经采取了这种政策。在这里我们并不关心这些做法的优点和缺点，在讨论这些问题时，有太多值得引用的"理论"。但应该注意的是，虽然其中一些做法可能朝着完全竞争的方向发展，而且它们中的任何一个都不一定意味着价格刚性，但所有这些都需要机制运行，而启动起来是困难的，有时成本很高。我们在历史章节中有这样的例子。产业谐振器在结构上受到这些政策的影响，而价格未能以一种非常明显的方式对周期性情况做出反应，往往是由此造成的。

如果这类政策在德国的那种卡特尔中出现，在周期性故障发生的间隔期间，不牢固的垄断运作首先揭示了在垄断情况下价格稳定的主要理性和纯粹的经济原因。前文已经在另一个方面提到过：如果一个垄断者面对的需求在有效的区间内，要么总是对价格不敏感，要么在萧条时变得不敏感，那么他就没有降价的动机，而在完全竞争中，价格总是会下降。许多在家庭预算中不重要的高成品的消费品和对产品的总成本贡献很小的一些重要的生产品也是如此。但应该再次强调的是，在可以预见的情况下，这种价格偏离在完全竞争条件下普遍存在的周期性模式，并不意味着数量上的相应偏离。毫无疑问，数量确实在减少，但并不比没有垄断的情况下少很多，主要也不是因为价格持续上涨。因此，就这一点而言，某些众所周知的关于价格刚性加剧萧条的观点并不成立，商业利益集团和政治家所采取的态度也有一定的道理，这种态度在我们的时代具体化为工业复苏法[①]。

其次，即使没有严格意义上的卡特尔或垄断，为周期性峰值的需求提供产能的做法，也会加强垄断情况下产生稳定价格的趋势。如前所述（第四章），这种做法可能导致周期性最强的行业的价格成为所有行业中周期性变化最小的。这种现象在完全竞争中不可能出现。这确实加剧了数量上的波动，但它缓解了而不是加剧了周期性的困境。第三，上文提到的理性但非经济因素对

---

① 然而，上述内容绝不能被解释为对任何特定政策的辩护。这意味着，在某些情况下，垄断性措施不能以传统的反垄断为由受到谴责。

资本主义联合体产生了重大影响，他们知道这是不受欢迎的，任何降价都会被看作是过去剥削的证据，而且不可能或很难再提高价格。因此，"不惹麻烦"的政策往往很管用。这适用于任何垄断情况，但就卡特尔而言涉及第四点，即面临成员利益分歧采取行动的困难。例如，在德国，经常出现这样的情况：规模大和效率高的企业反对涨价并支持降价，而规模较小、不太新的企业则叫嚷着支持涨价并反对降价，尖锐地指责那些大企业是"节制的使徒"。这有很多原因。然而，其中一个原因是，大企业不愿意支持一项政策，因为这项政策使他们无法充分使用自己的权力，并倾向于避免经济生活发生不可预见的变化。这通常意味着陷入僵局，其结果是，在没有做出任何决定的情况下，价格根本没有变化，或者变化得非常不稳定。

总的来说，在康德拉季耶夫的降阶中，联合的意愿比在康德拉季耶夫的繁荣中更明显。但这种情况也有许多例外，个别行业特有的结构和条件似乎比一般商业状况更重要。这也不奇怪，当事情看起来向好的方向发展时，企业可能缺乏强烈的动机来寻求庇护，但其他动机却越来越重要。在绝望中脱离联合体的动机也越来越少，在萧条中也是如此。正如我们所见，既然一个组织的构成非常接近垄断，就会有力地影响行业的价格—数量对，那么它的成立或瓦解就会主导它们的统计图景，甚至可能完全抹掉周期性波动的影响。这样的例子不胜枚举，无须在此赘述。这里面没有什么可以修改我们的周期理论或由此产生的预期。

如果卡特尔瓦解，或者寡头垄断者之间的准均衡被破坏，这并不意味着可以用竞争模式来取代以前适用的模式。相反，会出现所谓的无序市场。我们将观察这些动向和对策，它们与成本几乎没有关系，与周期性形势的关系也几乎不大，特别是在卡特尔支配期间出现产能过剩的时候，即"存在着一切人反对一切人的永恒斗争"。美国的造纸业，以及在某种程度上，20世纪20年代的美国制鞋业，或者在不同时期的德国的水泥业，都可以作为例证。但这种情况并不总是如实反映在价格—数量对的行为中；因为在其他供给条件下会有回扣、信贷优惠和特许权等行为出现。质量的变化将取代价格的变化，并使跟踪数量的变化变得困难。事实上，这种情况可以持续一段时间而不影响统计数字所报的价格。这是一种虚假的或统计上的稳定情况。

这一分析也适用于这样的情况，即提供颠覆性冲击的是一种新商品，尽管随之而来的竞争的经济意义完全不同，不仅竞争对手之间的地位是不稳定的，而且其内在也是不稳定的。有两点需要补充说明。首先，在新产品蓬勃发展的相当长一段时间内，其价格和数量可能对周期性波动不太敏感。需求可能会在连续几次的基钦甚至可能是朱格拉周期的衰退中继续向上移动，而创新企业可能没有理由改变其价格。在汽车（及相关的汽油、一些橡胶制品、防碎玻璃等）、电器、收割机械、人造丝、合金钢、电影和其他行业等领域有很多这样的例子。不用说，这种行为绝没有出乎意料，无论它与一般行为有多大的偏差。在这里，价格的稳定在某种意义上是虚假的。价格之所以稳定，主要不是因为它们保持不变，而是因为作用于价格和数量的对抗力量使它们保持稳定，这又说明，在这段时间内不变的价格并不是我们意义上的刚性价格。

第二点是指在周期性演变过程中，企业家暂时享有在以前情况下被称为可允许的近似于直接垄断的情况（第二章第六节）。在这种情况下，他们可以采取一些措施。例如，可以决定在经济繁荣的时候尽量赚取收益，并尽快利用这些收益补偿企业的总成本使其降低，比如 1 美元，并在他们的需求曲线崩溃时，不用纠结地接受破产。① 应该注意到，在真正的垄断情况下，在不断变化的市场条件中保持价格稳定，恰恰不符合卖方的利益。但一般来说，企业家没有这样的机会，也没有这样的意图去改变价格。他必须增加需求，然后捍卫占领的市场免受竞争对手的攻击，因为他为竞争对手铺平了道路。因此，无论在成功之前还是之后，他都不可能按照经典垄断理论的模式行事。

---

① 原文使用晾晒干草来比喻这种赚取收益的方式，即可以决定在阳光灿烂的时候晒干草，利用这些干草尽快将生产干草的植物的成本降到 1 美元。——译者注

尤其是在这些情况下，自从亨斯曼（Huntsman）在黑夜中用自己创造的方法生产钢铁以来，其重要性一直在稳步增长，企业家的成就在于建立大规模生产设施为前提，只有从一开始就低价出售，之后再也不涨价，才能建立起稳定的需求，捍卫占领的市场。在这种情况下，成功的主要条件是，设想好年景和坏年景的平均值中能卖出的价格，并能以这个价格所能覆盖的成本进行生产。从理论上讲，这样的价格不必硬性下调，但很容易看出，在这种情况下，除非是基于相当永久的条件，否则任何降价都是很危险的。因此，我们发现，主要是在高度成品的消费品领域，但也在工具和机械领域，根据所有普通标准，经常会出现极其刚性的价格，价格成为商品属性的一部分，企业实际上也致力于稳定价格。但这种刚性与通常意义上的刚性不同，也不会带来同样的周期性后果。后者是由对某时刻理想价格的偏离定义的，不管是在垄断或竞争的意义上，它的影响也是针对适应一般情况而探讨的。

设想的那种价格不会符合这一标准，但由于它是针对预期的一系列情况而确定的，因此在成功的情况下（这当然是一个幸运的问题）会比通过妥协（例如卡特尔的特点）或公共机构规定的一些规则而确定的价格更接近这一标准。在这些情况下，也不是像一个著名的口号所说的那样"数量适应价格，而不是价格适应数量"，因为对未来产出数量的考虑恰恰在决策中占据首要地位。此外，不应忘记，任何新产品，无论其价格如何不灵活，由于它对其领域内原有的价格—数量结构的影响，它仍然是整个体系中的一种灵活性工具。最后，如果调整终究是必要的，就会有动机通过改变质量来实现，或者，如果改变质量是不可能的或不可取的，就会以不同的价格提供另一种或几种其他种类的产品来实现这种调整。如果不抛弃旧的类型，那么统计将记录新类型和旧类型的绝对刚性价格，而就所有的意图和目的而言，实际上，在价格刚性中存在着被抑制的、不确定的、不连续的弹性，通常从价格刚性得出的推论基本上是没有根据的，当然也不是完全如此。如果从一开始就提供几种类似的商品，例如，市场细分至"为每一个钱包都造一辆车"，而根本不需要实际的价格变化就能产生即时变化的所有效果，这一点尤其明显。

因此，分析各种价格刚性的性质和来源，以及分析那种有意或无意、理性或非理性地对其中造成一些价格刚性的垄断或寡头垄断策略，很难支持许多研究者提出的观点，即它们对周期性机制的重要性的看法，或如一些人所说的，价格刚性的性质和来源对周期性机制越来越重要，特别是它们在萧条中对系统其他部分的错位效应。与人们普遍认为的相比，真正的刚性价格没有那么多，而且也没有那么多错配。然而，我们不应犯相反的错误。每一个有机会这样做的企业都在努力争取一个看起来尽可能垄断的地位，通过广告宣传，使其产品差异化，试图控制竞争对手，例如，电力和照明公司试图控制天然气公司；美国铁路公司试图收购电车线路等，或者通过预防性攻击来抵御竞争对手，这些事实本身就足以证明，这种垄断地位并非毫无价值。但是，我们在历史概述中已经看到，它们的价值不在于有能力遵循限制产出的长期政策，而在于他们提供的便利条件，使他们能够安全度过困难时期，并实现不受干扰的规划。这种立场的存在所产生的差异，与其说是最终结果的差异，不如说是达成结果的方式的差异。可以肯定的是，后者足以扰乱我们对短期内价格—数量对的行为的预期，尤其是在基钦周期中。但这还不足以扰乱经济进程的运行。

第九章

支出、工资和存款余额

BUSINESS

CYCLES

关于货币的一些观点

关于货币的一些观点前面已经介绍过了，必要时还会配合其他的观点一同介绍。其中的大部分可以在第三章、第六章和第十一章中找到，还有一些观点将在本节中进行阐释。由于在本书中不可能完整地论述这些观点中所涉及的一般货币理论，因此它们在这里只能以不完整、不令人满意的方式来表达，并且它们脱离了所赖以获得其全部意义的时代背景。①

1. 在实践中，至少在历史上，货币与某些商品联系在一起，但是它从来不是一种商品，也不能像商品那样满足人们的需求。如果赋予它一种效用，这种效用是从我们实际购买或可以购买的商品中得到的，那么我们可以将这种效用作为制定价格的前提或货币与商品之间的交换比率。因此，任何试图从货币的边际效用和商品的边际效用推导出这些价格的做法，就像可以从商品的边际效用中推导出货币与商品之间的交换比率一样，都涉及了循环推理。即使货币是由金属组成而且可以自由地铸造和熔化且不需要成本或利息，在这种情况下，尽管该特定数量的金属在其货币用途中的交换价值永远不会背离其在工业用途中的交换价值，但前者不能从根本上用后者来解释，对公众关闭铸币厂就足以说明货币有其自身的交换价值这一事实。因此，只要金属货币的使用不受限制，那么它就"决定了"货币商品在其工业用途中的交换价值，就像金属货币"被决定了"一样。遗憾的是，在这里无法讨论理论家们为避免这种影响而努力采取的各种手段。然而，希望我们的论点就目前而言是清楚的。如果是这样的话，可以得出一个结论：将货币单位与商品单位联系起来的任何形式，不管它在保证货币价值方面会产生什么实际的好处，

---

① 作者希望在他关于货币的论文中提供这一背景，并发展这些命题的理论结构，而这些命题正是这些理论的碎片。——译者注

在逻辑上都是不重要的，因为它使货币体系的运作受到一个与货币的意义无关的额外条件的影响。

2. 货币不是一种商品这一事实解释了一种无法解释的现象，即商品对货币的权利或所有权（无论如何定义）可能与货币本身具有相同的目的。这是关于信用创造的可能性的根本解释，这也是为什么创造"近似货币"①如此容易，而阻止其创造却又如此困难；但对于商品来说这样的事情是不会发生的。

3. 同样，相同的事实构成了货币流通这一现象的基础，在商品和劳务的世界中这是独一无二的现象。把货币称为一种可以多次使用的耐用物品，并不能正确地描述货币流通这种现象。在必要的技术限制范围内，货币只是作为一个计数器，它可以在与商品交易的"游戏"中出现任意多的次数。这个"周期"，即货币完成其循环一次所需的时间跨度，是有关货币流通的基本事实。

我们必须区分货币流通速度的三个概念：（1）以货币为单位计算的所有交易总额除以支票余额加上银行以外的资金；（2）以余额和流通中的货币计算的消费者支出加生产者支出；（3）消费者的收支差额加上流通中的货币总额。最后一个，即所谓的收入流通速度，我们可以称之为净收入速度，以区别于总收入速度。其中总收入速度等于收入总额加流通中的货币。在这三个指标中，收入流通速度与货币流通速度的相关性最强，尽管第一个指标有时会成为我们计算其他两个指标的唯一突破口，但第一个指标所体现的数字本身是没有意义的。

然而更重要的是另一个区别，这一区别可以适用于刚才提到的三个速度概念中的任何一个。在一个稳定状态下，货币流通速度在很大程度上是由清

---

① 这个词是通过与"近似啤酒"相类比而创造的。如果是这样的话，它并没有表达全部的事实。"近似啤酒"的作用并不像啤酒那么好，但它必须被生产出来。说"信贷"是"货币的替代品"也是不太正确的。

算期间内支付制度的安排决定的。假设经济过程是这样安排的：所有企业在每个星期六向家庭购买生产性劳务，而所有家庭在随后的每个星期一从相同的企业以相同的金额购买消费品，如果这就是所发生的一切，那么每年的收入流通速度是52。然而，可以更进一步，假设收入是在整个一周内以小额分期付款的方式同时支付和支出的，每个人的个人付款和收款的顺序是随机的，当然这样一来这种情况会产生不同的流通速度，而且会显示出与前面那种情形中有所不同的情况。家庭和企业现在将持有少量的现金，这是专门为应对不利的情况而准备的。然而在这个新的限制条件下，仍然存在着一个衡量每一单位货币在经济空间中流通速度的指标，并且假定所有被花掉的货币都是被迅速花掉的，因为在这种情况下保留它们是没有意义的。我们将用"效率"这个词来表示这种流通速度，或者将"速度"这个词限定为效率。不仅在静态状态下，在所有情况下，除了极端通货膨胀的情况以外，对效率来说，经典的恒定或缓慢而独立的变化的假设是近似真实的。

然而，当离开静态过程的范畴，以处理不断变化的经济情况时，除了效率之外，我们还遇到了一种与之完全不同的现象，不过它对流通速度的影响是相似的。我们发现人们有时确实会保留他们本来打算而且仍然打算花掉的钱；而且，以前花钱是理所当然的事，但现在是否在某一时点花钱的问题成为每个人的策略问题，这显然对货币流通过程的呈现情况很重要。虽然效率指的是在其路径上实际发送的任意数量单位的速度，但我们现在发现了流通速度的另一个组成部分，它指的是现有数量单位所发送的比例，即支出速率，或简称为支出率（见第三章第一节），并将其均衡（静态）值定为单位值1。很明显，这是总流通速度中的周期性变量。

4. 由于某些人要求货币在广泛的范围内起到与法定货币本身相同的作用，因此将具有这种要求的货币的现有数额纳入货币总量中，如典型的银行票据、支票存款等，这就使得具有这种要求的货币数量本身就令人生疑。

事实上，我们像谈论商品的数量那样谈论货币的数量是不可能的。①因此，正如在关于价格水平和价格的章节中所看到的那样，我们将失去价值决定中的一个必要因素，同样，关于如何填补货币理论中的这一漏洞我们在这里无法讨论。

然而，在任何情况下，我们都不能把"现有""流通"或"可用"货币数量看作是一个独立的变量，因为尽管它会在某些因素的作用下发生变化，而且在旧的货币数量理论中，这些因素可以被看作是数据，但它也会对货币流通过程中的其他变量，特别是在对企业家活动的反应中发生的变化产生影响。前面已经指出，大多数现代研究者是银行投资理论的信徒（见第三章），试图将这种情况解释为货币数量理论的复兴。他们在给定的基于法律或传统的准备金比例规则的制度框架下，计算出信用创造的技术最大值是多少，这一数值主要归因于银行倾向于维持存款余额的最大值。从而构建了一个对经济过程起作用，并具有因果意义的货币数量，在很大程度上与传统研究者认为的在货币数量理论中货币数量起作用的方式基本相同。在第十一章中，我们将看到这样的银行机制理论是多么令人不满意，这里只需说明，即使不考虑该制度框架并非独立于演化过程的事实，所计算出的信用创造的最大值也并不构成货币供给，而最多是余额供给的限制条件。在特定情况下，银行愿意提供的货币数量完全不能用类似于商品供给的情况来解释。

5. 货币不是商品，传统的供求机制不能用于解决商品的货币价格和价格水平的问题（见第六章）。用货币交换商品和用一种商品交换另一种商品不是同一种现象，从需求方面比从供给方面可以更清楚地解释这一点。我们或许可以略加限制地谈论货币市场上的货币需求，但在商品市场上谈论卖方对货币的需求是没有意义的。对货币的需求还有另一层含义：它可能意味着希望持有的货币存量或余额。这个瓦尔拉斯关于现金和期望的想法，在马歇尔

① 另一个后果是，速度和数量之间的区别变得模糊不清。例如，维克塞尔将发行纸币视为增加货币流通速度（银行的储备）而非数量的一种手段。

的分析中再次出现，而且最近似乎又有了新的生命力，但却是这位伟大的法国人伟大理论系统中最没有价值的元素之一。瓦尔拉斯的想法只有在对稳定状态的分析中才是成立的，但即使在那种状态下，这一想法也意味着对事实的曲解。如果人们在每个星期六得到他们的收入，并在接下来的每个星期一把它们花在商品上，而且企业之间的交易被排除在外，那么这些钱就会从星期一到星期六一直躺在企业的金库里，但这并不是因为人们对现金持有没有任何需求，而是因为制度安排决定了这样。如果打破这种稳定的状态，如果有人表现出对于物质的渴望，瓦尔拉斯的想法就会产生误导，这是一个明确的事实，而且它本身就适用于推导及解释其他事实；如果有人表现出持有现金的意愿，这一意愿本身就毫无意义。即使人们有这样一种意愿，那么观察的所有价值也只在于什么样的情况会诱导这一意愿的产生，而后面所有关于这一事实及其后果的理论都是以这一情况为基础。但一般来说并不会产生这种特定的情况。例如，一个人可能持有超常数量的现金，但这并不是因为这对他有什么好处，而只是因为他和其他人的行为碰巧产生了这种结果。或许这本身并不是他希望通过这些行为达到的目标之一，甚至这可能是这些行为所产生的一个令他不快的副产品。所以所有依据"如果人们选择持有……"这句著名的格言开始的解释也都理所应当地受到了抨击。

6. 可以在这里插入一个一般性的说明。使用科学方法的经济学在其研究的早期阶段所面临的首要任务之一是与某些关于货币的流行观点做斗争，无论现在这些观点在历史学家看来是多么可以理解甚至可以辩护，但事实上它们在很大程度上是错误的。在反对金银通货主义者和重商主义者所提出的夸大货币重要性的运动中，经济学家们便自然而然地去构建一套仅以实质价值计算的学说。他们试图揭开货币的"面纱"，以描述财富的产生和消耗的过程。尽管这种努力在当时有很大的功劳，但最终必然会失败，因为至少在资本主义社会中，不考虑货币因素就无法解释经济行为，而且实际上所有的经济原理都与特定货币体系的运作方式有关。在这种说法下，即使所研究的现象可以用非货币术语来定义，但任何关于工资、失业、外贸和垄断的理论都必须是一种"货币"理论。这一点正被越来越多的人所认识，而这一事实也成为在过去 20 年左右的时间里所经历的重大改进之一。但是，我们似乎无法在摆脱一个旧的错误的同时而不碰上相反的错误，在这种情况下，这个相反的错误还会更加难以摆脱。经济分析不能像庞巴维克（Boehm-Bawerk）认为的那样从货币中抽象出来，就如一个真理只有在得到另一个真理的补充时才是有用的。也就是说货币过程本身从来就没有办法解释，而且不能只用货币术语来分析。我们应认识到一个事实，在反对重商主义者关于货币在经济生活会起到因果作用的观点的路上，古典学派走得太远了。在此必须提出另一个事实，即在反对这些观点的同时，它也提供了一项我们今天再一次迫切需要的服务。

系统支出：外部清算

在周期性演变过程中发生的货币表现和货币数量的变化，要么表现在企业和家庭支出总额的变化中，要么是由这些变化带来的。到目前为止，我们同意具有货币性质的周期理论，它们是商业状况总体变化中最重要的直接导体，对商业状况的影响也是最明显的。在货币的一般理论中，显然应该把生产者和消费者的支出看作是相互依存的：生产者的支出在消费者的支出的作用下扩张和收缩，正如消费者的支出在生产者的支出的作用下扩张和收缩一样，也就是说，家庭的收入会随企业支付的变化而变化。但是对于这里所关注的特定过程来说，认识到根本动因来自生产者（企业）的支出而家庭只是对其做出反应会更有帮助。

有必要谨慎地应用这个定理。因为即使在我们的研究过程中，也不乏相反关系的例子：商业世界的反应构成我们所说的次级波，部分是企业对消费者支出增加的反应。但是，只要这些现象可以追溯到是企业在进行新的要素组合过程中所带来冲动的支出，那么这些现象也可以被看作是那个原动力所产生的后果。此外并不是所有的收入都是由企业支付的，也不是所有的收入都随着生产者的支出总额而变化的，它们总会有例外。但是在这些限定条件下，从某种意义上说，家庭支出随着生产者支出的变化而变化仍然大体上是正确的，当然这种变化不是简单地与之成正比。通过常识和经验可能会发现在我们的研究过程中，生产者的支出是系统中总支出（消费者的支出加上生产者的支出）的积极因素，或者用托马斯先生的术语来说是系统支出的积极因素，这种简化的概括没有什么错误。如果我们假设这一数量不仅是生产者支出的函数，而且也是其变化率的函数，就会更接近事实。因为这就照顾到了不久的未来会出现的最常见类型的预期：生产者的支出塑造了消费者的支出，不仅为家庭提供了消费的资金，还塑造了他们的消费意愿，而且这种意愿在很大程度上取决于目前普遍存在的收入现金流的变化率。[①] 在相似的阶段我们都不需要引入滞后的问题，因为滞后在任何情况下都是很短的。

银行账户的借方总额是最全面的支出序列。在美国，这个总数可以说接近其他所有货币交易的总和，尽管仍有一定数量的交易没有被记录下来，但这几乎是不可能准确估计的。当然在战前的 150 年里，由于银行惯例缓慢的演变，这些交易也有很大的变化。应该补充的是正如一些货币交易没有显示在借方中

---

① 由于滞后和企业间的支付的影响，每个账期的企业支出和家庭收入之间的关系也不是简单的或不变的，更不用说满足恒等的关系了。重要的是，尽管家庭收入对家庭消费品支出的影响方向没有疑问，但对这个函数的形式有很多疑问。它在不同国家和不同情况下可能有很大的不同。法国农民和小资产阶级，以及可能是旧时的"苏格兰人"的新英格兰人，可以提供这样的例子：收入的增加完全不能引起消费支出的增加。同样，货币收入的突然增加，例如，由于通货膨胀的初期阶段，有时也可能无法产生相应的巨大效果，这就是为什么在这些阶段，价格的上升低于余额或法定货币的数量，或者余额本身的上升低于政府支出的比例，新获得的财富部分用于偿还债务。但在作者看来，在一般情况下，相反的情况似乎更频繁和更重要。因此，我们将主要依赖的初步假设是，每当家庭收入增加时，消费支出会按比例增加；而每当家庭收入减少时，如果耐用消费品在消费者的预算中发挥了很大的相对作用，那么消费支出就会按比例减少。这实际上是说，在所有周期的所有阶段，都有一种普通家庭超过其"收入"的普遍趋势，但萧条除外。在萧条中，强迫储蓄和补贴在某种历史上不同程度上抵消了这种影响。这一假设是基于 1900 年以来的"现代时间"得出的观察结果。

一样，许多商品交易也没有产生货币交易，尤其是那些由生产者（特别是农民）把自己的部分产品"卖给"自己的交易。然而战前的这种借方总额序列是没有的，取而代之的是银行清算序列，它必须与它所要表明的真实借方所记的数字不同，所以只有美国与英国有这种序列。但美国的数字已被证明与战后借方所记的数字有密切的关系，因此我们可以有把握地使用它。但是在银行业高度集中的国家和时代，情况应该不会那么令人满意。

除了所记录的金额的相对重要性在不断变化，以及在此不能讨论的各种技术性困难之外，必须承认，就其本身而言总额的意义并不大。银行间交易中产生的借方因其具有特殊性，应予以排除，这是出于某些目的而排除的，但对公共账户的其他借方则不应予以排除。此外，这个总额记录了每一笔慈善机构捐款和每一笔税收，以及来自企业未支付款项的收入。然而其中的一些记录并不能重要到足以歪曲事实，其他的记录则被作为事实排除在外。严重影响清算系统使用价值的是不可能将股票交易和房地产交易与其他交易区分开来。对此，我们能做的就是习惯人们已经熟悉了的纽约清算和外部清算之间的区别，尽管前者包含了世界上最大的工业和商业中心的所有交易，但后者则包含了股票交易业务和一般投机交易中非常重要的记录。同样的情况下，在英国我们必须把期望寄托于在伦敦清算所的城镇清算和郡内清算所加上乡村清算所之间的区别上。

那么，我们要考虑到它们真正衡量的是不同的东西，特别是它们记录了每一种商品中每一个元素的价值。每当商品在生产和贸易过程中转手且用支票支付时，我们只能认命地使用"外部清算"（Outside Clearings）① 来表明系统支出的变化。然而，从图 23 中可以看出，当把外部清算当作实物生产的

---

① 从《金融评论》《公众》《商业和金融纪事报》和其他来源中，每月可获得不同数量的城市序列，现在已经增加到 159 个。斯奈德先生的汇编可以追溯到 1875 年。他通过他的一般价格水平进行修正。弗里克先生对 7 个选定城市（巴尔的摩、芝加哥、辛辛那提、克利夫兰、费城、匹兹堡、旧金山）的月度序列报道是唯一考虑到材料的基本困难的序列，包括在 1903 年之前不时出现新的清算所对系统支出的影响。

美元数量来推理时，我们所冒的风险有多大。无论我们以何种心态面对它所提供的证据，它都能在一定程度上消除我们的忧虑情绪。考虑到各自材料的统计独立性，外部清算和工业实物产出乘以价格水平之间的共变关系本身就是一个有趣的结果。这一点似乎打开了非常简单的理论可能性。

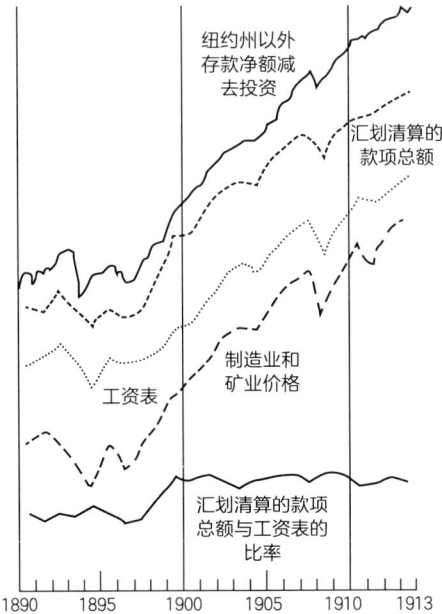

图 23　美国的生产者支出和消费者支出

系统支出形成了自然的、系统的"流通速度"（或每次的速度）序列，而且它具有明显的周期性。它是一个主要的、结果性的现象，但是没有必要强调它是主要的。系统支出的增加不仅是任何繁荣景象中最明显的因素之一，也是产生与我们描述的繁荣息息相关的迹象的最重要因素。因此更有必要强调的是，不需要系统支出的预先或主动增加。例如，需要通过一些偶然的事件或银行或政府的倡议来启动外部企业家活动，以驱使系统支出离开预先存在的均衡区间。这种活动直接或间接地诱发了在繁荣景象中观察到的所有额外支出，但这种创新行为本身是独立于它的，因为它们在预先存在区间中的系统支出中是有益的。^① 如果它们不是这样那就是失衡了，随后可能会不得不进行清算。同样，在经济衰退中系统支出增减会放缓甚至可能会减少，这不仅构成了经济衰退的最常规特征之一，而且还会导致产生其他特征。但是，它本身是由创新活动的放缓和自动通货紧缩引起的，而在某种意义上这两者又是独立于它的，因为它们是在消费或信贷没有主动叫停的情况下发生的。毫无疑问，在特定情况下它也可能会拉动货币。但是为了解释"上行转折点"的发生，这样的拉动是不必要的，没有这种拉动也是完全可以理解的。而且在系统支出方面，它并不像在其他方面一样需要构成一个要特别解决的独特问题，并要求引入与创新机制无关的事实。在支出率不断增加且缺乏外在限制的情况下，货币或其他业务可能而且会由于该机制的运作而反复开始放水，这确实意味着支出增长率下降或绝对下降，但这并不表示它会因其他原因而发生。如果没有意识到这一点，就会陷入盲区。

对系统支出周期性行为的预测似乎是从价格水平行为和产出的表现中计算出来的。然而支出不仅是一个货币表现，而且它存在并表现为一种货币量，因此，我们对它的预测必须独立形成。在纯粹的模型条件中，它将在繁荣阶段上升，在萧条阶段下降到以前的数值。在四个阶段的周期中，对四个阶段中的其中三个阶段的预测是明确的，我们并不需要拘泥于此，但对于衰退阶段由于以下事实有必要重提一下，首先，企业家偿还的款项实际上并不能达到完全消除其债务的程度；其次，若除企业借款外的其他借款部分，超过了企业的借款^②，我们的预期就失去了其确定性。我们所能说的是，在繁荣阶段

---

① 见关于价格水平的类似陈述（第四章和第六章）。因此，到目前为止，既没有必要也没有余地假设"支出"本身或为支出提供手段的货币和信贷领域有其自身的任何周期性机制。如果我们的分析模式被接受，那么在一个正常的周期中，支出和信贷行为的所有特征都可以被解释，而不需要赋予它们任何其他适应性的条件。由于上述内容包含了我们对一个备受争议的问题的解决方案，可以称之为"支出之谜"；而且由于相反的观点以这样或那样的形式几乎被普遍接受，并对政策产生影响，所以请读者再次回顾一下文中陈述的前提。

② 这将取决于还款过程的速度和利用先前繁荣时期的创新所带来的新投资机会的过程，以及如何为"进入新经济空间"提供资金。这是有关监管和补救政策的一些建议。

系统支出的增长将比总产出的增长更多，而在衰退阶段系统支出的增长将比总产出的增长更少，尽管我们也可以大胆猜测，在每个周期的衰退阶段，系统支出都以一种小于在同一周期中给予了适当关注的繁荣阶段的速度增长。但是可以肯定的是，由此产生的趋势仍然是经济进程作用的结果，它在本质上与我们在价格水平或产出中观察到的结果趋势不同。这些趋势表达了资本主义制度的基本属性，甚至在符合"纯理论模型"条件的世界中也会存在。然而系统支出的结果趋势在这样的世界中是不存在的，只有在第二次近似的水平上进入我们的图景。

当然，这种结果趋势在我们的图表中所观察到的描述性趋势是不完美的。存款银行业务的发展，与之相关的支付习惯的改变，以及货币的制度框架和黄金生产速度的所有变化，都对描述性趋势有一定影响。此外，必须认识到，所有这些因素的影响显然不是相互叠加的，特别是法定货币数量变化的影响，不能以任何一个版本的货币数量理论的方式来处理。货币数量理论中的元素中没有一个是独立于经济进程的，这一情况也许可以用来解释这样一个事实：除了战争时期的通货膨胀，我们的模型解释了这些序列的行为，表现还是相当令人满意的，而且模型显然没有表明货币和信贷的其他任何消极作用。

图 24 是为了展示一种巧妙的方法而绘制的，不是为了从中可以得到的结果。为了应用乔治斯库博士的方法（第五章），有必要（另外必须加入的两个微分会将误差累积到危险的程度）用最小二乘法来消除一个拟合的描述性趋势。请读者记录并权衡我们在考虑统计方法的过程中（第五章）对这一实践的看法的事实。[1] 此外，这些材料涵盖的时间跨度太短以至于无法用任何形式化的方法来表示康德拉季耶夫周期，甚至无法对较短周期内的精确周期或任何精确属性给出可靠的结果。然而，单一周期的假设是产生了 10.25 年的周

---

① 然而，读者会发现，在统计学中和在生活中一样，反对过错的论点并没有因为观察到传道人自己的过错而在逻辑上被削弱。

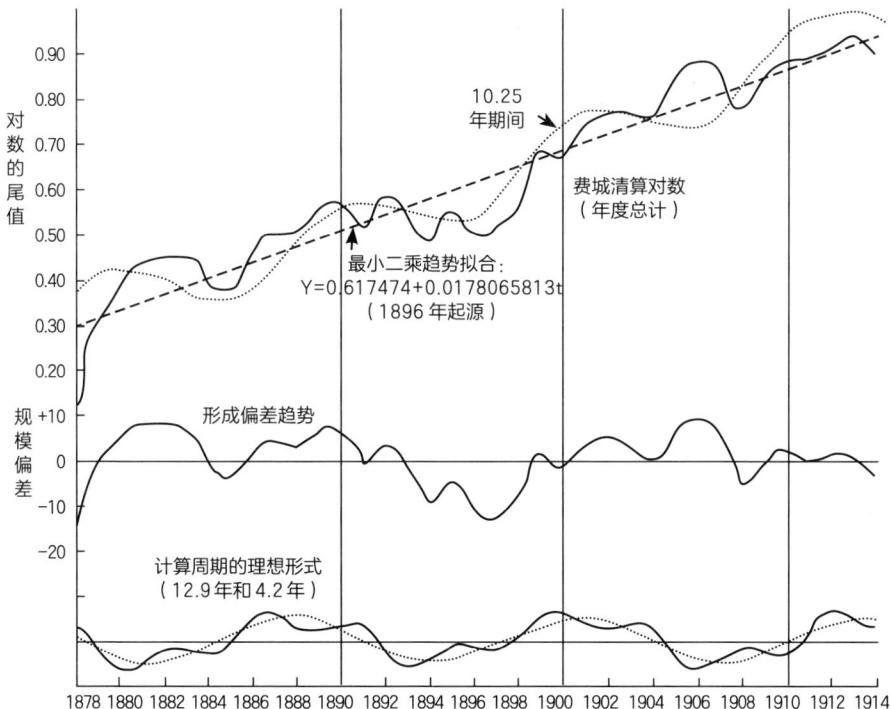

图 24　费城银行的清算结果

期，作者认为，这既是存在一个大约如此长的周期的有力证据，也是符合我们预期的一般属性。但这一分析的第二步不太令人满意。当根据存在两个周期的假设对材料进行分析时，结果是两个周期的时间分别为 12.9 年和 4.2 年。我们不应过于悲观地认为这些数字大大超过了我们认为的朱格拉周期和基钦周期的平均周期。因为可能这两种周期性单位的数量很少，所以存在两个周期的证据的价值也不会因此受到很大影响。但更严重的是，引入两个周期的假设并没有改善单周期假设所产生的现象，契合的程度有所提高但不多。[①]

—————————
　　① 图中没有显示所进行的两次测试结果。应该提到的是，美国和英国的清算是基钦通过分析首次表明存在我们以他的名字提到的周期的序列之一。他还表明，其中"两个或三个"似乎形成了一个更高阶的单位（朱格拉周期）。

谈到图 25，首先要注意到前面提到的事实，不仅在我们的模型中预期的清算序列的特性在图中确实显示出来了，而且它的表现就像除了我们的模型所体现的那些影响外，没有其他的影响作用于它一样。对于 1875 年至 1913 年来说，这一时期实际上比我们视野范围内的其他时期都更接近真实。但是，如果发生了这样的外部干扰，而且表现得更加明显，我们不应该感到惊讶。详细的分析无疑揭示了其中的一些问题，例如从 1878 年开始的急速上升，也许与"稳健货币"的确定性有关，并提供了一个有趣的教训，说明在面对许多经济学家呼吁出现通货紧缩趋势时，企业该如何做出反应。从 1897 年开始的上升可能与黄金有关，或者更有可能与信托公司的行为有关，但如果没有这两者也是可以理解的。毕竟除了我们的演化因素外，没有任何其他因素能明显表明自己曾经出现过。

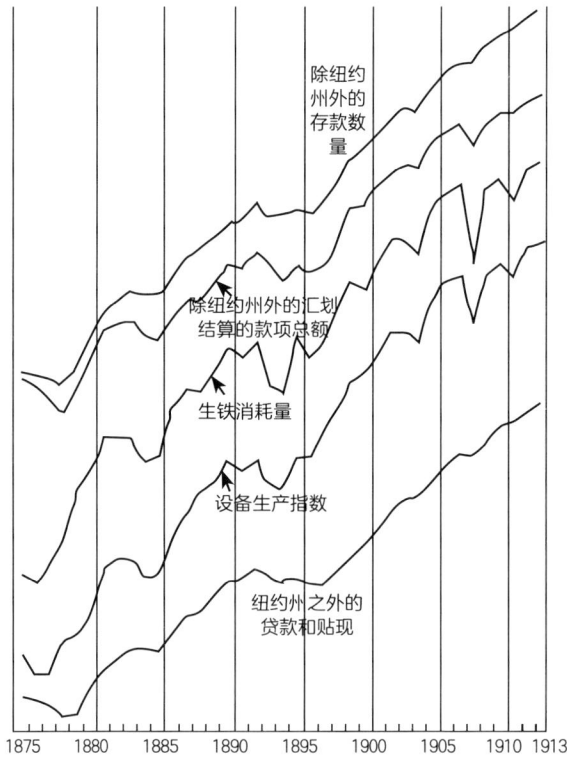

除纽约州外的存款数量

除纽约州外的汇划结算的款项总额

生铁消耗量

设备生产指数

纽约州之外的贷款和贴现

1875　1880　1885　1890　1895　1900　1905　1910　1913

图 25　美国的情况

在没有其他信息的情况下，在图25中无法比在图24中更清楚地看出长波，因为我们的研究范围只包括第二次康德拉季耶夫周期（1875至1897年）的结束和第三次康德拉季耶夫周期的开始。但是如果像在我们之前的其他人一样试图用最小二乘法拟合一条直线或二次抛物线，那么就会发现由于某种原因，在19世纪90年代出现了趋势的中断。如果继续拟合两条直线，一条是1875年至1897年的区间，另一条是1898年至1913年的区间，我们会发现前者的斜率比后者的小。有人提出这是由于我们是从其他证据包括历史和统计资料中了解到康德拉季耶夫周期理论，而且由于它的清算行为符合我们在这些区间的预期，因此将这一情况解释为康德拉季耶夫效应是有一定道理的。这不仅可以解决趋势中断的问题，而且还可以使我们通过一套单一的原理来解释美国在这一时期清算的大致情况。这是否比从黄金生产方面的解释更有说服力，要由读者来判断。

较短的周期很突出，而且在这两个间隔区间里，我们应该期待会表现出与康德拉季耶夫周期里的萧条阶段、复苏阶段和繁荣阶段相同的呈现方式。事实上，这个序列的反应是非常"灵敏"的。我们在一开始就看到了19世纪70年代的深度萧条所带来的系统支出的缩减。然后是两个非常明显的朱格拉周期（1879—1888，1889—1897），在这两个朱格拉周期中，我们可以清晰地辨别出三个基钦周期。1897年之后，第三个康德拉季耶夫周期中的繁荣阶段的强劲增长主导了整个世界，并倾向于消除前面两个仍然坚持自己的步调的周期。清算序列与其他序列的关系源于本章和前几章中所说的内容；还有关于时间问题也应该再次提醒读者，不要对一致的序列形成轻率的期望，也不要在未能找到一致序列的情况下轻易得出推论。例如，考虑到系统支出与周期性过程的脉冲式启动密切相关，而且系统支出本身就是产生普遍繁荣或萧条的许多表征的直接来源，读者可能会感到受到诱惑，期望清算的变化应该先于大多数其他周期性数量的变化，特别是价格水平的变化。事实上在短时间的波动中，几个月内它们大多是这样做的。但是即使不考虑内部的不规则性，不考虑投机性预期的影响，不考虑价格是否是通过合同制定的，以及不考虑清算反映的是否是实际支付等，也没有理论上的理由来期望清算在一个周期的所有阶段都会先于其他因素变化，它只是在积极方面的阶段会优先变化，而且在其他周期的同时阶段也有例外。用形式化的方法对共变性进行统计测量，特别是如果所使用的方法隐含着单周期假设的话，必然会得到一个令人失望而且是不确定的结果。[1]

比系统总支出的行为更有趣的是其两个主要组成部分消费者和生产者支出的行为。但是即使对于战后时期，我们也远没有足够的数据来编制它们单独的指标体系；而对于战前时期，绝不能对我们可以从现有的这种资料中得出的任何有价值的推论抱有任何幻想。尽管如此，经济学家们最迫切的仍是需要在这个方向上做出努力，以满足想要拥有必要手段的政府和私人组织的需要，然而在这里我们所能做的与现在可能完成的工作相差甚远。

消费者支出是货币理论中最重要的数字，可以从工资单所代表的工资总额中得到粗略的估计，因为这不仅是收入总额中最大的个人项目，而且也是可以预期比其他任何项目都更接近消费者购买商品所实际支出的项目。尽管所有限制条件都还存在，但由于太明显所以没有必要重述，我们可以再次比较工资总额和外部清算（图 23）。图中底部的线条将有助于解释这一结果，在康德拉季耶夫周期开始时，清算支出和工资总额比率的急剧上升特别具有启发性。由于应税收入总和与消费者支出的关系是具有争议的，所以我们不把它们归为一类。

系统支出的两个主要组成部分中的另一个是（图 26）消费品的实际数量指数乘以消费品价格指数，也可以说是生产品实际数量指数乘以生产品价格指数。我们的图在许多方面都不尽如人意，其中的细节也差强人意，但是无论我们对于政府机构或研究团体尽可能地进行更彻底的调查，还是在精确测

---

① 哈佛委员会对 1903—1918 年的外部清算和劳工统计局的批发价格（均根据季节性变化和趋势进行了修正）之间的相关性，前者有 4 个月的领先优势（《经济统计评论》，1919 年，第 184 页）。

量方面上取得多大的进展，它都极不可能产生大幅的波动或出现系统性的错误，进而为我们的理论结构提供站不住脚的支持。

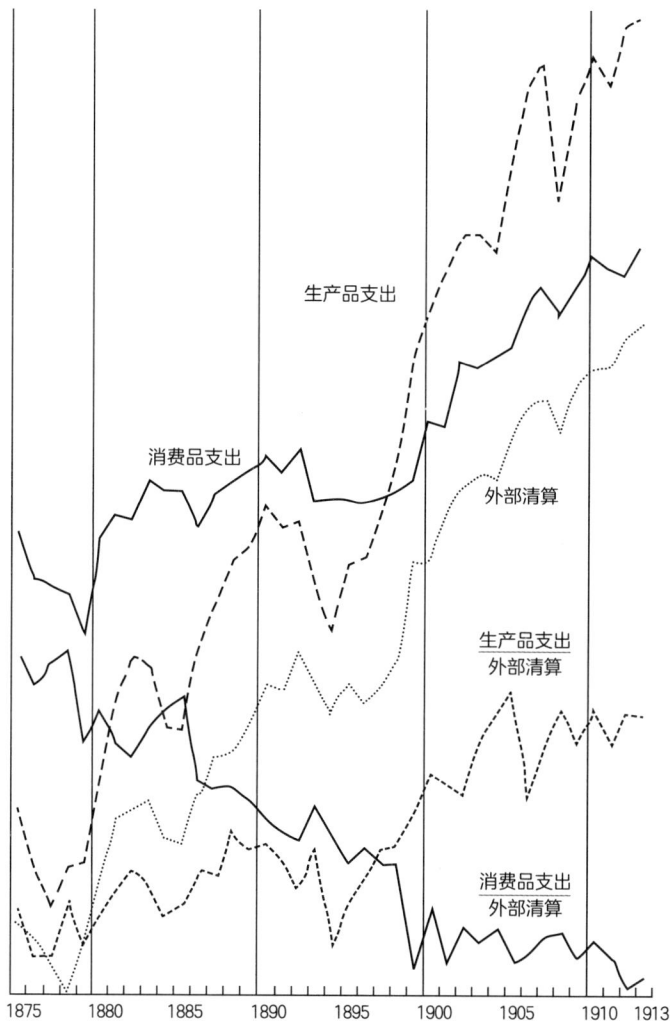

图 26　美国生产品和消费品支出

首先，我们注意到，朱格拉周期和基钦周期在消费品美元价值和生产品美元价值方面都表现得很好，这也表明他们在消费者支出和生产者支出方面也表现很好。毫无疑问有必要回顾一下以前说过的，在基钦周期中的较长周期中，本身非常容易辨认的阶段有可能变得不那么容易辨认，但至少在概率上它们始终是可辨认的。在 1898 年至 1907 年产生的第三次康德拉季耶夫周期中，消费品美元价值和生产品美元价值方面的反映令人印象深刻。第二，我们观察到波动幅度的不同，这是一个熟悉的特征不需要做出讨论。第三，可以直接看到，生产者支出在清算支出结构中占主导地位。第四，生产者支出总体上可以说是先于消费者支出的，尽管不会一直这样。即使我们的图像与判断它存在的缺陷一样准确，但由于一再提到的原因，我们也不会重视这一点。我们已经发现有理由对统计序列的因果解释的有效性提出质疑。从理论上讲我们不能满怀信心地期望着生产者支出在时间和逻辑上都超前出现，因为对消费者支出的影响很快就会体现出来，我们很可能发现大致上同时存在的共变关系被次要的和随机的影响所模糊，这种共变关系并不是符合该逻辑的一致序列。最后，这个案例很好地说明了逻辑顺序被颠倒的可能性，因为即使消费者支出是这一过程的主要推动者，生产者的预期可能也很容易使生产者支出率先变化。然而，在不放弃这一观点的情况下，我们仍然可以注意到一个可能很重要的事实。如果读者将这两条曲线抹平，他将得到一幅大致反映朱格拉周期和康德拉季耶夫周期的图。而在这幅图中，生产者支出的优先权是明确无误且一致的。因此滞后性的不一致可以被证明是由于较小的波动造成的。由于这些波动特别容易受到干扰因素的影响，而且基本关系在较长的周期中表现得更为明显，因此这一事实可能很重要。

现在，这四个特点倾向于证明（仅凭统计数字不可能证明），我们决定将生产者支出视为总支出中的"积极的"因素。当我们是在普通和熟悉的基础上进行时，我们会说工厂和设备的支出是生产者支出中的积极因素。但是如果我们继续说，用于创造新的生产功能的创新支出是工厂和设备总支出中的积极因素时，我们就离开了熟悉的领域，而读者完全有理由研究这第三步的性质。与其他两个步骤一样它不是一种表述，而是对时间序列事实的一种解释，同时它也增加了一个解释性的假说。但是，这一假说通过解决一个由时间序列事实提出的问题，即工厂和设备支出的波浪性问题，同时通过对间歇性企业家冲动的呼吁，以一种引导我们走出永动机理论的圈子的方式，证明了自己的合理性。[①] 此外，它来自一个模式，该模式的所有预期都被时间序列的事实所证实。最后，它得到了经济史的充分验证，从 1879 年到 1882 年，在 19 世纪 80 年代末和 90 年代末，或者在 20 世纪初，我们知道是什么创新导致了生产品价值曲线的凸起。

请注意图 26 底部的两条线，它们显示了每一美元系统支出中消费者支出和生者产支出的波动情况。正如我们所期望的那样，证明它们需要刚才特别强调所解释的内容。特别是这个过程的节奏和机制，作为投资期的繁荣阶段的特征和作为消费者收获期的衰退阶段和复苏阶段的特征，都非常具有启发性地证明了图 26 底部的两条线。但是还有另一种运动，即消费者和生产者支出之间关系的长期和系统的变化，我们已经有机会在实物领域观察到这种变化，而且这种变化按庞巴维克的理论来解释很容易。消费者在繁荣时期的支出获得了投资收益且在长期内也没有失去优势，这一点在康德拉季耶夫周期的上升期尤为突出，这也是生产者支出和清算行为之间的唯一从长期来看才有的差异。现在应该把外部清算与外部存款及贷款进行比较。但在讨论这个问题之前，我们要先讨论另一个话题，以便讨论总收入和工资的行为。

---

① 这个问题也可以表述如下：比方说，如果没有消费者支出对生产活动的推动，繁荣怎么可能从完全均衡中开始？事实上，如果不是创新突破了现有的生产功能系统，并为扩大生产者支出创造了新的有利可图的机会，或称之为新的"投资"，这是不可能的。因此，那些反复出现的"投资"事实可能被认为是对其存在的验证，除非它是由外部因素所解释，否则它们就是唯一适当地诱发所有其他因素的根源。

国民收入和工资

1 国民收入的趋势和周期性变化

在定义国民收入时，我们会遇到一些常见的困难，这主要是由于国民收入不是一个固定的技术术语，而是一个通俗用语，它被随意地用于许多目的，而单一的定义不能很好地满足这些目的。为了我们的目的，我们不需要讨论以下这些问题的优缺点，即国民收入是否包括耐用品的年度服务，个别家庭为自己提供劳务的价值，以及实物收入的价值或合作购买的收益；也不需要讨论在定义国民收入和统计国民收入时出现的任何其他问题，只是在涉及工资决定的特殊情况下，需要明确其中一些问题的含义。目前，我们简单地考虑一个货币量（这与产出价值不完全相同），它包括家庭出售人力的服务或非人力的其他方面的服务收入，主要以工资、租金、准租金形式获得，再加上利润和利息，但不包括出售资本资产的收益、存货增值等。这个总量值等于消费者的支出（耐用品和非耐用品）、家庭的投资（定义见第三章第一节）和政府税收减去家庭的净借款和资本收益的支出，再加上没有支出的款项（在指定用于消费的款项和指定用于投资的款项中，同样会发生这种情况）。对于大多数目的来说，它虽然是一个不太方便计算的总量，但却符合我们的研究目的。

与这些变量对应的时间序列显然是自然的、基础的、重要的、有根据的和周期性的。它显示出与系统支出相同的结果趋势。也就是说，只是因为或者只要周期性的演化过程永久地扩大货币耦合力的弹性，这两个趋势就是同步的。除此之外，在纯理论所描述的过程中，在这个意义上的国民收入不会有任何结果趋势，它会在每个均衡的邻域中返回到前一个邻域中的值，考虑到这一观点在工资总额的周期性行为中的应用，提及这一点并非多余。[1] 我们仍然期望在进行一定的限定后，在每一个四阶段的周期中，在其他周期的同时阶段，总量在繁荣阶段中的增长超过消费品的产出。但是，关于它在衰退阶段中的行为，有两点预期是可以确定的，即如果有增长，总量的增长速度也会小于前一个繁荣阶段的增长速度，并且这一速度也小于消费品产出的增长速度。一般来说在萧条时期，至少在"深度"萧条阶段，它将下降；而在复苏阶段它将恢复到均衡量。

在战前，唯一足以用来编制国民收入序列的数据是由英国和普鲁士的所得税材料提供的。[2] 第一个英国的数据涵盖了皮尔爵士重新引入所得税以来的整个时期，这个数据我们是可以使用的；第二个普鲁士的数据，由于米克尔的所得税法更加复杂，所以其数字应该是更有价值的，但是它涵盖的年份只比第三个康德拉季耶夫周期的年份多一点。当然，应税所得并不是我们想要的，原因是应税所得涵盖的内容广而不精，它只能以一种非常粗略的方式表明我们感兴趣的数量的变化。应税收入既可能包括较少也可能包括较多的国民收入。由于工资单或者更准确地说是工资总额中不需要纳税的那一部分，从 1860 年起开始附加到收入中，而且在非劳动所得收入中，低于免税限额的那一部分可以从国内税收报告的数据中估计出来，这样的核算方式对国民收入的影响比免税、津贴和减免的影响要小，而另一方面还包括各种不应该出现的项目核算。当然还要牢记，来自国外的收入不能像国内生产的收入那样不同。

---

① 严格地说，要使这一主张得到统计事实的证实，还必须使储蓄的金额和从收入中支付的税款在这两个方面相等。例如，为了提高公务员的工资而增加所得税，就会增加上述定义的国民收入，而类似的观点也适用于储蓄。这就是这个定义在文中被称为"不方便"的原因之一。如果一个定义带来的后果是，一旦净储蓄的总和下降，国民收入就会下降，那么这个定义肯定不会被普遍接受。

② 美国有布鲁金斯学会对 1901 年和 1910 年至 1914 年国民收入的估计；克利夫兰信托公司对 1902 年至 1909 年国民收入的估计（见 1935 年 4 月 15 日克利夫兰信托公司公报）。另见 1930 年克恩（King）的《国民收入及其购买力》。但在一个极其粗略的近似中，铁路总收益也许可以提供一个指数，见 A.H. 科尔《1866—1914 年铁路收入月度指数》。将该指数与帕廷顿（Partington）的季度系列进行比较的图表，载于 1936 年 2 月《经济统计评论》第 41 页；科尔教授的指数转载于图 29。

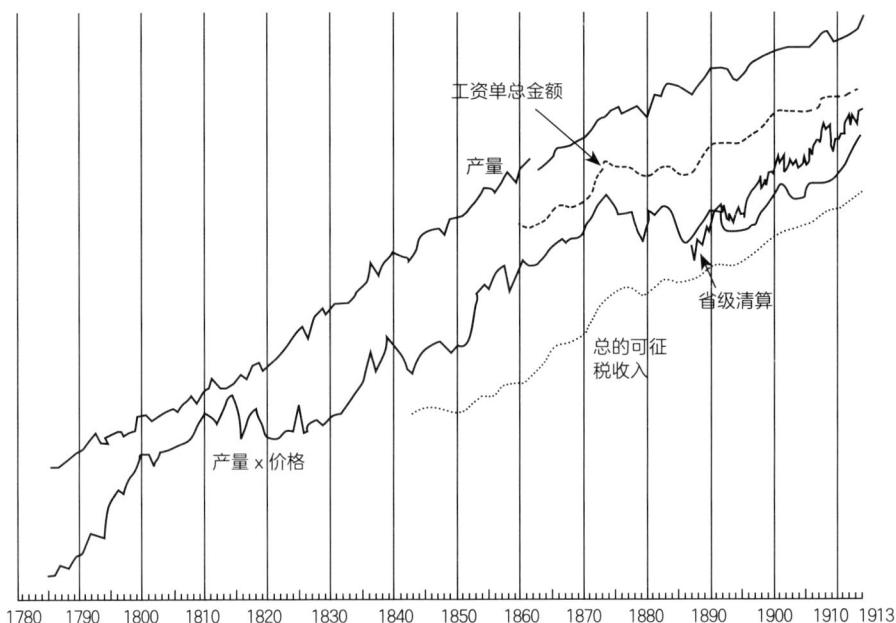

图 27　英国的收入情况

　　因此，图 27 所展示的情况并不是完全正确的。然而说它证实了对朱格拉周期的预期并不完全错误，在朱格拉周期中，应税所得总额事实上显示出一种趋势，即在繁荣阶段上升并在每个周期的其余时间基本维持稳定或稍有减少的趋势。读者只要回忆一下朱格拉周期中繁荣阶段的日期，就可以很容易相信这一点。由于对企业利润的评估具有平滑作用，因此直到 1873 年我们才了解到之前几乎没有看到过的基钦周期，这一周期与康德拉季耶夫周期中的活动与预期恰恰相反。[①] 从 1873 年到 1898 年，我们观察到它的运行趋势与产量之间存在着一种显著的（如果粗略地概括）平行关系，而与产量乘以价格水平的曲线则没有平行关系；从 1876 年到 1913 年，与工资单总金额的平行性也同样显著。这一事实本身就足以消除一些关于工资和其他收入关系的比较原始的错误。其实它与地方清算的关系才是我们应该值得期待的。

---

　　① 应税收入总额的强劲增长表明我们的模型存在一个外部干扰。由于这种异常现象显然与我们在价格水平系列中观察到的异常现象相联系，我们可以把它归结为黄金。当黄金产量下降时，应税收入总额出现了我们可以想象的正常行为。

通常意义上，应税所得总额显然是由企业利润支配，读者可以通过参考图28看到这一点。图中的利润不仅包括利息、特许权使用费等，还包括大量应归入工资的收入。当然根据正式规则，对劳动所得和非劳动所得的收入进行的区分对我们没有任何帮助。我们可以把这个项目看作是企业收入的粗略体现，但它与我们意义上的利润相去甚远，利润构成了企业收入一个未知和不同的部分。这又要通过另一种方式来解释，这种解释不是从统计事实中收集的，而是将这种解释添加到统计事实中。可以断言，企业家的活动直接或间接地说明了我们所观察到的波浪运动。对于德国，我们也有一个相当长的红利序列（名义资本的百分比），见图38。红利当然不是利润，更不是我们意义上的利润，但它们的关系非常密切，可以把红利作为一个指标。也许我们通常不需要强调关于滞后性的限制条件，一方面在许多情况下，决定分红时的状况对该决定的影响与前一个会计年度取得的

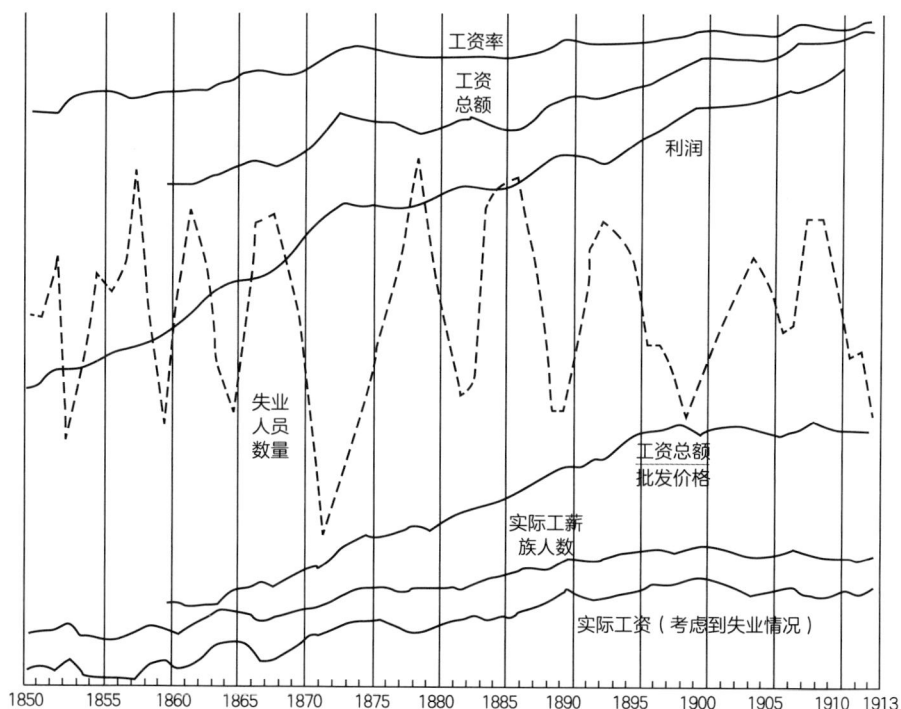

图 28　英国的收入情况

317

企业绩效对分红的影响一样大；另一方面，在其他情况下普遍采用的股东等量回报的政策自然会抑制波动。

2 工资事实上和定义上的困难

我们必须更充分地研究工资的变化。早期有相当多的信息有时会被我们按时间先后插入到时间序列当中，尽管在货币和价格方面存在各种困难，但实际上总是使我们能够分辨出大致的轮廓线，至少对德国和西欧来说是这样。当然这些数据本身意义不大，特别是涉及福利方面的考虑时。最近的工作让我们更加了解 18 世纪，特别是在英国的情况，而且在不久的将来可能会有更多的好消息。但是到目前为止，在每一个步骤中，都会发现在事实问题上会存在意见分歧。吉尔博伊夫人的书中尖锐地指出，就工资而言，当时的英国还不是一个理论意义上的经济区域，在该国的不同地区工资增长率还会向不同方向发展。总的来说，货币工资率在 1750 年以后开始上升或者在某些情况下持续上升。尽管它们在第一个康德拉季耶夫周期的繁荣阶段上升，但实际工资率总体上上升得非常少。而对于 19 世纪的研究，我们则是依靠伍德先生和鲍利教授的工作，他们的关于农业和建筑业的工作成果也包括了一些 18 世纪的数据。

但对于美国这个国家，在早期我们只有零星的信息，其中大部分在克拉克的工作成果中被提到或被转载。我们得到的全国范围内可靠的统计数据不早于 20 世纪，然而我们可以找到美国劳工统计局的第 499 号公告，它试图涵盖从殖民地时代到 1928 年的现有数据，以及 1890 年以来的第 59、65 和 77号公告。全美工业联合会及鲁比诺先生、汉森教授和沃尔曼教授也都对这个问题进行了研究，特别是保罗·道格拉斯教授关于 1890 年至 1926 年美国实际工资的论文给予了作者极大的帮助。然而我们对德国的情况很不满意，因为直到我们这个时期几乎结束，德国仍然有十几个单独的类别，其中从 1850 年开始的鲁尔盆地的矿工工资是最有趣的一个。我们主要局限于英格兰的情况，因为它那里所有的数据都是借款利率的数据。在我们的大部分时期和大多数国家都没有工资总额的数据，但有一个从 1860 年开始的英格兰工资总额统计，这多亏了鲍利教授。我们使用的美国数据只是全国工资总额变化的一个指标，此外，大多数工资数据即使在最完善的情况下也不能代表实际支付的工资，原因可能是这些工资数据与官方特别是工会的数字有相当大的差异，这些数字有时掩盖了下降趋势，有时只代表最低值，但是我们相信，本节的大部分结论都不会被我们数据中的缺陷所影响。

除了我们的材料数据所固有的困难之外，我们还遇到了各种各样的困难，在此提到两个。首先，是关于"工资回报"的界定。这个词对经济学家和社会学家的意义是不同的，经济阶层中的工薪族要比在社会阶层用同一个词所指的范围广泛得多。尽管按照经济学家的说法，经理和高管的一部分工资和其他报酬应包括在工资中，但另一部分则包括了我们意义上的合同中的利润或大致的利润份额。在个体商户的收入方面也出现了类似的困难，而专业技术人员的收入几乎完全是工资，当然这只是基于我们所拥有的材料数据。第二个困难是除了支付给特定企业、行业或社区的工人群体的工资之外，我们唯一的一手资料是货币工资单上体现的工资总额。其他数据都是人工合成的二手数据，并且在通货膨胀问题出现之前，鲍利提出了与劳动人口平均工资概念相关的指数问题。[①]

我们区分了工资总额（或叫工资单，或叫工资表）、工资率（每单位时间或产品或平均就业人数或求职人数，最好是每人每工时的工资），以及劳动收入占国民收入或单位产品价值中的份额。其中工资总额和工资率必须以货币和实际价值来考虑，为此必须用适当的生活费用指数对它们进行平减，这种操作充其量只能得到各阶层平均工资水平上的工人所享有商品的实际支配权的近似值。然而，实际工资的另一个概念也是有意义的，它应该具备另一个名称，比如说修正后工资额，即工资总额或工资率除以批发物价指数。这种关系本身就具有明显的周期性。但是由于该指数代表了价格水平的变化，

---

① 参见鲍利的《指数注释》，他指出不同等级的工资在短期和长期内的行为差异，有时会导致趋势方向上的差异，原则上这种差异比区域差异更严重，在某些情况下，区域差异也与周期性过程有关（一个行业的迁移可能是一个重要的创新；劳动者从乡村到城镇或从城镇到乡村的迁移，在一定程度上是一种周期性现象）。从地域上看，实际工资的差异比货币工资小得多。租金项目有时足以使前者在广大地区产生近似的平等。

它就获得了一个额外的意义，那就是消除了货币参数对于工资额的影响。应该清楚的是，尽管在大多数情况下生活费用指数会给出大致相同的结果，但原则上它并不具备提供这种作用的资格，参与指数构建的商品和它们的权重都是如此。

工资支出不是劳动收入的全部，它还包括其他货币和实物项目。但是对于我们研究问题来说，这些项目不需要考虑，尽管公共开支对于直接增加工人阶层的货币和实际收入的重要性在所调查的时代的最后几十年里大大增加，然而并没有达到战后的那种程度。我们同样忽略了一个事实，即工资并不构成企业雇用劳动力的全部成本。此外，我们还假定，小店主和工匠等在不改变其收入的经济性质的情况下，不断改变工作地点对工资总额的影响可以忽略不计。衡量实际工资总额的变化，应该包括自愿休闲的增加，因此应该对工作时间的减少进行修正，但严格地说工作时间的减少不是为了分担失业的负担，我们没有这样做，因为这样会低估实际工资的历史性增长。只要寻求就业的人口增加了，因失业而修正的每个受雇工人的平均工资就可用于说明工资总额至少增加了多少或是最多减少了多少。

3 工资水平和工资率的趋势和周期性变化

所有的工资序列都是系统性和周期性的，同时它也会显示出描述性的趋势，这是被结果趋势扭曲的图景。它们所描述的是一个主要的和后果性的现象，反映了一些次级过程的因果关系。我们必须说明的事实很容易从图28、图29和图30中读出来。从中可以看出，它们总体上符合我们对模型所产生结果的预期，但是有两个重要的例外应立即加以处理。首先，从1856年到1873年，我们应该预期货币工资总额（工资单总额和工资率）实际上不会下降，而是以比之前在康德拉季耶夫周期中的繁荣阶段更小的速度增长。事实上，尽管在19世纪50年代后期出现了一次倒退，但是从1862年开始出现了强劲的增长。在美国（再看米切尔教授的日薪加权指数，可以推断出全国工资增长的

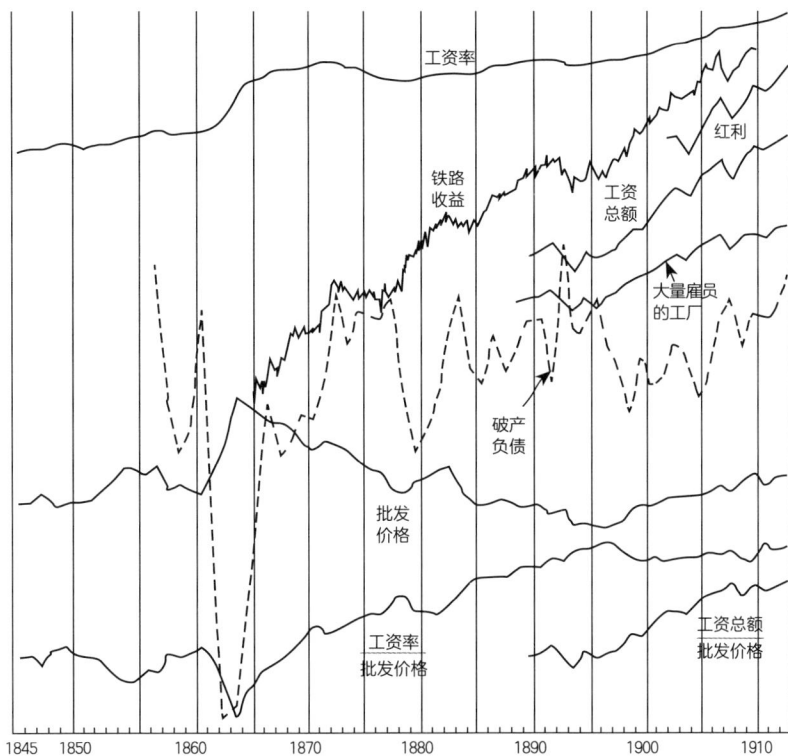

图 29 美国的情况

比例至少是相同的），这当然是受到内战时期的通货膨胀这一外部因素影响的。我们在历史调查中已经讨论过这一点，只想再次强调 19 世纪 70 年代全国工资的下降并没有完全纠正这种偏差。我们可以用货币事件来解释工资为何长期保持在一个新的水平上，同时这也影响了后来的周期性运动，就这一点而言，这与世界大战后的情况有密切的关系。但我们在英国和欧洲其他国家也发现了同样的现象，虽然没有那么明显，但必须归因于黄金产量的变化。对于工资理论和政策来说，实际利率和票面利率没有显示出与预期相应的背离，这一点很重要。第二，就可能的判断而言，在德国的第三个康德拉季耶夫周期的繁荣阶段，借款票面利率和实际利率的表现符合预期，而在英国它

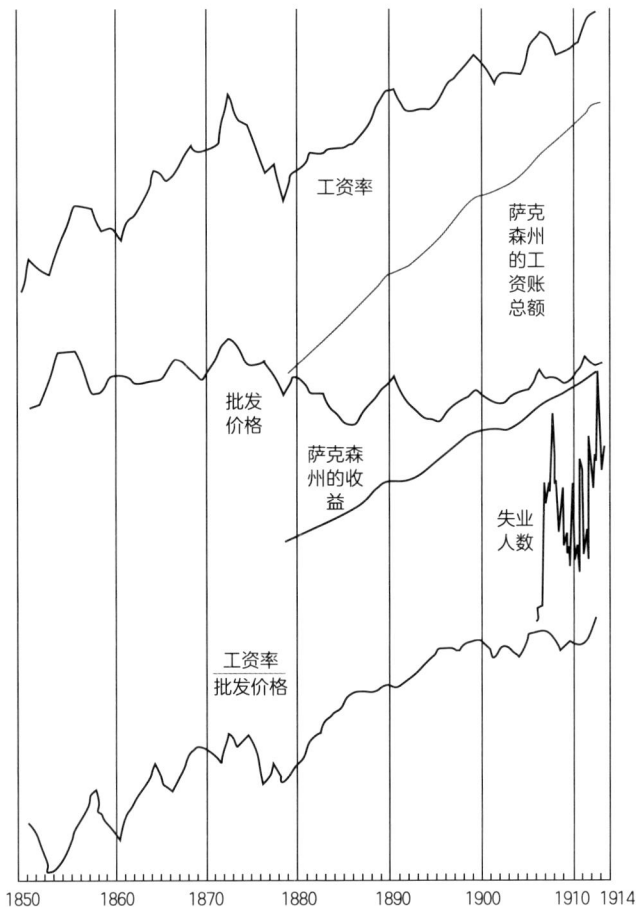

图 30　德国的情况

们的涨幅却比我们预期的要少。这与当时英国情况的特殊性是密不可分的，但与其他情况相比，这种情况却不容易解释。然而，正如前面所指出的，借款利率的变动与公共开支和税收的大幅增加相吻合。在其他方面，这些周期与我们预期的一样。基钦周期基本是可以识别的，朱格拉周期的特征非常明显，不完整的康德拉季耶夫周期的表现方式与清算序列的呈现方式相同。特别有趣的是，通过观察按失业率修正的实际利率的变化及在康德拉季耶夫周期的不同阶段，我们发现了朱格拉周期在偏离 9 年移动平均值，见图 31。

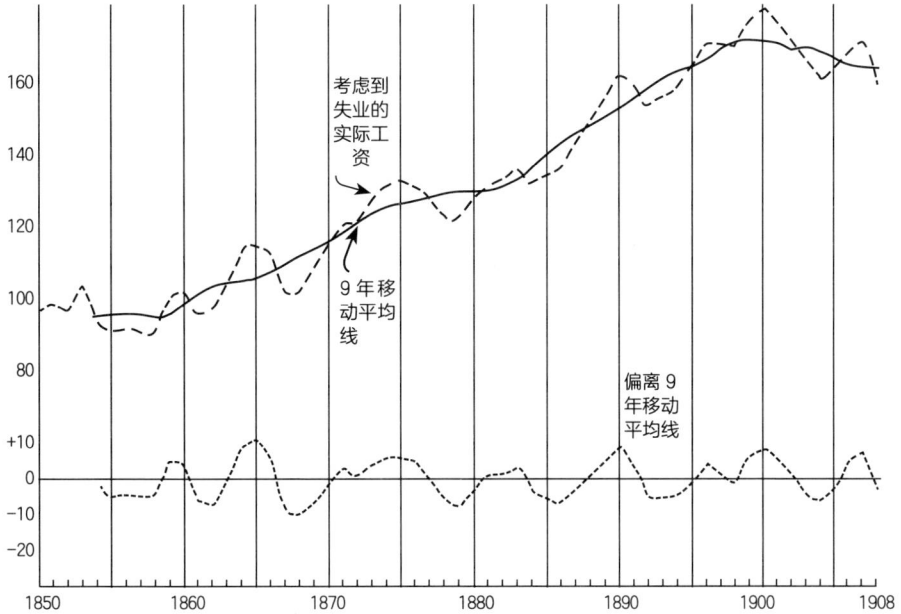

图 31　英格兰的情况

必须始终牢记，我们所处理的是年度图形而且这个图形是不太准确的，我们注意到，英国货币工资总额下降最严重的时期（图 28）是在第二次康德拉季耶夫周期的萧条阶段。在那几年里，它的萧条趋势没有被朱格拉周期的繁荣阶段所打断。通过观察 1874 年和 1875 年的图形得知，与 1873 年的高峰相比，1874 年与 1875 年的下降幅度不大（1873 年为 4.85 亿英镑，1874 年为 4.7 亿英镑，1875 年为 4.65 亿英镑），这种下降从朱格拉周期中的复苏阶段一直持续到下一个繁荣阶段的开始，但是它也没有使工资总额恢复到以前的均衡邻域（3.65 亿英镑）。然而这种长期的下降并不令人惊讶，而且下一个高峰（1882—1883 年，4.7 亿英镑）低于 1873 年的高峰也完全符合我们的周期性模式。只要适当地考虑到干扰原则，我们与事实相反的第一印象就会消失，这时人们还是很容易认识到这种现象是相当"有规律"的。但这里说的并不是指黄金生产，无论是直接的反应，还是由于黄金生产对 1872 年的超额供给的间接反应，都与工资总额的变动无关。它所做的仅仅是强调了如果不减少将会发生的事情，以及如果它继续增加或之前没有增加而可能被淡化的事情。1884 年和 1885 年的图形（1886 年停止了下降，1887 年的工资总额又增加了）反映了根据我们的模式预期的在康德拉季耶夫周期底部的朱格拉周期的萧条阶段中普遍存在的情况。但在这一序列中，还有四个工资总额绝对下降的案例，其中 1868 年和 1898 年的情况不需要评论，也很容易理解。在康德拉季耶夫周期的繁荣阶段中，由于"危机"的影响，可能会出现像 1907 年以后那样短暂的下降。但是，在英国 1901 年至 1904 年的工资总额中出现了长期的下降，这与预期相反，在美国，除了 1904 年的一次小挫折外，没有任何趋势能与之对应。这是上文注意到的同一现象，但又增加了一个新的特征。大多数不寻常增长的年份都很容易被确定为朱格拉周期中的繁荣阶段，尽管其中有一些属于复苏或衰退的年份。

我们没有预期也没有发现货币工资总额有任何明显滞后于批发价格指数的情况。相反，货币工资总额比批发价格指数变化得更早。有一些案例，如英国的相关序列在 19 世纪 90 年代的活动，几乎完美地说明了我们对工作机制的看法，并证明了我们的观点。在这种情况下，工资总额从 1893 年开始恢复，而批发价格仍在下降，并在批发价格转为上升的同一年工资总额爆发出更大的增长率。事实上，正如读者从我们的理论讨论中记得的那样，带来复苏的因素和带来繁荣的因素确实可能在较早的时候，在系统中对投机性预期做出反应的一些要素中感受到，但是它们的机制作用必须明确无误地、更早地显示在工资总额中。

4 滞后的问题

如果在一个周期开始的均衡邻域附近没有失业，同时人口是恒定的，那么货币工资率也是不变的。由于这些条件没有得到满足，我们预计在上升阶段的工资率会有一个滞后，这可以衡量早已存在的失业人数。下面的数据也证明了我们发现的这一点，1868 年工资支出增加而工资率保持不变，1880 年工资总额上升而该年甚至连同下一年的工资率下降，1887 年也呈现出类似的情况。但我们发现，尽管年度数字不足以说明问题，但滞后的情况比我们预期的要少。① 英国序列涵盖了六次朱格拉周期的繁荣阶段，其中四次是在年底开始的，因此年度平均数很可能产生虚假的滞后，掩盖了真实的滞后。在剩下的两次繁荣阶段并没有观察到滞后，更不可能有超过几个月的滞后。这种影响可以说明，在上升的开始阶段，工资总额的上升比工资率的上升更强烈，而在后来，工资总额的上升速度往往比工资率的上升更快。值得一提的是，这种经常被强调甚至被夸大的滞后现象，并没有给我们带来新的问题，也不需要引入与我们机制无关的因素。值得注意的是，下降时的工资率也会有滞后现象，这一点更加明显。1866、1873 年和 1883 年，工资总额和工资率都在增加；1884 年工资总额下降时，工资率保持上升；1893 年和 1900 年也是如此。工资率没有反映 1907 年的情况，但工资总额却反映了这一点。同时，工资率在 1913 年是上升的，所以也没有反映 1913 年的经济衰退。

现在，大多数经济学家都倾向于利用黏性等因素来解释这个问题。在不否认这种解释在许多情况下是有效的前提下，尽管这些因素至少在 19 世纪末 20 世纪初不可能具有像后来那样的重要性，但仍然必须记住，虽然有充分的理由预期在深度萧条期间工资总额和工资率会下降，但却没有理由预期它们会在衰退阶段中下降。有一种观点认为，因为价格下降，所以工资总额应该下降，而且工资总额下降的程度与价格下降的程度相同，并且工资总额没有下降必然是有一个额外的干扰源，这种观点是不正确的。如果现实符合我们为第一次近似而设计的模型，那么货币工资总额确实必须回到它之前的在均衡邻域附近的数值，工资率也因此必须下降，除非出现替代性失业；但如果寻求就业的人口同时增加，则会超过这个比例。创新和被创新引导的企业发

① 然而，在某些特定行业中，这种滞后性更为明显。例如，煤炭开采行业。

展的成果将完全以增加收入单位的"购买力"的形式获取。但是，自动通缩从来没有完全发挥作用，而且只要它发挥作用，拓展新经济空间的要求就会抵消它的影响，因此根本不需要出现工资总额或利率的下降；相反，我们可能会发现工资总额或利率持续的较弱的增长。在任何特定的情况下我们所预期的是在正常的经济衰退中且在萧条的阴影出现之前，它由存款数字的变化所呈现。如果这个数字不下降，工资总额和工资率就不需要下降（除非人口增加）。如果它增加了 ①，工资总额和工资率也可以随之增加，而不会像因黏性造成的不下降或由于立法行为造成的增加那样引起骚动。在萧条阶段，工资总额、工资单或工资率甚至不一定会下降，尽管它们更有可能下降。当然，如果一个周期的萧条与另一个周期的足够强劲的繁荣阶段或复苏阶段相吻合，它们就不会下降，但更重要的是要注意到，即使没有这种巧合，如果恐慌式的下降和急速式的上升没有发挥太大作用，它们也可能保持上升。在我们面前的唯一一次康德拉季耶夫周期的萧条阶段中，英国的工资支出实际上增加了大约25%，这不需要演化机制以外的解释来加以说明，是货币的自主影响在另一方面起了作用。

图 29 提供的证据，就其内容和可信赖程度而言，证明了美国的类似结论。铁路收益和亏损（负债）已经与一般经济状况相联系。前者及"红利"与工资总额的共变关系的密切程度无需强调——工资总额的主要周期性因素当然是就业。修正后的工资率的变动是符合预期的，但 1895 年至 1908 年修正后的工资总额的强劲增长却不是这样，必须用美国环境的特殊性来解释，其中主要是移民因素。

---

① 当然，这并不等同于说，如果通过中央银行的行动或经济进程之外的任何其他影响使存款数字增加，工资支出也会增加。但应该理解，如此明显的共变——例如图 23 中的工资与外部净存款减去本国投资的共变性——应该有因果解释。然而，如果存款不受银行完全控制的项目（投资）的影响，共变性就特别好，这一事实清楚地说明了这一点。也许以完全一般的形式再次说明所涉及的问题并非无用。比方说，时间序列由时间变量 x_1，……，x_n 组成，其中一个变量 x_i 与另一个变量 x_j 有不变的关系。在没有任何关于所有变量之间存在的关系的知识的情况下，我们没有理由从这样的发现中推断出 x_i 的任何任意变化将伴随着 x_j 的变化，而这种变化在所观察的系统中实际上是伴随着它的。

5 理论解释中的困难

然而有一个问题出现了：上述分析难道不是无故地假设在周期性过程中，劳动在生产过程中的相对边际贡献保持不变吗？因为为了简单起见，只有在这种情况下才可以回到纯理论模型条件下，同时假定人口不变才会让货币工资总额和工资率在新的均衡中达到与旧的均衡相同的数值。由于大多数已知条件的创新不仅是省力的 [1]，而且会引起最终的结果发生改变，似乎没有理由预期工资支出会随着总收入发生变化而减少，因此，我们再次遇到定价机制和劳动的问题。如果用前文提到的限制条件去解决这个问题是很方便的。我们曾通过这个方法解决了两次——失业问题和静态过程中的储蓄问题。但现在遇到的是它的基本问题，因为技术进步引起的失业只是一个特殊的方面，对工资总额的影响是暂时的，在演化过程中所处的新环境中还会遇到。不能再根据不变的生产函数进行推理，同时，也不能再处理节省劳动力的创新的孤立影响。必须考虑到经济进程中的所有因素，特别是考虑到新投资机会的出现，而这些机会并不像储蓄的情况那样仅仅由于工资率下降而出现。因此，赞成和反对货币工资总额因技术创新而增加或减少的必要性、可能性，就像在其适当的范围内没有结论一样变得无关紧要。

但是事实更有说服力，虽然工资总额和它在总收入中的份额在周期中波动（即使我们从总收入中排除了资本资产出售的损益，特别是土地和证券的投机的损益），但它与总收入和大多数其他货币总量的关系似乎长期保持稳定（图27和图23）。可以推断，如果存款、汇划清算的款项总额和总收入都是恒定的，那么工资的绝对数额在各均衡邻域之间将是不变的。这当然意味着货币工资总额在长期内是不变的，既与创新本身有关，也与它引起的设备产品在总产出中的相对增加有关。现在我们的数据并不是太全面，无法对这一事实进行反驳。然而如果接受这一事实，那么简单地说，下一个可能性就

---

[1] 关于节省劳动力设备的概念，见希克斯先生的《工资理论》。接受他的定义，如果一项创新使"资本"的边际产品增加得比劳动的边际产品多，我们就称之为节省劳动力的创新。它实际上不需要减少后者，而且纠正后的工资支出不需要绝对下降。

是在理论上波动的关系却不管怎样都保持不变，这是非常了不起的，但它就是这样。读者最好这样做，除非接受作者对利息理论的原则，这提供了一个理论上的解释：如果在一个理想的完全竞争均衡中，没有实物商品的组合会产生净收益是真的，那么在系统走向这种状态的过程中，即使永远达不到这种状态，也必须有一种总收入的趋势，除了对劳动和自然因素的服务支付外其余的都会消失。工资和租金支出会滞后地吸收整个国民收入，而工资支出在连续的均衡邻域中未能保持恒定的比例，只能是由于劳动与自然因素的边际生产力的关系发生了变化，或者是由于不同地区的工资支出存在着不同程度的不完善，但一般来说这两种情况的重要性都不会大到足以改变这种均衡状态。[①] 如果不诉诸这一理论，仍有可能认为实际资本本身就是一种产品，只要系统接近均衡，它的价格就会趋于最低。但是如果这个最低限度包含利息因素，就不可能有关于国民收入中的绝对或相对份额的一般命题，尽管在工资方面没有这种最低限度的原则，但这仍然是事实。

工资总额的变化就像一个总的货币量，如家庭收入的总和，而它只是其中的一个可变部分，这一事实无论是可以解释的还是难以理解的，再加上以前关于价格水平的说法，足以说明实际工资总额和修正工资总额的周期性行为，以及在有明显限制的情况下，实际工资率和修正工资率的周期性行为。特别是，我们看到这些数据在衰退阶段和萧条阶段中的表现，更加确信这一说法。这种行为证明了普通人非常熟悉的老命题，即工人阶级作为一个整体，在价格下降的时候比价格上升的时候过得更好。这一点需要加以限定，首先是在深度萧条阶段中的价格下跌；其次是在复苏阶段中的价格上涨（如果有的话）；第三是在较短周期的上升中的价格上涨以及位于较长周期的下降中。

---

① 列昂惕夫（Leontief）教授反对上述论点，理由是，由于作者不认为在我们于现实生活中观察到的邻域中，利息或实际资本净边际价值生产力的回报实际上是零，所以即使他的理论被接受，结果也不成立。然而，事实并非如此。如果利息不能变成零，因为它代表的是生产过程中的一个必要元素的支付，例如对一种独特的生产性服务的支付，那么这种服务的相对重要性会发生什么，就成了一个开放的问题。如果利息因为其他原因，例如摩擦性原因而不能变成零，那么就没有这种争论的空间了。

然而这个陈旧的命题表达了一个广泛的真理，可以肯定的是，这一真理通常是建立在单纯的黏性因素和价格下降对特定收入的简单算术效应之上的。这只对黄金产量或政府通货膨胀的周期性案例以外的其他案例是有用的，例如这些案例在历史上通常与苦难有关。但我们的论证表明在参考价格水平的周期性变化时，它也是有一些基础。正如在类似的情况下，真正的走势可以在康德拉季耶夫周期中最清楚地显示出来。的确如此，尽管英国的信息是可以得到的，但这不能保证是正确的，但这超出了我们的序列所涵盖的范围。从1775年到1815年，实际工资支出及利率很可能有所上升。也就是说，在康德拉季耶夫周期中复苏阶段的后期以及整个繁荣阶段和衰退阶段后期时，这种衰退被政府的通货膨胀政策所扭曲，因此不能认为是正常的。此后，直到19世纪40年代收入几乎没有变化，而生活费用却大幅度下降，以至于关于失业的更好信息不可能使实际工资支出以及工资率的上升远远超过它们以前的上升的推论失效。在40年代实际利率不可能有很大的增长，但在随后的价格上涨期间，它完成了康德拉季耶夫周期的升阶，修正比率肯定会下降，实际利率可能也会下降（图28），直到达到等级的最高点；由于就业增加，实际工资支出会上升，从最高点的1856年到1897年，它上升了近80%，创造了现代的生活标准。在1898年至1913年期间，实际利率几乎没有任何增长，尽管实际工资支出有所增长。通常情况下除了极少数个例，实际工资支出和利率在季节性和非季节性中都会增加。但是，在两个康德拉季耶夫周期中的最后三个阶段的增长中，我们观察到的实际利率受到了影响。由于这一趋势是我们的机制运作的效果，无论怎样被外部因素所干扰，它也可以被确定为结果趋势。

从上述分析中可以推断，周期性情况的顺序往往会显示工资率和工资总额，而这些工资率和工资总额在出现许多不确定的情况时会有适当的条件限制，也就是说它们并不会反过来要求或引起系统中其他元素来适应它们。特别是上行转折点或萧条阶段的出现通常不是对以前的工资率的适应。例如，劳动者的"购买力"未能以一种强制的方式，使他们购买发展过程中的每一步所产生的产品增量。也不是说货币工资率或货币工资总额必须先上升或者通过公共权力或有组织的劳工的压力来增加，系统才能从较低的转折点上升。此外，在繁荣时期工资的上升与劳动力需求曲线的上移相适应这一事实，并不是使繁荣阶段变成衰退阶段的原因，而且货币工资率在萧条阶段并没有下降，它通常与把系统推向萧条没有什么关系，就像萧条时期发生的这种下降与帮助商业有机体走上复苏的道路一样。

然而，这些说法并不意味着关于货币工资率的那些水平变化对于系统的影响，正如我们所说的那样，这些货币工资率不是由经济进程产生的而是强加给系统的。这种强加的工资率可以有但并不需要。有很多理由可以说明，在某种特定的情况下，系统应该无法实现其产生适应的工资率的趋势，也就是说无法强制系统的其他要素进行额外的适应。但是，即使它们这样做了，这本身也只意味着它们干扰了一个过程，而这个过程由于其本身的性质而产生了不均衡，尽管它也消除了不均衡。对这个过程的干扰并不一定会加剧这些不均衡，相反，可能会减轻这些不均衡。我们甚至没有通过否认工资的周期性变化（如经济进程倾向于产生这种变化）是经济衰退阶段、萧条阶段和复苏阶段产生的因果关系，而完全预测前两个阶段是否可以通过实施适当的调整后的工资率而得到缓和，以及促进复苏阶段的问题。对于调整后的工资率没有什么特别的严格限制。我们的分析确实驳斥了一些通常被用来支持高工资或低工资政策的论点，但它并不排斥其他论点。然而，对这一问题的满意处理需要一般理论的全部内容，在此无法阐明。而在对战后时代的讨论中，我们将只介绍其中的几个方面。

存款和贷款

回到第二节的论点，现在讨论系统支出来源的变化，即企业和家庭的现金余额或存款的变化，从而也将第四章中发展的第三章第四节的分析线索搜集起来。在谈到支出的来源时，讨论这一短语的隐喻性及它可能引起的误导性联想也许并不是多余的。我们现在不是在走向周期性过程的起源，相反是在远离它。正是为了避免关于"资金流动"对商业变化产生的机制效应的影响，余额的问题才没有在其产生的支出之前被讨论。出于同样的原因，对银行和中央银行作用的讨论将被推迟到更晚的阶段。在本节，我们只从企业和家庭的角度来研究融资问题。

1 为支出行为提供资金的可能方式

任何支出行为都可以并能够得到融资。这些支出行为的来源是：

（1）以前的收入。读者会回忆起这样一个命题：在一个仅仅以恒定速率再生产的过程（稳态的过程）中，所有的支出行为都可以而且能够得到融资。现在一个国家的大部分业务，在任何给定的时间点上，都是由交易组成的，这些交易以适应性的变化重复以前账期的交易。为了某些目的，把这些交易中的每一项都分成确切的重复性交易，并可以用正负的变化来表示，把所有这些确切的重复性交易和这种交易带来的相应变化作为单独的交易类别，与第三类交易相区别。第三类交易主要由企业家进行的交易或由企业家活动引起的新交易组成。在适合纯理论模型的抽象分析中，把这个命题应用于第一类交易，即重复性交易。但此时，我们不能再这样做了。事实上，在欧洲大陆比在英国或美国更经常地观察到，许多旧企业实际上是靠"自有"的现金或"自有"的存款运转的；但现在即使对于确切的重复性交易，这也只是个例而不是普遍的情况，大多数企业，无论新旧，目前即使在最普通的商业常规中也都是有借有还的。

第三章中的这种做法是演变过程中的副产品，借贷和信用的创造通过这个过程侵入了经济体系的旧阶层，一部分原因是为金融创新而创造的余额几乎没有被自动通货紧缩完全消除，另一部分原因是其他余额是为融资而非创新因素的扩张而创造的，这种扩张是对创新所带来的推动力的反应。我们所称的对"新经济空间"的拓展，就这样永久地扩大了货币体系，尽管与实际产出不成正比，并且使生产者的支出和收入之间产生了差距，而这时弥补这一差距就成为银行最常规的业务。稍微思考一下就会发现，这种差距是如此熟悉的现象，几乎不需要解释，实际上完全是由于"进步"造成的，除非是以前进步浪潮的结果，否则不会在一个稳态的社会中出现。尽管与我们的模型无关，但是在一个货币过程已经适应演化的社会中，重复可能需要的融资就像加价变化或新交易一样，这一事实影响了我们对余额变化的预期。只要重复用所拥有的现金或原始存款进行融资，这种现金或这些存款就不会因为限制业务的决定而消失，而只是变成闲置资金。但是只要它们是通过借贷来融资的，相应的余额就不会变成闲置的，而是在这种情况下通过偿还而消失，否则就完全不会出现。无论存款的"数量"还是"速度"是否受到影响，商人的决定及其经济结果都是一样的，但是统计出来的情况却不同。

然而我们必须承认，单纯的重复这一融资行为也会带来一个明显的融资问题，但新交易的融资问题经常可以通过以前的收入偏离它们以前的渠道而得到解决。一个习惯于每年留出一笔钱以便每 5 年购买一辆新汽车的人，可能在其中一个 5 年期结束时决定改买一架飞机。这不仅仅是系统变动，而且是消费者的支出改变，或者从生产领域选择一个例子，生产者的支出在这种偏差的情况下仍然不受影响。

（2）透支。这个术语是指让自己的存款余额低于与前一个均衡的邻域要求相适应的数额。这将影响系统的支出，但不影响总余额。与此相反的情况，即支出不足，或如我们之前所说的不支出。如果现金余额上升到该数额以上，就会发生"囤积"的现象。然而除非是为了指定它的真正含义，不然这个词给一个极其简单的事物状态带来了错误的色彩，"囤积"一词在社会学和经济学上是完全明确的，并预示着对金钱的特有态度，这一含义完全不同于资本主义社会。[①]当然，"囤积"这一现象在印度仍然可以观察到。我们还记得，

[①]　在资本主义社会中，唯一类似于真正的囤积的情况是，由于对银行的不信任而持有合法货币，或由于对其他种类投资形式的信用不信任而持有某种合法货币，或由于对所有种类信用形式的不信任而持有某种商品。但这些现象自成一类，与不消费完全不同。

尽管有其他原因，但通过提及对存款余额的需求来表达支出不足的事实（在此情况下这种需求纯粹是虚构的），或者称之为储蓄，是一种误导。当然，消除支出不足是为提供资金以扩大复苏的一个重要方法，然而应该注意的是，尽管考虑到家庭和企业的现金项目的总和，但所有的这些项目不可能同时增加或减少（其中不活跃的部分可以）。

（3）出售资产。如果一项资产被出售给银行（我们称之为"成员银行投资"），除非银行能够中和这种影响，否则存款余额将会增加。如果是为了为一项支出提供资金，当然会导致系统支出的增加，尽管它本身并不会在没有这种意图的情况下产生这种效果。对这个问题的回答是，系统支出将增加多少取决于那些作为所购金额接受者的企业和家庭的行为，也取决于该事件所处的周期阶段。如果一项资产被卖给另一个企业或家庭，它将不会增加存款余额的总和，但如果它是将不活跃的存款变成活跃的存款，那么仍可能增加系统的支出。如果一家银行向企业或家庭出售，那么公众的存款余额就会减少。

（4）临时投资。临时投资是第三章第一节中的一个术语，指的是使用或借入另一家企业或家庭的一笔钱，用于另一项支出行为，两者是独立的，而且在需要偿还之时替换或偿还这笔钱。我们假设临时投资完全可以通过公开市场或证券交易所发挥作用，这样已经足够接近事实了。临时投资增加了系统的支出，但没有增加存款余额的总数。

（5）发布付款承诺。例如，可以以汇票的形式发行，只要它们被实际接受为之付款并流通（见第三章第四节）。然而这一项我们将不予考虑。

（6）开采或进口货币金属并将其铸成硬币，或用它来换取存款，或者伪造货币——从经济学上来说是相同意义的事情（正如维克塞尔所指出的）。这使存款和银行的现金增加了相同的数量。如果没有存款，这些钱可能只会增加外部流通。

（7）向银行借贷。在英国和美国，这种做法会立即增加存款（对透支有限定），而在德国，一旦向企业或家庭贷款就会增加存款。

（8）使用自己的或借用其他家庭或企业未投资的储蓄或积累。我们所说的借贷也是指包括技术上不属于该术语的方法，如建立伙伴关系。

（9）税收和政府拨款的发布。作为商业融资的一种方法，这些项目现在将被忽略，尽管前文已经多次发现它们的这种作用。

（10）信贷购买。我们一般会假定，尽管事实往往并非如此，但在这种情况下，卖家从银行借到了同等数额的资金。这同样适用于相反的情况，即生产性融资的负担通过在交货前要求付款而转移。

（11）从外国借款。如果这导致了黄金的进口，其作用与第（6）项完全相同；如果贷款的收益购买了外国商品，其作用则完全相反。

2 存款、贷款和外部清算之间的关系

所有这些融资方法结合在一起，形成了各阶段过程余额的周期性变化，并且如此多的外部因素必然会出现，因此我们的模型所预期的趋势是否会在存款和银行贷款的组合中显示出来，就变得令人怀疑。这些预期不需要重新说明，企业和家庭的余额（加现金）是主要的和结果性的，并构成一个自然的、系统的和周期性的组合，它应该表现得像系统支出并在同样的意义上显示一个结果趋势。成员银行的贷款和贴现也是如此。在下文将注意到，即使在纯理论模型的情况下修改也是必要的。但有趣的是，看似与真实世界非常遥远的理论构造，现实情况又会在多大程度上与之契合，这一点图25提供了答案。存款、贷款、清算以及这三者与生铁消耗和设备生产的共变关系，尽管远非完美但也是引人注目的。请读者相信，除了我们的模型所体现的因素或机制之外，不会有其他因素或机制在起作用，那么几乎不可能指望这个因素能有多大影响。我们的问题不在于如何解释与该预期的偏差，而在于如何解释超出合理期望的一致性。

为了解释这两个问题，有必要牢记我们资料数据中的缺陷，这些缺陷使我们除了对最粗略的趋势之外，不可能对其他任何事物抱有很大的信心。我们的分析主要基于美国的数据，英国和德国的统计数据可以作为辅助证据，

并且自1901年以来德国有更有价值的信息，但都不足以达到我们的目的。这些美国的数据主要来源于国家银行①，所以不能轻信它能反映所有商业银行的状况。②美国国家银行的数据减去清算交易所的个人存款，是我们主要使用的组合，基本上提供了我们想要的企业和家庭的存款余额，因为它不包括政府和银行间的存款，尽管一些国家银行在1900年4月26日之前都包括了应付给储蓄银行的存款，但是使用纽约以外的国家银行的个人存款，以减少我们认为应该排除的投机和其他交易的影响，这种做法当然和清算所的情况一样不能令人满意。然而，纽约市以外的存款和贷款及贴现的短期波动与纽约的存款和贷款及贴现的短期波动成反比的事实，不仅倾向于在这一点上让我们放心，而且还表明我们归因于纽约国家银行的银行家的银行职能，并没有完全被其商业和工业业务所掩盖。在将这个外部存款序列与清算序列（代表不同的样本）进行比较时，我们会发现其中一个误差的来源。

此外，我们应该包括存款透支，因为从单个企业或家庭的角度来看，他们从中得到的可用的资金并不比存款少。然而，透支金额的波动与存款一样，甚至更加强烈，因此它们只会加剧我们所讨论的现象。但它们被包含在1898年12月1日之前的贷款和贴现中。抵押贷款可以与1892年以来的其他贷款分开，这一点还没有做到。如第一章中提到的，它们可能而且经常为证券交易所投机以外的目的服务。关于定期存款与活期存款③的区分并没有人们想象的那么困难，我们在本节后面和对战后发展的讨论中阐述原因。在目前讨论的阶段内，国家和所有商业银行的定期存款在1896年之前并不是特别重要。

---

① 许多研究者已经对国家银行数据进行了分析。然而，有一个突出的贡献，作者希望承认其义务，并向读者介绍许多要点，其中的区域差异，不能在文本中处理。

② 19世纪90年代，特别是1899年以后，信托公司的重要性日益增加，随着康德拉季耶夫周期的崛起，它们"开始广泛渗入存款银行领域"，其存款从1898年的1.98亿美元增加到1906年的8.34亿美元，构成对国家银行数字的表征价值的进一步和非常严重的限制。

③ 这种无能为力并不是绝对的。米切尔提出了对1890年以前的定期存款的估计，托马斯博士的估计包括1834年的储蓄存折、定期存款证明和邮政储蓄存款。因此，可以肯定的是，这意味着定期存款的定义与通常的官方定义不同。但在1931年，这三类存款约占审计官报告的定期存款总额的90%。他们可能夸大而不是低估了这一数额，其性质确实与需求存款不同。

此后，定期存款迅速增加，虽然在 1915 年，定期存款的金额与战后飙升的数字相比是很低的，但不能认为它们是可以忽略不计的。然而作为一个银行实践的问题，在 19 世纪 90 年代末的繁荣时期，国家银行采取了一项政策在吸引真正的储蓄的同时也吸引了非储蓄账户，把它们当作储蓄存款来对待，这似乎是合理的。因为如果是这样的话，我们使用存款总额的数据而不去对定期存款进行修正，可能不会造成太大误差。

最后，手中的现金和在银行的存款余额通常对单个企业或家庭来说只是同一事物的不同形式，因此真正重要的项目是现金和存款余额的和，而不是单独的存款余额。然而从实质上讲，至少在战前，我们只能得到后者。我们所掌握的关于手中的现金的唯一迹象来自《流通中的货币》，它除了与纽约市以外的国家银行存款缺乏可比性以外，还以极其不确定的方式进行了估算。我们有一个从 1813 年延续至今的，但非常不可靠的财政部以外的国家货币序列（纸币、银行票据、国库券等），必须从这一序列中减去银行的货币，才能得出流通中的货币序列。在 1834 年至 1863 年期间，只有货币监理署记录了这两个项目。1900 年以后，大约 90% 的州立银行和信托公司，以及只有 20% 到 25% 的私人银行，向州政府当局或直接向监理员报告记录了这两个项目，我们得到的数据不可能远离事实，而且对这一数据可以进行相当有说服力的修正。但在 1834 年之前和 1864 年至 1875 年的动荡时期，对于数据的估计可以说是非常有难度的。从 1875 年到 1900 年，对于已向货币监理署报告的银行持有的货币，在 1875 年之后的比 1875 年之前的更加重要。但对于没有向监理署报告的银行所持货币数据的估计，则缺乏财政部自 1900 年以来对所有银行存款的估计所提供的指示。在各种不同的估计中，其中米切尔教授从 1890 年至 1911 年报告的私人银行的平均存款中得出的估计似乎最为可靠。我们也可以向后推断 1900 年至 1914 年所有银行和已向货币监理署报告的银行存款比例，并将这一结果应用于报告银行的货币序列的这一部分。然而无论如何，这都是一个通过假设来估计的问题，其中一些假设显然会与事实相悖。

3 对平行结构期望的限定

如果要从一个相当简单的模型出发，那我们现在把注意力集中在前面所列示的（1）（2）（3）（7）和（8）项上，首先必须考虑到（1）和（2）项中提到的现象，以限定对外部清算和外部个人存款的变化之间完全相同的期望。事实上，如果系统中有任何存款不是通过贷款产生，进而也不会通过还款而消失。[①]那么即使在纯理论模型的条件下，对存款数额的预期也必须由对支出率的预期来补充。显然，在繁荣时期会出现超额消费，在衰退时期会恢复到正常的现金和存款余额之和，在萧条时期则会出现消费不足，在复苏时期会再次恢复到正常的消费水平。因此，与存款余额相比，清算在繁荣时期应该上升更多，在萧条时期应该下降更多，衰退时的任何增长都应该比清算序列的变动更明显，复苏时的增长则不那么明显。只要图 25 能够被信任，它所证明的内容总体上可以被用于支持其他推论，同时要适当注意周期之间的相互干扰。进一步，仅从周期性影响的角度来解释这种曲线拉开的长期趋势，是不合理的，因为有太多的其他因素混入其中。然而可以指出的是，只要这种现象是由这个时期最后几年的曲线变化所造成的，那么实际上它至少有一部分是由朱格拉周期和康德拉季耶夫周期中衰退阶段的开始造成的。

我们可以通过消除清算和存款余额这两个序列中的"趋势"来消除清算和存款余额不同所带来的问题，在属于两个康德拉季耶夫周期的区间内，对每个组合拟合两条直线就可以达到目的，然后得出一个清算差额除以存款差额的强周期序列。尽管由于各组成部分可比性并不完整，以及受到其他反对意见的影响，但可以说它大致上表明了较短周期内消费者支出率的变化。这可能有助于解释存款和价格水平之间关系的某些特性（见脉冲波动图 5、图 6、图 7）。回顾最后我们得出的关于产出的周期性变化的结论，无论超支和投机

---

① 由贷款产生的余额在不再需要时不一定要偿还。因客户向银行出售资产而产生的余额，尽管是"自身拥有的"，但在这种情况下可能会消失，因为其所有者可能更愿意购买资产，而不是将其闲置。文中的陈述假定，借来的存款变成闲置和拥有的存款被消除的可能性对于当前的论点来说是不重要的。

性预期如何，我们都应该预期价格水平的上升会略低于繁荣阶段存款余额的增加。由于超额消费，无论实际发生的产出增长如何，价格水平都应该上升得多一些。没有理由相信这两种效应会平衡，进而使价格水平的变化与存款的变化成正比，但它们会在某种程度上保持平衡。在深度萧条阶段中，未用尽款项会加剧存款减少的影响，至少部分被产出的减少所抵消了。消费支出率和生产率在复苏时期也会一同变化，只有在衰退时期它们才不会一同变化。然而，由于后者的影响部分地被趋势消除所抑制，而且无论如何，在最短的周期内是微弱的，所以我们不会像庇古教授那样对卡尔·斯奈德先生的发现感到惊讶，即"存款流通速度"和"贸易活动"对价格水平的短期影响表现出相互抵消的趋势。尽管我们可能无法完全理解卡尔·斯奈德先生，但他的结论是存款流通速度和贸易活动的变化通常都不是决定价格水平的因素[1]，因为贸易活动显然与存款的变化存在关系。根据斯奈德先生的说法，存款和贸易活动增长的长期趋势是影响价格水平的唯一因素。英国的统计数字（图 35）所显示的情况并没有很大的不同。其他国家的数据虽然并不适合进行类似的实验，但可以寻得一些迹象。例如，在法国，《巴黎统计学会杂志》（1895 年 4 月）首先研究了法国银行经常账户净额（余额）的增长速度，并为我们提供了这样一种符合预期的迹象。

---

① 参考卡尔·斯奈德《货币和经济稳定问题》（《经济学季刊》，1935 年 2 月），它提供了一个非常粗略的概念。外部清算量除以斯奈德先生的价格总水平指数，并对趋势和季节性波动进行了修正，得出的结果与 1919 年的产量相当。总清算量除以国家银行存款被用来代表"速度"，或者说，正如我们所说的支出率。这两个比率都不能令人满意地代表它应该代表的东西。从 1919 年开始，用于构建产出序列的方法并没有受到同样的反对。但是，从 1926 年到 1930 年这几年，其他序列的行为充分表明，它不能充分反映消费和生产领域的支出率。尽管我们对统计结果和斯奈德先生的解释都有异议，但事实是，文中概述的产出和"速度"之间的共变关系是绝对可以确认的，而且我们的分析在一定程度上支持了他的结论。他用我们所说的增长和演变来解释产出的长期增长速度，但没有将后者与周期性波动联系起来。将斯奈德先生的调查与霍尔布鲁克 - 沃金先生关于存款波动和价格水平之间关系的研究（《银行存款作为批发价格总水平的预测者》，《经济统计评论》，1925 年）进行比较是很有意思的。在后者和存款与增长趋势的偏差之间存在着相当密切的共变关系（因滞后性而有所改善），这可能与产出的趋势大致相符。他并没有强调"速度"的周期性变化。但是，由于产出事实上是周期性波动的，他的结论暗示了这一点。

4 支出不足、不借款和储蓄在周期中的作用

在存款绝对额减少的罕见情况下，支出不足显得尤其明显：由外部清算所表明的系统支出随后进一步减少（观察 1885、1894 年和 1908 年的下降；相反的存款情况见图 6 美国脉冲波动，存款在 1874 年和 1875 年有所增加，这大概是由于国家银行系统地位的确立和货币进入银行的事实）。这种囤积现象是有严重后果的[①]，而且正如上文中第（1）项所指出的那样，从根本上说是与缩水产生相同的现象：如果企业完全由银行贷款提供资金，除了这些贷款所产生的存款外没有其他存款，就不会出现支出不足，但其导致的后果仍会存在，因为此时会有额外的缩水来代替支出不足，这并不意味着针对它的措施毫无意义。支出不足和民间借贷虽然是后果，但其本身和作为次要后果的原因的重要性足以让我们直接对它们采取行动。除了技术问题，这两种情况下的问题都是一样的。先买后付运动、公共工程甚至印花税等，都可能有助于打破急速上升的趋势并缓解这一糟糕的状况。可以肯定的是，尽管这种做法治标不治本，但它并不是徒劳的，一般来说它也可能产生除了所期望的效果之外的其他效果。

然而，这与储蓄没有什么关系。由于后者以自有余额（包括现金）的存在为前提，除非是破产的情况下，否则这些余额在不使用时不会消失，它确实会倾向于强调支出不足，而不是存款收缩。由于发生哪种情况并不重要，因此，试图通过反对储蓄来刺激支出是没有意义的，除了储蓄不一定与实际投资有关，且实际投资又与耐用生产品的可延缓支出有关这一点，事实上，储蓄比指定用于"必要"类型的短期消费品支出更有可能成为闲置资金。当然这种考虑并不足以证明一项旨在将前者转化为后者的长期政策是合理的，如果在一个世纪前开始实施这项政策，实际上就不可能达到大众目前的生活

---

① 确切地说，它的数量会减少，因为借来的存款也会出现一些活动的减少。此外，有这样一种情况，即为了保持流动性而借贷。但它的重要性不可能很大，而且它在繁荣时期比在萧条时期更有可能发生，因为在萧条时期偿还银行债务或不续贷是非常普遍的做法。

水平，而且从逻辑上讲，这也必须适用于对购买耐用消费品的支出。此外，回顾在第三章第一节中的分析，以及对个别危机和萧条的讨论，我们的结论是，在其他条件不变的情况下，以前繁荣阶段的支出越是由储蓄和累计的资本提供的，萧条就可能越温和。同样，作为在萧条阶段已经开始的情况下采用的权宜之计，这种反对储蓄的态度，尽管比单纯刺激消费产生更多的不良后果，但也不能说是徒劳的。

当然，如果把储蓄和积累定义为包括不消费或与不消费相吻合，改变的就只是我们论证的形式而不是实质内容。在这个意义上，反复提出的关于储蓄的影响的论点，在促进繁荣方面没有任何作用。这些论点也没有解决这些影响究竟是什么的问题。必须补充一点，这涉及储蓄和信用创造之间的关系：尽管在一个超越了我们所说的货币流入银行系统的阶段中，"储蓄并不创造存款"，但只要它们被用于偿还银行贷款，就会使存款消失。这实际上是我们的机制的主要部分之一，用利润还款会引起自动通货紧缩。或者换句话说，积累的利润会为真正的投资提供资金，而为了获得这些利润，有必要进行投资。除此之外，如果家庭的储蓄也为同一目的而被借入，那么这一过程会因此而加速，同时储蓄由此介入以缓解银行信用扩张的压力，在这个意义上，即使是在信用创造的情况下，储蓄为工业设备的扩张提供资金这一陈旧的理论，也有一部分是正确的。但它们这样做有一定的滞后性，这也是一系列现象产生的原因①。如果储蓄不是在后期介入，而是从一开始就为企业提供资金，那么这些现象就不会出现；如果储蓄根本不介入，那么这些现象也根本就不会出现。显然我们正在处理一种非常典型的做法，无论是就我们所说的企业而言，还是就诱导扩张而言，最普遍的做法是先靠银行信用，然后再通过发行股票和债券来为债务"融资"。如果有必要将储蓄引入纯理论模型中，那也是基于储蓄的这种作用机制，而不是将储蓄作为主要经济来源的作用。

---

① 回顾一下，我们指的不是周期本身，而是某些特征，虽然在逻辑上是次要的，但实际上是最重要的。例如，价格水平的波动，它叠加在基本的波动上，并强化了基本的波动。

这种通货紧缩的效果不是储蓄和积累资金本身，而是将储蓄和积累的资金用于偿还银行贷款，这就是可以用来支持储蓄过度理论和反对储蓄政策的论据。无论是在货币或商品领域内的储蓄和投资过程的影响，还是可以合理地归因于"储蓄的周期性释放"的这种周期性变化，都不能为它们提供任何实质性的立足点。但确实可以说，既然储蓄吸收了本来不会闲置的存款，那么它们实际上会让衰退阶段和萧条阶段的到来加速。这些过程所带来的损失将比同样的钱花在消费品上的损失更大。甚至可以说，这样一来，储蓄就没有任何社会目的了，因为一旦旧理论赋予它们的任务由信用创造来完成，它们似乎就没有其他目的了，只是在创新造成的麻烦之外再制造麻烦。因此，在这里，我们更接近储蓄过度理论的观点，尽管造成这种额外麻烦的不是"过度"的储蓄，而是我们论证的总体方向可能导致的读者的预期。

然而，从这些方面所能提出的理由远比看上去的要薄弱。[①] 因为尽管没有办法准确地确定居民储蓄的这种特殊用途的重要性，但我们的序列变动表明，它几乎不可能对存款或收入总额的绝对下降负责；而且只有在这种情况下，它才会产生真正的严重影响。这是因为通常情况下，特别是在繁荣时期，有时也在衰退时期，储蓄者的资金偿还只是为了释放银行的贷款，然后迅速被其他借款人使用。因此，除了价格水平和利率，它似乎对上行转折点的到来没有什么贡献。此外，还不能忽略这种做法的稳定作用。一方面，那些成功地通过发行债券或股票，代替从银行借款的企业，可以巩固市场地位进而使风险可控。另一方面，只要是在繁荣时期这样做，它就会抑制过度行为，从而减轻而不是加剧反应。当然，在经济衰退中，以及在经济衰退滑向萧条时期的螺旋式下降中，情况就不一样了，这时适时和适度的政府支出无疑可以大大抵消这种下降的趋势，但随后很容易变成无用的灾难性影响。

---

① 既然分析是我们的唯一目的，那么就没有必要去探讨，在某些目标下，比如说在稳定的目标中，反储蓄的建议在多大程度上可以从上述内容中得到。考虑到这个实际问题的所有影响，作者个人认为，根本没有理由提出这些建议。但这要由读者根据自己的评价和对管制机构的信任来决定。

作者认为，一个完整的储蓄和积累理论可以让读者在本书几乎每一章的碎片中构建出来。但作者坦率地承认其对事实的补充远远不能令人满意。这主要是缺乏数据导致的。至少在战前时期，无论如何调整他的术语所包含的内容，在研究这个问题时都面临着这种情况。对于可能的反对意见，由于本书对储蓄和积累的特殊定义，显而易见只能回答，别无选择。使用这个概念不会有任何好处，因为它虽然在统计评估中稍有优势，但与工作中的实际过程分析无关，然而如何提取相关元素这一无解的问题仍会出现。例如，在实际投资（资本形成）和一般投资方面，我们的情况要好一些，尽管这些数字中除了我们独立了解的情况，其余的也不能相信。但是我们不能通过给储蓄下定义，使其等同于投资来改善分析的状况，因为这就意味着要提出与此有关的最有趣的问题，并且这两个截然不同的过程之间的关系正是我们所需要的。类似的反对意见使我们不能接受将公众购买的新证券的数量作为储蓄的指标，此外它还被外国购买和在很大程度上被银行贷款购买的事实所破坏。

　　企业积累的资金总额在战前只有样本可查，由于盈余依赖于一个基本任意的变量——折旧及资产的重估，样本的参考价值较小。[1]对农民、手工业者和一般私人企业的累积资本的估计，是非常不可靠的，因为这些积累又会被

---

　　① 如果我们能忽略这些困难和其他一些困难，至少对德国来说，更雄心勃勃的尝试是可能的。然而，必须提及的是，一项非常有趣的研究致力于克服这些困难。它只涉及 20 家工业企业（1918 年的资本为 4.04 亿马克），其中一些企业相当年轻，时间为 1896 年至 1913 年。积累等于"保留"（从净利润中）的金额加上实际注销的金额，减去"技术上必要的"折旧。当然，这个"必要的"折旧并没有受到反对，如果我们可以从描述它的短句中判断的话，得出它的方法也是如此，但结果并没有因此而失败。积累的变化与红利的变化差不多，但要强烈得多；在样本的平均值中，它在实收资本 0.6% 到 4.8% 的范围内周期性地变化；在各年的平均值中（1900 年到 1913 年），它是实收资本的 2.5%，这相当于超过成本的净盈余总额的 20% 左右，不包括必要的折旧、补差、社会支出（来自净利润的工人福利支出）和结转金额（这些企业平均每年通过发行股票和债券筹集新的长期资金），数额为其实收资本的 7.7%（如每年年初的情况）；在每个繁荣期结束前，超过所有这些手段被定期投资于工厂和设备：投资超过了长期融资，有时甚至在萧条时期也是如此。必须记住，被调查的企业是高度进步的，而且如前所述，部分是比较新的企业。因此，该样本不具有代表性。但它足以纠正许多关于投资过程的错误想法。

重新投入到他们自己的业务中。然而，最令人失望的是，那些人仍然坚持认为，至少不受支票约束的存款实际上就是储蓄。在美国，互助储蓄银行和股份储蓄银行的存款，以及德国储蓄银行的存款，几乎都是如此。但是，欧洲大陆的储蓄机构在银行中充当的也是小角色，而且就其本身而言，存款的增加并不表示储蓄，而只是过渡到另一种保存现金的方法。即使忽略了这一事实，我们也不能忘记，这些资金的很大一部分是为明确的支出行为而汇集的，如度假、结婚、建别墅等，或者是不太明确的，如生病或意外事件的发生。同样，读者可以随心所欲地思考作者的术语是否恰当，因为作者将通过这些术语把打算花掉的钱从储蓄中排除。但是如果作者把它们包括在内，那他不得不承认这样一个事实：这些"储蓄"的总和目前被"储蓄者"自己用来消费，这就造成了所有的差异。[①] 这更适用于商业银行的定期存款，其中只有一小部分被视为真正的储蓄。其余的是未用尽款项，为临时投资和为大宗支出行为做准备。这也正如前面所指出的总储蓄中的一部分在性质上与活期存款没有区别。最后，从收入中扣除消费品的支出，再减去税收和慈善事业支出[②]，从而得出居民储蓄的方法，但这一方法在战前甚至在战后都无法使用。即使可以使用，也必须记住在比收入期更长的时期内重复出现的支出行为会严重影响结果。在调查储蓄对经济进程的影响时，以及调查经济周期的过度储蓄理论的有效性时，将收入中专门用于购买耐用品（如房屋、家具和汽车）的部分纳入储蓄，这一做法显然是荒谬的。然而，这种荒谬不仅难以避免，而且它的影响会随着时间的推移而增加，因为在一个进步的社会中，这些收入要素的相对重要性和绝对重要性都会渐渐增加。

---

① 类似的考虑也适用于建筑和贷款协会，以及人寿保险公司的部分资产，它们反映了为未来支出提供替代储蓄的方法。

② 我们意义上的收入不包括资本收益。它们是在系统支出流之外产生的，所以为了经济周期研究的目的，没有理由将它们包括在内。然而，布鲁金斯学会的调查已经这样做了。20世纪20年代后期得出的高得离谱的估计和"储蓄"的增长速度都是由于这个调查项目。当然，对这种收益的消费品的支出不计入储蓄，它与通过借贷为消费者的支出提供资金是一样的。

然而，某些事实是相当清楚的。其中最重要的是我们意义上的储蓄额，而且不管怎么说通过更广泛的定义产生更大的储蓄额也不会改变情况，因为所包括的额外因素不会产生同样的影响，比通常所认为的小得多。因为除了企业的隐藏储备金（hidden reserves）[1]这一可能的例外，我们对数据的所有批评都是倾向于减少它。事实上，有一点很清楚的常见经验问题是，企业积累资本的金额变化具有很强的周期性。股息一般不会像净收入那样大幅波动。但是，由于我们排除了资本收益，居民储蓄额的变化就更值得怀疑了。因为实际收入的增加所提供的储蓄机会可能被人们的乐观预期所抵消，正如人们的悲观预期所带来的减少的影响一样，它也因群体、国家和时间的不同而有很大差异（见本章第二节）。但是我们所掌握的这些迹象强烈地表明了比率的稳定性，这就是瓦格曼教授对战后德国得出的结论。而且如果我们相信从1880年开始的人寿保险公司的资产及互助银行和股份制储蓄银行的存款的演变，那么这个结果也暗示了这个国家的情况。后者显示了从1840年到1876年的（对数）直线趋势，毫无疑问，这在很大程度上是我们这个术语意义上的特殊趋势，然而在19世纪50年代和70年代初的繁荣时期，与之的微小偏差显然是正的。然后我们观察到随后一直下降到1879年，接着从这一年开始又是直线上升（虽然斜率较小），在1893、1908年和1914年这种上升趋势都被打断过[2]。因此在这个序列中，萧条阶段和繁荣阶段都表现出来了，但是，材料本身展示了这样的关系，稳定这一突出的事实是唯一值得强调的。

　　同样在将储蓄用于偿还银行贷款的情况下，应该注意到，即使储蓄和积累的资金涉及"锁定货币"，也不一定会产生反储蓄理论中通常提到的后果。在这种情况下，来自利润的积累将倾向于抑制繁荣的过度，就像中央银行采取的限制性公开市场操作一样。而在深度萧条期间，通过赤字和红利支付耗尽企业的累积盈余，以及通过经常性支出耗尽小规模储蓄者的储蓄存款，来

---

①　从投资中储备起来以备急需之用的资产。——译者注

②　这部分材料来源于原著第七章，对这部分感兴趣的读者请参考原著第303页。——译者注

用于缓解萧条现状。如果我们很少观察到这些平衡效应，这是因为"锁定"的情况太少。另外，不应高估储蓄周期性"释放"的重要性。可以肯定的是，繁荣时期是实际投资超出正常的时期，萧条时期是实际投资低于正常的时期。储蓄和其他资金一样，在繁荣时期是活跃的，而在萧条时期是不活跃的。但是，这并不意味着投资在衰退中一定会减少，因为征服新的经济空间所带来的所有资金需求在此时都会体现出来，此外还有那种等待利息下降的需求，特别是对住宅建筑利息的需求。

5 客户余额和银行贷款

我们再次回到图 25，以便更仔细地研究国家银行的存款余额和贷款及贴现之间的关系。正如第二章所指出的那样，这幅图"是两个紧密相连的序列，但又有明显的差异"。如果消除描述性趋势，这种共变性就会特别突出，如果保持在康德拉季耶夫周期内，这种操作就不会产生那么多异议，正如杨（Young）教授在涵盖 1901 年至 1914 年的图表中所做的那样。但至少贷款的变化支配着存款的变化这一银行业非常重要的基本事实，在任何情况下都是显而易见的。这种共变也不局限于那些传统上被认为是周期性变动的较短波动。当然，我们调查的时间越长，外在的因素就越多。我们会发现，在基钦周期和朱格拉周期的过程中共变性特别显著。在两个康德拉季耶夫周期中共变也是可以识别的，并且对两个序列都有类似的影响。图 32 展示了德国的情况。

当然，贷款和存款之间的共变关系必须受到成员银行投资的干扰。在纽约市以外的国家银行中，它们从该序列开始时约占贷款和贴现的 10% 的水平下降到最低的 2400 万美元（1873 年 2 月 28 日），但在我们研究的时期内，它们达到了 8.98 亿美元，大约占贷款和贴现的六分之一（1914 年 6 月 30 日）。1897 至 1902 年的增长有助于将存款指向贷款序列。这个问题属于银行惯例，我们将在第十一章中讨论。但我们可以立即注意到，除了其中明显存在的特

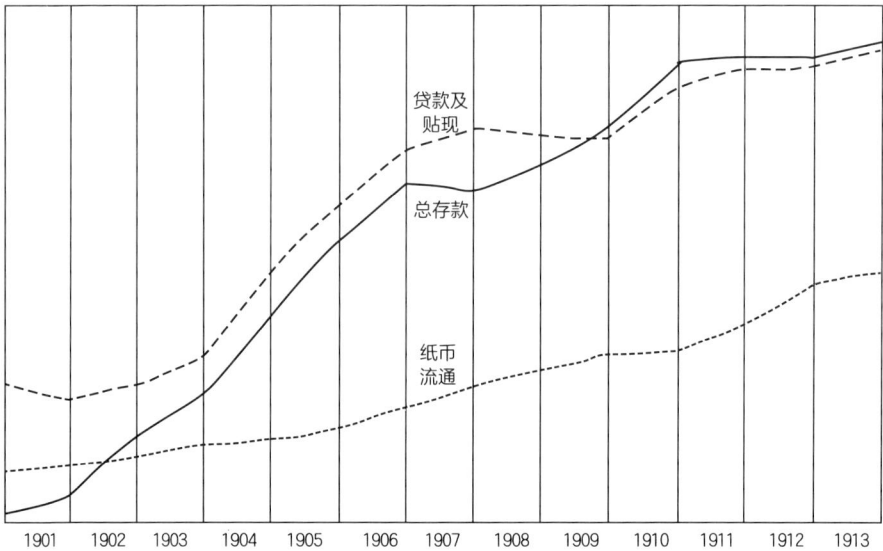

图 32　德国的总存款

殊趋势外，投资在周期过程中表现不稳定的原因是由于两种趋势的冲突：一种是明显占上风的，至少在较短的波动中是如此[1]，并朝着投资与贷款的负相关方向发展，银行在闲暇时将闲置资金用于购买资产，从而产生了有助于稳定存款序列的闲置存款；另一种较弱的趋势是，当企业和个人在繁忙时，对其资金有更有利的用途时，他们将持有的债券变现，并朝着与贷款的正相关方向发展，从而加剧了存款的波动。

但还有其他因素会迫使贷款和存款余额的基本平行关系偏离。一个是资本和盈余项目的变化。在纽约市以外的国家银行，这个项目从 1867 年的不到 4 亿美元增长到 1914 年的超过 10.5 亿美元。它清楚地显示了周期性过程的影响，因为它遵循了收益性资产运动的较小梯度的趋势。另一个因素是原始存款的变化。银行惯例的传播和随之而来的过去在银行之外流通的资金进入银

---

① 该斜率小于赚取资产曲线的斜率这一事实，部分反映了现金交易流通的相对减少。

行，本身就足以使贷款－存款比率呈现出另一种特殊的趋势。除此之外我们很容易意识到，原始存款也会出现周期性的波动，而且会反映出黄金变动对它的影响。值得注意的是，无论是存款还是贷款序列，在黄金这一影响因素侵入之前和之后的表现都不尽相同。如果除了这两条曲线所传达的信息外没有其他信息，我们就很难推断出发生什么事情改变了在这一进程中的货币数据。最后，只要硬币和纸币还在流通，特别是在农民、手工业者、工薪阶级，以及在很大程度上生活在银行领域之外的零售商中流通，那么在其他条件相同的情况下，余额的总数将倾向于以低于贷款的方式周期性地增加和减少。[①] 因为在市面繁荣时，现金会逐渐从每笔原始或新创造的存款中提取，而且不管重新存入的速度如何，在繁荣时期在银行外对存款要比在萧条时期多得多。

这些问题足以解释一方面为什么贷款与存贷比率本身是一个周期性的变量，另一方面为什么不容易解释其波动或趋势。这主要是由于投资和贷款之间大体上是反比关系，以及现金的周期性流失和回流使得该比率与它的组成成分在同一方向上具有了可以理解的滞后。但是，除了上述情况外，还有几种情况，例如，由于对银行的不信任而囤积的存款被耗尽，或者立法方面的变化，都会干扰这一规则。我们现在可以看看图33，流通量（未偿付的票据）已被添加到个人存款中，这既是基于银行票据与客户余额在本质上是相同的理论，也是基于它们的数额变化表明了公众手中法定货币数额的短期变化这一更值得怀疑的理论，因此，这也代表了财政部和所有银行以外的货币总量。当然，随着时间的推移，国家银行的流通量受其特有因素的影响太大，其数据对我们来说意义不大。

---

① 实际上，存款的波动比贷款大，尽管没有比纽约的银行波动大那么多。这并不难理解。然而，必须记住，我们面前的不是一个完整系统的数据，而只是一部分的数据。

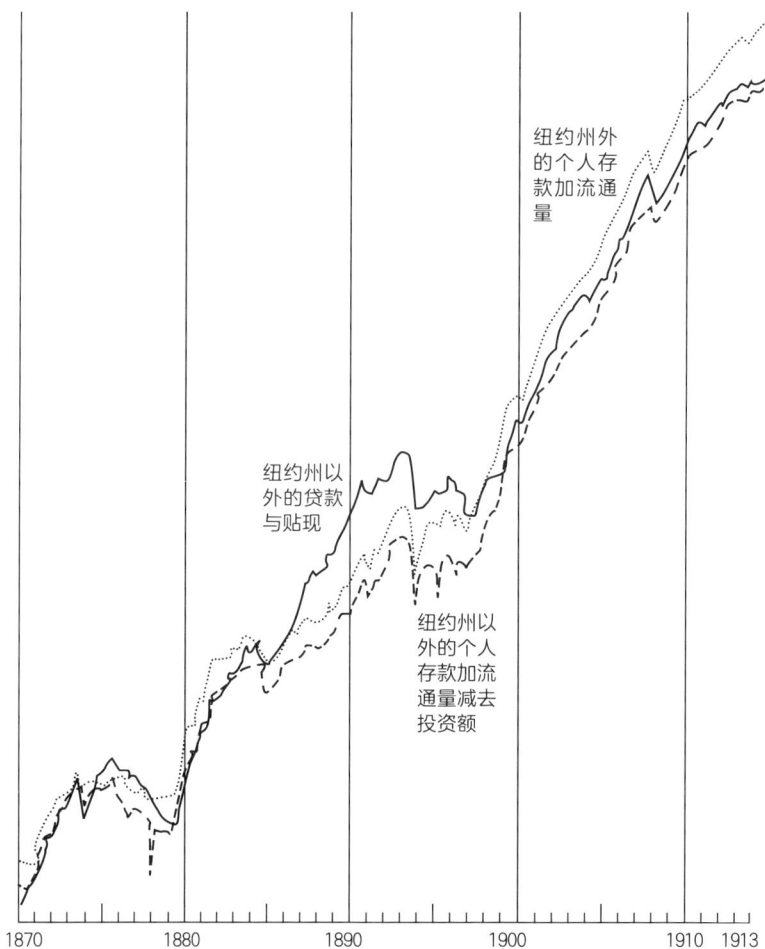

纽约州外
的个人存
款加流通
量

纽约州以
外的贷款
与贴现

纽约州以
外的个人
存款加流
通量减去
投资额

1870	1880	1890	1900	1910	1913

图 33　美国的情况

　　只要贷款与存贷比率的变化是因为现金进出对存款的周期性消耗和补充，流通中的货币和存款的比率也必须是一个周期性（和季节性）变量。所以几个著名的货币数量理论版本所特有的明确或隐含的假设，即它是常数，只能在完全静态的系统中成立。在一个非静态系统中，这个假设甚至不能随着时间的推移而成立，比如说在经济进程中改变了直接用现金清算的交易的相对重要性，即用支票支付习惯的传播。它是导致货币进入银行的最有力的因素，反过来又是银行贷款扩张的最有利因素。首先，这有助于解释存贷比率随着时间推移不断下降的事实。① 第二，虽然这个比率可以在（外部）国家银行的数据中找到，但第二个比率，即财政部和所有银行以外的流通货币与总存款之间的比率，估计数据是一个更值得怀疑的问题。但至少从 1890 年开始，这些数据的问题不可大到动摇我们对它们所显示的强烈下降趋势的信心。第三，外部流通与贷款和投资的总和的比率本身也有重要意义。卡尔·施奈德先生试图从外部货币的估计序列，和国家银行贷款及贴现的"向上调整到 1913 年所有商业银行的平均水平"来估计它。但不管人们如何反对，已经显露的事实又是不容置疑的。由于这三个比率的下降基本上是周期性演变过程的结果，我们可以说是这是一种结果趋势。

6 实际投资和货币投资

读者应再次参考图 25，然后检查图 34，尽管非常不充分，但它展示了在某种意义上被称为投资指标的变化。插入由纽约市以外的国家银行的投资所代表的成员银行的投资趋势图，只是为了显示消除描述性趋势后，呈现出更明显的东西，也就是说它们的波动与工业设备产量的关系、与贷款及贴现的关系差不多是呈反比的。然而主要是这一关系但又不完全如此，如同在贷款与存款的比较中一样，有另一种说法，即个人和企业在很大程度上把资产卖给银行，作为为工业扩张提供资金的一种方法。建筑许可证并不只是反映投资，因为建造自用的住宅并不是我们意义上的投资，其变化就像消费品和投资品的综合体一样不稳定。② 然而，人们并不希望贷款与贴现的变动有任何关联，

---

① 19 世纪 70 年代平均约为 160%，并在连续的 10 年中下降，直到 1910 年几乎达到 100%。当然，这不仅仅是由于存款越来越少地流失到外部流通，也不能用这种方式来解释 1879 年至 1881 年的急剧波动。应该补充几个数字：在 1875 年至 1914 年期间，贷款和贴现增加了约 7 倍，个人存款增加了 11 倍多（11.8 倍）。1875 年 3 月 1 日，这些银行的"合法货币持有量"为 7600 万美元；1914 年 3 月 4 日为 6.42 亿美元，同日的资本和盈余分别为 536 万美元和 1539 万美元。

② 前面的说明引用了柏林研究所关于工业投资和融资的研究，将 1895 年至 1918 年 32 个城市工业建筑的增长与生铁消费的增长进行了比较，趋势被消除了。这种共变性是惊人的，工业建筑的建设略微领先，但几乎一直领先。从这一点看，工业建筑将成为比生铁消费更好的指数或预测器。

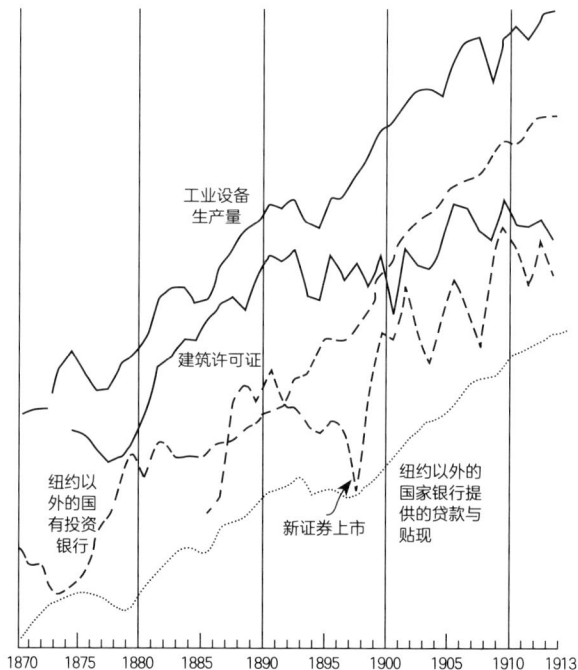

图 34　美国工业设备生产

特别是在第二个康德拉季耶夫末期，尽管它更容易显示对于基本商业状况的分析，而不是正式的衡量。如果我们考虑到这两个序列的"性格"（变化趋势）不同，以及它们作为产品的"共振器"（波动频率）的结构不同，那么除了19世纪90年代初外，反应居民投资波动的新证券上市与贷款及贴现的协方差完全达到了我们可以预期的程度。企业的实际投资再次由工业设备的生产指数来代表。它的曲线图始终与贷款及贴现的曲线图不同，但在其他方面却随着后者变化，尽管同样是以符合其本质的方式，但两者中一个强烈的波动往往与另一个的扭曲相对应。这两个组合都以同样的方式显示了两个康德拉季耶夫周期，并且清楚地显示了朱格拉周期在基钦周期中一起移动。读者应该会想到出现这种例外情况似乎不过是可以理解的滞后。即使是紧急借款这种我们每个人从日常经验中都知道的东西，每个关系良好的企业也都可以在这方面做得很好，所以也几乎不需要提及。

因此，贷款随时间所呈现出的波动形状，无论在长期和还是短期内，在趋势和所有周期中，都与我们模型的预期完全一致，就像它所控制的存款的波动形状一样。但是，如果认为，它们的行为是由生铁消耗或设备生产组合的变化来说明和解释的，就需要在我们的图表中增加一些证据。重复在系统支出情况下提出的相关论点，必须再次认识到，尽管投资在繁荣时期（不是在复苏时期）是一般商业活动的推进器，因而控制着贷款和存款余额的变化，但这一命题是来自其他证据的补充，而且这一补充不像是贷款主导存款而不是存款主导贷款的命题那样有事实支撑。[①] 然而，不会引起争议的是，贷款对实际投资的融资有很大的贡献；更不会引起争议的是，贷款在逻辑上是创新所附带的实际投资的主要来源。同样，就时间序列证据而言，本身由货币条件和政策决定的贷款和存款的流动诱发和控制了实际投资，或者说主动权不在企业家身上，而在银行身上。

这个问题只能通过对资本主义进程的理论和历史分析来决定，比如在前面几章中已经尝试指出，在每个周期中的贷款及贴现主要是为当前的业务提供资金，也许主要是为次级波的业务甚至消费者支出提供资金。这与我们的解释只是表面上的矛盾，而它们实际上为长期承诺，特别是为工业工厂提供资金的程度可能被低估了，因为这一目的是隐藏在其中的。我们从汽车工业的兴起等突出的例子中看到，向银行借款的不一定是企业家，也可能是提供原材料或销售产品的企业；或者是证券交易所的投机者、接受新股的投资者，他们可以而且经常代替企业家借款。但是，我们也看到了大量关于银行贷款被直接用于创新目的的迹象，特别是在美国，而德国则较少，英国更是稀少。事实上，如果读者参考本节开头的系统支出融资方法列表，将不难确信情况一定如此。尽管向银行借款并不是直接或间接为创新提供资金的唯一方法，而且银行贷款也有许多其他用途，但我们的方案毕竟不可能与事实相去甚远，

---

① 当然，从另一个意义上说，这个命题并不小。也就是说，在讨论的这段时间里，是贷款而不是成员银行的投资主导了存款的行为。

因为对于白手起家的创新来说，这些方法中的大多数要么不充分，要么无法使用。

扫视一下我们的融资方法列表，很容易看到，一般来说转移、透支和使用短期可用的资金既不会对新企业开放，也不足以为大规模的工厂和设备提供资金，积累和储蓄提供了巩固而不是建立工业企业的手段。在任何情况下，它们的实际重要性只归功于以前的创业成功，而且除了偿还债务外，它们还能诱导信用扩张，但不能创造全新的东西，尽管后者的功能从原始时代、竞争时代到"托拉斯化"资本主义时代中一直发挥着相当重要的作用，同样向非银行出售资产也有这一作用。忽略次要的项目，我们实际上只剩下向银行出售资产和向银行借款，并受到向外国借款和贷款的影响。因此，创新和贷款之间的粗略对应关系，以及创新和存款之间的粗略对应关系，并不像乍看起来那么不切实际。

BUSINESS
CYCLES

回顾先前的讨论

回到第三章第五节中关于利率的讨论，我们一方面把它看作是现在的支付手段或存款余额的溢价，另一方面把它看作是系统中的张力系数，我们将首先发展那里提出的理论的某些方面。在纯理论模型的所有简化条件下迈出第一步是很方便的：除了企业家，再没有人可以借钱；除了临时创造所需"资金"的成员银行，没有人可以贷款，所有其他业务只包括购买生产品和销售消费品，并由以前的收入来提供资金。此外，暂时不包括第三章第五节中定义的公开市场和中央银行市场，我们至少可以放心地只面对一个利率，毫无疑问这个利率可能会有所不同，就像工资在系统中的不同部分所表现的那样。但还是可以与工资率相同的方式使用。虽然所有这些简化都将在本章中放弃，但我们将把国际资本流动因素的影响推迟到下一章进行分析，尽可能地了解在成员银行委员会会议室内所发生的事情，而不是接受或拒绝企业家主动提交的申请。换句话说，在这一章，我们主要处理的是封闭的领域和"被动"的银行系统，以便了解在这些限制条件中可以观察到涵盖了多么广泛的事实。

1 余额的需求和均衡利率的概念

在没有消费者时间偏好的情况下，以及在一个静态的、不受干扰的世界中，创新或我们意义上的预期利润是对现在的存款余额产生正的溢价，或使现在的美元比未来同样数量的美元更有价值的唯一因素。如果把任何数量的美元加上企业希望通过它实现的利润作为该数额的"需求价格"，似乎能建立一条企业对现在美元的需求曲线或一个时间表，其序数以未来美元表示，并以熟悉的方式得出结论：利息将等于边际利润，不仅是企业家的边际利润，由于我们可以假设每个企业家可以不断改变其投入资金的数量，所以所有预期利润的边际增加量也会随之改变。尽管它的优点显示了我们的货币利息理论和工业过程中一般理论之间的联系，但这样的结构在我们的案例中意义不大。我们不仅要像以往一样认识到边际价值没有因果意义，还要认识到它们的所有意义在于均衡条件的建立。然而，我们的条件基本上是不均衡的，决定边际利润的情况每时每刻都在改变，而且已知的条件也正在改变，这正是我们试图描述的过程。① 因此，我们所希望得到的，充其量只是利息和利润的边际前景之间的一种粗略的等价关系；或者说，不是完全和适当意义上的均衡条件，而是经济进程中的适应性变化，即共变关系。这种共变本身不会迫使系统中的其他要素进行额外的适应。这就是我们要提供的所有内容，以取代"均衡利率"这一概念的各种定义。② 真正的均衡利率，即在一个静态的过程中，在其所有元素都达到完全均衡状态时，并且没有显示出任何张力的情况下会得到的利率，我们知道它的数值是零。

即使我们决定忽视这些困难，并最终谈及这样一个需求表，我们仍然必须认识到，在周期中它比任何其他需求表发生的变化都更剧烈。任何分析的结果都承认在我们的意义上利息和利润之间存在着联系，但对商业生活的观察者来说，这一微不足道的结论是显而易见的，因此说出来都是多余的。然而，它却经常被忽视。许多经济学家对降低利率在诱导投资方面的有效性抱有夸张的想法，尽管现在的人数可能比 10 年前要少一些，但只有在这样的假设下才可以理解，即他们除了充分考虑其他因素外，还假设资金需求表基本上是

---

① 与要素需求表的对比是不可靠的，这一点也很明显，因为良好的需求表是以不变的生产函数为前提的。在我们的例子中，生产函数正在被改变，或者正在建立新的生产函数。此外，在我们的意义上，资本不是一个生产要素，既不进入现有的生产函数，也不进入新的生产函数。

② 这个条件在某种程度上代替了维克斯利体系所要求的两个条件，即自然利率应该处于均衡状态。例如，时间偏好率应该等于当前原始生产资料对未来生产资料的技术优势率；借款利率应该等于这个自然利率。从均衡利率的理论中，我们应该区分走向均衡的利率理论，因为很明显，这两者不一定是一致的。一个符合一般均衡条件的利率，例如，一个能清算储蓄市场的利率，通过它对价格水平的作用，可能会成为扰动经济的原因。不管怎样，最好分别说明界定这两种利率的条件。

不变的，至少在像朱格拉周期和基钦周期那样长的时期中基本保持不变。克努特·维克塞尔首先强调非正式的计算，即一方面是利息增加或减少 1% 对铁路建设的巨大影响，另一方面是经常出现的对经济衰退和萧条时利息未能充分下降的抱怨，这与新的投资甚至置换投资主要与相对较高和不断上升的借款利率有关的事实（也有例外）是如此奇怪地不一致。比其他任何事实都更能证明大多数经济学家仍然在不变的生产函数中思考扩张问题，他们不愿意承认，在周期性过程中，余额需求表的变化和扭曲要比沿该表的移动重要得多。在有些情况下，零利率完全不能唤起额外的需求。

2 次级波和余额需求的周期性变化

当然，存款余额需求表的移动因构成次级波的运行而得到加强。这种现象在工资那一章已经遇到过，但它在这里更直接、更强烈地表现出来了。然而还有另一种转变，只要资源充分就业，它就会更严重地干扰需求 – 供给机制的应用。在这种情况下，为满足商业需求而创造的存款余额的净增长① 会迫使价格水平上升，引起对价格进一步上升的预期；并且由于这两个原因，对存款余额的需求会进一步增加，因此需求表也会随着余额本身的数量和增长而发生变化，结果是完全不会再像以前那样需求表与"商品数量"无关。如果企业家是唯一的借款人，我们就不应该因忽视这种影响而犯任何错误。因为企业家行为通常不是在对价格水平上升的预期下，或在已经上升的价格水平的影响下实施的。此外，尽管企业家可能不知道价格水平下降的结果趋势，但他们不会不知道自己产品的价格会下降，而且他们也打算这样做，以便充分利用创新手段或低于市价抛售旧企业。一般来说，这就足以防止他们根据价格将永远上升这一假设而采取行动。实际上，在繁荣阶段的任何时候都会有大量的意外收益出现，企业支付利息的意愿一般会因为价格上涨而对经营

---

① 可以看出，这并不等同于说，即使在资源充分就业的情况下，所创造的余额的任何净增加都必然产生这种效果。

的货币成本产生机制效应，也会因为对预期的推断而使利息增加，并在萧条阶段相应地比原来下降得更多。因此，利率将不再仅能用基本因素来解释，这不仅是因为还有其他借款人，而且还因为他们中的许多人对价格的变化有强烈的反应。

因此，我们所称的"调整性利率"（Adapted Rate）现在必须参照预期意外收益的存款余额需求表来定义，在这之后"点燃"这一过程的企业家利润有时可能完全消失。这一利率与符合企业家预期利润的比率不同，在繁荣时期它为正，萧条时期则为负，实际上这一利率每小时都在变化。但一般来说，它也将不同于我们所说的均衡利率，即一种倾向于抵御干扰的利率。因为只要繁荣全面展开，只要在每个时点上产生的存款余额不断地改变申请相应贷款的条件，调整性利率就不会这样做。这一事实是所有关于银行在繁荣阶段中采取积极政策和"惩罚性"利率的论点基础。在一个竞争性的银行系统中，成员银行就像企业"追赶"利润一样，将收取调整性利率，然后随着周期性过程下降阶段的到来而下降。

这就是通常所说的利率滞后的原因之一，我们将利用这个机会予以解决。摒弃由于研究周期的学者未能区分复苏阶段和繁荣阶段而产生的虚假滞后，以及在银行与其客户之间建立关系时自然附带的摩擦滞后。这种摩擦滞后在升阶时因公众舆论的压力而加剧①，在降阶时因风险和恐惧而加剧，除了上一段提到的原因外，预期利息将倾向滞后于其他周期性表征的一个根本原因。这可以用纯理论模型来描述。繁荣阶段是从零贷款开始的，因此银行的贷款能力完全没有使用，而至少在完全竞争的完全均衡中，所有的生产要素都被使用到了最佳点。当然，在现实中并非如此，但我们的抽象模型仍然有助于说明为什么充分就业并不意味着充分利用现有的机制来创造信用，以及为什么均衡的邻域这套机制一般会被利用不足。在一个符合纯理论模型条件的世界中，利息也将从零开始，因此它是系统中最先移动的元素之一。但是由于

---

① 摩擦滞后几乎不存在于公开市场利率中，事实上，公开市场利率是迄今为止最活跃的。

存款余额的每一部分实际上都有一个正的利率，银行一般都会很高兴地扩大贷款，所以这个利率不会立即上升。

3 余额的"供给"

因此，即使在极其简化的假设下，余额的需求曲线也是一个价值可疑的工具，相应的供给曲线的价值就更值得怀疑了。即使像以前的学说所做的那样，把它解释为储蓄的供给曲线，也会存在某些困难。但至少会有某种成本曲线可供引用，因此会有一些明确的意义。然而这是不可能的，如果我们试图从风险增加的角度来构建银行的成本曲线，也同样不会对我们有所帮助。因此，自然而然的事情似乎是放弃"供给"，而回到"现有数量"上。但这也是完全不现实的，如第三章第四节所解释的，从来就不存在什么明确的银行融资数量，甚至在一个完全竞争的银行体系中也是如此。如果每家银行都与其他银行按照同一步骤变化，那么在一个不完全竞争的体系中，每家银行都有很大的空间可以操作。操作空间并不是没有限制，但我们已经看到它们的弹性有多大。因此，有必要承认利息问题中的不确定性因素，这正是规范货币市场与规范所有商品市场的理论原因。

我们现在可以引入与创造的余额并列的另外两个主要项目：储蓄和短期可用的资金。[①] 因为它们被集合起来用于块状要素的支出行为，或者因为它们的所有者已经决定限制运营。我们回顾一下临时投资的概念，并注意到它在公开市场的利率理论中发挥的作用。在公开市场中，这些资金与成员银行原本未使用的手段联合起来。

同样，现在可以引入总借贷的其他主要项目。这些项目包括：第一，从

---

① 只有通过非常严格的等价交换假设，才能使储蓄率成为利率的函数。即使如此，正如每个人现在都承认的那样，它也不是一个简单的或单调增长的函数。但这并不是否认函数关系存在的理由。这同样适用于逆向关系，在第三章第一节中，我们能够如此简单地处理逆向关系，因为我们假设了其他条件不变。

已经提到的"次级波"中获得的借款数额，诱导创新和适应性扩张需要的资金，以及开展当前业务需要的资金，因为事实上当前业务也有一部分在信贷基础上进行交易。第二，大量的消费者和准消费者的借款，其中包括企业的紧急借款，虽然名义上是生产性的，但主要是为消费服务的借款（这种情况很多，特别是在农业部门）。第三，公共和私人家庭的借款。其中一些项目的周期性行为是值得怀疑的。例如，我们有理由相信（第九章第二节），在繁荣时期，私人经济以分期付款合同、开放账户的形式或以贷款的形式进行的借款，比他们在任何不太长的萧条时期都要多。但是，战前和欧洲的情况可能并不像战后和美国的情况那样真实。政府借贷就其与战争和战争准备有关而言，是不稳定的，然而我们也可能期望看到一个引起周期性的因素，因为收入在严重的萧条中会下降，尽管萧条时期的支出在我们的时代没有发挥出它在世界大战后的作用。这种期望并没有完全落空，在墨尔本·罗素（Melbourne-Russell）政府的最后几年，英国的情况就是如此。但在财政政策健全的时代，这种情况是例外而不是常规。戈申的预算在经济萧条时还能保持平衡，同时德意志帝国的大量借贷发生在第三次康德拉季耶夫周期的繁荣阶段。

我们仅从企业家推动中看到预期利率的周期性变化，剩下的一些项目倾向于加强，而另一些则倾向于减轻这种变化，除了诱导性扩张或适应性要求会在经济衰退中保持利率稳定外，几乎没有理由期望它们会大大改变其波动状况。

4 利息在周期性过程中的地位

正如我们所看到的，利息从它的源头扩散到整个系统。任一行业的当前美元溢价都足以在所有行业扩散成普遍溢价。因此，利息被引入到了每一笔交易、计算和估价中，把时间变成了成本因素，并成为那个微妙的、无所不在的实体，它对一切事物都有作用和反应，而且在其千变万化的形式中很难追踪。每一个货币或存款单位，无论放在哪里或在哪里流通，为了留在原地或继续其循环，都必须抵制货币市场的拉动，而这种拉动的额外报酬是由利率来衡量的。这一点可以通过威克斯蒂德（Wicksteedian）的供求曲线来说明：如果在此刻仅仅是为了说明的目的，假设存在一定数量的现金和存款余额，包括银行在任何时间点上可以在技术上创造的超出它们在该时间点上实际创造的数量，这也被假设为是既定的。威克斯蒂德需求曲线所指的不是买方愿意以该价格购买的商品数量，而是现有数量，即该数量加上所有者以该价格持有的数量。因此，我们可以把每一单位的实际或潜在的余额看作是货币市场上提供的，并由其所有者或其他人从中获取的。那么所有者必须被认为是在向自己支付利息，如果他在业务中使用自己的钱，则是以某种回报的形式；如果他不这样做，则是以某种满足的形式（相当于涉及的利息损失）。[①]但是，除了只适用于完全竞争的情况之外，这个模式还预设了一连串的假设，而这些假设由于货币的存在，是不可被接纳的。虽然它可以用来澄清某个微妙的点，在这个点上，我们的理论从对利益的逻辑来源分析进入到对利益作为一种普遍存在的现象分析，但不必过于严肃地看待它。

在这个意义上，利息确实可以说在这个系统中占据了中心地位。正因为如此，我们很容易盲目夸大它单方面的影响，并忘记中心地位并不意味着是关键地位，特别是在周期性的演化过程中。然而刚才有两个相类似的错误需要我们注意。一个错误是，随着资本主义思想的发展，一种明显有用的习惯已经形成。例如，在德国从 14 世纪起就可以看到这种习惯的雏形，即用资本价值的百分比来表示除个人服务的回报以外的所有回报。但是，如果我们得出结论说这些回报因此变成了利息，或者更糟糕的是，认为它们是关于利息的基本事实，并且除了暂时的差异之外，从根本上决定了借款的利率问题，那就是一个错误的结论。任何耐用品所产生的收益——不管是消费品还是生产品的耐用品，对于后者来说，理性的计算更加明显——一旦出现，不管我

---

① 从这个角度看，利息也可以被定义为了促使实际或潜在的余额持有人放弃"他的钱"而必须向他支付的价格。这样，我们就在非常有限的假设下，暂时见到了凯恩斯先生在《就业、利息和货币通论》中采用的利息概念。但是，我们的论点和他的论点之间的相关点并不比曲线的分歧更明显。

们如何表达它，它就是而且仍然是（暂时）准租金或者以准租金的形式保留下来。它既不是与利息相同的东西，也不完全等同于利息。另一个错误在于对贴现过程的解释，通过这个过程可以得出耐用品的资本价值，而且确实建立了一种相互依赖的关系。理论上，准租金和利息在边际上应该是相等的。但是，准租金是通过应用逻辑上先验的借款利率，即在有关企业或家庭的生产或消费中，预期在商品[①]的生命周期内普遍存在的借款利率，以货币评估的准租金的预期分期支付的序列，而不是凭借其在逻辑上独立于货币的利息。因此，它的计算是以借款利率为前提的，而不是借款利率的结果。

在这一评价原则的所有影响和它所要求的所有限制中，有两个方面需要提及。首先，必须像对待余额需求表那样牢记耐用品需求表。尽管这一行为是令人费解的，但它更像是需求表该有的表现——受到非常强烈的转变和扭曲的影响，在周期性阶段的过程中，这比沿着它运动更重要。摩尔教授关于钢铁和其他生产耐用品的产品上升需求曲线（第八章第一节）很好地说明了耐用品的需求表是如何完全被这些产品所体现的。当然，这只是我们应该期待的结果，它实际上意味着关于利息变化影响的一个类似命题。虽然这并不妨碍该定理在逻辑上的有效性——即如果利率下降或预期利率下降，这类商品的价值就会上升，其生产产品也会变得更加有利可图——但它确实影响了与我们主题的相关性。与我们的主题真正相关的突出事实是利率和资本品价值的正相关性。我们强调这一点的原因是，在较早及一些较新的文献中的许多陈述只有假设它被忽视才是可以被理解的。[②]

---

① 生命不是一个（技术）数据，而是问题的一个变量，这个问题在此不做讨论。

② 对上述论点可能提出的反对意见是，重要的不是货币或自然利率，而是两者之间的差异。或者说，这种反对意见忽略了一点，如果自然利率只是我们意义上的利润的另一种名称，那么只是重新表述了它。但是，上述论点不应该被解释为金融管理者们把利率下降作为经济困难情况下的一个有希望的表征来欢呼是错误的。尽管它的因果重要性可能几乎为零，但我们并不把它评价为零。然而它是压力减少的表征，是适应性和清算的进展。在许多情况下，尤其是在 19 世纪，当恐慌被允许具有迫使利率上升的效果时，它是最坏情况结束的标志。如果商人叫嚣着要廉价的货币，这和他叫嚣着要廉价的劳动力一样。

第二点是，即使有可能确定企业或家庭对某一特定序列的准租金进行贴现的合理比率①，一般也会发现结果与耐用品的实际价值或正在进行的业务之间存在相当大的差异。它有许多明显的原因，我们不必困惑于社会学和其他方面的原因。例如，农村房地产的销售价格有时会远远高于我们的原则所表明的价格。但是，其中一个原因对当前的主题特别重要，即拥有个别财产所带来的贬值和升值的风险和机会。例如，谁购买了一件耐用品，他就相当于从无数种可能的风险和机会中选择了一种，这些风险和机会不仅因要购买的商品类别不同而产生差异，而且因购买的时间点不同也会产生差异。在某种程度上，这表示在采取行动后他放弃了更好的机会，他根本无法再去选择这些机会，或者他只能艰难地承受一些损失来选择这些机会。这种损失的特殊性在于，即使在其他完全安全的投资中也存在这种风险。为此，一系列符合条件的准租金必须提供补偿，这将在很大程度上说明我们讨论的差异。因此，决定是否投资涉及有意识地和潜意识地对相关因素的未来变化形成大量的预期，这些预期的净边际结果，目前已被纠正，对整个公众而言，理论上是由这些偏差来衡量的。② 这些预期之一就包括利息的未来变化。由于这可能是主要的考虑因素，我们也许可以通过第一种近似的方式说，在其他方面相似但涉及不同期限承诺的投资价值之间的关系，与我们的贴现原则所提的关系的偏差③ 表达了公众对利率边际结果未来变化的看法。

---

① 此外，在市场非常不完善的情况下，所有或某些企业的行为不像大海中的水滴，而更像不连续的岛屿。它们之间的条件从未完全平等，不仅对其产品而且对其要素它们都面临自己的特殊市场，很可能其中一些企业也面临着自己半独立的货币市场，部分由它们自己的积累或与它们有关的官员、工人的储蓄提供。在这种情况下，说"内部"利率有别于一般利率或其他企业的利率，可能是有意义的。然而，从根本上说，特别是在完全竞争的条件下，贴现的利率总是市场利率。

② 正如我们在第二章和第四章中所看到的，这些预期可能成为不均衡的因素。如果它们被事件所证实，就像它们未能实现一样。但不一定真是这样，而且这些预期具有均衡作用的情况实际上比其他情况更重要。

③ 很容易看出，即使耐用工具的估价完全符合这一规则，耐用性不一样的工具的价值也会受到利率变化的不平等影响。因此，这种变化不仅倾向于改变生产资源在非耐用商品和耐用商品之间的分配，而且也改变了后者本身的时间结构。

5 对未来余额所有权的定价

根据我们的理论，未来的存款余额就是现在的存款余额的价格，它本身并不存在，现在的存款余额的卖方暂时收到的只是承诺。这些承诺必须体现在法律规定中，其类型与借款人和贷款人的类型、情况和特定目的一样多，从储蓄和（就其与活期存款不完全相同而言）定期存款、票据和账单、公开账户等，到抵押贷款、债券，以及从我们的观点来看必须补充的份额。从保险精算和投资者的角度来看，由于所有这些未来存款余额的体现，都与其他可销售的收益来源有表面上的相似之处，所以他们可以套用刚才所说的大部分内容。实际上，对预期的利息和资本支付序列，或预期的股息支付加上预期的股权价值的剩余部分，进行的操作与对预期的准租金分期付款序列进行的操作是相同的。例如，由此产生了债券利率和债券收益率之间的差异，以及它们之间的关系。①

未来存款余额的所有权在经济意义上有如此大的差异，甚至一个特定的经济结构也可以用如此多的不同方式来构造，并要求得到保障，这些事实引起了人们对通常所说的"利率结构"的关注。但不应忽视这个事实，即就这一点而言，各组成利率之间的差异仍然只是与商品的不同质量和价格之间的差异，或与某个经济领域内的工资率之间的差异一样意义的差异。如果没有其他因素，那么谈论一个纯粹的利率仍然是可以接受的，而且为了某些目的

---

① 从一般的角度来看，已经不可能说准租金将以这样一种方式被贴现，即从这个过程中产生的净收益将略微等于纯利息加上风险和机会。因为就这个纯粹的形式上的目的而言，目前的余额可以获得的溢价与它们的"资本价值"之间没有其他逻辑关系，而准租金（尽管是暂时的；这种差异在贴现操作中消失了）与它们的关系，应该是，不管是利息还是准租金，其净回报都趋向于与风险和机会平等（也许再加上购买行为涉及的成本，如税收或佣金）。但这只是利息和其他数量之间的许多关系中的一种，一旦利息渗透到一个系统中，就可以制定这种关系，而且不应该包括在对其性质的任何基本解释中。一个在某种意义上同样正确的类似公式是这样的。我们已经看到，利息是现在的余额对未来的余额的溢价，而不是现在的商品对未来的商品的溢价。但是，只要现在的余额被"借款人"用来购买现在的商品，就可以说，利息是现在的余额对现在的商品的溢价。然而，这又是一种误导。

也是必要的，因为在上述意义上，各种可观察到的利率会由于风险和机会的因素而有所不同。事实上，我们在日常生活中做到这一点并不困难。

然而，在利息方面还有一种特有的区别，这一区别还很显著，即第三章第五节中提到的三个市场（货币市场本身、公开市场和中央银行市场）的利率之间的区别，但也正是这一点从根本上构造了利率。货币市场和中央银行市场并不处于同等地位，它们是相互补充的，而不是相互竞争的，这一点是显而易见的。公开市场的特点是尽管同时也被约束在其他用途上，但流入它的资金和被借出的资金的性质是相同的。这个市场和货币市场之间的区别在事实上和逻辑上都不像货币市场和中央银行市场之间的区别那么突出，因为货币市场和公开市场是相互竞争的。然而，这种区别很重要，它强调了现代金融机制的一个基本要素，我们不能忽视它。

但是，我们并没有承认在事实和理论上存在着将余额交易总量分为三个市场的基本做法，我们没有放弃在第三章第五节最后一段提出的反对意见，即反对在货币市场和资本市场之间划定这样一条基本界限。当然，我们可以区分短期和长期融资，并可以认为后者集中在一个特殊的市场，我们可以随意地称之为资本市场或证券交易所。此外这个特殊的市场，或者说它的组成部分是明显有自己的特性的，尤其是产生了自己的总利率，这是人们在谈到利率结构时通常所表示的意思。在这个意义上，我们运用这种区别。尽管这样做时我们只是在谈论货币市场的不同部门，但没有比这有更深的意义了。例如，说存款余额是货币市场的商品，而不是余额构成了资本市场的商品（储蓄或资本品），这不仅是完全不现实的，而且是错误的。

在刚才提到的理论意义上，即使不支持货币市场和资本市场，两者在基本原理上也是不同的。如果正确地认识到，在这两个市场中，交易的是余额而不是其他东西，而且这种差异表现在未来支付承诺的各种附加条款中，那么过分强调这种差异是有风险的，往往表明了错误的分析方向。在这个意义上，余额交易很容易表明货币市场交易与长期融资没有什么关系，而资本市场交易从未为当前业务的目的服务。或者说前者只与支付（支付信用）有关，而后者只与实际投资有关。由此可见，不需要再强调这一切是多么错误。此外，不看目的只看体现未来存款余额的工具，认为长期债务必须由长期资金提供，也是同样错误的。相反，调动所有的甚至是时间最长的到期资金，使所有对未来余额的承诺都能反过来由任意种类的资金，特别是由短期，甚至是第二天到期的资金来融资，这是资本主义演化在金融方面最典型的特征之一。这并不是单纯的技术问题，而是资本主义进程核心的一部分。

资本主义进程与货币市场（在我们意义上的）一起发展了所有信贷工具的完美可转让性，无论其法律形式如何。我们在第六章第一节中强调了可转让票据或账单在 15 世纪和 16 世纪的演变过程中的重要性。但是，长期融资合同，如体现在债券、抵押贷款中的合同，以及从我们的角度看体现在股票中的合同，后来在原则上也变得可以转让。事实上，如果不考虑少数情况，对于余额的个人"卖方"来说，此类所有权的投资是固定的，即它在长期或任何确定的时间内约束卖方的资金。因此，固定性被降低，或者说被实际调动的成本和没有损失地"买回"余额的风险所取代。当然，新发行的债券或股票在获得这种地位之前可能不会达到完美的可销售性，它的特殊市场可能永远非常有限。由于这些和其他原因，它的购买可能涉及决定保留它相当长的时间或根本不出售它，除非有个机会出现。但这并不改变资本主义社会的原则。例如在封建社会中，所有股权和债权通常都可以随意出售，而不考虑最初支付的款项可能达到的目的，也不考虑可能与它们相对应的商品的用途，因此它可以通过短期资金购买。再如，债券因此成为一种转移存款余额的工具，它只是在技术上和程度上与短期工具不同。一旦意识到这一点，人们就会对一个被称为长期利率的独特事物的存在产生怀疑。当然，长期票据的合同利率有一定的权利，但在签订合同的那一刻，这个利率只是货币市场所有条件的一个函数，不包括为特定提议融资所附带的风险和机会，这些风险和机会由短期利率来表示。而一旦债券出现，重要的是它们的收益（同样也是短期利率的函数来表达），而不是合同利息。冒着被误解的危险，我们甚至可以说，不存在长期利率这样的东西，如果还是想使用这个概念，我们可以说它应该指的是短期利率的某种"趋势值"①。

各种利率的讨论

讨论利息的历史由来已久，在古代的神权国家也存在。关于希腊－罗马世界，我们知道得更多。例如，罗马社会对不幸的教会地区所做的事情，并有大量关于立法和实践的材料。首先让我们印象深刻的是以消费为目的的借贷占了上风。不管是受保护的还是受奴役的，债务人通常要么是贵族中的恶棍，要么是沉浸在不幸中的可怜人。立法者和法学家主要考虑的就是这个方面，他们把这些传给了基督教医生和教规制定者。更成功的是，这些人发现了大哲学家亚里士多德所专门强调的正是债务的利息方面。换句话说，他们和他们的中世纪继任者主要想到的是高利贷，而我们的理论事实上为他们的论点提供了一些支持。然而，债务可能开辟财富之路的发现并没有被推迟到现代。罗马人从希腊人那里得到的一份合同——海上贷款利息——是承认这一真理的突出案例。这为海上贸易的融资提供了一种方法。这种方法主要是通过取消或放宽对利率的限制，考虑到"企业家"对利息和资本的义务，在他的冒险未能成功的情况下条款失效。也就是说，他只在船舶和货物安全着陆的情况下承担责任。回顾一下，我们如果把风险分配给了资本家，就会发现这个合同多么完美地表达了对我们来说至关重要的方面。

从 14 世纪开始，数据变得丰富起来。但据作者所知，在 18 世纪之前，还没有足够的材料来推导时间序列，在这一时期，我们可以跟踪英国统一公

---

① 为了避免与后面的陈述相矛盾，不妨指出，这个词在这里是在非技术意义上使用的。

债的价格。除此以外,可用的序列大多始于 19 世纪的第二季度,尽管重要的部分不在第一二季度。

1 事实的困难

在这一领域,事实调查的成功与否也受到了除资料不足以外的其他情况的干扰。首先,即使不考虑价格水平或利率本身的上升或下降的预期可能会对特定利率产生的影响,我们也不可能将风险和机会的因素区别出来。例如,中世纪的高利率在很大程度上归因于这样一个事实:在向王公贵族放贷时,贷款人不得不考虑他根本得不到偿还的可能性。据报道,英勇的德国国王、奥地利公爵腓特烈三世(14 世纪)"支付"了 80% 的费用,如果这位国王的财务习惯更加规范的话,这笔钱会剩下多少则无从得知。[①] 这类案例在任一时期都比比皆是,贷款人通过将实际利息隐藏在一些附加费用或优惠之后,避免一个会震惊公众舆论的还款数字也是如此。所有这些都对我们的一些序列变化产生了重要影响。此外,随着时间的推移,这些序列的特征也会发生变化。例如,自从英国政府开始享有它在如此长的时间里所证明的那种信任以来,就像我们对安全的年金保险所预测的那样,统一公债[②]的价格发生了很大的变化,尽管在我们的意义上它从来都是无风险的。但是在 18 世纪的大部分时间里情况并非如此,当时我们发现统一公债的变化,虽然没有那么强烈,但与股票的变化方向相同。同样,即使是最高级的美国铁路和工业债券,在我们这个时期的某些部分也显示出风险因素减少对它们的影响。

此外,区域差异有时也很重要,以至于即使是对于同一类型的贷款,也很难讨论其在各个国家中的利率,因为区域间和国际间的资本流动干扰了特

---

① 这一点,应该被那些报告高利贷的遗憾事实的历史学家们牢记在心。与所记录的利率相对应的是从事这种业务的金融机构的倒闭记录,在许多情况下,甚至在大多数情况下,它们都因这种业务而破产了。我们已经看到,除了利息之外,贷款人还获得了其他好处(第六章)。

② 英国政府 1751 年开始发行的长期债券。——译者注

定国家的利率变化。同样，税收、对税收的恐惧及公共管理部门对利息的态度，都会产生不容易辨别的影响，因为它们可能以滞后和非常多的形式出现，对不同种类的产权也有不同的影响。在配售债券困难且成本偏高的情况下，或者在规定对市场进行干预的情况下，这种服务需要一定的报酬。有些利率对形势变化的反应非常缓慢。其他的利率不仅在不同的国家，而且在同一国家的不同时期都有不同的含义或不同的意义。美国的商业票据利率就是一个典型的例子。

即使银行家的银行除了与成员银行之外不开展任何业务，也不能说明中央银行市场只有一种利率。中央银行是一个差别垄断者，尽管不是一个以净收入最大化为目标的垄断者。然而，对于许多目的来说，这一点可以忽略不计。同样，公开市场也会演变出几种利率，尽管这些利率有时差异很大，但至少在通常情况下仍然呈现出一种统一的景象，以至于可以笼统地说成是公开市场利率。然而，在我们的意义上，货币市场被分成如此多的部门和子部门，以至于在这个市场上，在理论上有一定意义的单一纯利率的概念都无济于事，因为它不能以令人满意的方式表明这一事实。例如，德国农民除了储蓄银行、合作银行（瑞弗森合作基金组织）和乡村高利贷者之外，几乎没有任何余额来源，然而对德国政府和市政当局来说任何来源都是开放的，根据资金类型，某些家庭和机构资金甚至被法律引导到某些渠道。大批储蓄者习惯性地转向股票类型的投资，而不是其他类型的投资；从发行公司的角度来看，正如从理论的角度来看股票和债券在本质上是一样的，但是它们所体现的权利不同，因此它们适合不同的人和不同的情况。事实上，在每个发行机构或金融集团及每个行业的周围，都会形成更高层次的专业化市场。

在对这些特殊市场中一些比较重要的市场，以及在每个市场中的利率的相互作用进行简要调查时，我们将放弃对家庭贷款的市场（它又分成了许多小部分），但对“公众家庭”贷款的市场除外。此外，尽管由制造商、批发商、零售商和家庭之间的关系所产生的大量信贷并非全部由银行提供资金，但我们不会特别处理。最后我们将忽略区域差异的问题。

2 抵押贷款利率

许多作者，特别是德国的作者，会在农村和城市抵押贷款的利息上寻找一个国家统一的利率（国家利率：这句话对我们的目的来说是一种多么不祥的传统暗示啊）。然而，这种观点只有在城市中房地产第一次抵押贷款的情况下，才有可能接近真实的情况。除城市房地产的第一笔抵押贷款外，在许多情况下贷款都是纯粹的投机行为。至于城市房地产以外的其他情况，我们必须记住，一方面，在许多国家，某些类别的储蓄者的习惯，以及规范受托人资金投资和储蓄银行投资的立法，有利于这种信贷；而另一方面，农场土地的抵押贷款意味着一种特殊的风险，即不得不承担农场的管理或为其寻找管理者的风险，这对许多人来说是非常可怕的风险。这些事实在很大程度上有助于建立一个显示特殊利率的特殊市场。在任何情况下，我们都不能在那些每年都非常低迷的抵押贷款利率中，寻找利率周期性变化的真实代表，除非是康德拉季耶夫周期时的情况。

当然，尽管由于这种信用的组织[①]有必要保留一些准备金，但这些利率最终确实遵循了事物的一般发展规律。此外，与货币市场的其他部门有两个主要联系，一方面，抵押贷款总额中只有一部分是贷款人打算长期占用的存款余额，其他来源是可以利用的，而且在某些时候和在某些国家中，特别是在美国，银行在这些方面的信贷扩张比经典的银行实践原则和常识所允许的要多得多，因此，来自非银行来源的抵押贷款资金经常与商业银行提供的普通信贷来源竞争。[②]另一方面，抵押贷款可以像其他信贷工具一样被"动员"起来，

---

① 这种组织在我们这个时期的最后20或30年里在德国得到了最大程度的完善，甚至在这之前也是非常有效的，例如，从1895年开始的利息上涨在这个市场上只占了很小的比例。

② 然而，当银行为当前业务以外的农业目的或为城市建设提供贷款时，并不总是犯有违反银行经典规则的致命罪行，这与萧条时期的困难有很大关系。此外，我们已经提到过，抵押贷款可能不过是对一个无可挑剔的信贷的额外担保。

然后它们侵入债券市场并与后者的利率建立联系。这方面最完美的例子是德国抵押贷款银行或土地抵押信用合作制度类型的合作信贷机构的抵押债券。这种信贷的实际利率不是简单的借款人签约支付的利率，而是参照债券在市场上出售的价格[①]和机构对其服务的收费而得出的利率。我们有各种序列的数据，特别是 1870 年以来的数据，这些数据非常清楚地表明，在这一点上农业和城市的抵押信贷已经并入一般的债券市场。鉴于随后的情况，我们可能会注意到"真实"抵押贷款的利息，区别于抵押债券的利率和收益率所反映的只为其他类型信贷提供担保的抵押贷款，1870—1895 年下降，然后开始上升至 1914 年，尽管上升得不是非常多。例如，普鲁士基金会在其成立之年（1870年），按面值发行了 5% 的公开抵押债券（这意味着对借款人来说是 5.25%）。1879 年它以 4.5% 的利率平价进行融资，1884 年以 4% 的利率进行融资，1889 年以近 3.5% 的利率进行融资。从 1890 年到 1894 年，它不得不恢复到 4%利率的抵押债券。它在 1895 年达到了最低点，此后则缓慢而温和地上升。

3 债券收益率

债券市场是我们称之为货币市场机制中的另一个半独立的部分。在许多地方的界限已经不是那么清晰了，但仍然可以辨认。把它与其他部分分开的界限，不仅包括成本和风险，而且包括投资者的习惯和借款人的立场。在短期内债券收益率有时不仅与短期利率有差异，而且与其他长期利率有很大差异，这也证明了它们的真实性。但是，债券市场也很容易被分成小部分，以至于同一借款人的不同问题偶尔会显示出一种自由放任主义（例如，见战前20 年间德国政府 3%—3.5% 收益率的不断变化），这并不总是容易解释的。

在一些国家，特别是在法国，政府债券构成了一个重要的分支，它的个性因各种法律特权和储蓄者强烈的、有时是不加选择的偏好而更加突出。然而，

[①] 这种计算方法带来了各种困难，我们在此不讨论。特别是，在债券价格高于面值的情况下，只有当全部溢价归于借款人时，这种计算才是正确的，而在实践中，情况通常不是这样。

在英国和德国，这一市场受到了政策转变的冲击，这至少部分源于对 1897 年利率普遍下降的性质的错误诊断，也可能源于对眼前收益与未来不利因素的高估。在美国，对 1879 年或实际上是 1878 年建立的货币信心，一再被软通货的鼓动和银币的自由铸造运动所动摇，其中一个原因可能是 1896 年出现的收益率的小高峰，当时美国 4% 的收益率增加到了 4.5%。但是 19 世纪 80 年代末开始实行的不计成本的买入政策，对报价的影响要大得多，而且这一影响是不利的影响。美国 4% 的收益率一直下降到 1901 年，尽管其他债券也是如此，但与德国政府的收益率在 1894 年触及低点，以及英国统一公债的收益率在 1897 年[①] 触及低点不同，这一事实也许可以用不计成本的买入政策来解释。[②]

所有这些都不需要让我们纠结，因为总体是很明确的。至于政府债券以外的其他债券，读者应该记住，在这个国家，战前的市场与 20 世纪 20 年代的市场，在材料、公众和金融结构上有根本的不同。铁路债券是大项目，它们以及合并运动产生的债券主要由机构和富有的私人投资者大量购买，普通民众与它们没有什么关系，同时欧洲也逐渐卖光了。在英国，铁路债券也是债券市场中最突出的商业元素，它主要经营地方、市政、准市政以及外国贷款。在德国，一个有别于铁路债券的工业债券市场在 19 世纪 80 年代发展起来，它的重要性足以显示出其自身的规律性。许多因素，如国际影响、质量

---

① 伦敦和剑桥经济局的固定利息证券价格指数的高点是在 1896 年，然而，这引起了各种怀疑；法国的租金在 1897 年达到最高点。

② 麦考利先生的美国铁路债券收益率指数（"每年一月的最佳债券收益率"）却在 1899 年触及低点（1926 年 3 月的《美国统计学会杂志》。读者应参考本文中的技术问题和一些比较而言的细节问题）。1924 年 11 月的《穆迪投资者服务》描述，穆迪公司 1866—1914 年的月度公司债券价格序列在 1902 年末达到了一个高点，而 60 种高等级债券收益率的标准统计指数则达到了一个低点。财政部大力推行的超出偿债基金要求的债务赎回政策，可能也是造成这种情况的部分原因，因为由此释放的相当一部分资金会寻求类似性质的投资。然而，与预期相反的是，这种运动的持续时间与国家银行投资的急剧增加完全一样。此外，在 1898 年的危机结束后，债务人关注的问题通常会变得更好。因此，没有必要得出这样的结论：由于政府的收益率与其他债券的表现大体相同，我们面临的是"长利率"的真正运动，它宣称自己独立存在，并表明"实际资本"领域的深层原因。

或安全性的变化或债务人财务状况的变化等，都必须加以考虑，以解释这个市场上的利率变化，以及在其各个部门中裁定的利率之间的变化关系。然而，对我们来说，只需对债券收益率与短期借款利率之间的联系机制做一些评论，就足以补充我们的陈述。

在战前时期，特别是在伦敦某种类型的投机者，他们实际上是一种套利者，他们对债券收益率和短期利率之间关系的极小变化做出迅速反应，并立即借入短期借款，以便在保证金覆盖成本和风险时购买债券。我们将在下一章再次提到的纽约市以外的银行的贷款和投资之间的负面短期关联，这种关联表明了另一种联系。而通过银行贷款认购债券和用发行债券的收益来偿还银行贷款的做法提供了第三个议题。我们不难看出，由于债券所体现的债权的法律结构所附带的特殊承诺，从本质上讲，这种机制无法实现债券收益率和短期利率之间的平衡，而且由于金融技术的原因，它也无法即时地执行，更不用说是同比例同方向的变化，即使是相反方向的变化的情况也绝非罕见。在这种情况下，当恐慌结束时，短期利率几乎可能下降到消失的地步，而债券利率和债券收益率保持上升。在正常的情况下，也会发生这样的情况，例如，当一个大的发行计划已经谈妥，借款人接下来在公开市场上将所得款项借出，债券收益率上升，短期利率暂时下降。尽管我们现在没有考虑到国际关系，但他们在一个市场上可能比在另一个市场上更有效。在工业借款人中，如果有足够广泛的趋势使自己独立于他们的借款银行，可能偶尔会提高一个利率而压低另一个利率。然而，我们应该清楚，在什么意义上可以说所有这些都"仅仅是技术性的"。尽管如此，债券市场从根本上说不过是货币市场中最迟钝的部分，它的利率反映了短期利率的波动，尽管有时是滞后的且总是在较高的水平上振幅较小，但短期利率的波动不仅更真实地表达了商业状况，因为它们可以自由地做出即时反应，而且反映出的也是影响债券收益率的主要因素。事实上，这两种利率的相对变化证明了这一点，尽管它本身并不能证明由此产生的后果：正如皮森教授指出的那样，国债收益率加 0.5% 的曲线图看上非常像穿过短期利率曲线图所画的一条"趋势线"[①]。偏离这种明显的基本关系的结果显然是次要的，而且它们很容易被解释。[②]

股票价格的问题将在下一章讨论。在此我们只需重申，根据本书对股东地位及其股息性质的看法，股票市场只是一般余额市场的另一部分。由于利润对我们来说是利息的支撑，与利润关系特别密切的实际支付资本的百分比的股息，实际上是货币市场所有利率中最基本的。大体平均而言，它们与债券收益率（或新债券的利率）和短期利率的变化方向相同。但是那些对普通股票和在较小程度上对所有股票所特有的风险和机会的主导影响，损害了将市场的这一部分与其他两部分联系起来的机制运作。无论是投资者还是"借款人"，都不能仅仅根据精算的合理性来选择购买和发行债券或股票。而且，借款利率和股票价格之间没有简单可靠的关系，比如借款利率和债券价格之间不存在违约风险。然而，股票和（最高等级）债券价格之间的主要负相关关系，不仅表明这种机制并不是不存在的，而且还揭示了在周期性情况下，回报（股息）变化和纯利息变化的相互抵消的影响方式。

4 公开市场的利率

迄今为止，我们所讨论的所有类型的余额交易，都会以这种或那种的方式影响公开市场。这与预期相反，因为我们的模式在货币方面是以成员银行与其客户之间的关系为中心的。事实上，如果可以的话，我们会在分析中选

---

① 比较他在 1927 年 4 月的《经济统计评论》中的研究，见第五章第二节，其中给出了一个"参考趋势"的例子。交叉点大致与短期利率平滑曲线的拐点相吻合，并且再次大致表明了基钦周期的情况。否则，它们就不容易解释。特别是，"交叉点与（四个证券价格序列曲线的）峰值和谷值之间并不总是一一对应"；也没有任何"交叉点与峰值和谷值同时出现的明显趋势"。

② 见托马斯博士的论文《大萧条对债券收益率的影响》（《美国统计学会杂志》，1988 年 9 月）。他的结论（尽管主要是根据战后的材料得出的）是，在一个大致正常的情况下，短利率下降 1% 会使债券收益率下降约 0.24%。这和他强调贸易量的影响一样具有提示性，贸易量的任何下降都倾向于抵消短利率下降的影响，并在深度萧条时将其几乎降为零。重要的是要记住，这与我们文本中的任何陈述都不矛盾。贸易量影响收入，收入影响债券持有人的投资安全。

择向客户收取的经常账户利息（透支融资，客户的信贷额度），即真正的银行贷款利率作为指导。然而，我们不仅因为不可能为战前编制一个可靠的序列，而且还因为上文提到的这种资料所固有的困难，而不能这样做。这个市场远非是完美的，收费不仅在当地，而且在银行①、客户和交易之间也有很大差异，而且非常缓慢。因此，我们从纽约商业票据利率序列②中可以更好地读出趋势；或者对于英国和德国来说，从其他公开市场利率中读出趋势，这些国家的利率或多或少与美国的序列相符。这种选择的确并不令人满意，公开市场及其附近地区享有更大的（几乎是绝对的）自由，不受那些造成黏性的影响，而且这一市场几乎是完全竞争的。但是，它们比其他部门更容易受到中央银行调控活动的影响，在我们讨论的漫长时期内，这种调控活动的程度和方法有很大的不同。特别是在英国，这种活动的主要目的是控制这种因素的破坏性影响，这种因素就是大量暂时的失业余额和信贷措施，它们在那个市场上"为那些少得可怜的破烂利息而狩猎"。

正是在这里，我们称之为临时投资的东西出现了。大型企业为以后的实际投资行为或仅仅作为现金储备而积累的资金；或它们在萧条时支出不足时手上的资金；或公共或半公共机构的剩余资金，如普鲁士国家铁路局和普鲁士政府或印度政府手里的剩余资金，随着资金管理的日益合理化，越来越多地流入公开市场用于通常无风险和理想的临时投资。在这些情况下，银行经常被雇用为代理人，但是如果他们的信贷设施在自己的业务中没有得到充分利用，那他们也会在自己的账户上做类似的事情，这也是为了收取他们的二级储备（secondary reserve）（见第十一章）。特别是在英国，把本来属于他们与自己客户的正常业务的一部分转移到公开市场上。票据经纪人（贴现公司）

---

① 在一些国家，特别是在德国，这种情况产生了市场不完善的结果：银行相互之间达成协议，以期使收费正常化。但这只影响到战前的最后10年。

② 为了得出借款人实际支付的利率，应将公布的数字加上0.5%—1%。一般来说，公开市场利率中不包括一系列中间商的报酬。60—90天的有价证券和4—6个月的有价证券的利率之间的关系是我们应该期待的。

寻求他们投资组合中这一部分的承兑人，并为他们解除了许多麻烦；这种非个人化的，通常可以在任何时候进行限制，但不会损失金钱或声誉，也不会受到愤怒的客户的责备。像伦敦和各省省会的商人和企业，则很高兴在朗伯德街提供他们的汇款，因为通常他们从经纪人那里得到的利率比他们从资助该经纪人的银行那里得到的要低。当然这意味着在该市场上提供的实际和潜在的余额，虽然变化很大，但并没有弹性。除了在特殊情况，如在投机狂热期间，利率的下降不会阻止它；除非通过外国余额移民的方式，否则外汇储备几乎不会随着利率的上升而增加。[①] 这一点，再加上在公开市场中起支配作用的完全竞争，说明了其利率变化的频率和幅度，以及所有这些变化的密切共变性。

所有这一切无疑使这些变化失去了它们本来会有的许多意义。然而，这种意义并没有因为这些资金所服务的业务具有短期特征而进一步减少。因为这种特性在很大程度上是虚构的：至少它通过为持有股票而融资，即使是活期贷款也绝不排除为铁路建设等事情提供资金，而其他形式的公开市场信贷则更直接地为长期实际投资的目的服务。最后，我们必须在清单上增加一个理由，说明为什么利率在周期性过程中会落后于其他因素，这也是公开市场利率所特有的性质，因为它明显不受其他因素的影响。就在公开市场上浮动的余额来自支出不足而言，它们显然不能对利率产生影响，直到工业和商业活动受到很大程度的限制，也就是说当清算已经变成了萧条，那么减少借贷的效果就会因提供资金的增加而得到加强。然而，正如我们将看到的那样，这对商业命脉的影响是很小的。哈佛景气指数图中货币曲线向上的转折点在时间上的位置通常不能用它来解释。但利息序列中向下的转折点的滞后可能是这样的，因为在资金不足导致的疲软被消除之前，公开市场利率无法从其低谷中恢复。

---

① 通过移民的方式进入所考虑的银行圈。因为大国可能会划分成不同的部门，所以一个上升的利率可能会有效地将浮动资金从一个部门吸引到另一个部门。

赎回（经纪人贷款的续期）利率和时间利率的差异，并没有超过我们对时间安排必须具有平滑效应的预期。尽管商业票据利率水平更高，但商业票据利率的变化与时间利率的变化一样大。在战前的最后 30 年里，这两者之间的关系似乎没有发生系统性的变化，在英国也没有什么变化，但其中有一种特有的周期性变化。然而，我们将仅限于对主要由公开市场余额提供资金的一些信贷工具进行研究。

"国库券"，我们用这个词来表示所有国家完全可以流通的短期政府债务。从买方的角度来看，它只是银行承兑汇票家族中的高级成员，并以溢价的方式与其他成员一起流动，这种溢价在繁荣时期扩大，在衰退时期缩小，这一现象是可以理解的。至少就我们的目的而言，它们在这三个国家的意义基本相同，但银行承兑汇票及它们的利率却不是这样。它们首先是国际贸易中当前商品交易融资的典型工具，因此在 19 世纪 70 年代末，它们主要属于英国领域。直到 80 年代，德国才越来越多地自己为其对外贸易提供资金。与个人商品交易的密切关系起初是这种信贷工具的特点，在过去和现在的英国都为美国出口贸易服务提供金融票据的情况下，也失去了这种关系。但是，英国的实践基本上局限于这一特定目的，并没有在很大程度上有意将金融票据用于任何其他用途。

在美国，这种类型的银行承兑汇票和它们的市场是战争和战后才增长的。在战前承兑甚至是国家银行的一种越权行为，但在德国，银行承兑汇票也在很大程度上被用于国内贸易的目的（战后大大减少）；不仅如此，甚至还被用作筹集实际投资的资金，成为工厂和设备融资的手段。因此，对于银行承兑汇票而言，除了签名之外银行不需要付出任何代价，所以才变得如此受欢迎，以至于在市场上获得了核心地位。从此一种交易这些承兑汇票的技术发展起来，通过对承兑银行的地位和形式（观察英国银行在这一点上特有的不同态度）的某些要求，使商品标准化，从而使它们能够以单一价格出售。它们甚至被直接用作支付手段。尽管对于在英国或美国没有与之完全平行的利率有很大的疑问，但作者得出的结论是这种利率（个人贴现）是与纽约商业票据和朗伯德街利率最接近的。然而必须牢记商业票据的重要性在下降：以英国银行为例，1880 年票据占资产的 26%，到了 1912 年只占 1%。

5 英格兰银行和德国国家银行的利率

最后必须牢记，尽管在我们的模式中，银行、银行的利率与货币市场"相距甚远"，但在历史上并非如此。直到《美国联邦储备条例》出台，才有银行将自己限制在银行的业务范围内。相反，他们有时也做成员银行的业务，主要是他们的中心地位和银行家银行的政策逐渐从中演变出来。尽管如此，就纽约银行而言，我们认为有理由将中央银行的职能归于纽约银行，这就排除了在我们的分析意义上对银行利率的任何探索。在票据和银行券时代，英格兰银行的利率只是它准备与非银行客户做生意的利率。这个利率在一个多世纪里是非常不灵活的（4%—5%），直到《皮尔银行法案》（1838 年下半年除外）出台才有所缓解。然后，所谓的新贴现制度开始实施，它包括在市场上争夺纸币，并在一段时间内银行在这一业务中逐渐处于主导地位。尽管银行只跟随市场是不正确的，但目前的利率政策是与此相适应的，因为收购任何商品的 50% 的买方永远不能说只是跟随（见第十一章），其利率肯定只是市场利率之一。

直到 1858 年，银行至少为票据经纪人和贴现公司进行了再贴现，从而做了典型的银行家的银行业务，这实际上等于在通常意义上为银行进行再贴现[①]，并且实际上扫除了后者向银行进军的障碍。但在这一年，票据市场的再贴现被停止了，此后银行完全依靠自己的能力，以竞争方式吸引所需数量的票据，[②] 直到 19 世纪 70 年代初，这种做法不再让公众满意。在那之前，银行

　　[①]　票据经纪人和贴现公司对我们来说是一种特殊的银行家或银行家的"附属机构"。上面的意思是，为经纪人提供资金的伦敦银行能够随意调用他们的贷款，因为后者可以去找银行，这使他们的处境与他们自己贴现然后再贴现的情况基本相同。

　　[②]　在不完全竞争的条件下，特别是在英国，这与比自己的竞争对手利率更高是完全一致的。然而，在其省级分行中，银行按当地的现行利率贴现，有时甚至低于该利率。

利率虽然通常处于较高的水平，但几乎与市场利率一样能满足我们的目的。但是在犹豫了几年之后，银行当时给出了最有力的证据，表明它决心坚持其成员银行业务。1878年，银行宣布在为自己的客户贴现时将不再坚持官方利率，而是向他们收取市场利率。同时，它在再贴现问题上采取了回溯措施，表示愿意向票据经纪人（贴现公司）提供特别垫款，直到1890年银行才恢复按官方利率进行再贴现[①]。正是因为它们是一起采取的，所以这两项措施都非常重要。它们标志着银行政策演变的一个新阶段：在坚持其成员利益的同时，也将中央银行的职能从中分离出来；银行利率不再是在此之前的混合体，而是开始承担我们的模式分配给它的任务。

同样，普鲁士银行和后来的德意志帝国银行的利率首要是贴现率，其次才是再贴现率。尽管银行总是受到民众对廉价和特别稳定的利率要求的压力，而有时不得不屈服于他们，但我们可以为德国重复对英格兰银行所说的话，即至少在19世纪，可以用的银行利率和任何市场利率做得几乎一样好。

利率随时间变化的波动

这方面的讨论将主要基于脉冲图中呈现的序列，它也显示了利息相对于周期性过程中其他元素的表现（图20）。赎回率（图36和图37）与股票交易数字的关系，将在下一章简要讨论。从一开始就必须记住，尽管我们所选择的利率相对"纯粹"，但仍然显示出立法的变化，货币和信贷政策、黄金生产、国际关系，特别是恐慌的影响，所有这些都不可避免地干扰了预期行

---

① 金（King）先生在《伦敦贴现市场的历史》中，强调了较晚的而不是较早的日期，从而忽略了这两种措施的基本互补性。他甚至指责帕尔格雷夫认为1858年的政策在1878年被推翻的说法是不准确的。但帕尔格雷夫的主张似乎并没有比金先生承认的多多少。这种分歧似乎是由于金先生倾向于非常强烈地强调威廉－利德代尔的成就而产生的。然而，他自己对恢复再贴现的解释并没有因此受到影响。

为和利率可能具有的"晴雨表"价值。但是，一个可以被破坏的"晴雨表"仍然是一个可以体现好坏影响的标志，在我们这个时期的大部分时间里，其中的一些影响虽然不是恐慌性的影响，而且也并不是多重要，但对利息的影响比世界大战后的影响强烈得多。

1 序列趋势的缺失

由于我们不使用利率指标，那么利息序列自然而然就出现了。当然它们是系统性的，事实上它们可以被真正地称为最系统的序列。毫无疑问，它们所描述的是周期性演变过程中的一个主要因素，尽管不是所有的经济学家都会同意从我们的分析中得出的说法，即利息从根本上作为一种结果，只是在次要意义上与其他因素具有因果关联。我们暂时不就后一种说法发表评论，但我们注意到，同样地每个人都会接受利息是系统所有元素中最有周期性的因素，但几乎没有人进一步提出它是一个"纯的"周期性序列。信贷组织的改善，风险溢价的降低，以及其他类似的情况可能会说明利息序列的描述性趋势下降，但我们的理论否认存在任何结果性的趋势。虽然在纯理论模型中，利息在每个周期中都会从零开始并返回到零，但没有普遍令人信服的理由说明，在考虑到基本周期阶段的任何均衡的邻域中，它实际上不应该像在任何其他周期中那样接近于零。①

在足够长的时期内，在可比的条件下，没有也不可能有足够好的数据来检验这一命题。但是，我们所掌握的有关这个时期以前的资本主义演变中心的信息是确凿的。在阿姆斯特丹，18世纪甚至17世纪的市场利率有时低至2%。无论实际的比较多么不确定，最低点不能总是表示均衡的邻域，1897年伦敦

---

① 然而，可能有一个特殊的原因，与消费者借贷的因素有关：资产阶级心态的影响创造了一个吝啬的国家，被另一种心态的影响所取代，使得一个奢侈的国家，可能在未来产生一个非周期性的利息上升，或者作为一种选择产生货币秩序混乱。在资产阶级统治之前，这样的条件确实存在，设想的后果也是如此，而随着这些条件的过去，相反的后果实际上也随之出现。也可能有虚假的原因，正如文中所指出的，现代技术不允许利息飙升到恐慌性的高峰。

的市场利率大约是这么高（该年的平均数是 1 英镑 18 先令 6 便士），这并非没有意义。而且，读者似乎还可以问一下，如果没有消费者的借贷，在这种情况下，这 2% 中还能剩下多少。此外，我们检查 1875 年至 1914 年的纽约商业票据利率走势图，发现它的波动在第一次近似值中似乎是一个完全均衡的水平。事实上，它看起来好像是一种连续的趋势，不管这个时间跨度有多短，好像都可以用来支持我们的论点，因为如果利率中存在一种系统性的下降趋势，这种趋势显然不可能在资本主义蓬勃发展和相对不受干扰的 40 年中完全显示出来。顺便指出，这些事实通过拒绝支持所谓的利率下降定律或如经典之作所说的利润，也间接地对该定律所产生的理论产生了怀疑，我们对此不应该感到惊讶。无论在理论上还是在事实上，没有证据可以证明，利润的周期性波动（在我们的意义上）有系统地增加或减少的趋势。因此，从根本上说，从利润中产生的利息也不应该显示这种趋势。

2 利息的周期性行为

读者很容易看到，如果把利息的周期性行为适应于我们模型的更高近似值，包括三个周期性运动的共存，那么对利息的周期性变化的预期将是繁荣时期的滞后上升和衰退时期同样滞后的下降。由于利率的邻域值实际上不是零，一般来说，由于业务量的异常限制，在萧条阶段会出现进一步的下降。但在其他所有情况下，即使不考虑恐慌对利率的影响，萧条的过程也是不稳定的，这是萧条阶段所特有的现象。因此，不确定性的影响会延伸到它在复苏中的行为，这应该会使它恢复到原来的邻域值。必须再次强调的是，这些预期在不同跨度的周期中会产生不同的结果。

总的来说，这就是我们发现的情况。由于我们的数据序列异常敏感，而且与之相关的短期借款利率反映了商业世界每天发生的一切，因此，与就业数量或生铁消耗的数据序列相比，表层移动要突出的多，深层移动则相应较少。尽管该图也显示了许多其他的表层移动，但它是由基钦周期主导，基钦周期的存在一目了然。事实上，利率是证明这一周期的标准实例，在衡量周期的视角上，利率已被反复分析。对我们来说，只需再次参考克拉姆教授对纽约商业票据利率序列的周期图分析，该分析在本书中已被多次引用，并指出这一现象也可以在英国和德国序列中轻易看到。然而，正如克鲁姆教授所强调的那样，仅从不同的作者总是得出一些不同时期的不同事实就可以证明，形式化的分析结果本身并不完全具有说服力。对于受到如此多的内部和外部不规则因素影响的资料，不能指望它们会有具有说服力的结果（见第四章第四节）。任何对商业反应稍有了解的人都不可能希望仅从时间序列的证据中"证明"这个或任何其他周期，因为这需要周期、振幅和各阶段的变化完全不受任何外部因素的影响，并且在战争或和平时期，在黄金产量增加或减少的时期，在货币健全的时期和实际或威胁的混乱时期一直保持稳定的。然而相对而言，如此短暂且强烈的波动也是如此有规律的，这便提供了一个特别典型的案例。但是对于时间更长的波动，我们不可能希望得到同样好的结果。运用形式化的方法在朱格拉周期的情况下很难产生结果，如果坚持形式化的测量却很容易得到否认它存在的结果。但是，如果读者从1879年的标志性上涨开始，逐年跟踪我们的序列，就能够标记出第二次康德拉季耶夫周期中的最后两个朱格拉周期和第三次康德拉季耶夫周期中的前两个朱格拉周期。一些明显的低谷是有帮助的，例如1885、1894年和1904年（1908年需要仔细解释），但那些紧随其后突然下跌超过3%的高峰应该被忽略。严格来说，在这种情况下与在其他所有情况下是一样的，只有通过了解产业组织中每年实际发生的情况，才能达到确信的目的。

在英国和德国的商业票据利率及其等价物序列中，康德拉季耶夫周期应该表现为传统分析中所描述的趋势中断，就像它在涵盖相同时间段里其他序列中一样。陈述问题就是回答问题。大家都知道，在19世纪90年代中期以前，利率显示出一种长期的下降趋势，这时一种相反的趋势开始逐渐显现出来，尽管如我们所看到的美国并不是这样的，但在德国和英国，债券收益率在一些年里没有跟上转变上升的趋势。我们可以通过纽约的数字得出一个可信的下降趋势，从序列的开始到 1897 年，最低点出现在 1894 年，而通过 1897 年到 1913 年的数字也得出一个不那么可信的上升趋势。同样的情况也发生在英国和德国，市场利率最低点出现在 1895 年。这意味着只有一个轻微的且非常短的恢复性上升，然而，这与价格水平在康德拉季耶夫周期中没有急速上升的情况的原因是一样的，长期而温和的上涨几乎不受螺旋式上涨的影响。尽管资料的完整度越来越不令人满意，但我们可以追溯到更远的时期。18 世纪末，英国统一公债的收益率上升，并不像价格水平的上升那样先于法国战争，而是与战争的开始相吻合。1798 年的历史峰值用这些战争和通货膨胀就可以充分解释，同时战争也解释了普鲁士政府的衰落，因为其收益率直到 1813 年还超过 16%。这使我们对至少从 1787 年到 1815 年的利率的证据产生了怀疑，但在 1815 年之后，我们有信心说，在一段极长的时间内，利息有下降的趋势，这不能仅仅由吸收战争影响的过程来解释，因为其中一些影响会倾向于提高利率。

这个时期在英国和德国持续到 1842 年和 1845 年之间。对这个国家来说，野猫银行业务的盲目紊乱和低息借款政策解释了 19 世纪 30 年代（1834、1836 年至 1842 年年初）的急剧上升，使情况变得模糊不清，同时，这也表明在康德拉季耶夫周期中繁荣阶段的上升始于 1845 年。德国的情况似乎也是如此，但这是对预期的更严重的偏离，因为它不能用 30 年代末信贷领域的同样重大的混乱来解释。1844 年的债券收益率、抵押贷款利息和普鲁士银行的贴现率都分别处于 3.5%、4% 和 3.5% 的最低水平，直到 1845 年才开始大幅上升，这显然与 40 年代康德拉季耶夫周期中铁路债券的进程有关。它一直持续到 1870 年左右，当时一级固定利息证券的收益率约为 5%，但我们可能会质疑这些证据。战争融资的要求和第四次朱格拉周期的投机过度，完全可以解释从我们的角度来看肯定是不规则的现象，而且这些不规则的现象有明显的复苏迹象。然而，因为这种不规则现象与在价格水平的变化中观察到的不规则现象是平行的，所以把它与价格水平上升对余额需求的影响联系起来是合理的。1870 年的事件过程被法德战争所主导，在接下来的 3 年里，利率在狂热的促销 ① 和赔偿金的影响下出现波动。普鲁士银行的政策在一定程度上扭曲了这种情况，它在 1872 年下半年采取了限制信贷的措施，而不是"调整"利率。危机过后，短期利率和收益率都恢复了原状。

英国利率说明了我们的机制是完美的。我们来看看高级票据的市场利率，它在 19 世纪 40 年代初迅速上升，这显然是对铁路建设的反应，而且这一迅速上升时期是在价格水平出现任何上升之前。1846 年出现了朱格拉周期的顶峰（1847 年的年平均数仍然较高，为 5 英镑 17 先令 6 便士，但这是一个恐慌性影响所带来的高峰），随后滞后性地下降到 1850 年的下半年（该年的平均数为 2 英镑 5 先令）；然后，随着第二次鸦片战争的兴起，开始了康德拉季耶夫周期的繁荣阶段，这一市场利率再次上升，但在 1852 年出现了下降，这表明存在一种抵消的力量。黄金流入量在 1856 年超过了第一次鸦片战争的顶峰（5 英镑 10 先令。1857 年的数字再次提高为 6 英镑 15 先令，但这一年的数字显然是由于恐慌而引起的），这标志着康德拉季耶夫周期的顶峰。除了 1864 年和 1866 年的金融恐慌，这一时期没有再出现这样的年度平均数值。不考虑这些情况以及中间的一年，在整个衰退阶段和萧条阶段都有下降的趋势，只有在复苏阶段结束时才有一点回升，如上所述（从 1895 年的 19 先令 2 便士到 1897 年的 1 英镑 18 先令 6 便士）。在这一运动中，朱格拉周期在 1860 年到 1861 年出现了很好的上升；随后在 1863 年至 1866 年打断下降趋势并恢复上升，然后 1868 年下降到正常水平；从 1869 年再次上升到 1872 年的朱格拉周期的顶峰（4 英镑 1 先令 9 便士，1873 年的年平均 4 英镑 14 先令是再次受恐慌的影响而出现的）；随后一直下降到 1876 年；1877 年恢复上升，1878 年有一些恐慌性影响。在对这些恐慌性影响做出反应后，1880、1881 年和 1882 年连续 3 年上升；随后下降，到 1886 年，其中没有实质性的变化，直到

---

① 从 1871 年到 1873 年，共有 928 家船运公司，资本为 27.81 亿马克。然而，各州都偿还了债务。帝国甚至购买了固定利息证券作为投资。

最新的朱格拉周期的繁荣阶段（1889年）出现滞后的上升；1890年达到世纪初的高峰（平均3英镑17先令7便士）；然后是下降（但1893年受到一些恐慌的影响）和上文中提到的复苏。在这一时期中统一公债的收益也呈现了同样的趋势。

读者会注意到，有些数字是恐慌性影响所引起的高峰，有些则是恐慌性影响所带来的低谷，当然这种变化在每种情况下都有其历史依据。但读者也会注意到，如果适当注意三个周期之间的相互干扰以及战争、恐慌和货币混乱的影响，除了这些构成我们的周期性机制的因素外，几乎没有其他因素可以解释，特别是每个周期每个阶段利率的变化基本上是符合预期的。由于这一时期黄金产量的变化，这些因素就更加重要了。事实上，我们已经看到，他们确实在坚持自己的观点。但是无论是弱化利率的短期效应，还是提高利率的长期效应，都不足以掩盖周期性的运动。当然从整个加利福尼亚淘金热时期来看，没有一个国家像英国一样，如此直接地受到美国新黄金生产的影响，也没有任何地方可以如此容易地跟踪实际的短期影响。然而，在其他国家，利息的表现都不像在英国那样几乎是按照理论进行的。

3 利息和利润、生铁产量、总产量和价格水平

就战前时期而言，我们不可能证明利息和利润之间的统计关系，但幸运的是，我们也没有必要充分证明利息和利润之间的统计关系，因为我们的分析使后者成为前者变化的主要因素。在正常情况下，它们都应该是密切相关的，而这一前提就是只要我们相信德国股息序列（图38）的证据。它实际上非常接近，美国公开的有关股息的数据给人以同样的印象，铁路收益也是如此。正如已经指出的那样，在与其他序列的比较中得出利率对企业短期表面上波动的极端强调，同时也是其周期性变化与就业行为之间的唯一区别，我们通过图20和结果趋势的比较就可以看出这一点。利率的滞后性，尽管并不总是表现得很明显，而且在许多情况下很难从所有那些使我们的资料中的序列变

得不可靠的反复无常因素中识别出来，但也必须牢记。有了这些条件，我们可以说，利息与美国钢铁公司的生铁生产或未完成的订单关系良好，而且在两个较长的周期中，特别是在康德拉季耶夫周期中，它与总产出的关系符合我们在理论上的期望：利率下降的漫长时期也是总产出增长最强劲的时期。如果从产出序列中消除最小平方的趋势，那么，在基钦周期中，这种关系主要是向上的。但是利息与建筑业的短期关系却是不确定的。在繁荣阶段和萧条阶段，利息与外部清算、外部贷款和外部存款是正相关的；在复苏阶段也是如此，不过在衰退阶段是负相关的。由于衰退阶段是负相关的这一事实是这些序列中存在趋势的主要原因，所以消除趋势将在所有阶段再次产生滞后的共变。

读者会注意到，我们的模型对利息变化产生的预期，除了两个例外，几乎与对价格水平变化的预期完全相同。其中一个例外是滞后，然而，这只对短期波动很重要；而另一个是价格的下降趋势。但是除了这些，其余所有都具有确切的共变性，因为即使是在外部干扰和内部不规则的情况下，除了利息的恐慌性高峰之外，在大多数情况下，都可能在相同的意义上影响价格水平和利息。这实际上就是我们所发现的，而且在长周期内不比在短周期内少：只要看一眼波动图，读者就会满意，这种关系在康德拉季耶夫周期中的证据不比在基钦周期中的少，而且在多样化的外部因素的组合中也持续存在。[①] 在1886年至1925年期间，它一直是津恩先生最有趣的研究主题。通过前面的引用，它得出的结论是，这两个变量都不能被认为是基本的"驱动力"，但两者都可能是"对一套未知的共同生成原因的反应而波动的，在系统的根源上是活跃的"，而且"在任何时候，利率都以一种系统的方式与之前的批发价格及当前的价格相关联"。

然而，仅仅是价格水平和利率只是许多或几个总量变量中的两个，就足

---

① 凯恩斯先生的《货币论》提到吉布森悖论。他正确地称其为"整个数量经济学领域内最完全确立的事实之一，尽管理论经济学家大多忽视了它"，"它应该可以得到某种一般性质的解释"。在价格和利息的周期性共变中找不到这种解释的原因是，它是一个长周期的"而不是一个严格意义上的短周期现象"。但凯恩斯先生所设想的长周期共变只是康德拉季耶夫周期中的共变。

以证明这两个变量偏离严格的共变性必然有其他原因。特别是由价格水平划分的存款的短期波动和利率的短期波动之间存在着强烈的反比关系，两者都是参照它们的康德拉季耶夫周期来考虑的，这表明我们观察到的这种共变关系的不完善是有系统原因的，而上述分析却导致了更复杂的问题。

4 利息的连续特性和利率的滞后性

在一个量的相互依存的系统中，试图把一些量标为决定性的，而把另一些量标为被决定的是没有意义的。然而，在一个确定的过程中，即这个过程在系统中按常规发展，探寻每个元素在事件序列中的特殊作用是有意义的。在这个意义上，我们称利息为后果性的。在经济进程中，企业家对余额的需求使其偏离了它的邻域值，并且不会因为它自己的变化而周期性地破坏这个邻域。这个命题是由第三章和第四章的分析得出的，并且不能通过事后的论证来反驳，因为这完全是基于繁荣之前总是有调整性利率这一事实。但我们有必要防止另一种推理，这种推理以前遇到过，主要与冯·哈耶克教授的名著《价格与生产》相关，我们假设完全竞争与完全均衡共存，而且初始利率为正。

正如我们自己的模型所显示的那样，将有未使用的设备来创造余额，那么在一个完全竞争的成员银行系统中，每家银行都有利用这些设备的初步动机。这将使利率低于其邻域值，也就是那些研究者所说的真实或自然利率，从而提高所有耐用品的价值。因此这些商品的生产，无论绝对还是相对于非耐用商品的生产而言，都会因这种刺激而扩大，一旦刺激消失，即借款利率再次等于"真实"利率，这种生产就不会持续下去。这种推理似乎给出了一个周期性运动的合理模式，其动力完全是由银行发起的行动提供的。下一章将说明，即使银行的工作是极具竞争性的，也不可能采取这一理论所认为的破坏现有均衡状态的举措。但事实上，没有这样的举措会成为周期性偏离均衡的主要推动者，这是显而易见的，因为尽管利息可能只是滞后上升，但它肯定不会在繁荣阶段中或在繁荣时期的开始阶段下降。然而，为了对商品价值体系产生上述影响，这将是必要的。因此，我们不能回答说均衡利率必须参照余额需求表来定义。如果余额需求表向上移动，就像在繁荣时期一开始就移动一样，那么，借款利率可能会太低，甚至即使它实际是上升的，但相对于真实的数据也可能是下降的。首先，这种转变在逻辑上和时间上都优先于银行的任何举措。事实上，银行的举措作为一种解释因素是多余的，这一情况必须由外部因素的作用或创新来独立解释。其次，对旧企业来说，余额需求表的改变只受企业家支出的影响。因此他们的生产设备的扩张即沿着旧的生产函数的扩张，只有在利息绝对下降的情况下才会独立于这种支出而发生，但是它并没有。应该补充的是，沿着新的生产函数进行的生产，不必担心未来利息会上升，它受到利润缓冲的保护，打乱了以前满足的条件，因而不能确定对货币的时间偏好，即在这些作者的意义上的实际利率会保持原来的状态，它更有可能下降。

但是，这一理论作为一种基本的解释未能令人满意，我们也看到它正确地描述了大量的事实，正如在我们的历史简述过程中反复指出的那样。当然，我们并不认为银行的行为与周期性过程无关。尽管曾经出现过（以19世纪40年代的英国为例）在没有信用创造情况下的"狂热"现象，以及对借款利率的影响并不是其发挥作用的最重要的杠杆，但是毫无疑问，如果没有信用创造，周期性波动的幅度会小得多，特别是次级波的现象就会少得多。尽管这些现象不是由借款利率过低引起的，而是由企业活动引起的，较高的借款利率仍会在很大程度上将其控制在一定范围内，而低借款利率往往会促进它们。在发放贷款时对形势的判断比收取的利率重要得多，过于激进的银行业务不在于廉价融资，而在于不负责任的融资。但是，如果在一定程度的不负责任的情况下让信贷变得更加昂贵，其影响就会变小。

最明显的是，繁荣时期低息的货币政策，除了加剧过剩和随后的崩溃外不会有其他效果。我们参照第一节中介绍的调整性利率的概念对其进行定义，应该记住，这个利率不是一个均衡利率，尽管它不会导致与均衡利率的偏离，但它也不能阻止系统进一步远离先前的邻域。低息的货币政策试图使实际利率低于调整性利率，不可避免地在这个方向上产生了一个推动。类似的货币政策，无疑也是有效的，这会对均衡产生影响。但在这两种情况下，预计效果都不会像通常的双变量分析所认为的那样明显，因为在这种情况下其他事情不可能相等。在周期序列中继续下去，导致上行转折点的主要因素与之前发生的利率上升无关。在这个意义上我们可以说，利息导致经济下滑的程度不亚于它导致经济体系进入繁荣阶段的程度。然而，在这个命题之外，理解变得很困难，所以为了便于理解，先不考虑滞后性，并假设利率与系统的其他相关要素同步移动，然后，利率将随着商业开始的自动通货紧缩而变化。但是即便如此，它也会以不同的严重程度压迫系统中的不同部门，并且成为使次级波或其中一些部门的业务无利可图的因素之一。低息的货币政策将与对任何单一的但重要的因素采取的行动一样有效地抵制这种情况。[①] 乍一看这个论点因在第四章中首次进入我们的模型而得到加强，即重要的支出项目，某些类型的住宅建筑支出，特别是一些对先前繁荣时期新出现的事物及对新经济空间的征服所需要的调整性支出，都属于同一类别。实际上这些项目只对利息的变化非常敏感。因此，利息在这里获得了正如任何其他因素都可以或多或少地具有"次要因果"的作用。但是，正如对时间序列的研究所表明的那样，由于周期性机制的作用，利息的下降实际上与维持系统支出所需的金额下降的一样多，甚至更多。实际上这些支出项目在衰退阶段中是不断增长的。在实践中强调这种影响的理由，主要是未能区分经济衰退的过程和萧条的过程，因此只能必须根据个别情况而定，而且必须有足够的力量来克服对保持次级波的运作和防止不适应的清算的反对意见。

在经济萧条阶段，没有人反对低息借款的论点。但是当"危机"（如果有的话）结束后，利息通常会大幅下降，有时甚至会急剧下降。没有更好的

---

① 在如上的表述中，我们遵循的是假设利息下降对受影响阶层的消费者支出的影响可以忽略。然而，情况并不一定如此。

例子可以证明利率本身的作用比萧条时期的典型事件过程的作用要小。虽然理由不充分，但可以说，在某些时刻通过权威机构提高利率会更有效地刺激经济，因为它将唤起一些对余额的需求，而这些需求因预期进一步下降而被搁置。我们不需要通过我们的模型来阐述这个观点，所要做的就是引用常见的商业经验，如果不是因为已经形成的措辞，那么这些经验就足以确立这样一个事实：在经济萧条时更改利率只不过是一种政治礼仪。因此，无论利息如何迅速下降，它都不会因此而成为商业低谷转折点的一个主要因素。这与复苏的事实无关，但由于复苏至少在开始时是典型的当前业务的复苏，而不是投资的复苏，而且在当前交易的成本中，即使是零利息通常也比工资的适度减少要少得多。然而，随着经济复苏的进行，利息又恢复了它在萧条中失去的"次要因果"的作用，低息借款政策将再次变得有效。但正如从理论上推断和从统计学和历史学上看到的那样，在流动性和商业前景良好的条件下，利息不会也不可能迅速和大幅度地上升。只要它确实上升，这种上升就能满足一个明显的功能：在这些条件下，低息借款政策的效果只能是李嘉图-哈耶克效应。

现在必须引入滞后现象，要记住通常所说的滞后是由许多不同的因素组成的，其中一些根本不是真正的滞后，因为利息在周期性序列中处于其他因素之后。必须区分短期利率的滞后和短期利率后面的债券收益率的任何滞后情况，如果有的话，第一种情况下的摩擦很小。但是在繁荣阶段短期利率未能迅速上升，不管是什么原因造成的，都必须倾向于加强其主要和次要的过程，特别是次要过程①，这将诱发大量的操作并导致后来的困难。在上行转折点中和之后的滞后会产生这样的效果：随着商业的自动紧缩，调整性利率趋向于与均衡利率相等，在这之后从严格的理论上讲，它在衰退阶段以外的时间里起着惩罚性的作用。虽然这种作用是以衰退时期为前提的，但它并没有造成衰退，而是加剧了衰退。应该注意的是，我们没有同样的理由来期待转折点

---

① 这种滞后也是由信用创造的制度造成的：如果繁荣完全由储蓄来资助，利率不仅会上升，而且会更迅速地上升。

和衰退中的滞后，因为我们期待繁荣阶段中的滞后。如果在较短的周期中出现这种滞后，那么康德拉季耶夫周期的情况在所有阶段都是值得怀疑的，这在每个阶段都必须有不同的解释。衰退的主要因素不是风险，更不是为了弥补赤字而进行的借贷，而是取代企业家需求的新需求，其中一部分是立即出现的，而另一部分是在利率已经开始下降后出现的。由此可见，这种惩罚性影响并不具有引起普遍骚乱的性质，尽管它确实增加了典型的旧企业的困难。特别是，不应该从短期利率相对于价格的滞后推断出这种普遍的惩罚性影响，因为正如我们所知，价格下降与经济繁荣是一致的，而在经济萧条时期，失业者的余额是以利率为基础的，这个阶段的滞后只能是由风险因素造成的。随着风险的降低，那些在利率恢复之前必须首先消失的余额也说明了这样一个事实，它在康德拉季耶夫周期中的繁荣时期特别明显，而且比其他任何东西都更能说明许多人对低利率的功效有着不可动摇的信念，即较短周期的底部转折点经常发生在利率仍在下降时。既然是商业活动拉动了它，我们就不会对此感到奇怪，关于这一有利因素的因果重要性，没有必要对上面所说的内容进行补充。

债券收益率相对于短期利率的滞后根本不是一个常规现象。除此以外，它与刚才讨论的滞后不同，因为摩擦在其中起着相当大的作用。一方面它可以在这个国家当前的康德拉季耶夫周期的升阶中表现良好；另一方面，在恐慌（如果有的话）过后的深度萧条中经常可以看到。但是第一个例子和其他可以引用的例子一样，要用与我们的机制运作无关的特殊理由来解释，而后一种情况受到的关注超过了其应有的重要性。这些情况的存在归因于，在深度萧条的气氛下，借款人还是贷款人都不愿意做任何生意，这与利息的关系不大，而且现有债券的价格被压低，因为他们知道为其服务的来源正日益受到损害。一般来说，收益率和短期利率的短期共变几乎是同步的。

第十一章

中央银行市场和证券交易所

BUSINESS

CYCLES

银行及其对工业的影响

在质疑有关为提供金融工具的目的而提供金融工具、为贷款目的而提供贷款的方式时，又进一步远离了经济进程的动力。在这样做时，我们将继续使用在早期阶段已经总结出的银行方面的一般模式，将其作为一种工具来解读三个国家的银行体系的实际运作情况。我们也在各个方面充分了解到这些银行的实际运作方式，分析得出了可用的框架。那些与我们目前的目的最相关的特征可以总结并在某种程度上具体体现在以下方面。

在所讨论的时期内，银行体系的体制模式（包括其人员素质和惯例）发生了很大变化，甚至自英国的皮尔法案、德国国家银行的成立及美国的国家银行系统的建立以来也是如此。但实际上，无论其意图如何，它们中的大多数（尽管不是全部）只不过是对经济进程所造成的情况的适应，实际上是对进程后期所产生情况的适应。我们提出的这种关于整个时期的一般性命题，应在每个历史分区重新制定，严格地说，应该单独分析。

1 对银行主动性的限制

不管是通过业务操作的机制效应还是范例影响，个别成员银行可能会大到能够通过自身行动影响价格水平和借款利率。在1845—1870年期间，英格兰银行的成员银行业务就是一个典型案例。在这个时期的最后三四十年里，英国和德国的大型企业及在末期被称为纽约集团（货币信托）的机构，则提供了其他案例。然而，无论银行是否持有这种头寸，都是被套牢了，这不仅仅是因为价格水平和借款利率的原因。这些条款虽然从长远来看是有弹性的，但从技术上限制银行在特定时间点上提供给客户处置的总额，①而且还因银行通常不能主动放贷，甚至在不主动放贷的情况下，也不允许贷款数量机制性地扩大到该限额。这么一个简单的事实已被早先和最近的争论所掩盖，还很容易被误解，所以，在有重蹈覆辙的风险前提下，必须谨慎地进行表达。本文将首先谈及成员银行与客户的业务，然后谈及成员银行在公开市场的运作，最后谈及投资项目的某个特定方面。

近一个世纪前，在围绕皮尔法案的银行原则的争论中，富拉顿（Fullarton）持有着代表银行界观点的作者们一再提出的观点，即银行不能"把钱强加于人"。他认为银行有强烈的动机（至少在完全竞争中）来充分利用贷款，因此银行会制定相关条款以创造相应的需求。这种说法未能公正地说明富拉顿的真正含义，而是重复了他可能希望指出的，即把商业行为的一般模式应用于银行的错误。生产商都仅希望出售能够带来最大净收益的产品数量，而不关心售后问题。想拿回"自己的钱"的银行，由于这个和其他原因，不能按照同样的模式行事。对银行来说，与每个客户的每笔交易都有其他考虑因素，要视作特例，因此不能像销售一双靴子那样处理。此外，这每一个特例，一方面是银行与客户关系中的一个要素，必须作为一个整体来看待；另一方面，也是银行总体地位中的一个要素，必须作为一个整体来观察。这促使银行采取一种在其他商人的行为中完全没有的谨慎态度。而这种态度并不总是被采纳。我们的历史报告中就有这样的例子。事实上，这种态度经常不被采纳。这正是在富拉顿所反对的货币学派学说中也有许多实践智慧的原因，而货币学派又根据经济学家认可的方法反驳他的学说，该方法中就包含永远不要满足对手的观点。然而，这种态度是作为银行家的逻辑的重要组成部分。因此，虽然大多数店主通常会在商品"售罄"时感到高兴，但银行家不会以"贷完"

_____

① 在任何时候对所有成员银行的存款扩张所设定的限制和对任何一家银行的存款扩张所设定的限制之间的这种区别是传统教义的一部分，因此无须详细说明。然而，应该回顾的是，传统教义没有充分强调：第一，这些限额的弹性；第二，个别银行一起扩张和收缩的事实，对个别银行的扩张所设定的限制失去了很大的重要性。

为目标，更不会在"贷完"时祝贺自己。相反，实践证明，无论是银行家本人还是银行界，都认为这是一种特殊、尴尬和危险的情况。要做到安全妥当地处理客户的业务，就需要银行有充足的未使用的贷款额。因此，在成员银行与其工商业客户的业务中充分利用这种贷款能力，既不是均衡条件，也不是银行系统均衡邻域以外的"适应"条件，更不能说这为银行家的自利行为提供了解释。基于商业行为的一般模式，经济学家们坚称实际的银行家应用于他们的"理论"的报价应该归咎于他们自己。这一考虑从实践方面完善了前一章提出的争论，而且也更适用于不完全竞争的实例。

现在，主动性可能有多个不同含义。这并不是意味着银行指导委员会是一个自动机器。我们对银行业的看法没有那些认为银行是经济周期主要推动者的理论家们那么死板。事实上，从我们在整个分析过程对目标要素的强调中就可以明显看出这一点。对我们来说，主动性既不是如商业汇票贴现等交易业务的形式特征，也不是健全银行业务的保证，而是对所申请的余额背后用途的了解、理解和适当的关注。判断每个商业目标的成功机会、实现手段、借款人类型、观察借款人的行为、相应地给予或拒绝进一步的支持等都是银行指导委员会的基本职能。这些基本职能比仅仅是决定银行的放贷力度、对银行家的银行的依赖程度，以及让自己陷入困境时的风险承受程度等还重要。前文所说的银行通常不能主动与客户开展业务，指的是银行不能主动发起个人交易。如果我们思考这会涉及哪些方面，就会明白其原理。就企业融资而言，主动性意味着向那些有融资目的、比银行家更了解自己立场的人提出明确的计划，或敦促他们进行下一步。毫无疑问，这也有例外。特别是在合并或在一项需要在同时发展中获得额外声誉的新方法中，这种新方法又不在执行者的视野或影响力范围内的情况下，动产信贷公司（Crédit Mobilier）[①]的做法提供了最重要的一种例外情况。除此以外，有的就是（可能是作为伟大银行

[①] 动产信贷公司是一家由佩雷尔（Pereire）兄弟创立的法国银行公司，是19世纪中叶世界上最重要的金融机构之一，在众多铁路和其他基础设施项目的融资中发挥了重要作用。——译者注

家职业生涯的巅峰）银行通过承诺支持并帮助企业家渡过难关来成功地使自己为企业负责。但是，这显然是有风险的。一般情况下，如果一项提议必须强加给主要责任人，那么它就不是一个好兆头。但在较小的程度上，这一点甚至适用于当前的交易。银行经常认为有理由进行限制，但很少有资格问客户：你不会为了做这个或那个而借钱吧？对一些国家的某些银行来说，在与私人投资者或投机者打交道时所扮演的角色则是另一回事。

可以说，银行不用过于主动，而是在没有具体提议的情况下，可以采取一种普遍的激励态度，主要包括提供有吸引力的条款、向摇摆不定的客户传达这样的印象：如果他们决定贷款，就会发现其他人早已都在贷款。即使是一家小银行，也可以模仿其他银行的做法，但一家足以通过自身行动或范例影响形势的银行，似乎特别有能力实施这样的刺激措施。因此，事实上经常被问到的问题是：为什么银行系统不使用这种权力，甚至有人问，为什么银行不故意地使用这种权力来加剧繁荣和萧条。回顾我们对历史案例的讨论和前一章中的相关论点，首先要重申的是，开启一个繁荣的阶段，不需要来自银行的激励，而且实际上提出的这种激励，大多来自所谓的一些更愿意承担风险，甚至在风险评估上比较激进的银行。例如，1837 年和 1907 年以前的事件可以证明其与危机和恶性螺旋的发生密切相关。其次，在我们的意义上，银行的负向激励并不一定会导致经济衰退，有时在特定时刻施加的这种负向激励的影响，只是为了稳定而不是扰乱系统。第三，接近或处于较低转折点的利率无论如何都是低的和下降的，银行家的态度通常是很激励人的。因此，这个问题缩小到了银行在萧条前和萧条期间的行为。上一章已经指出，只有在经济衰退末期，银行才会主动为企业提供贷款。银行很少主动为企业提供贷款的原因，与一旦出现经济下滑时银行采取主动行动也无能为力的原因类似。银行只控制着商人所处的情况的一个因素，而商人的处境包含如此多的障碍和不稳定的情况，以至于这种主动行动除了变得极其困难之外，还不能指望是有效的。即使没有惊慌失措地收回贷款（这一因素在危机机制中非常重要，在战前时期的早期尤其如此），生存利益也会驱使每家银行采取一些非常重要的举措，这些举措会加剧经济螺旋式下降。所有分析再次说明了，从银行业实践的角度来看，银行的自利行为不是导致周期性变化的主要原因。

上述分析并不带有辩解的目的。相反，如果与我们的目的一致，它的提议可以制定成一项非常全面的监管计划；但实质上它必须主要是限制性的，并旨在提高人员素质，加强对规范条例的遵守，而不是不同的实践原则。使某些权威机构能够迫使银行采取主动行动的机制如果有效，那么在大多数情况下会导致更多的失调。此外，在失调情况下，可以预测这种机制将会产生补救或预防效果，但这仍不如这样一项政策，即让银行自由履行其职能的同时，通过政府开支等政策方式，直接作用于经济过程。

2 成员银行在公开市场的业务

在有些经济学家看来，经济周期只不过是银行系统运作的一种效果，特别是在萧条的情况下，只不过是一种"通货紧缩"，而这种"通货紧缩"几乎可以通过"通货再膨胀"的存款创造来战胜商业自我紧缩的企图，从而转为繁荣。我们的论点很可能不被那些经济学家们所接受，尽管我们的论点与实际的经济情况一致，但这也正是我们在"被动"的银行系统①的假设下将清算、存款和利息行为分析得比较到位的原因。同样，这些经济学家并不认为经济的繁荣和萧条取决于商人或激进或保守的情绪状态。如果没有什么途径能客观地对这些情绪做出解释说明，那么可以合理假设银行的心理评估疗法永远是有效的。虽然我们的观点得到了强有力的验证，但还需要参考我们对周期性变化过程的整体分析，才能完全令人信服。但需要特别注意的是，分析的内容都与成员银行在公开市场上的业务有关。

---

① 然而，应该注意的是，"被动"一词并不能很好地表达我们的意思，反而很容易被误导。前面的段落充分表明，我们的意思不外乎是银行主要为了应对商业状况而行动，而这些情况又不能用他们的行动来解释。

如上所述，虽然银行在破产或预期破产时的行为可能与产生"危机"的某些特征具有因果关系，但上行转折点的出现通常不是由银行赎回贷款带来的，因为在"触及技术极限"后，现金就会开始减少。即使在本国，大量的周期性波动都会保持在这些限度内，而且没有理由相信这些周期性波动会在银行的资金耗尽之前停止。但银行体系似乎比实际情况更接近这些限度，因为它们不会将全部的资金以现金和在其他银行的存款的形式持有，而是将部分资金作为临时投资赚取利息。在实践中，我们称此类投资为二级储备。该二级储备跟一般的客户业务不一样的是，第一，受尽可能地使用资金的欲望所驱使；第二，这完全是一个银行管理委员会的主动性问题；第三，像经济进程中的任何事情一样，都是系统性的或常规性的。除了例外的投机性繁荣使得公开市场具有异常吸引力的情况外，在正常情况下，一旦各委员会确定了银行将向其客户提供的信贷，就会将剩余资金进行临时投资。这时他们考虑更多的是怎么投资、投资哪些种类，而非是否需要投资。

正如在第十章中所说的，在萧条时期，一旦恐慌结束，公开市场利率就会急剧下降，甚至在其他阶段利率也会保持在一个较低的水平，进而影响股票交易，特别是债券价格，直到商业对更基本的刺激做出反应，并且不仅仅是债券发行才对这种低的公开市场利率做出反应。相反，当经济复苏时，银行会逐渐收回临时投资，这样有助于恢复正常的金融秩序和提高利率。然而，即使银行会在经济复苏时"贷完"，也不等同于像在其客户贷款业务中那样产生同样的效果。特别是，如果要在更广泛的意义上"贷完"，银行不需要以贷款限度为由限制客户贷款（尽管随着繁荣的发展，银行因其他原因可能会限制贷款），而在萧条阶段之外如果存在二级储备，就说明银行从不想在狭义上被"贷完"。

二级储备的含义在不同的时期和不同的国家有不同的答案。优质的短期票据、短期政府债券等再贴现工具是典型的二级储备。如果没有再贴现工具，银行则向证券交易所进行短期拆借贷款。其他"未来资金"能否作为二级储备，取决于市场的组织形式和公众的传统行为。政府债券、其他债券，甚至普通股票（如果银行有合法持有和交易的权力）都可能充当二级储备。就德国银行而言，将剩余资金作为二级储备与支持所赞助企业的证券价格的动机是一样的。要指出的是，成员银行对企业和家庭，以及银行家的银行在公开市场上对成员银行履行的职能是类似的。在经济下滑时，银行买入有价证券，从而为公众提供流动资金；在经济繁荣时，银行卖出有价证券，从而减少公众的可用货币。这种机制不是单独运作的，也不是在其他因素都相同的情况下运作的，因此这种机制的调节作用常常被其他因素掩盖。但仅是基于利润的目的，就足以运作这种机制，普通股就是个很好的证明。对于债券，这种机制意味着银行在债券价格高涨时买进，在债券价格下跌时卖出，从而加剧了债券价格波动，否则这种价格波动将普遍存在。然而，银行的这种做法是有利可图的，因为这笔资金本来是闲置的。因此，银行通过货币创造应付公众的消极情绪，是有传导机制和目的的。但银行提高这种做法的有效性是毫无意义的，正如第九章所指出的，即使是实际创造的余额也会像银行的相关资金一样被闲置。

可以明确地说，在我们这个时期，美国银行的投资项目大部分都具备二级储备的性质，其中有一个显著的特殊趋势。但是，纽约银行和外围银行（在投资与贷款方面区别都不大）在剩余资金增加时购买债券，在客户贷款增加时抛售债券或减少债券购买。对于外围银行而言，投资的波动与贷款和贴现的波动有强烈的反比关系，这证明了我们的观点。①

3 影响银行投资的其他因素

当然，成员银行的投资不能完全由二级准备金假说来解释。首先，在政府支出异常时，政治需要或政治压力可能会迫使银行增加对政府债券的购买，

---

① 流通中纸币的行为与我们的观点完全吻合。除去《1900年法案》中引入的2%的公债的影响，它们随着国库和银行之外的货币及利率的变化而波动。因此正如我们所期望的那样，它们跟随客户业务的脉搏。

其程度完全超出二级储备的范围。其次，获取金融投资及扩张融资的一种方式是将资产出售给银行（第九章），这一操作仅在技术上不同于借款，但会使银行投资项目呈现与二级储备完全相反的时间特性。已有数据统计证明，在战前时期，主要涉及的是第二种情况，但不一定总是如此。例如，在政府支出异常巨大的时期及之后，社会上出现大量的政府债券，以至于当时银行与公众之间主要就是政府债券交易。在这种情况下，一方面，企业和家庭对银行贷款的需求减少，因此也不再重视银行的建议和贷款批准，而且他们或部分人将直接通过公开市场满足自己投融资需求。另一方面，银行虽然失去了对工业企业的运营控制，但在其余范围内银行将更具主动性。如此，银行就有理由说是"调节资金流动"并控制现金流。战后时期的情况就说明了这一点，[①] 不过，就此而言，说银行以此来调节商业的脉搏并不真实。相反，这种条件的持久性意味着重大变化，自 1930 年以来的经济发展强烈地表明，这些条件，特别是从资本主义逻辑的角度被视为不正常的政府支出，现在可能变成了一项长期的稳定支出了，这是因为银行在货币余额调整范围外所具有的调节作用已经消失。资本主义机制的一个重要部分将永远消失。不难看出，政府不是单纯地提供政策便利，而是通过政府支出的方式刺激经济，这种支出权力通常被错误地归因于由银行行使。实际上，在经济低迷时国家需要刺激经济主体进行经济活动，银行虽然拥有同样的权力，但它们比以往任何时候都更无力启动经济，使其走出低谷。更不幸的是，这些权力助长了银行的过度行为。虽然可以辅助度过经济低迷阶段，但也是杯水车薪。

　　第三，以德国银行为代表的动产抵押信贷[②]银行，其投资项目超越了二级储备的范围，并在银行原则上参与资助企业经营活动的情况下，受到额外重视。银行管理委员会的任务之一，就是发挥与企业主动性不同的作用，可以

---

　　① 尽管文中有这样一句话，但应该指出，由于银行投资理论的大多数追随者主要是以战后事实和问题为依据进行推理，我们对银行业的看法与我们这个时代的大多数经济学家的看法之间的差异并不像看起来那么大。

　　② 使用上述表述是因为作者认为它表达了这个意思，但从历史上看，这并不完全正确。

称之为贷款主动性，即向其工业企业客户推荐（有时是强加）银行的贷款政策，特别是告知其客户可以通过经常账户借款融资的额度和期限，以及通过发行债券或股票偿还债务的时间和额度。

正如我们所看到的（第九章），这种偿债方式要么会减少存款，要么借新债还旧债（如果银行资助认购），这两种情况对银行本身、整个银行体系及公开市场都有很大影响。那些为实际投资提供资金的发行也可能起到同样的作用。但是，动产抵押类型的银行购买大量的股票，要么因为这有利于加强银行对客户当前财务的控制和对同一企业未来发行的管理权，要么是因为银行希望影响企业的财务策略，特别是在谈判合并时获得具有战略价值的地位，要么是因为某指定的发行还没有成熟到可以在公开市场交易，要么是因为银行打算长期合作，或只是为了增值获利。这种投资很有可能会发展成为银行最有价值的资产，并成为银行业务的核心，在资产负债表中这类投资被记为"永久持有"或"有价证券"。当然，这种投资是基于银行利益出发的，并且在很大程度上不受英国或美国舆论认为的正常银行业务的影响。银行的实际行动一般来说并不是对正在发生的事情的控制，而是对股东大会的控制。

中央银行市场

首先，再三强调我们针对银行家的银行在周期性变化过程中的作用的讨论是有限的，我们不希望误导读者，以为可以从中直接总结出关于中央银行的一般理论。其次，要做到整体分析就要把个别中央银行或中央银行体系的发展史联系起来，其中一些内容在前几章已经介绍过。少数理论可能适用于部分或全部与中央银行业务类似的机构或机构团体，但在不同的时间和不同的国家，环境、组织结构、经营习惯、对成员银行与企业的态度、对投机行为的态度、与政府的关系等方面具有很大的差异，甚至对相同的形式和术语也有不同的含义，要整体归纳分析是非常冒险的。以下两个例子就是很好的证明。在我们的研究期间，英国企业和银行界都推崇传统意义上的稳健货币和稳健银行业务，以至于英格兰银行采取的措施（完全相同的措施）有性质和效果上的区别，英国银行业的政策和措辞总会被模仿，但在思维方式不同的国家，银行家的银行所采取的措施会产生不同的经济意义和效果。同样，我们会注意到英格兰银行的政策及相应的政策效果对英格兰债权人的重要性。目前，我们暂不考虑黄金流动、国际关系和汇率，而是单独分析中央银行。即便如此，债权人地位的差异仍是重要的，即在整个时期的任何时候都有相对大量的财富积累，这些财富按照既定的惯例进行管理，使中央机构的工作比其他国家要容易得多。仅仅这一事实，就使英国银行业的原则在其他国家的应用和英国议会制政府原则在其他国家模式中的应用一样，一直都值得怀疑。

第三，由银行家的银行和成员银行之间的交易，以及银行家的银行在公开市场上的操作组成的中央银行市场，是一个抽象概念。根据前面的分析，以英格兰银行为例，它和成员银行之间的交易概念在某种程度上是一种反映实际情况的有用虚构，但只是在某种程度上的虚构。此外，在联邦储备体系成立之前，几乎没有一家中央银行的业务是符合我们意义上的银行家的银行业务；而且除了联邦储备体系，也没有一家中央银行涵盖我们赋予银行家的银行的所有职能。关于前一点，中央银行的成员银行业务的历史重要性已经强调过了。关于后一点，即使是在英国，我们也应该强调银行家的银行业务，而不仅是单一的中央银行。需要补充的是，这项业务是影响信贷结构最重要的杠杆，并加强了中央银行对其银行家的银行职能的控制，即让中央银行在市场上拥有其他银行家的银行都很难获得的控制权。但在某些方面，这也束缚了加强这种控制权的意志，反过来思考，这并不矛盾。

最后，一些读者可能已经对我们将美国的中央银行职能与纽约银行联系起来的这种做法感到不满。特别是根据在1864年和1887年修订的国家银行制度的规则形成的中央和城市银行储备体系制度，这似乎与前文的论点背道而驰。该制度条例包含着对中央储备城市银行施加特殊的储备要求，以及要求将这些储备全部保存在银行的金库中，其他银行货币余额的五分之三可以算作其部分法定存款准备金。当然，将某些银行的活期存款作为储备金，或将储备金和平时的盈余资金再存入处于更核心地位的往来银行的这种做法，在往来银行和客户（一般包括经纪人、债券公司、投资信托公司等）之间建立了一种经常性的合作关系。往来银行承诺为这些客户和其他客户充当代理人，为他们提供咨询服务，并处理外汇和公开市场业务，反过来让客户成为其收款或其他目的的代理人。更重要的是，往来银行在发生季节性和周期性恐慌时可为客户提供贷款便利。这种银行家的银行业务具有很强的竞争性，因此，从我们这个术语的意义上讲，这对成员银行非常有利，他们不仅得到了很多免费服务，还收到了贷方余额的大致平均水平的利息，在《联邦储备法案》出台前 20 年，这种利息通常是 2%。[1]据审计报告，中央储备城市银行的储备中约有一半是银行家的存款，我们得到的纽约银行数据主要来自美国银行家的银行的样本数据。其中包含了存款结构及其最重要的要素，而且正如前面提到的，数据情况很大程度上证明了我们的选择是正确的。

我们从成员银行与其客户、企业和家庭的关系，以及银行家的银行与其成员银行的关系之间的类比开始讨论。在充分理解周期性演变过程中系统支出变化的性质及其与成员银行的存款创造活动（成员创造）的关系后，就能对银行家的银行的存款创造活动（中央创造）的基本原理有所理解。尤其我们容易意识到银行家的银行不如成员银行更能够负担得起或有意向地被"贷完"。因此，英国和德国的中央银行总是保持足够的保证金，在这里就不需

---

① 另一方面，除非代理银行将其与非银行客户的业务限制在当地范围内，否则他们几乎不能没有这些关系。这些并不十分有利可图的关系本身，以及有必要密切监督成员银行的安全和成功的行为（这些银行家的银行本身的安全和成功在很大程度上取决于这些银行），再加上许多特别小的成员银行的令人怀疑的管理质量，造成了这样一种局面，即对实际困难的自然补救措施是并购和实行银行分支制。事实上，并购运动从 1900 年开始蓄势待发，当时对《国家银行法》的修订加剧了大型银行之间争夺成员银行余额的斗争。如果它在加强这个国家的信用体系方面走得不够远，那是由于敌对的立法和公众的态度，这种态度不会容忍组建足够大的单位，以便达到真正安全和有效。

要做进一步说明了。在美国，这两个事实都因为立法承认而变得模糊不清。[①]
然而，这项立法巧妙地将数量和安全混为一谈，以至于即使在法定最低限额
就足以应对的情况下（只要低于100%，就不可能是事物本质上的一个刚性数
字），仍要求保持盈余储备，这样的做法既困难又代价高昂。然而，值得注
意的是，除了异常情况外，纽约银行的资金在任何周期阶段都不会被耗尽，
而且几乎总能保持充分的盈余储备，只有在战前的最后10年里，才算适度的
储备，在秋季流失（the autumnal drain）的几个月里的储备率平均约为1.5%。

　　上述内容与我们对中央银行实际作用的看法一致，并间接地说明了这一
点。中央银行的地位和业务的重要性，使得其态度和范例成为银行界和商业
界的重点关注。再贴现率，或者更广泛地说，中央银行准备为成员银行提供
资金的条件，以及配给、劝说、公开市场操作，这些都是临时执行的措施。
只需提及这些，就能唤起不受理论和计划误导的人头脑中大致适当的想法。
另外，限额配给不是一种紧急措施，而是银行家的银行日常业务之一。成员
银行不能随心所欲地进行再贴现业务或借贷，如果作者根据自己非常了解的
一家大型中央银行及能够收集到的其他两家中央银行的相关做法来判断，就
会发现每家成员银行都受到中央银行的密切关注，具体体现在关注成员银行
的资产负债表、工作人员、所进行的交易的性质、附属机构及其客户的种类
和质量，如是零售商还是工业公司，在地理和经济上是分散还是集中分布等。
中央银行也会仔细收集成员银行和其领导人的信息进行判断，最后才会决定
成员银行的"配给"。除了那些会根据当前特例情况进行变动外，"配给"
额还会周期性地变化。这里所说的劝说，与（一般）态度不同，是指试图影
响个别成员银行或成员银行集团。其内涵丰富，在某些情况下，可以是愤怒
或咆哮的态度。它的含义包括威胁（拒绝提供便利的威胁是其中之一）、警
告及延缓或拒绝参加官方晚宴等措施。虽然通过这些方法产生效果的可能性
因国因时而异，但一个完全熟悉信贷机构运作的人却认为该方法很有效，如

---

　　① 关于银行票据准备金的法定要求与上述论点毫无关系。

有需要证明，从银行家的银行不可以有系统性的"贷完"倾向就能证明，而且上一节的讨论更能说明这一点。

如果认为中央银行的行动仅仅是适应或被动的，那是非常错误的，因为那是对非中央银行自身造成的情况做出的回应。作者也不清楚银行利率是"宣示性"还是"构成性"这一古老争议中的问题所在。银行家的银行即使在不完善的市场中不是领导者，就银行家的银行也处理成员银行业务而言，至少也是一个领导者。就只做中央银行业务而言，银行家的银行在某些情况下就是一个垄断者，而且其任何措施都必须成为后来情况的一个因素。银行家的银行以垄断的方式来确定其利率，并没有任何目的，只是为了宣布或记录金融形势。但必须认识到，一个有能力随意发出危险信号的人，也可以创造和宣布形势。而作为银行家的银行，实际上不可能仅仅记录当前局势，更不可能仅是记录市场利率的趋势。

中央银行的利率和态度之所以有效，是因为成员银行和公众将其利率和态度视为经济状况的表征，并做出回应。在经济学家和商人看来，中央银行发挥传导机制效应的能力似乎比实际要大。然而，中央银行的调控手段，有时是极特殊情况下发挥作用，显然足以应对一般情况及保证其行动自由，尽管单一中央银行比竞争性银行家的银行有更多自由。一直对上述说法有异议的批判者，主要基于三个原因得出不同的结论。

第一，大多数批评者都只关注特殊情况。分析中央银行或中央银行体系在形势严峻的情况下如何运作，虽然这是有意义的，但如果以此作为评论的唯一标准，就会忽略在正常情况下中央银行或中央银行体系所解决的问题，由于这些问题已被成功解决了，所以容易被忽略。第二，在无法顾及国家整体经济有机体及相应的行为后果的情况下，中央银行会被迫机制性地对与自身相关的某些指数、货币市场及货币的行为做出反应。但如果我们了解英格兰银行对储备比例、黄金流动等做出的反应，就会明白，在绝大多数情况下（在特殊情况下，英格兰银行和德国银行都不会仅仅根据这些指数而采取行动），中央银行从这些指数中对一个国家的周期情况做出的判断会与其他观察者得出的推断相吻合。因此，中央银行根据这一推断采取的措施，会不可避免地对交易量、价格等产生一些"稳定"的影响。最后，大多数批评者从经济周期的银行理论出发，认为中央银行完全有能力解决这个问题。因此，用一个站不住脚的问题来代替实际的问题，这样的误解必然会否定所有的实际分析。

同时，从中央银行可能影响经济进程的方式和方法的性质来看，尽管有弹性，但是它们的有效性仍有一定的限制，而且如果这些手段的目的是抑制经济繁荣，则比刺激的目的效果要好得多。作为一个历史事实，这一点是毋庸置疑的。但这有一个明显的问题，即构成中央银行的法律权利和义务、惯例和业务，仅是来自稳健货币的理念，还是有更根本的原因？正如我们在成员银行的案例中所看到的那样，法律或惯例的限制尽管对于遏制银行不谨慎地发放贷款行为来说实际上是不可避免的，但这并不造成银行业务中固有的那种克制态度的必要性，因此，在中央银行的案例中，我们不难认识到，即使没有立法或传统强制执行，类似的态度也会因其处境的逻辑而强加于它们。各个"流派"的拥护者看不到这一点的原因是，中央银行作为"最后贷款人"，不会像成员银行那样，银行业务受到限制。因此，在没有法律和传统限制的情况下，中央银行在对经济状况采取行动时几乎享有无限的自由。除了政府永远不能允许其失败之外，中央银行根本就不需要顾及贷款的"质量"和"贷款目的"，因为它有能力通过存款创造来提高贷款"质量"，并在经济意义上合理化"贷款目的"。在不能消除由国际贸易、黄金流动、外汇引起的复杂情况的前提下，我们将参考一个孤立领域的周期情况的顺序来进行分析。每一步，我们都会区分实际情况和可能存在的情况。当然，可作为现金使用的法定存款准备金的清偿能力只适用于前者。

如上所述，中央银行因其地位的特殊性影响着整个商业银行界的风险投机态度，特别是在预防或阻止恐慌的关键时刻，这种影响的可能性是相当大的。但在认识到周期性阶段不仅仅是商人的投机心理问题这一事实时，国家主要领导者的劝告尝试则进一步发挥了作用。除了前文所说的中央银行的成员银行业务对企业和家庭的业务所产生的影响外，中央银行在中央银行市场上主要是通过影响成员银行的储备来影响货币和公开市场。① 因此，只有调整这些储备（辅以态度和劝说），影响成员银行，才能影响中央银行市场外的经济活动。这就意味着，首先，即使中央银行完全掌握了成员银行体系，以至于中央银行的微小举动将立即转化为成员银行放贷意愿的增加或减少，但对工业和贸易的影响不会比我们看到的这种意愿变化所预期的更大：只有企业采取行动的数据之一因此受到影响，并只有在同等假设下才能预测确切的结果，这在经济进程中是完全不允许的。其次，对成员银行来说，贷款能力的增加和减少也只是决定其贷款意愿的众多因素之一，而且仅在某些情况下才是决定性的因素。成员银行是不同的经济决策中心，除了声明制裁并弥补行动后果外，中央银行的任何政策都不能改变成员银行贷款意愿所需考虑的因素，特别是上一节所述的银行业务的逻辑。因此，中央银行或多或少会分担可能出现的紧张局势的风险，进而影响成员银行。尽管成员银行会默许是中央银行决定"货币供给"这一表述，但这么说是不正确的。因此，如果银行家的银行是单一中央银行意义上的最后贷款人，那么成员银行与其工业客户的关系和银行家银行与成员银行的关系之间的类比并不像人们所想的那样被破坏：从这句话可能引起的联想中推断出的结果将完全是误导性的。公开市场业务也不会改变这一论点。我们注意到，成员银行偶尔会阻挠中央银行的行动，有时会发现中央银行的行动是一个"哑弹"。基于我们的立场，这是完全可以理解的，这只是贷款计划的一部分。中央银行的行动有时见效，有时不见效，这是一个问题。对那些相信仅凭贷款数量就能对企业有传导机制作用的人来说，这是一个尴尬的问题。可以说，中央银行的政策像其影响成员银行储备

---

① 不要求对成员银行储备的监管是中央银行管理人员明确的、清晰的、理论上理解的目标。在许多情况下，这种监管将隐含在他们的正常经济行为中。至少从 19 世纪初开始，英格兰银行就对国家和伦敦银行施加了这种监管影响，但长期以来没有发展出任何理论或原则。公开市场操作差不多已经过时了。

那样，直接决定中央银行市场利率，对公开市场利率的影响也非常大。但是，从中央银行市场的行动传导到我们意义上的货币市场上的行动具有时滞性，传导到商业和价格的活动时滞性则更强。中央银行即使在法律上有创造货币余额的无限权力，也不意味着有创造货币的实际权力，更不意味着拥有灵活使用货币的权力。

由于中央银行主要是通过成员银行参与经济活动，就没有必要强调成员银行比中央银行更能带动经济的繁荣，尽管可以想象它们可以阻止这种波动。在严格的理论中，特别是如果前面的邻域足够接近均衡状态，中央银行在这种时候的行动可以被确认为无为、中性或者局限于那些即使在最平静的海面上、最直的路线上也是必要的微小的方向调整。在没有外部因素或各种潜在的周期阶段影响的情况下，中央银行的态度与利率对成员银行的激励和成员银行的态度与利率对企业家的激励一样。因此，货币和实际利率之间的差异不会产生维克塞尔效应（Wichsellian Effect）。如果考虑外部因素，特别是资本和黄金流动，结果也许不一样，而正是与这些因素相关，中央银行举措的真正作用才显现出来。但我们暂时不考虑这个问题。随着繁荣的发展，中央银行通常会观察业务量和银行活动的扩张，并相应地逐渐提高利率。通常情况下，在这个阶段，中央银行没有动机施加限制性举措，这样做也不容易。这既是因为公众舆论的压力，也是因为货币市场在商品市场上存在的意义不大。在特殊情况下，货币市场的资金通常在均衡状态和临近均衡状态下都未得到充分利用，因此，中央银行任何实际可行的限制措施都会受到成员银行的阻止。[①] 例如，只有最灵活的公开市场操作才能以 10% 的利率借入无限量的贷款。

然而，随着繁荣的持续，成员银行开始清算部分二级储备，即向证券交易所和票据经纪人赎回活期贷款；并且银行利率的上升开始奏效，两者都意

---

① 在实践中，成员银行也可以通过在成员银行之间转移货币余额和从外国提取资金来阻挠中央银行可能试图实施的严格政策。然而，股票和债券的发行主要是按照中央银行希望的方向进行的。事实上，限制政策的目的可能是为了强制发行。

味着将公开市场上的资金回收到中央银行手中，也代表中央银行施加了限制或惩罚性措施。例如，在伦敦，在繁荣时期，越来越多的票据经纪人不得不将各种票据进行再贴现。这在理论上、在实践中都会继续，直到情况发生逆转，经济进程进入完全正常的、非灾难性的衰退阶段。这并没有像热衷于稳定的人所希望看到的那样，其中有多么出色的管理手段，而是对各种因素进行指向性的货币管理。像英格兰银行和德意志银行这样的中央银行，他们就像一个骑手一样，机械地追随经济事件，没有进行剧烈的鞭打和鞭策，而是通过小幅度调整座位来骑在马背上，因此可以说是在"跟随"他的马。在这些关键时刻，他们也没有出现由于中央银行突破技术极限而引起的波动及成为上行转折点出现的原因，可以更形象地将其比作粗暴地拉动马的缰绳，使马和骑手都感到不适。

在没有外部干扰的情况下，中央银行的实际做法就是如此，特别是根据中央银行是否直接为成员银行进行再贴现，在不同时期和国家，其具体情况会有所不同。首先，应该申明的是，在一些重要的观点方面，我们的描述符合关于中央银行的经典理论，但同样也符合现代的货币管理理论，而这两种理论都分析得不够深入。就这两种理论而言，它们之间的实际差异并不重要。其次，中央银行的行为也符合利润动机规则。只不过，这些规则不是由即时利润最大化的原则来定义的，而是一方面参考银行业务的一般逻辑，另一方面考虑到像中央银行这样的机构，会将自己的利益与整个经济有机体的状况联系起来。最后，中央银行必须面对的周期性和季节性情况之间存在形式对比。特别是在繁荣开始时，中央银行面临的是在技术上类似于最初在"秋季流失"情况下引起经济学家关注的问题。即使在季节性紧张期间比在其他时期更容易爆发危机，银行家的银行都能应对上述情况，以及借款量和现金流（所得税支付、圣诞节业务等）的季节性变化。在英国，尽管英格兰银行季节性的黄金流动、银行利率和黄金价格之间存在着明显的联系，但银行利率和伦敦清算所的数据或每年的流通量（纸币加硬币）之间的联系却不明显。在德国，特别立法（增加为应对季度需求而发行的钞票的免税数量，但是没有为秋季流失提供资金）的出台促进了对季节性压力的处理。在美国，1907年的经历产生的影响缓解了季节性的紧张局势。但比这更重要的是季节性问题和周期性问题之间的差异。季节性问题只提出了将不便减少到最低限度的明确任务；而周期性问题要棘手得多，要处理一个基本的经济过程。

如果中央银行摆脱了技术桎梏，特别是摆脱了货币波动和外汇的压力，它们能做些什么就是另一回事了。上面已经说过，在有限制手段的情况下，中央银行不仅可以阻止所有成员银行的存款创造，而且可以通过占用所有可用资金来阻止繁荣的出现。同样清楚的是，在高度繁荣的气氛中，在到处都是过剩的情况下，扩大成员银行储备会促使贷款增加，并在商业领域生效。因此，通过毫无保留地支持无限期的通货膨胀，银行家的银行无疑可以无限期地推迟上行转折点的出现，直到货币体系崩溃。除非这本身就是目的，否则，如果我们记得经济衰退的一般含义，那么在经济衰退开始时，试图对抗经济衰退似乎毫无意义。最后的理由就是中央银行创造贷款的真正或假设的无限权力在实践和分析中都没有人们想象的差别那么大。

在经济衰退过程中，当商业常态化、流动性全面增强时，中央银行对成员银行储备和公开市场的操控，以及对企业的间接影响就会逐渐减弱。这匹马已经跑不动了。但在没有国际复杂因素的情况下，这通常不会产生任何需要通过限制性的公开市场操作进行干预的问题。相反，尽管通常不需要它们的主动性，中央银行在这个阶段既有能力也有意愿放松管制，甚至会降低再贴现率。这种说法意味着，萧条（不是危机）应该在宽松的货币条件下发生，而不是因为货币紧缩，这种说法只有货币周期理论的追随者才会觉得矛盾，希望他们中的一些人的想法会被1937年至1938年的明显事实所改变。即为了防止萧条，除了警告可能会产生效果外，中央银行几乎无能为力。从银行的角度来看，成员银行在这种情况下应该能做些力所能及的事。这几乎独立于强加给中央存款创造的法律束缚，因为如果对中央存款创造完全没有限制；如果中央银行无条件地对人们准备进行的交易负责，并承诺为此后的所有赤字提供资金，否则一旦取消担保，就会立即引发危机，这无疑会产生不利的影响。

出于同样的原因和限制性条件，在经济萧条的过程中，中央银行的主动性空间不大。如果中央银行通过公开市场操作迫使成员银行获得贷款，成员银行将挫败这一意图，首先是利用获得的资金来偿还债务，然后是积累二次储备金或只是把资金作为闲置储备。此外，从我们对萧条本质的诊断中可以看出，只要能说服成员银行违背自己的判断，接受在这种情况下具有吸引力的业务，这将是未来附加困难的根源。但是，后一种效应可能来自银行家的银行在萧条期间强制扩大货币余额量的方式。很明显，如果不是"政治上不可能"，要追溯这些步骤是多么困难。在成员银行和公众的眼中，这样做的合适时机永远不会到来。事实上，复苏初期的微妙过程很容易被任何看起来像是限制的东西所阻碍，公众的抵制在以后也不太可能减少，特别是成员银行积累的资金不是闲置的，而是作为二级储备。因此，该体系可能会在异常流动性状态下达到均衡邻域，在随后的繁荣中，中央银行在上一次萧条中的行动，或成员银行由此创造的盈余准备金，确实会产生如投机性过度、缺乏详细的风险评估、过度增长的次级波及后来的崩溃等影响。在争论中，应该强调的是对待这种类型问题，银行做过的努力所可能产生的恶性效果，而不是在萧条期间仅仅试图将悲观情绪淹没在大量信贷中的徒劳。顺便指出，这种方式会导致流通媒介（就是钱）的永久扩张可能会以这种方式产生，而且价格的波动可能紧随其后，从比其他方式更高的水平开始持续波动。黄金的发现以同样的方式发挥作用，而不是直接创造繁荣。

在一个普通周期的所有阶段中，对银行家的银行来说，复苏是最困难、最重要的实际问题。在萧条的最后阶段，情况可能会明朗化，以至于中央银行可以承担起领导责任，这可能有助于更快地实现较低的转折点，而不会产生不希望的效果及希望的效果。不过相比那些合法企业，有些做过火的企业会更快地遵循这样的线索——原因显而易见。这个困难在复苏阶段的后期变得越来越突出，因为当时每个人都意识到了上升的趋势，并愿意在任何情况下都要向前推进。因此，此时稳定比向前推进更有必要。我们也会意识到，中央银行在复苏中通常更关心控制一般流动性而不是试图增加流动性，并且会采取公众本不赞成的态度。在一般的复苏情况下，货币市场和公开市场最容易失控，这也是在复苏阶段经常发生的变故，特别是在朱格拉复苏阶段，就需要增强中央银行的宏观调控能力。所以，中央银行本可以比它们之前在经济复苏中稳定局势方面走得更远。这样做的主要障碍是公众舆论，直到19世纪70年代末，这项任务和技术才被完全理解。如果不受技术束缚，以及不考虑如何制造繁荣之外的其他因素，中央银行也可能加速复苏的进程，而代价是产生相应的衰退。

为了维持我们的双重论点，关于央行在危机中的行为或可能表现的行为，在这里并没有说明。为了提出基本问题，上述分析是在假设的范围内进行的，这些假设不仅排除了国际关系（特别是黄金流动）和非周期性的国内扰动所带来的问题，而且还尽可能地排除了周期性过程本身的异常特征。我们看到，在这些限制情况下，通过一直指导和管理，中央银行让周期性进程步入正轨，并在繁荣的后期阶段对扩张进行限制，但中央银行的行动不会创造任何显著的经济波动；除了黄金储备对中央银行的约束外，还有个理由是因为中央银行很少要求银行利率在描述商业状况因素的时间序列中排在前面，而且它不这样做也不会导致或加剧经济衰退。就性质而言，监管不仅仅是根据法规或惯例，更主要指限制性监管。这种监管从来都不是机械的，也不是由服从少数几个指标而唯一决定的。仅从这些因素考虑，就很容易理解为什么英国和德国的银行利率经常高于公开市场的利率。但是，公正地说，监管机构这样的行为不能被认为是没有任何违规的，而这些违规的行为正是一些经济学家认为主要需要监管的行为。① 在一个孤立的领域内，在中央银行与我们所说的过于激进的银行业务、投机性过度行为，特别是欺诈或不负责任的商业活动

---

① 尽管作者没有走到这一步，而是承认即使是最正常的事情，也存在着货币管理与其他管理不同的特殊情况，但应该指出的是，上面提出的观点与目前更广泛持有的一些观点之间有差异，部分是由于我们在这里处理的是一个特殊层面的问题。许多关于货币管理的观点，如关于国际黄金形势，似乎与我们的观点有根本的不同。

的关系中，金融是最重要的两个需要处理的问题之一，而危机或恐慌是要处理的另外一个问题。

为了有效应对金融问题，中央银行需要一种监管权力，而中央银行一直没有这种权力。资本主义无力自我监管，这与它无力保护自己而总是需要一个警察和一个非资产阶级的保护者对它进行监管、保护和利用一样令人震惊。这在伊丽莎白时代和今天都是如此。但在很大程度上，正是这种无能为力造成了危机，这与萧条不同。至少，在战前时期，这方面历史证据是确凿的。在了解这些证据后，我们最好不在银行利率或银行限制融资方面谈论危机的因果关系，这些限制只有在"损害已经造成"时才实施宽松政策，而这些限制将使在另一个中央银行政策下原本完全正常的情况变成灾难。如果中央银行或成员银行没有曾经召回某笔贷款，危机就不会发生。这一系列的前提是，在任何经济和社会制度中，如果不能防止不负责任的行为，那唯一的解决办法是根据后果纠正之前的不当行为。至少在历史回顾中，基于这样的理解，即仅从对这种明显事实的认可中，无法得出关于未来的可能性和迫切性的实际结论，无论我们多么理解和同情这种方法所伤害的所有阶层，我们都应该承认这一点。这样一来，中央银行在这种情况下或多或少会采取的主动措施及其局限性都将以其应有的方式显现出来。中央银行的立场是，危机的社会意义对他们来说已经转化为明显的商业方面的考虑因素。由于中央银行没有足够的权力和意愿来监督银行和金融界，其行动确实不可避免地在事件发生后才进行，这也是中央银行的行动来得"太晚"的原因，而这与银行利率无关。当中央银行采取行动时，其行动必须是补救性措施，而不是惩罚性的。在某些情况下，我们在历史概要中看到过成功的案例，中央银行的行动阻止了恐慌的蔓延及随之而来的贷款限制。在大多数其他情况下，我们不难看出，与我们设想的相比，中央银行采取的主动行动基本上减缓了连锁反应，使螺旋的持续时间缩短。

在这种情况下，中央银行立场的一般逻辑就像通过放大镜一样表明了这一点。中央银行显然不能简单地做到拯救一切和每个人，因为这意味着纵容错误和不当行为，这样会严重损害中央银行运行系统的效率。例如，拯救古尼家族（Gurneys）就意味着拯救钢铁厂和航运企业（没有长期补贴就无法生存的企业）。但是，在这种考虑所设定的限度内，援助之手可以自由伸出。尤其是在英国的案例中，我们必须对皮尔法案的中止做出解释，而不能像大众所批评的那样将其归咎于当时的经济源头问题。需要注意到的是，他们当时把很大一部分资金用于运营，并在恐慌到来之时，证明他们拥有绝对信用，这是他们掌握权力的体现。可以肯定的是，这个动力引擎并不是万无一失的，它在特定时间点的运行方式，以及它被用来处理本质上是历史特例的情况的方式，在不同的分析层面上可能会有很多不足之处，与任何关于银行利率的神奇可能性的理论完全无关。但这并不影响我们所关心的原理问题。

因此，虽然我们不必再讨论可能为反对这种制度安排提出的明显争论，或者支持该制度安排的明显理由，或者讨论其滥用原因与苏联的国家计划委员会（Gosplan）相比如何的问题，但有必要强调，在其框架内，中央银行几乎不可能比英格兰银行或德国国家银行实际做得更多。对超出这些限制业务的控制，我们不能从银行政策的角度进行有用的讨论，而只能从对基础工业和商业过程进行更彻底的监管方面进行讨论，这将需要不同功能的组织机构。从这个意义上说，银行改革是一项技术，更多的是资本内部问题，不能以非资本主义精神去处理，也与现在的基本问题关系不大。

图 35 是为了说明这一分析的结果。当然，公众手持票据的行为，除了反映周期性过程外，还反映了它们在货币体系中的角色发生了长期或"结构性"变化。否则，类似的描述也适用于私人存款，再加上银行部门储备金与存款、银行汇票及其他证券的比率，同时再考虑产生偏差的外部因素有多少，就可以在一定程度上符合我们的预期。如果读者根据我们的历史报告查看图表，就会很容易地确信，我们的分析过程足以解释这一系列的行为。伦敦清算总额及其与存款总额（来自《经济学家》报告的股份制和私人银行）之间的比

率可用来解释自 19 世纪 90 年代中期以来的情况。伦敦银行家的货币余额与准备金的比率显然包含一个特殊趋势。

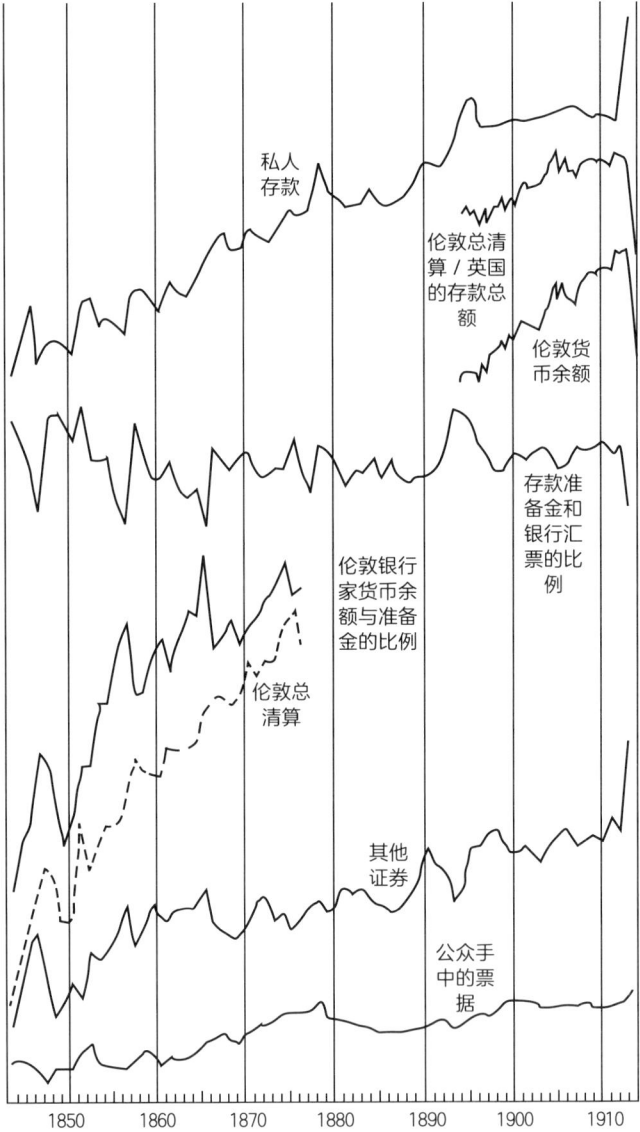

图 35　英国银行和相关序列

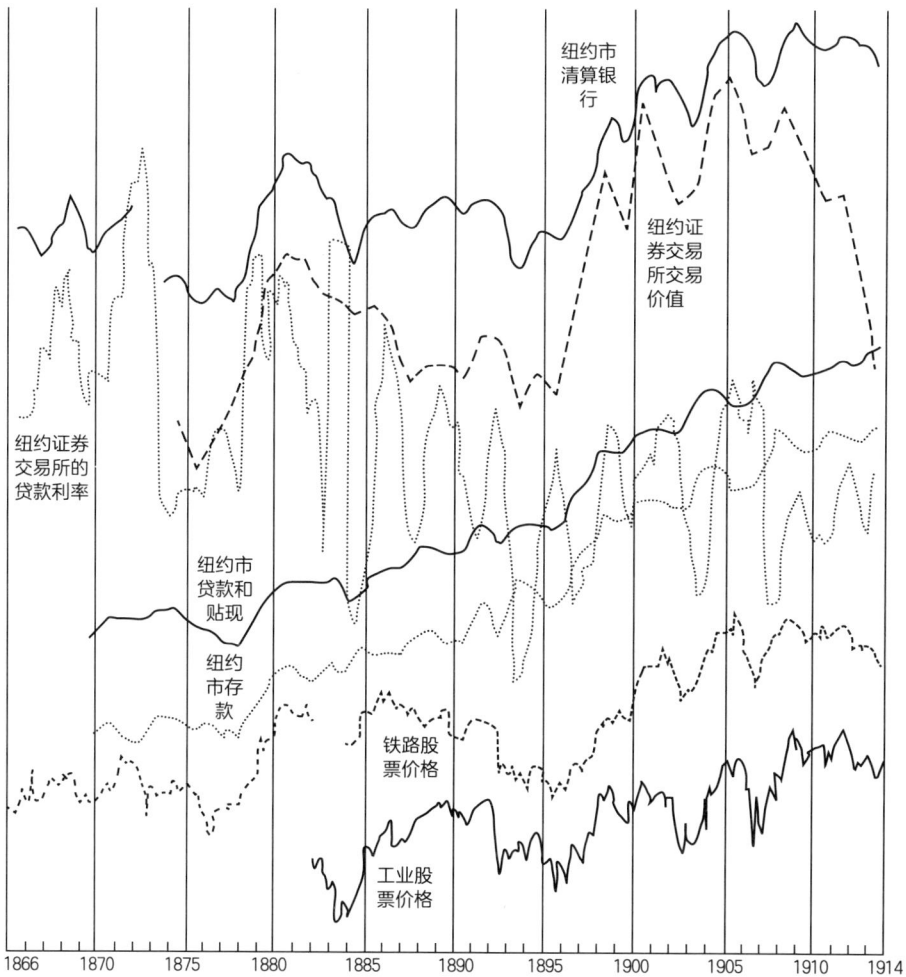

图 36　美国银行和相关序列

　　以银行家的银行竞争体系为例，纽约市的国家银行在多大程度上可以胜任中央银行这一角色，这一定程度上可以从图 36 中推断出来。应该补充的是，1900 年改革后，纽约国家银行的资本和盈余增加所证明的增长，远高于外部国家银行的资本和盈余增长。这是因为它们成功地吸引了纽约以外的国家和州银行的存款，以及银行家的银行业务。对图表的研究揭示了之前指出的一个事实，即纽约银行的净存款和贷款在短期内都与外部银行的存款和贷款呈反比。这意味着，在短期内，纽约贷款和商业票据利率呈反向关系。正如已经提到的，尽管在纽约的数据中没有出现外部贷款和外部投资之间的强烈反向短期关联，但投资行为和持有储备金的行为差异较小。纽约和外部银行之间"法定的"或其他的货币分配，似乎没有在这个国家的短周期机制中发挥重要作用。所有这些基本上也适用于说明朱格拉周期的波动，在大量的等高线上，差异自然要少得多。

我们的结论是，纽约的银行实际扮演着银行家的银行的角色，并且银行家的银行业务只是他们全部活动的一部分。很明显，纽约银行的贷款和投资的变化是货币流量的函数（包括现金和存款），来自和流向他们的"成员银行"，这些货币流动周期性地增加和减少了银行存款。因此，情况与外部银行完全相反，在某种情况下，存款是主要现象；在另一种情况下，贷款是主要现象。①在纽约，反映应收和应付其他银行款项之间差异的净存款额持续地且很大程度上超过了贷款额，并且比外部银行的波动更强烈。

当然，这种银行家的银行体系的竞争性质，使其组成单位失去了单一中央银行所享有的大部分自由，而留给他们的主动权要少很多，他们常常被迫在风中航行。正如每年秋天存款被提取，现金流向西部和南部一样，在每一个繁荣时期，类似的现象也会出现，迫使纽约的银行清算临时投资，甚至从欧洲拿来黄金以支付出口或特殊安排。从康德拉季耶夫周期在大萧条中复苏之后，在从 1886 年下半年到 1893 年的最后一个季度和 1894 年上半年，纽约的银行都经历了一段艰难的时期。然后银行又有了回旋的余地，但当时银行的处境使他们已经几乎无法保持住这种空间。他们也无法像 1902 年后的德国国家银行那样，有能力系统地巩固自己的地位并提前做出规划。因此，经过 5 年的轻松运行，纽约的银行的盈余现金也逐渐消失。这不能简单地归因于制

---

① 资金的流入立即创造了存款，并相应地获得现金，但没有获得贷款，存款和贷款之间的差额必须显示在盈余储备项目中。

度安排。特别是，这种安排把周期性紧张的负担推给了纽约的银行，并以使纽约的银行不稳定为代价换来外部银行相对平稳的运行。这种说法似乎没有抓住重点，因为这正是银行家的银行的作用。如果我们认为银行家的银行不能胜任这项工作，那么应该强调，他们不胜任的不是处理正常的周期性情况，而是防止那些异常的过度行为，这些行为的原因深深扎根于当时的社会心理模式中，任何中央银行都无法控制，但其中的精神也影响了它们。

然而，这种银行家的银行体系的竞争性质并不是它的唯一特点，也许更重要的是另一个。由于缺乏有效的再贴现机制和美国其他个别情况，纽约的银行与证券交易所的投机活动关系特别密切。因此，每个地方的成员银行都会向证券交易所放贷，每个地方的银行家的银行都会间接地为新股发行和投机活动提供资金。即使纽约的银行是纯粹的成员银行，也会这样做。除此之外，银行家的银行还把从其成员银行那里获得的大部分资金用于这一目的，因此，为纽约证券交易所融资是银行家的银行活动的直接补充，而证券交易所的赎回贷款在欧洲的地位则被剩余现金或性质截然不同的二级储备项目所代替，甚至定期贷款也常常服务于这个目的。如果成员银行直接借出盈余资金，而仅仅将其在纽约的账户银行用作代理人（通常是更有利可图的方法），情况虽然基本相同，但承认银行家的银行的主动性情况仍然较少。这种情况在这没有必要进行评论，[①] 但读者应该对我们的图表所显示的纽约清算所与证券交易所交易价值和股票价格的密切关联（尽管不是完美的）印象深刻。[②]

[①] 也没有必要对有关"浮动"和"存款总额"的实践进行评论，但为了更全面地诊断这种情况的性质，这些讨论却很有启发。

[②] 不仅在趋势上和许多个别场合出现了不完善的地方，而且在清算的原始数字中也存在着季节性特征，这在股票价格中是没有的。毕竟，纽约的工业和商业注定要坚持自己的立场。康德拉季耶夫分支机构在所有序列中都同样显示了"趋势的突破"，尽管强调的程度不一样。他们在贷款和存款方面也是如此。朱格拉周期阶段有所不同。例如，交易价值从 76 美元开始上升，清算价值从 78 美元开始上升。总的来说，赎回率与交易价值的吻合程度比与清算的吻合程度高。

国际关系的周期性问题

除了在历史章节中多次提到的内容外，国际关系的周期性问题在本书中没有得到应有的重视，很少有相关评论。在本书的计划和目的所施加的所有约束中，这是最严格的一个。在不同国家，周期系统地相互影响，以至于几乎没有一个国家的历史可以在不参考其他国家的同周期阶段的情况下书写，特别是在产生康德拉季耶夫周期的伟大创新方面，周期确实是国际现象。就像世界铁路化或电气化这样的进程打破了各个国家的边界一样，与其说周期是各个不同国家进程的总和，不如说它是一个世界范围的进程。在经济和社会学意义上，资本主义本身本质上是一个以整个地球为舞台的过程。基本进程的相互作用和超国家的统一性解释了为什么在我们的历史调查中，美国、英国、德国这三个国家的周期如此同步。事实上，它们并不比产生这种关系的机制更为明显，至少在原则上，这些关系影响战前中央银行和战前金本位制的运作方式。

1 周期性波动影响下的出口和进口

即使国际经济关系只包括商品贸易和服务贸易，但正如以前所指出的那样，进出口的周期性行为不会像其他经济总量那样有规律。这种周期性行为甚至在趋势方面也不能提出一般性的命题，因为资本主义的演变过程可能会起作用，而且在某些时候和某些国家，它实际上已经朝着增加而不是减少国家自给自足的方向起作用，与旨在实现出口增加的政策完全无关。在按照我们整个模型所设想的周期性运动中，如果这种周期运动仅限于一个国家，其他国家的经济进程是静止的或仅仅是增长的（在我们的意义上），那么在积极阶段，出口减少和进口增加；在消极阶段两者的行为则相反。当然，不能指望我们会找到这一点，但大多数情况下，各种迹象都表明了这一点，因此在美国，从 1872 年到 1878 年，从 1881 年到 1882 年，再到 1907 年都是如此。然而，比总量更令人信服的是非农产品的进出口额。因此，在这种情况下，其他国家的商业状况往往会呈现出一个反向的"循环"。如果将给某一国家带来特定周期的创新直接作用于其他国家，例如将它们作为购买或出售的市场开放，其他预期当然也会随之而来。如果周期性过程是普遍的，即所有相互贸易的国家都显示出自己的周期性运动，那么关系就会变得更加复杂。在最简单的情况下，周期是同步的，所有创新都是全国性的，即它们不会因竞争性或互补性而直接影响外国的工商业结构，对进出口的影响成为阶段性的相对强弱问题。但是，如果把对外国工业过程的直接干预叠加在这些影响上，我们就会得到一系列可能的情况，在作者看来，这些情况的发展似乎是国际贸易理论所需要的最重要的改革之一。

一般来说，我们将只观察到必须预期由此产生的进出口序列产品的行为，乍一看这似乎是不稳定的，但任何特定国家的情况和关系在足够长的时期内是稳定的，使我们在许多情况下可以用相当简单的理论模式来处理。例如，在陶西格（Taussig）教授关于英国贸易条件的著名研究中，这种稳定性显示了贸易理事会工资指数的变化与净易货条件（等于进口价格指数与出口价格指数的比率）的变化几乎完全相反。

从中央银行的角度来看，国际大宗商品波动是对周期性变化的反应，在某些方面是一种纠正，在另一些方面是对其必须处理的进程的干扰。繁荣时期的进口增加和萧条时期的出口增加，实际上通常是抑制繁荣和萧条的稳定性影响。但总的来说，国外的影响，以及国内的创新、繁荣和萧条对国外影响的反应，将不断地影响贸易条件、已生产和正在生产的数量、就业、信贷需求，以及我们假设完全不受限制的金本位制、现金项目和储备。只要国际关系足够重要，它目前对国内局势的干扰就会像非周期性或非经济干扰那样。

如果我们做出假设，要说明的问题就更加明显：第一，国内银行系统也为国外贸易方提供资金，或者国外金融中心为国内贸易提供资金；第二，每种商品或每组商品的贸易都有自己的惯性，在短期内使其几乎不受其他商品或商品组合的贸易情况的影响。[①] 因此，可能会出现三件事：第一，国内经济状况可能会与国内经济周期的阶段完全不同，例如外国的战争需求可能将萧条变成剧烈繁荣；第二，信贷状况可能与当时的实际经济情况不符；第三，中央银行可能无法按照其对国内局势的判断来采取行动，它可能会发现自己依赖于外国的某些条件。仅是国家间的周期性相互作用就可能产生这样的情况，而正是在此刻，中央银行的行动几乎是根据国内形势采取的"主动"行动。

2 资本流动和中央银行政策

但这种分析是不够全面的，在这方面，国际贸易的一般理论也是如此。因为它把国际关系建立在商品贸易的基础上，而商品贸易又回溯到原始的物物交易，并且附属于金融交易原则之上。我们没有必要讨论这个模型令人满意的实际部分有多大或曾经有多大。然而很明显的是，对于在资本主义时代构成国家商业的大量交易来说，在任何时候，周期性的演化过程都已经为它们搭建了舞台，国家间经济关系机制的优先权不是属于贸易，而是属于金融。与其说现代商品贸易是资本交易的发展和补充，不如说后者产生于商品贸易并对其加以补充。销售是以其他形式的贷款或"资本输出"为前提的，商业是在企业家和资本主义企业首先创造并不断重塑的环境中发展的。

就我们的目的而言，考虑资本流动对银行（特别是中央银行）的周期性情况和政策的影响就足够了。我们区分长期和短期交易，来自经济进程的商

[①] 商品贸易，即使是唯一的国际经济交往形式，也不需要均衡，因为它取决于贸易国对彼此产品的需求。这种说法表明在大多数情况下人们未能掌握国际贸易理论的要素，但这种说法的辩护意图是无意的。如果我们做出必要的假设，使我们能够接受通过黄金流动作用于收入和价格的均衡机制的经典描述，我们很容易察觉到这样一种可能性：它的工作可能会产生原本没有动机的衰退或繁荣。

业领域的交易和主要来自公共借款的非商业领域的交易，假定公共借款独立于周期性过程（尽管这只不过是一种说明性的简化），因此它随机地影响了货币市场和公开市场。假设在19世纪90年代末的伦敦，一家银行发行了一笔债券，为阿根廷的电气企业提供资金，认购部分资金来自银行贷款，为使我们的论点不受一些显而易见的主张的影响，其收益将用在借款国。借款人在伦敦的账户上获得了一笔余额，如果他愿意的话（这也是借款人真正想要做的），根据我们的假设，他可以通过将这些余额转换为英格兰银行的票据，并将这些票据转换为他可能送往并存入其阿根廷银行来获得阿根廷的主权货币。此外，假设交易规模足够大，他的消费者支出会对阿根廷的商业状况产生推动作用，阿根廷银行在获得现金后，不仅愿意而且能够扩大贷款等。但在英国，这样的交易，或者一系列足够重要的交易，可能会因突然强制收缩而使信贷结构崩溃。诚然，在其他形势已经很紧张的情况下，外国借款人不可能指望获得有吸引力的条件或成功发行的债券。同样，由于成员银行通常不会将资金贷完，以及英格兰银行总是保持着剩余资金，总的来说，将足以减轻突然的冲击。此外，实际上，借款人通常不会希望把贷款的所有收益都花在本国。即使这样做了，他也不会像假设的那样会提取黄金，而是会逐渐在伦敦出售外汇。对先前存在的商品贸易的均衡效应最终会通过收入或收入和价格的变化来实现。原有的商品贸易本身及其金融补充总是存在着不足。贷款国在借款国或其他国家拥有的资产，在某种程度上可以被利用。因此，这个过程在所有路径上都安装有额外的减震器。

但事实仍然是，首先，在一个不确定的时期内，这种资本账户的转移几乎不可避免地会对贷款国产生净的干扰，因为除非从长远来看，没有一个完全有效的均衡机制；其次，在这种情况下，这种干扰是由于国际金本位制造成的，与事实相反的是，我们假设阿根廷也是如此，否则，阿根廷可能在相应的国内"通货膨胀"中表现得和它在处理黄金方面一样好。因此，不管金本位制在其他方面优缺点如何，会给黄金国家的中央银行带来一个负担，这个负担并不是来自他们自己的经济进程，而是干扰了他们的经济进程。没有人会认为这类国际交易有多重要；但这个例子想要强调的这个因素，几乎在任何情况下都存在，而随之而来的形势会迫使中央银行采取的主动行动比任何大宗商品交易所产生的行动都要多得多。我们现在可以增加外国政府的债券，[①] 在经济自由主义时期，这些债券并不总是依赖于中央银行或贷款国外交部的同意，有时会创造货币，使债务人暂时拥有实质的控制权，并受到经济和非经济性质的外国干扰的影响。由此，一个资本主义国家的金融和商业状况在任何时候都是国家（周期性）和国际因素的结果，它们在因果关系上基本是相互独立的，因此很可能以不稳定的方式结合在一起。

中央银行的立场和自身利益的权衡使其必须努力协调这两个方面，即保护国内经济进程不受国际交易和干扰的影响，同时不损害国家的对外业务，特别是尽可能提前管理市场上的流动性和银根紧张的状态，在这种情况下，这些状态往往与国内周期阶段不同步。可以说，在金本位制设定的条件下，协调好自己的立场和自身利益成为中央银行政策的主要动机，这在英国就更容易理解，中央银行为控制货币市场（以及为这种控制所带来的行动自由）而进行的斗争也主要是出于这种动机。然而，鉴于很多经济学家强调中央银行在周期本身中确实（或应该）发挥的作用，这一普遍说法并非没有诊断经济状况的价值。正如我们所看到的，这并不是问题的关键所在。但是，由于另一个组成部分的存在，在自由放任的全盛时期，一种完全不同类型的、范围很广的货币管理仍然强加于中央银行，即使没有所谓的新重商主义政策对金本位的运作施加的压力，也会如此，尽管程度较轻。此外，正是这一原因使得黄金流动对各国中央银行如此重要。这归因于周期性因素的流入和流出本身是一个次要的考虑因素。但国际资本交易引发的黄金流动不仅是这两个组成部分缺

---

① 在比伦敦市场更小的市场上，外国政府因长期融资和商品贸易而采取的行动有时是造成重大麻烦的根源。韦什内格拉茨基和维特（Wyshnegradsky and Witte）任职期间的俄罗斯政府在柏林的运作就是例证。

乏协调的结果，而且其本身可能很危险。中央银行如此频繁地采取行动，以至于很容易得出这样的结论：所有中央银行所关心的只是它们的储备。

但是，中央银行非常善于关注国家事务，在国内事务发生灾难的可能性和国际事务陷入困境的可能性之间把握好方向，使两者都能被容忍妥协。由于英国巨大的资本输出和一般性的国际利益，很微小的错误有时也会带来灾难性的后果，在如此少的黄金储备下，实际的表现确实很出色。由此产生的外汇和黄金流动的不规则行为，都没有表现出一致的周期性模式，在此无法讨论。然而，对英格兰银行所选择的各种应对措施的一些评论，就足以使人们大致了解我们必须在多大程度上做好准备，根据我们在货币和银行序列中的模型的预期中发现偏差。从一开始我们就很清楚，这些偏差，不可能是非常重要的，除非是暂时的，否则仅凭该模型对这些序列的说明不可能说明一般轮廓产生的原因。这本就证明了英格兰银行的成功。因为这意味着英格兰银行成功地应对了外部干扰；根据上一节讨论的原则，英格兰银行同时还保持了对国内局势采取行动的自由。

首先，必须承认，外国融资带来的主要是更多的谨慎和防止流动性不足导致的通货紧缩。在一个如此科学地运作其资金的体系中，只要当时的情况允许，公开市场利率就会立即下降到最低水平，这都解释了为什么中央银行的行动几乎总是朝着稳定或提高公开市场利率的方向发展，以及为什么控制公开市场意味着加强管理。这并不一定意味着中央银行希望使国内企业赚更多的钱。相反，当对国内企业的行动没有表明其周期性时，有时会采取措施来避免经济波动，例如 1907 年危机期间和 1910 年的著名案例。强调公开市场的作用而不是货币市场（在我们的意义上）的作用，根据主导的周期性阶段调整流动性，这些实际上可以作为一个模式，来表达英格兰银行及德国银行试图协调上述两个组成部分的那些行动的类型。由于这些行动不可预期，无疑给国内企业造成压力，但根据第九章和第十章以及前文的分析，其程度仅仅如此，不能认为对国内企业产生了重大影响。

其次，不难看出，就中央银行旨在协调的政策而言，相对于公开市场操作和一种特殊劝说两种措施，银行利率方面的措施①明显位于第二位。英格兰银行在市场上借款，或直接从伦敦银行借款，这样，他们对市场的贷款就会减少。伦敦银行则因此做出回应，他们要么被迫到英格兰银行贷款②，要么出售现货并按账户回购或者直接卖出（减少购买）。伦敦银行这样做主要是为了能够根据国际业务产生的条件，尽最大努力地处理好国内的情况。不过在多数情况下，无论是向市场借款还是向伦敦银行借款，结果都差不多。这种特殊的劝说方式包括获得持有大额货币存款的个人的合作，比如获得印度银行或者日本政府的合作。在上面的范例中，讨论英格兰银行之前要做的就是向阿根廷企业传达这样的印象，即英格兰银行有足够的手段使未来的事情或多或少地让它感到舒适，并且最好不要以不方便的方式提取黄金，或通过在公开市场上贷款，造成英格兰银行不希望看到的流动性状态。银行的目的是获得资产，它可能是以牺牲一些利益为代价而获得的。

第三，如果中央银行只是想在不干涉国内贸易的情况下加强自己的地位，那么改变黄金采购价格就是个很好的办法。最后，中央银行还有可能与外国中央银行、特别是法国银行进行的某种特别安排。在霸菱危机（Baring crisis）③期间，中央银行与俄罗斯银行（即俄罗斯政府）和法国银行的两笔交易是一个很好的实例，其他的则是不可信的。④对我们来说，只有这两点很重要：

---

① 与其说是操纵官方利率，不如说是操纵预付款的利率，或者高于官方利率的再贴现利率，以及采用类似的手段。所有这些措施都在目的方面显示出了明显的差别，至少在少数情况下还直接采取了这种差别措施。最后提到的那种类型的例子特别好地说明了这一点。因为受到歧视的是外国的纸币，尤其是美国的纸币，或者为外国服务的纸币。

② 这是在1905年12月完成的，当时它打算在国内业务中也踩刹车。见《经济学家》1905年的年度调查报告，不过，它的说法是错误的，因为作者认为这是一个"新的出发点"。

③ 当时欧洲各央行上调贴现利率来弥补黄金储备的损失，黄金从西欧流向拉丁美洲发展基础建设。——译者注

④ 然而，明确的安排并不总是必要的。不难看出，在一些可能被认为是"援助"可取的情况下，外国银行家的银行重新分配黄金储备，这符合外国银行家的利益。法国央行对其利率的变化有着强烈的反感，因此有一个特殊的动机。至于这种"帮助"是延伸到英格兰银行还是市场，这并不重要。在1906年和1907年，法国银行实际上接受了英国纸币，并释放了黄金，这缓解了局势，防止了银行利率的进一步上升。这是否是通过特别安排完成的，并不是重点。

这种措施从未被实际采取或"怀疑"过，除了与英国局势的国际因素有关之外，在每种情况下，其动机都是为了保护国内商业体系的正常运作，使其不受外国干扰，这就是我们研究的那些序列没有受到更多影响的原因。无论是《经济学家》和一些英国作家对数次采取该措施的建议所表现出的爱国恼怒，还是其他作家认为这种措施每次都意味着战前银行政策的崩溃，都是没有正当理由的。在自由金本位制的国际化世界中，一家中央银行向另一家中央银行借款是一件非常自然的事情，没有什么可惭愧的。

然而，中央银行对国际因素的管理之所以如此成功，只是因为它有着对外国债务人的短期和半流动性债权，这为英国的经济结构提供了保障。如果没有它，这个结构就不可能在如此小的安全边际上或通过很微妙的调整来运作。哈特利·威瑟斯（Hartley Withers）在 1909 年估计这笔债权为 1.5 亿至 2亿英镑，当时已兑成现金，几乎可以再投资于黄金区内的任何地方，他对银行很轻微举动的反应比外资货币余额做的要迅速得多，因此促进了大量的资本交易，支持了对外业务，缓解了国内的紧张局势。由于这笔债权的存在，收紧公开市场即提高公开市场利率，不仅调节了局势，而且通过吸引黄金缓解了局势。同样，银行利率的周期性上调不仅有限制作用，也有缓解作用，[①]也偶然会毫不费力地变成不利的交换——把这当作问题的关键是很容易引起误解的。因此，我们自然会发现，银行家和经济学家对银行利率有效性的普遍认可，如果没有这笔债权，就会很难理解。更令人惊讶的是，很多人没有看到这种有效性对伦敦市场历史上独特的技术地位的依赖性，而是试图用一种很普遍、不切实际的理论来解释它。这一理论，一方面通过对国内交易额、存款额、物价水平和收入、国际商品贸易收支的连续影响，过重强调银行利率对外汇和黄金流动的影响。另一方面，它从未成功地正确定义公开市场利

---

① 后者可能比前者更重要。尽管必须牢记危险信号的影响，但正如我们所看到的，中央银行在阻止正常繁荣方面并没有什么作用。银行利率的经典理论夸大了利率的适度变化对一般商业的重要性，就像更现代的理论一样。

率和准备金比例在中央银行政策的理性模式中相对于对方的地位。

英国金融这笔债权的存在，解释了为什么相对而言银行利率和黄金流动对商业和对周期性阶段过程的干扰如此之小，特别是其行动会使外汇呈现周期性的规律性。在不存在转移短期余额所带来的任何机会、风险和成本的情况下，短期资本的运行机制显然倾向于使不同国家的可比公开市场利率趋于相等。在不同货币本位制的国家之间，风险和机会因素占主导地位。但在金本位制国家之间，汇率的变化仅限于黄金输送点的变化。因此，银行家可以计算最大风险和机会，并将计算结果在不同国家可比利率之间的给定差异进行比较。[①] 短期资本机制对零星收益的反应，不仅会限制可能趋向市场利率均等性的情况，而且也会使这些差异和汇率的变化具有并行性。这种预期在伦敦和纽约的关系方面是不存在的，但在伦敦和欧洲金本位制国家之间的关系，特别是德国和法国之间的关系方面，这种预期是很明显的。我们也不能指望这种并行性是完美的。有些交易对这些差异不太敏感，甚至根本不敏感。我们甚至不得不使用一种表面机制，这种机制不能控制其背后更根本因素的影响。最后，对相关未来交易行为的预期将在不同层面，以及不同的季节性和周期性情况下发挥不同的作用。事实上，奈瑟（Neisser）已经证明，有关汇率曲线之间的距离，以及市场利率之间的差异的图表显示出相当规律的周期性特征，这也是汇率本身明显不稳定的行为背后的原因。这并不意味着我们可以预期外汇和国内市场利率之间有一致的短期关系，或者我们能够仅从国内银行利率的给定绝对变化中预期明确的效果，不管英格兰银行如何成功地使其生效。据说在该市普遍存在的观点并不准确，可以援引戈森（Goschen）的权威观点来支持这一点，即银行利率提高 1% 会对汇率造成不利影响，而较小的增加则不会对汇率造成不利影响。

[①] 然而，这样做有一些困难。我们假设，除了汇率的可能变化范围所隐含的风险外，没有其他风险。如果我们只取最高等级的汇票，这个假设在正常条件下是可行的。但在任何真正严重的危机中，以及在存在政治恐惧的情况下，它就会失效。此外，黄金点在时间和银行之间都有些变化，其中一些银行可能有机会比其他银行获得更多优惠。

3 伦敦黄金市场及英格兰银行的黄金政策

战前资本主义世界存在一个黄金市场，其重要性和可及性超过了所有其他市场。[①]这一事实本身对我们的目的来说并不重要。它只是提醒我们注意到，首先，由于黄金从生产黄金的国家"自主"流动；其次，由于中央银行或其他货币当局进行的特殊交易，人们对周期性行为的任何预期都不会有信心。在不受约束的黄金货币制度下，在没有任何监管干预的情况下，固定的黄金存量会显示出周期性的转移，这一点很明显。[②]但更重要的是，除了美国和俄罗斯生产的那部分黄金以外，几乎所有新生产的黄金都会流向黄金市场，而这个黄金市场由位于同一个国家的控制国际短期贷款基金的同一个金融机构控制。正因为如此，英国能够在相当程度上（并非绝对）通过扩大或限制短期贷款，促使其他国家的运营商购买黄金，或以其他方式阻止他们购买。因此，英格兰银行控制了国内公开市场就等于控制了国际黄金流动，并间接充当了银行家银行中的银行家银行。这加强了其地位和能力，以一种其他中央银行所没有的方式减轻国外干扰对国内商业状况的影响。德国银行、法国银行和其他中央机构有着通过其他方式实现类似的行动自由的目的，其中一些方式也被英格兰银行采用。事实上，这是一个非常自然的发现，实际或预期的黄金流动可能会直接受到影响，这种方法可以有效地处理一些短期困难，就像那些除了这样做还会产生不利影响的措施一样。但在世纪之交，其他中央银行开始走向金汇兑本位制，尽管其他中央银行可能没有意识到自身远离了金本位制，但直到战争前，英格兰银行都从未做过任何走向金汇兑本位制的事情。英格兰银行试图做的只是使不受约束的金本位制能够顺利进行，这显然符合英国的利益，而且这仍然是英国的长期政策。因此，它主要局限于通过改变

[①] 世界各地都有许多地方性的交易。在巴黎，金条的价格定期报价，这个价格与银行收取的黄金溢价和黄金交易所的价格不同。

[②] 这并不意味着它们没有带来任何问题，而只是说，如果我们通过短缺机制理论来修正黄金流动的经典理论，并强调利率的差异而不是价格水平的差异，那么与我们的论点相关的问题就可以很容易地得到解决。

其对金条和外国硬币的价格、拒绝出售金条、为黄金进口提供免费预付款等方式影响黄金兑换，但在所有正常情况下仍依赖其对借款利率的影响。隔离国内价格水平不是这项政策的一部分。只有在倾向于暂时减轻非周期性因素的影响时，稳定价格水平才是政策的一部分，而且不必考虑中央银行领导人的想法或说法。

从 1879 年到 1888 年，英格兰银行的硬币和金条总量下降（有波动）了约三分之一，而英国的存款总额大约增加了三分之一，问题产生于货币的"稀缺性"。正是在那个时期，英格兰银行首次采用了黄金政策，然而，在 19 世纪 90 年代初的美国增长性通货紧缩中，黄金政策被证明特别有效。[①] 如果不增加黄金产量，我们很容易猜到接下来会发生什么：节约黄金的新方法将被采用。事实上，南非的黄金扭转了局面。其做法非常有启发性。起初，英格兰银行干脆停止了黄金政策，并允许新的黄金累积于金库中，黄金存量从 1891 年到 1895 年迅速增加，在价格水平继续下降的同时，储备比例也大幅度地平行移动，或通过伦敦市场流入其他银行 [②] 和其他国家。这对公开市场利率的影响正如我们所预期的那样明显，这一预期由于向日本支付中国赔偿金而暂时得到加强，其中包括 1895 年 10 月和 11 月将中国政府在巴黎筹集的 1300 万英镑转移到伦敦。但显而易见的是，即使是新黄金的影响也不能仅从货币因素的角度来解释，新黄金带来的影响之所以如此明显，只是因为新黄金的周期性冲击。因为，在随后的繁荣中，新黄金的影响完全消失了，尽管黄金

---

① 1893 年，当黄金的流入已经开始，伦敦市场的黄金价格上升到每盎司 8 英镑 17 先令 10.8 便士的标准，而银行利率停止在 4%。

② 这在当时，尤其是在后来，可能被称为黄金恐慌。自从巴盖特的《朗伯德街》出版以来，金融家们一直在鼓吹英国银行体系的"黄金基础"太小了。这些说法在 19 世纪 90 年代末开始被证实，伦敦的大银行利用新的黄金过剩所提供的机会建立了自己的黄金储备。无论我们如何看待菲利克斯 – 舒斯特尔在其讲话中所表达的观点，例如这种黄金恐慌加上当时实行金本位制的国家、或准备这样做的国家、或只是希望扩大已经存在的黄金货币基础的国家对黄金的需求，都有助于产生"最终储备"过少所带来的"危险"的现实，其结果与部分新黄金的无用状态的国际政策所能预期的大致相同。这就是一方面不容易解释那个时期的黄金变动，另一方面不容易估计新黄金对价格水平的净影响的原因之一。

产量激增，但利率依旧不变。同时，价格开始上涨。它们可能会比没有黄金产量激增时涨得更多，正如借款利率无疑会比没有黄金产量激增时跌得更多一样。这两种影响都不可被否认，但除了在对其有利的周期性阶段外，这两种影响都站不住脚。我们不认为这种解释遗漏了任何重大事实，也没有发现这些事件的顺序与我们对周期性过程、其与货币因素的关系及中央银行政策的事实和可能性的看法有任何矛盾。

为了完成这一部分的论证，我们注意到，即使在繁荣（在我们的意义上）开始之前，当复苏（在我们的意义上）正全面展开时，随着低利率、低价格，建筑业和一般贸易活动都很活跃，1896 年的美国增长性通货紧缩和黄金的意外流失驱使英格兰银行重新提高其金条售价，同时还提高了利率。但事实证明，在一个流动性非常强的市场，提高利率这一举措极难奏效。要理解采取后一项措施的情况并不容易，但这个措施却被后来事实证实有效，因为利率提高这种情况在第二年逐渐转为繁荣，当时金条的价格涨到 3 英镑 18 先令 5便士，而银行利率却不超过 3%。美国和德国的事态发展、国外融资需求和国内繁荣状况，决定了在接下来的两年里黄金储备的使用及银行利率。在此期间，银行的黄金存量下降到 1894 年的水平。同样，从 1900 年开始，美国增长性通货紧缩和战时融资导致了黄金储备的使用，而不是对银行利率的额外操纵。随着康德拉季耶夫周期的衰落和黄金的不断流入，英格兰银行的地位越来越高；在这一时期接近尾声时，黄金保护性政策几乎被废弃。事实上，有迹象表明，人们对相反的问题非常关注，即防止英格兰银行的黄金存量增加到会鼓励过度消费的程度的问题。然而，直到 1913 年，它一直保持在年平均值或接近 3000 万英镑的水平。

当然，在美国不可能有这样的黄金管理，因此，在战前的 16 年里，我们发现国家银行存款和货币黄金总存量之间有更多的并行性。就我们的目的而言，德国的情况就不那么有吸引力了。德国国家银行主要关注的是加强德国标准的基础。德国银行从一开始就是一个稳定的黄金买家，在 1876 年至 1893

年期间收购了超过价值 4.34 亿美元的黄金。在随后的繁荣时期，它获得的这些收益被流通所吸收。但是，从 1907 年开始，银行积累更多的储备本身就倾向于成为目的，所有其他考虑因素都服从于此。通过购买和使用黄金兑换标准或使用其他金融手段，例如，用德国银行国库券代替流通中的黄金，使德国银行成功地获得了投入战争所需的大量黄金储备。

证券交易所序列

我们论证的不同阶段都有涉及这些由上一节所描述的序列或现象，特别是关于银行和银行家的银行政策。这里只是稍微总结。为此，把证券交易所定义为债券和股票交易市场是很方便的。"资本价值"市场的另一部分，即房地产市场，尽管其具有相当大的周期性意义，但在此不做考虑。

如第十章所述，证券交易所确实是公开市场最广泛意义上的一部分，但我们将把它看作是与公开市场不同的，并与之相通的一部分。我们知道购买各种"品牌商品"（构成非常不完全的市场的"商品"）的钱从哪里来。首先，它来自银行的"剩余资金"，向证券交易所放贷是银行进行临时投资的重要方式。其次，它来自非银行机构（经常是从银行贷款的其他机构）、国内商业企业、国外银行和资本家，这些人也想进行临时投资，后者的资金有时使成员银行能够阻挠银行家的银行的政策，也能使证券交易所能够阻挠成员银行。第三，它来自"投资者"，即来自家庭的储蓄和非银行公司和银行的资金，他们也可能希望长期投资。最后，银行通过向客户提供抵押贷款直接为投机和投资交易提供资金，然而，这通常不能等同于为投机或家庭投资提供资金，尽管现在初步假定，在纽约银行的抵押贷款的情况下，这是可以接受的。虽然所有银行都为证券交易所提供贷款，但它们与证券交易所的关系和在证券交易所的地位在不同时间和不同国家之间变化很大，即便将银行公司、经纪人、职业经理人或巴黎代理商包括进去，像我们真正做的那样，这种差异也不会消失。他们本质上仍然是中间商，永远不会有德国银行那样的地位。投机者和投资者之间的区别可以通过是否有"交易"意图来界定，即从证券价格的波动中获利。但投资者也会借贷，而且他们随时可能变成投机者，从而导致不能很好地区分投机性交易和非投机性交易。所以，更实用的是保证金账户的标准。

1 股票和债券交易的周期性和影响

在投机者、投资者和银行之间转移已发行的证券，构成了一组交易，以达到我们所熟悉的各种目的，这形成了信用创造机制中的一个重要环节，而向投机者和投资者配售新发行证券则是另一组交易。暂时不考虑后一组交易，先考虑"旧"股票和债券的交易，以及这些交易的融资在周期中的作用。毋庸置疑，在没有外部干扰的情况下，这种现象的存在完全归功于周期，而且显然必须是周期最有规律的特征之一，以至于很难找到不显示它的周期性实例。此外，这种基于投机性或非投机性交易收益的储蓄减少[①]与消费者在繁荣时期的经济繁荣氛围下的消费支出有很大关系；同样，在经济衰退或萧条时期的损失与消费者在衰退或萧条时期经济下滑氛围下的支出减少也有很大关系。我们也不需要再说明抵押品价值的增加和减少是如何影响贷款（也用于商业目的），如果没有这些抵押品，贷款就不会被授予或不会受到威胁。众所周知，这或许是银行业产生"危机"，以及普遍恶性螺旋中的一个重要因素。

证券交易所定价过程的特殊性、投机对成员银行和银行家银行的情况及对商业融资的影响，可以通过参考"证券交易所是否吸收贷款"这一由来已久的问题来回答。支持肯定答案的天真论点已经得到满足，而且实际上也可

[①]　投机者的收益无疑包括一种经营性因素，它不是真正的资本收益，而是与任何其他个人活动的回报性质基本相同，例如律师的专业收入。把这些钱花在消费品上，并不是储蓄。但是，在这里没有必要强调这点。

以通过这样做而得到满足，那就是指出在通常情况下，虽然不是在投机狂热时期，通过证券交易所借出的"资金"在很大程度上没有投入实体经济的。我们之前对银行在周期中的行为的分析为这一点提供了支持。在高续期率的情况下，银行和其他贷款人从商业票据市场转向股票市场，这一事实并没有在实质上否定这一回答，而另一个事实也是如此，其重要性因不同国家的投机技术而大不相同。即任何想要投机的人都必须"买进自己"，这可能意味着提取现有余额或使用从其他用途中创造这些余额的工具，而不必立即释放等量的余额。

然而，更根本的是，股价上涨与货币余额使用增加的关系和与普通商品价格上涨的关系并不相同。特别是在纽约，自从 1919 年股票清算公司成立以来，证券交易所在缓解股票价格上涨方面发挥的作用比后一种情况更大。此外，经纪人贷款不会导致支票兑现，因此也不会造成现金流通的损失。同样，经纪人从贷款中获得的大部分存款实际上根本不需要以存款的形式出现，因为它们是直接存入银行的认证支票账户，而银行的支票账户不需要准备金。这些报表经过适当的修改后，可以与欧洲证券交易所的报表相媲美。

但是，关键的一点是，它确实是在同样的情况下产生的，也有助于说明排除这种情况也很容易。货币效率是货币理论的基础，与机构付款期限有关，而机构付款期限又与经济进程的时间和周期有关。在证券交易所的交易中不存在这样的时间因素，是因为没有过程可循。制度安排和实际可能性的限制仍然产生了一个最短的期限，但可以想象的是它可能只有几分钟。因此，无论给定的"基金"多么少，可能"支持"的"价格水平"几乎没有限制。此外，虽然商品必须以其市场上确定的价格在经济有机体中流动，但股票就没有这种必要性。就一种商品而言，如果市场价格使它无法开始或完成它的进程，那么这种商品的库存就会不断积累，而这种积累本身就是一种令人厌恶的失调，最终必须被清算。这使每个价格最终与其他商品价格保持一致，并服从于货币制度的约束。但是，就普通股票而言，它在价格上不能"移动"的事实并不一定意味着一种无法维持的情况。那些认为股票的估值与价格相符的人，愿意持有股票，而且通常可以这样做。股票不需要转移到经济有机体中的任何明确位置，以发挥其经济功能。仅仅是一小群人对一只股票的价值抱有非理性的高评价这一事实，就可以通过非常小的交易将其价值提升到无限的高度，既不需要吸收任何资金或贷款，也不会引起货币规模的压力。这就是股票定价和产品交易定价之间的巨大区别。[①] 撇开不需要了解的技术条件，例如资金池和个人持有的战争基金，股票投机并不像这个短语所暗示的意义那样吸收资金、资本或贷款。[②] 当然，新发行证券确实"吸收了资金"，但只是为了释放资金，除非收益用于偿还银行贷款。

2 股票市场趋势理论

在分析证券交易所的定价过程时，我们必须考虑到该市场的"商品"因其经济性质被持有而非被转移这一事实的另一个结果。在这样的市场中，货币耦合的压力并不像在普通商品市场中那样存在。此外，股票在很大程度上是为了上涨而持有，但作为抵押品，在价格下跌时必须清算。在这样的市场中，"供给量"通常会因下跌而增加，因上涨而减少，或者在价格没有任何变化时也会变化。这样的市场不太可能符合供需行为的传统理念。它之所以没有表现得更不稳定，是因为一个容易证实的事实——情况的变化所引起的各种反应在一定程度上是相互平衡的。由此产生的基调或趋势通常是非常明显的，因为一旦被发现，投机者就会采取行动。从某种意义上说，任何市场都是如此；但由于上述原因，价格变化在其他市场上不能达到同样的程度。

因此，对这种基调或趋势的解释确是一项特别的任务。也就是说，这项

---

① 有人指出，在许多商品的专有名词中也存在类似的特点，例如古代大师的画作和不动产。这是千真万确的。尽管股票市场的某些其他特征不存在，但这个事实并不构成反对意见，反而说明了我们的意思。

② 这一观点，以及接下来的一些主张，往往意味着对股票投机的"友好"或"捍卫"的意图。为了消除这样的疑虑，基于道德、政治和文化原因，欢迎任何与之敌对的措施，无论经济后果如何。

任务不仅不同于解释一般的市场现象，也不同于解释其他投机市场的现象。例如，原材料期货的投机比普通股票的投机更有可能显示保险、套利和长期稳定的价格。这些可以在传统和不言自明的标题下列出的功能。暂时持有人们不愿或还没决定是否愿意长期持有股票，或是将货币资本送入生产线，这些做法更接近于对股票投机的实际行为的描述。① 以下内容主要是指股票价格的行为，债券价格的行为已经在前一章中讨论过了。但要记住，低等级债券的定价包含投机因素，这往往会使其价格与股票价格的表现非常相似。

由于股票价格比其他商品价格有更多的浮动自由，而公众买卖股票比买卖普通商品更兴奋和缺乏智慧，所以，对金融集团（资金池或其他资金来源）来说，一方面要注重大众心理学，另一方面要强调资金的充足或者稀缺程度。虽然这两种因素的存在没有任何疑问，但这两种因素本身或与另一种因素一起，都不能成为令人满意的解释。至于第一点，当然，在股票市场上出现乐观和悲观情绪的波动比在工商业中出现的波动要大得多。而且对前者来说，预期可能暂时产生随之而来的结果，这比后者更接近事实。但是，即使是狂热也有自己的出发点，不能只根据狂热本身来判断。应该补充的是，公众的行为发生了缓慢但持久的变化，如果把对一般情况的非理性乐观主义和选择特定股票进行投机的非理性区分开来，这一点就很明显了。1929 年的情形与1873 年的情形也许差别不大 ②，但与南海泡沫时期的情形却有显著差异。一个人为了理性的选择，不需要能够分析商业状况或一个行业或企业的状况和前景。他需要知道的只是遵循什么建议、榜样或当前的观点。非理性的幻想和完全愚蠢的希望或恐惧在短期内确实非常影响投机者的决策。但同样真实的

---

① 然而，正如反思后会发现的那样，任何企业都不是净收入的永久来源，这一理论为股票交易赋予了资本主义进程中的一种意义，而这种意义是对进入传统模式的"功能"的补充。

② 然而，即使这样也不太确定。1929 年的国外买家不必对美国情况过于乐观，就可以优先购买美国股票而不是欧洲股票。如果美国股票的持有者没有及时卖出，这并不能证明他们只预见到了持续的繁荣，而只能证明他们没有预见证券价格下跌带来的损失会比他们卖出后应缴纳的所得税数额更大。

是，它们从未为繁荣提供动力，也从未阻止过事物的真实状态最终得到呈现。[①] 这种真实或客观的状态可以分解为外部因素、周期性阶段，以及个别行业和企业特有的条件。毫无疑问，每一种情况都可以使用"预期"一词来分析。

虽然上述对股票定价特点的分析给乐观主义—悲观主义理论提供了一些有限的支持，但它反而表明，我们不应该把重点放在货币市场因素上，而应该从熟悉的统计证据中进行推断。在前一章中，公开市场利率的微小变化对债券的经营者和债券价格产生了很大的影响，但目前在正常周期中发生的利率变化可能不会对股票投机造成影响。因此，应该关注的是贷款的可得性而不是贷款成本。但我们已经看到，除了新发行的股票，相对较小的金额在证券交易市场上会有很大的作用。相当大的繁荣可以在狭义的"现金"基础上发展，除非银行以相当不寻常的决心来反对投机目的，否则我们很难看出投机如何因缺乏资金而被扼杀的。当然，新股发行可能会出现这种情况。因此，我们倾向于把这种统计规律性更多地归因于将要解释的周期性过程中的巧合，而不是货币因素的因果影响。例如，根据理论意义，资金从工商业转移到证券交易所，从而引发投机高涨；然后资金被收回，从而停止投机高涨。

3 股票价格的行为分析

股票价格指数是对一种主要的因果现象的综合的、系统的序列描述。当然，这些序列会有很强的周期性，无论它们是如何构建的。但我们的模型并没有对趋势进行概括。我们发现的这种趋势只是反映了历史事实，在每一种情况下都必须单独说明，并且取决于所选指数的属性。例如，如果该指数表示的是若干相同企业的每一美元实收资本加上积累的平均价格，那么除非货币单位的购买力和这些企业所拥有的自然价值发生变化，否则它通常会在足够长

---

① 证券交易所提供了一个很好的例子，通过它可以证明"心理因素"，特别是"预期"可以和不能做什么，以及在什么意义上经济现实是独立于它们的。

的时间内归于零。如果当前有新的企业加入，旧的企业退出，它就不会这样变为零，但仍然不需要显示我们意义上的任何特定结果趋势。

由于我们不相信货币市场条件的主导作用，我们就不会期望有任何强烈的季节性变化，尽管节假日等会产生一些不可避免的影响。关于周期性变化，必须牢记三个事实。首先，公众对周期性阶段的预期和对个别行业和企业命运的预期是相互依存以及倾向于指向同一方向的，在短期或中期内，往往与投机者甚至投资者的决定有关。在大多数情况下，即使是一个老的企业，在繁荣时期也会比萧条时期做得更好。但投机者和投资者都对相对较新的行业（虽然可能不是那么新和未经过试验）及那些带来繁荣的行业的领导者特别感兴趣。很明显，铁路、电力、汽车、橡胶、石油股票等数十个同样熟悉的例子都可以证明。但应该注意的是，这一事实很好地说明了投机的"功能"和"合理性"。因为这一行为所暗示的判断通常被客观事件所证实，而这些事件本身又与这些预期无关。当然，不是所有个体都这样，即使当投机者赔钱时，也不一定从投机者的视角出发进行判断。他也很少（如果曾经有过的话）根据幻想行事：他所指望的发展几乎总是成熟的，无论他在时机选择上犯了多么严重的错误。

其次，股票市场并不完美，但它比任何其他市场都更不受摩擦的影响。在股市中决策可以得到执行，也可以迅速逆转，这在工业中是完全不可能的。一方面，萧条可能会削弱股市，即使是发生利好情况之后，也会迫使股市放松控制；但另一方面，这种利好情况的影响可能会因需求恢复时供给突然减少而加剧。因此，一般来说，在没有不利的外部因素的情况下，我们可以很自然地预期股市上涨趋势会比商业中相应的上升趋势出现得更早、更迅速。也就是说，它往往在经济复苏的后期阶段就已经出现了，这时情况开始好转，新的机会不断呈现。同样我们可以预期到的是，股票价格会先于其他指标转势。即在繁荣后期出现限制和困难，并且可能取得的成就已经被完全抵消时，出现转折。① 现在，在第一种情况下，利息很低，资金和公开市场通常很宽松；在第二种情况下，利息很高，货币和公开市场通常很紧张。这种关系可能具有一定的因果意义，特别是如果把货币条件放在投机者或其顾问对未来商业的预期中所发挥的作用包括在内的话。但主要的解释是，股票价格和借款利率对周期性阶段的反应如此强烈，以至于它们的变化会有规律地联系在一起，即使它们之间没有任何关系。

第三，由于股票市场的迅速反应和强大的自我强化机制，我们必须预期走势会比在其他市场更多地超越其瞬间目标，反应也会相应地更加敏锐。如果市场犹豫不决，这也将意味着是一种波动（第四章第五节称之为锯齿波），而不是静止不动。此外，虽然一般的商业可能而且经常以完全有序的方式进入衰退期，但对于证券交易所，这几乎是不可想象的。衰退意味着利润减少，对许多企业来说，意味着或多或少的严重问题。这时会出现熊市。但是，即使这种事情从未发生过或被预料到，除了在特定情况外，没有理由期望任何上升趋势都会让投机者失去持股的兴趣。因此，在这种情况下，上行转折点或其周围的邻域可能意味着崩溃，这并不需要对总体商业状况产生很大影响。尽管不需要，但投机者失去投股兴趣往往会通过扰乱贷款形势和揭示薄弱环节而影响总体商业状况。这一论点很容易被贯穿于螺旋式下降和萧条中，并让人确信，在没有大量的激进融资和不当行为的情况下，尽管往往存在这些行为，熊市也不会持续下去，除非与一般商业中的萧条同时发生并被其独立诱发。这与之前公认的证券交易活动对消费者支出的影响完全一致。

为了证实这一点，我们再来看图36。首先，应该注意到铁路股票价格（到19世纪90年代，这些是经济运行的主导因素）、铁路与工业股票价格、纽约贷款和存款的相当明显的共变性，以及它们与纽约清算所之间存在着强烈的共变关系。在从1897年开始的康德拉季耶夫周期的繁荣阶段，以及基钦周期

---

① 这一观点得到了以下观察的支持：主导股票的上涨经常在达到市场顶部之前就停止了。投机者意识到暂时失去了机会，于是四处寻找可能仍有二次机会的落伍者。这就是"泡沫"出现的时候。

的繁荣阶段，铁路和工业股票价格变现得很好。然而，我们观察到的主要经济活动明显呈现的是朱格拉周期的情况：我们看到了1868年和1869年的（预期中的）繁荣，再就是1873年至1877年的衰退；然后是1877年至1881年的（也是预期中的）繁荣；从1885年起经常重复出现同样的现象；第三个康德拉季耶夫周期的第一个朱格拉周期没有这种预期的繁荣，这可能是受1893年的遗留问题和政治因素的影响；但在第二个朱格拉周期中的行为更有规律。据分析，这反映了投机和投资过程之间应该存在的关系。投资在朱格拉周期中的主导作用比在基钦周期中更明显。所有与投资相关的如生铁生产、就业等，都特别明显地显示出朱格拉周期。股票投机也有类似的表现，因此这一点具有一定的意义。读者应该再看一看图34，尤其是新上市公司的图表，投机为其铺平道路。

图37和图38基本上讲述了同样的事。在图37中，我们应该注意到英国与美国序列的比较所揭示的有启发性的差异，其中包括1895年至1897年股价的飙升。通过赎回率的行为就能看出，之后股价在一个下降的水平上下波动。图38与美国的情况更为相似。德国的股票价格再现了美国工业指数在1872年的峰值上下波动的过程。但实际上，这掩盖了行为上的差异，因为德国股指包括所有的主导股票，而美国股指不包括铁路股票。在美国，铁路股更符合预期，早在1869年就达到了峰值。政治事件如普法战争或许能合理地解释这种差异。低谷与美国出现在同一年，即1877年，但随后上涨，直到1880年。1888年的上涨在1889年之后先于美国股指下降直到1892年末。我们猜测，1893年以后，政治事件干扰了事情的发展，这个时间点在美国得到了验证：在德国，一个持续到1898年的强劲的上升趋势在1894年就已经开始，并影响了美国的经济进程。这是一个非常正常的情况，完全不会因为间隔时间的长短（超过3年）而受到影响，因为证券交易所的功能比形式优先，于是从1898年开始进入繁荣时期。我们只需察看可以被描述为繁荣的复苏的总体形势和证券交易所的领导者：实际上一切都在"一天比一天好"，大家都看到

了电气领域的景气情况。此外，不难看出，到 1898 年年底，投机机会正在迅速消失，而且在不久的将来投机者几乎找不到投机机会。

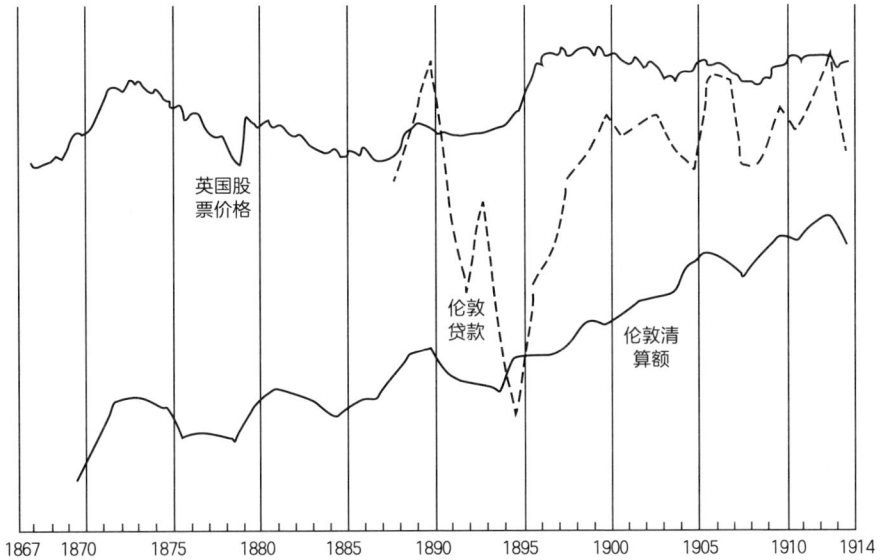

图 37　英国股票价格

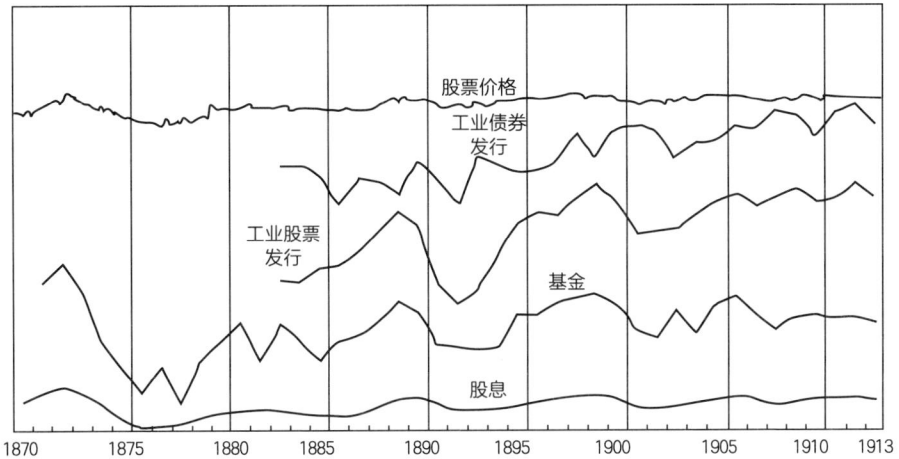

图 38　德国股票价格

这种解释并没有把有意识的理性过多地归于投机者行列。客观上，人们认为疯狂中存在着方法。在这层面上，观察股价与股息变动之间有多接近也很有价值。[1] 这两者都与《工业股票的基金和发行》相当吻合。虽然没有必要赘述这一事实的重要性，但应该注意到这点。基金和股票发行并不像预期的那样有着密切的共变关系。然而，经思考，我们会意识到，前者作为工业繁荣的本质，会在商业活动的高峰期或之前聚集；而后者则与投机创造的机会挂钩，将在股票交易活动的高峰期或之前聚集。工业债券发行和股票发行应该表现出相似的"趋势"和相反的波动。前一种预期得到了验证，但两者波动的关系并不像我们希望的那样一致。在 1911 年，两者都出现了峰值。朱格拉周期在股票发行中表现明显，而基钦周期在债券发行中表现明显。

4 银行和股票投机

在本章和前几章中，我们提出了一些事实和论据，足以勾勒出以银行与股票投机及以证券交易所为背景的投资过程的关系理论框架。我们可以总结，即使银行严格遵守传统的"存款银行"原则，在向证券交易所和客户贷款的实践中，对证券交易所业务的考虑也为证券的价格和每家银行的财富之间提供了一个最重要的联系。但是，如果动产抵押信贷银行的业务盛行，银行会直接"赞助"工业企业，控制其财务政策，管理其证券发行，持有股票或债券并以自己的名义进行交易，证券交易所可能成为其业务的枢纽。但是，我们现在只讨论银行家的银行与证券交易所的关系。

从股票投机不会或在很大程度上不会"吸收贷款"，即证券交易所不是海绵而是渠道这一说法来看，并不意味着这对中央银行来说是无关紧要的。显然，新股发行就并非如此。因为它们恰恰提供了中央银行的监管职能。新股发行不仅可能增加个别成员银行的放贷能力，而且会增加整个银行系统的

---

① 个别企业的股票价格在任何地方也与相关的产品价格密切相关，尽管只是在短期内。过分强调这种关系是危险的。然而，它指出了明显的常识性考虑对投机者的决定的影响。

放贷能力。正如我们之前所看到的，如果是为外国客户发行股票或者仅仅是国际融资，新股发行可能会扰乱短期余额机制的运作，并影响黄金流动和中央银行的储备。除此之外，新股发行总是影响公开市场的情况，而且它们与激进的融资有关。按理说，中央银行不可能对此无动于衷。

但是，如果说中央银行不能对新股发行的数量和目的无动于衷，那么也不能对股票价格的变动无动于衷，因为实际上这些方面的繁荣几乎是证券发行繁荣的充要条件。此外，即使是旧股票交易也会通过提取和支出投机收益来影响商业活动（次级波的强度）及整个银行体系，特别是如果成员银行本身是卖家或买家的话。正如我们所看到的，这不需要跨越，甚至可能有助于银行家银行的政策。我们有机会观察到，银行抛售股票和债券可能会有效地抑制繁荣，而购买股票和债券可能会缓解萧条的情况，但并不一定要这样。由此可见，关于投机吸收资金这站不住脚的理论，毕竟可能是许多实用智慧的一件剪裁不当的外衣：出于不同的、事实上几乎相反的原因，银行家的银行有很多动机对股票投机做出反应，并试图在繁荣时期或复苏后期阶段打击其过度行为；反之则在衰退和萧条期间承受打击。这方面的成功可以避免许多投资障碍，减少当前业务的许多正负偏差，缓解"深度"萧条的情况发生。

新股发行和银行家的银行的公开市场操作之间存在的部分类比表明，前者至少在某种程度上可能受到后者的控制，或者更广泛地说，受到对公开市场保持严格控制的中央银行的监管。事实上，新股发行是证券交易繁荣和宽松货币之间最重要的联系，对紧缩也很敏感。此外，还有其他更直接的手段来达到同样的目的，这些手段是德国国家银行或英格兰银行有权行使的。但是，根据促进或阻碍新股发行的情况采取行动是一项微妙的任务。它可能会阻止个别存在潜在危险的金融合并，甚至阻碍银行系统过度紧张局势的合并，从而促成它打算避免的局面。事实上，作为一项一般性政策，这是不可能的。此外，正如我们所看到的，对经济进程的一些影响是由现有股票的价格上涨产生的，与它们是否会引起新股发行无关。因此，在任何时候，中央银行的从业人员几乎都认为，除非直接对股票投机采取行动，否则信贷管理永远不会完全有效，甚至是永远不会及时生效。

然而，在整个调查期间，我们看到为实现这一目标所做的努力非常少，而偶尔做出的这种努力的结果也非常糟糕。德国已经做了一些事情，但这是通过立法而不是通过中央银行的行动来完成的。原因来自我们对股市定价的分析。由于股票投机并不吸收资金，所以用中央银行的任何普通工具来制止或抑制这种投机行为是极其困难的。特别是银行利率在生产和商业方面不是万能的，在实际可行的范围内，对股票投机几乎是无效的，因此，它对股票价格调节的影响呈现了一个与影响商品价格完全不同的问题。